危险品运输与仓储

周晶洁　编著
李又明　主审

大连海事大学出版社

图书在版编目(CIP)数据

危险品运输与仓储 / 周晶洁编著. —大连 : 大连海事大学出版社, 2009.1(2016.1 重印)
ISBN 978-7-5632-2272-8

Ⅰ.危…　Ⅱ.周…　Ⅲ.①危险货物运输 ②危险材料—储存　Ⅳ.U294.8
D631.44

中国版本图书馆 CIP 数据核字(2009)第 008508 号

大连海事大学出版社出版

地址:大连市凌海路 1 号　邮编:116026　电话:0411-84728394　传真:0411-84727996

http://www.dmupress.com　E-mail:cbs@dmupress.com

大连美跃彩色印刷有限公司印装　大连海事大学出版社发行

2009 年 1 月第 1 版　2016 年 1 月第 3 次印刷

幅面尺寸:185 mm×260 mm　印张:19.75

字数:488 千　印数:3001～4000 册

责任编辑:王桂云　责任校对:董玉洁　封面设计:王　艳

ISBN 978-7-5632-2272-8　定价:32.00 元

内容提要

本书共分十章，系统地介绍了危险货物的定义、分类和特性，与危险货物运输有关的国际、国内法规，危险货物的运输包装和运输组件，危险货物的标记、标志和标牌，危险货物的积载与隔离，危险货物的运输与装卸，危险货物的储存，散装危险货物的运输与保管，危险货物的应急措施和医疗急救，危险货物的监督管理等内容。每章后均附有复习思考题。书后还附有案例分析。

本书内容全面，专业性强，适用范围广，不仅是高等院校相关专业的教学书籍，也是各物流公司、港航企业、仓储单位相关人员的培训教材和业务参考书籍。

前　　言

随着石油、化学工业的不断发展，危险货物的品种、数量也在不断地增加。近年来，在危险货物的运输与储存中发生了多起事故，给人命、财产及水域环境造成了严重的损害。为了加强危险货物的安全管理，提高我国危险货物运输管理人员的水平，特此编写本书，并配合本课程的教学。

本书根据相关的国际公约、规则和国内法规的最新修订和变化，结合作者多年的教学经验，在原李又明、周晶洁编写的《危险货物水运技术》一书的基础上修改和增加了许多内容。系统地介绍了危险货物的定义、分类和特性，与危险货物运输有关的国际、国内法规，危险货物的包装、标记、标志和标牌，危险货物的积载与隔离，危险货物的运输与装卸，危险货物的储存，散装危险货物的运输与保管，危险货物的应急措施和医疗急救，危险货物的监督管理等内容。因为国际贸易中的80%以上货物是通过海上运输的，所以本教材介绍的有关危险货物运输的内容也以海上运输为主。

本书内容全面，专业性强，适用范围广，不仅是高等院校相关专业的教学书籍，也是各物流公司、港航企业、仓储单位相关人员的培训教材和业务参考书籍。

另外，有关危险货物的国际公约、规则和国内法规都在不断地修正或修订中，所以希望大家在阅读和实际使用中必须结合当时国际、国内最新的修正规定。

本书在编写中参阅了大量的国内外相关书籍和资料，在此向原作者深表谢意！

李又明教授在百忙中对本书的全部内容进行了认真仔细的审阅，并给予了宝贵的指导，上海市港口管理局范贵根副总工程师提供了最新的资料，在此表示衷心的感谢！

上海海事大学研究生黎艳、方春河也参加了部分小节的编写工作。

由于编者水平所限，难免存在不足之处，敬请读者批评指正。

周晶洁
2007年12月30日
于上海海事大学

目　录

第一章　总　论

第一节　危险货物的定义

一般来说，凡是具有燃烧、爆炸、腐蚀、毒害、放射性、污染等性质，在运输、装卸和储存过程中，容易造成人身伤亡、财产毁损或环境污染而需要特别防护的货物称为危险货物。

按《船舶载运外贸危险货物申报规定》第3条规定，危险货物系指《1974年国际海上人命安全公约》(SOLAS 1974)第7章和《经1978年议定书修订的1973年防止船舶造成污染公约》(MARPOL 73/78)附则Ⅰ、附则Ⅱ、附则Ⅲ，以及我国加入的其他国际公约与规则中规定的危险有害物质与物品，包括包装危险货物、散装油类、散装液态危险化学品、散装液化气体、散装固体危险货物和放射性核燃料、钚和高辐射水平的放射性废弃物。

第二节　危险货物的分类

危险货物根据运输形式的不同分为：包装危险货物和散装危险货物。

包装危险货物根据《国际海运危险货物规则》(IMDG Code)，按照它们所呈现的危险性或主要的危险性分为如下9个大类：

第1类　爆炸品(Explosives)；

第2类　气体(Gases)；

第3类　易燃液体(Flammable Liquids)；

第4类　易燃固体、易自燃物质和与水接触放出易燃气体的物质(Flammable Solids, Spontaneously Combustible and Substances which in Contact with Water Emit Flammable Gases)；

第5类　氧化物质(剂)和有机过氧化物(Oxidizing Substances and Organic Peroxide)；

第6类　有毒物质和感染性物质(Toxic Substances and Infectious Substances)；

第7类　放射性物质(Radioactive)；

第8类　腐蚀品(Corrosives)；

第9类　杂类危险物质和物品(Miscellaneous Dangerous Substances and Articles)。

散装危险货物又分成：散装油类、散装液态危险化学品、散装液化气体和散装固体危险货物。

第三节　危险货物的特性

根据危险货物的定义可以看出危险货物具有以下一种或一种以上的危险特性。

一、燃烧性

许多危险货物具有燃烧性，火灾危险是危险货物运输中的主要危险之一。一般把能发光、放热的剧烈的化学变化过程叫做燃烧。

(一)燃烧的条件

物质的燃烧不是随时都可以发生的,它必须具备3个条件,即可燃物、助燃物、热量。我们可以把这3个条件看作为一个燃烧三角形。三角形中的3条边分别代表3个条件,可清楚地知道组成三角形的3条边不能缺少其中任何一条边,如少了一条边,三角形就不存在。因此,燃烧三角形中缺少一条三角形的边,燃烧三角形就不成立,那么燃烧也就不成立。

(二)燃烧的形式

危险货物的燃烧形式是多样化的,可燃气体、液体或者固体在空气中燃烧时,其燃烧形式一般有4种:即扩散燃烧、蒸发燃烧、分解燃烧、表面燃烧。

1. 扩散燃烧

如氢、乙炔等可燃气体从管口等处流向空气时的燃烧,就是由于可燃气体分子和空气分子互相扩散、混合,当浓度达到可燃范围时,遇明火则燃烧,形成的火焰使燃烧继续下去,此为扩散燃烧。

2. 蒸发燃烧

如酒精、乙醚等易燃液体的燃烧,就是由于液体蒸发产生的蒸气,在空气中扩散并与空气混合,当其在空气中的浓度达到可燃范围时,遇明火则燃烧并形成火焰,其火焰温度又进一步加热液体表面,从而促进其蒸发,使燃烧继续下去,因此称它为蒸发燃烧。除液体的燃烧为蒸发燃烧外,有些固体也为蒸发燃烧,如奈。

3. 分解燃烧

是指在燃烧中伴随着热分解现象的燃烧,如木材、煤、纸等固体可燃物,或者如油脂一类高沸点液体可燃物的燃烧,就属此类。在空气中加热木材时,木材首先失去水分而干燥,然后产生热分解,放出可燃气体,这种气体被点燃而燃烧产生火焰。由于这火焰的温度不断地把木材再分解,从而使燃烧继续下去。

4. 表面燃烧

固体可燃物表面与空气相接触的部位被点燃,虽不产生火焰,但燃烧产生的热量能使内层继续燃烧。例如,无定形的木炭、铝粉、镁粉等的燃烧。

在上述情况中,前面三种形式的燃烧中,可燃物虽然是气体、液体、固体,但它们经过溢出、蒸发(或升华)、分解等过程,最后还是归结于可燃气体的燃烧,而且都产生火焰。并且它们都是以扩散的方法与空气相互接触而燃烧,其燃烧传播的速度取决于两种物质的扩散速度。

(三)衡量燃烧性的指标

衡量物质燃烧特性的主要指标是闪点、燃点、自燃点和燃烧(爆炸)范围。

1. 闪点(Flash Point)

闪点是易燃液体的蒸气和空气形成的混合物与明火接触时可以发生瞬间闪火的最低温度。

闪点是引起易燃蒸气燃爆的最低温度,虽然此时的易燃蒸气还不足以维持持续的燃烧,但从安全角度,把它作为一个危险的信号是非常恰当的,且容易把握。

对某一易燃液体闪点的测试方法是在预计的闪点温度以下,将一定量的待测样品注入闪点测定仪器的容器中,然后对容器缓慢加热,每隔一段时间,用一小火苗划过液面上方,发生瞬间闪火时液体所具有的温度即为闪点。按测试仪器的类型分为:闭杯闪点(Close Cup,简称

c. c)和开杯闪点(Open Cup,简称 o. c)。闭杯闪点测试仪器的容器在加热过程中是关闭的,仅在用火苗划过液面时打开容器;开杯闪点在整个加热过程中容器是开放的。一般说来,开杯试验测得的闪点要比闭杯试验测得的高几度,而闭杯仪器的重复性比开杯好。《IMDG Code》所用的闪点数据基本上都是依据闭杯方法。

在《IMDG Code》中列出了下列6个国家闪点测试标准,便于比照、协调。

(1)法国标准:NF M07 - 019、NF M07 - 011/NF T30 - 050/NF T66 - 009、NF M07 - 036;

(2)德国标准:DIN 51755(闪点低于65℃)、DIN EN 22719(闪点高于5℃)、DIN 53213(适用于清漆、真漆以及闪点低于65℃的黏性液体);

(3)荷兰标准:ASTM D93 - 96、ASTM D3278 - 96、ISO 1516、ISO 1523、ISO 3679、ISO 3680;

(4)俄罗斯标准:GOST 12. 1. 044 - 84;

(5)英国标准:BS EN 22719、BS EN 2000 Part 170;

(6)美国标准:ASTM D 3828 - 93 小型封闭式闪点测试仪的标准测试方法、ASTM D 56 - 93 标记封闭式闪点测试仪的标准测试方法、ASTM D 3278 - 96 Setaflash 闭杯闪点测试仪的标准测试方法、ASTM D 0093 - 96 Pensky - Martens 闭杯闪点测试仪的标准测试方法。

我国有关闪点试验方法的规定有:GB261 - 77 石油产品闪点测定、GB7634 - 87 石油及有关产品低闪点的测定、GB267 - 77 石油产品闪点及燃点测定。

对某一易燃液体而言,闪点不是一个准确的物理常量。在一定程度上,它的值依赖于所使用试验仪器的结构和试验程序。因此,闪点数据应标明试验仪器的名称。

2. 燃点

在常压下能维持物质持续燃烧的最低温度称为燃点。

对某一易燃液体而言,若在闪点温度上继续加热,使易燃液体挥发出来的蒸气闪火后能维持燃烧5 s以上,即能维持燃烧的最低温度称为该易燃液体的燃点(或着火点)。

3. 自燃点

物质在某一温度下,无需明火点燃就能发生燃烧,这种现象称为自燃(Spontaneous combustion)。发生自燃的最低温度称为自燃点。

4. 燃烧或爆炸极限(范围)

是指一种可燃性气体或蒸气和空气形成的混合物遇火花能发生燃烧爆炸的浓度范围。燃烧或爆炸极限(范围)一般用可燃性气体或蒸气在混合物中的体积百分数表示。混合气体能发生燃烧爆炸的最低浓度叫作燃烧或爆炸下限,最高浓度叫做燃烧或爆炸上限。爆炸上、下限之差叫爆炸或燃烧范围。在爆炸极限之外不会引起爆炸。因为,若空气中可燃气体或蒸气含量少时,能燃烧的物质有限,产生的热量不足以引起爆炸;当空气中可燃气体或蒸气含量多时,空气(氧)的含量又少了,又不能支持充分燃烧,产生的热量也不足以引起爆炸。

(四)引起燃烧或爆炸的火源(或热源)

由上述可知物质的燃烧不是随时都可以发生的,它必须具备3个条件,即可燃物、助燃物、热量。危险货物中很多是可燃(易燃)物,空气是良好的助燃物,在大多数情况下我们只有严格控制热量这一条件才能防止燃烧。

在危险货物作业场所,能引起燃烧或爆炸的火源(或热源)主要有:

(1)明火。是指敞开的火焰、火星和灼热的物体等,具有很高的温度和热量,是引起火灾的最主要火源。如:焊接、切割时的火花,烟囱火星、厨房火种、炉火、打火机、火柴等,烧红的电热丝或铁块等。

(2)电器火花。是指各种电气设备由于超负荷、短路、接触不良等引起的火花。如电动机械非封闭式马达、闪电雷击、舱内(库内)电源短路、接触不良、电线陈旧老化等所产生的电火花。

(3)撞击火花。是指物体相互碰撞或摩擦而产生的火花。如装卸的金属工具与保障容器相撞、穿带铁钉的鞋子与甲板摩擦、装卸中使用锹或进行敲铲作业等所产生的火花。

(4)静电火花。是指两种不同的物质相互摩擦引起静电荷集聚,在电位发生变化时放电而产生的火花。如石油产品在装卸时因流动而产生的静电火花,工作人员穿着和更换化纤服装而产生的火花等。

(5)化学热。是指因物质发生化学反应所产生的热量,这热量达到一定温度,引起物质的燃烧。如黄磷与空气发生氧化反应引起燃烧,金属钠与水反应引起燃烧,氧化剂与易燃液体或易燃固体发生反应引起燃烧等。

(6)其他热源。如聚焦、辐射等作用产生的热量也能引起火灾。

二、爆炸性

爆炸是物质发生急剧的物理、化学变化,并在极短的时间内放出大量能量的一种现象。在这个变化过程中,伴有物质所含能量的快速转变,即变为该物质本身、变化的产物或周围介质的压缩能或运动能。因此,它的一个重要特点是大量能量在有限的体积内突然释放并急剧转换。这种能量在极短时间内和有限的体积内大量积聚,造成高温、高压等非寻常状态,对邻近介质形成急剧的压力突跃和随后的复杂运动,显示出不寻常的移动或机械破坏效应。爆炸的另一个显著的外部特征是由于介质受震动而发生一定的音响效应。

(一)爆炸类型

爆炸依据变化形式的不同主要分为三种类型:物理爆炸、化学爆炸和核爆炸。

1. 物理爆炸

物质因状态或压力发生突然变化而形成的爆炸,并且在爆炸前后没有新的物质产生,这种现象称为物理爆炸。如车胎爆炸、锅炉爆炸、高压气瓶爆炸等现象。地震、闪电雷击也属于物理爆炸现象。

2. 化学爆炸

物质因发生急剧的化学变化而引起的爆炸称为化学爆炸。化学爆炸又分为爆炸性物质的爆炸、可燃性混合气体的爆炸和可燃性粉尘爆炸。炸药、炮弹、爆竹的爆炸都是化学爆炸。

3. 核爆炸

由原子核的裂变(如U235的裂变)或聚变(如氚、氘、锂核的聚变)反应所释放的能量引起爆炸现象称为核爆炸。

核爆炸反应放出的能量比炸药爆炸放出的化学能要大得多,集中很多。可形成数百万到数千万度的高温,在爆炸中心区造成数百万大气压的高压,释放出大量热辐射和强烈的光,产生各种对人类有害的放射性粒子,造成地区长时间污染。

(二)爆炸的必要条件

爆炸性物质发生爆炸有3个必要条件:

1. 反应的快速性

反应的快速性是炸药发生爆炸的必要条件。它是爆炸反应过程区别于一般化学反应过程的最重要的标志。爆炸反应过程以高速进行,并在瞬间完成。只有高速才能使爆炸物的体积、能量、密度急骤增大而致爆。例如:煤炭虽然所含热量比同样重量的梯恩梯炸药(简称 TNT)高一倍多,但由于燃烧速度缓慢而不能形成爆炸;而 TNT 完全反应所需时间约十万分之一秒,瞬间所产生的热量来不及散失,气体生成物升温到 2000 ~ 3000℃,压力达到 10 ~ 40 万个大气压(10 ~ 40 kMPa),因而发生爆炸。

2. 反应的放热性

反应的放热性也是炸药发生爆炸变化的必要条件,对于这一点,所有的炸药都没有例外。热量是爆炸做功的能量来源。没有大量的热放出,爆炸反应不可能完成,更不能形成高温、高压、高能量气体而膨胀做功。例如 1 kg TNT 爆炸时能产生 4200 kJ 的热。1 kg 硝化甘油爆炸时可放出 6196 kJ 的热量。

3. 产生大量气体生成物

爆炸对周围介质的做功是通过高温高压的气体迅速膨胀实现的。因此在反应过程中生成大量气体产物也是炸药爆炸的一个重要条件。反应生成的气体产物主要是:CO、CO_2、N_2、H_2O(水蒸气)和 O_2 等。如 1 kg TNT 爆炸后能生成 727.2 L 气体,是爆炸前体积的 1180 倍。1kg 硝铵炸药爆炸后能生成 906 L 气体,体积膨胀 1530 倍。

综合上述炸药爆炸的 3 个条件,可以了解到炸药爆炸的整个过程,首先是外界给予一定的能量引起爆炸物质的化学反应,由于反应放出大量热量,一部分热量促使反应继续进行,一部分热量用来加热所产生的气体。由于反应速度极快,所产生的气体来不及扩散,所放出的热量集中在炸药原来占有的容积内,维持很高的能量密度,因此形成了高温、高压气体,使炸药爆炸具有巨大的功率和强烈的破坏作用。

(三)衡量爆炸性的理化性能指标

衡量爆炸性的主要理化性能指标有:

1. 敏感度

爆炸品的敏感度(简称感度)是指在外界作用影响下发生爆炸反应的难易程度。通常以引起爆炸品爆炸所需的最小外界初始能量来表示。引起爆炸所需的外界初始能量愈小,其感度愈高。研究爆炸品的感度具有重要的意义,从使用的角度上看,不同用途的爆炸品要求与其相适应的感度;从运输保管的角度上看,掌握爆炸品的不同感度,以便采取相应的安全防范措施,避免发生事故。

根据外界作用的不同,感度可分为冲击感度、摩擦感度、热感度和爆轰感度等。

(1)冲击感度。冲击感度(撞击感度)是指爆炸物质在机械冲击的外力作用下对冲击能量的敏感程度。冲击感度的测定目前普遍采用的是爆炸百分数法,用立式落锤试验仪来测定,即以一定重量(10 kg)落锤,从一定高度(25 cm)处落下撞击爆炸品,试验 50 ~ 100 次,以发生爆炸次数与总试验次数求得的爆炸百分数表示。把 10 kg 锤重和 25 cm 落高,爆发率 2% 以上作为爆炸品分类的标准。几种常见爆炸物质的冲击感度见表 1-1。

表 1-1 几种常见爆炸物质的冲击感度

品名	爆炸百分数(%)	品名	爆炸百分数(%)
梯恩梯	4 ~ 8	黑索金	70 ~ 80
苦味酸	24 ~ 32	泰安	100
2、4、6 - 三硝基苯甲硝胺	50 ~ 60	无烟火药	70 ~ 80

在装卸过程中,可能受到冲击、磕、碰、摔等,冲击感度高即对外界能量的敏感程度高的爆

炸品就可能因此而引起爆炸。因此,冲击感度是爆炸品安全运输和分类的重要指标之一。

爆炸品的纯净度对其冲击感度的影响很大,当爆炸品混入坚硬物质时,其冲击感度增加,所以运输中一定不能混入金属屑,碎玻璃,砂石之类坚硬物质;当爆炸品混入惰性物质(如,石蜡、硬脂酸、机油等)时,其冲击感度降低,有些较敏感的爆炸品,如黑索金、泰安等为确保安全可加入一些石蜡使其钝感。有些较敏感的爆炸品则加入水使其钝感。

(2)摩擦感度。摩擦感度是指爆炸品受到短暂而强烈的摩擦作用后的起爆程度。我国一般采用摩擦感度仪或摩擦摆来测定。同样以试验 50~100 次爆炸的百分数表示。

极敏感的引爆药,摩擦感度也高。运输中必须严格避免强烈摩擦的可能。

(3)热感度。热感度是指爆炸品因受热引起爆炸的敏感程度。

热感度的测定方法很多,一般用 5 s“延滞期”的“爆发点”来表示。在 5 s 延滞期下,爆发点低于 350℃,是确认爆炸品的一个参考标准。

爆发点是指爆炸品在一定的延滞期内发生爆炸的最低温度。

延滞期是指从开始对爆炸品加热到发生爆炸所需要的时间。由于加热速度不一样,同一爆炸品因延滞期不同爆发点也不同。延滞期越短,爆发点越高;延滞期越长,爆发点越低。例如:TNT 的爆发点在不同的延滞期下,其爆发点差别很大(见表 1-2:TNT 爆发点与延滞期的关系)。

表 1-2　TNT 爆发点与延滞期的关系

延滞期	5 s	1 min	5 min	10 min
爆发点℃	475	320	285	270

由此看到,虽没有受高温,但受低热时间长了,也会诱发爆炸,所以在运输中一定要使爆炸品远离热源或采取严格的隔离措施,否则将产生危险。

(4)爆轰感度。爆轰感度是指爆炸品对起爆药爆炸产生的爆轰波能量的敏感程度。通常以“极限起爆药量”来表示。

极限起爆药量是指起爆药爆炸时,能引起所试验的爆炸物质完全爆轰所需要的最少起爆药量(g)。

不同的起爆药对同一种爆炸品引爆所需的药量不同;同一种起爆药对不同的爆炸品引爆所需的药量也不同。

2. 爆轰速度(爆速)

爆轰速度(爆速)是指爆炸品爆炸时,爆轰波沿炸药内部传播的速度。一般以每秒传播多少米长度(m/s)来表示。爆轰速度大于 3000 m/s 也是确认爆炸品的又一个参考指标。

爆速的大小在一定程度上反映了爆炸物质的爆炸功率及破坏能力。

3. 爆热和爆温

(1)爆热是指单位质量的炸药在爆炸反应时所释放出的热量,单位 kJ/kg、kJ/mol。

(2)爆温是指炸药爆炸时所放出的热量将爆炸产物加热到的最高温度。

4. 威力和猛度

这两个参数都是用来衡量爆炸品对周围环境的破坏程度。

(1)威力(爆炸力)是指爆炸品爆炸时做功的能力,一般用来衡量爆炸品爆炸时的总体破坏能力。威力大小主要取决于爆热、气体生成量和爆温的高低。

通常用铅铸扩大法测定炸药的威力。以一定量(10 g)的炸药,装于铅铸的圆柱形孔内爆炸,测量爆炸后圆柱形孔体积的变化,以其体积增量(ml)表示威力的大小。

(2)猛度(猛性作用,粉碎作用)。猛度又称猛性作用或粉碎作用,是指爆炸品爆炸后爆轰产物对周围物体破坏的猛烈程度。一般用来衡量炸药的局部破坏能力。猛度的大小取决于爆轰压力的大小和压力作用的时间。

通常用铅柱压缩试验来测定炸药的猛度。将 50 g 爆炸物质置于铅柱上,经爆炸后测量铅柱被压缩的情况,用长度单位(mm)表示。

5. 安定性

爆炸品的安定性是指爆炸品在一定的储存期间内,不改变自身的理化性质和爆炸能力的性质。分为物理安定性和化学安定性。

(1)物理安定性。物理安定性是指爆炸品的吸湿性、挥发性、可塑性、机械强度、结块老化、冻结和收缩变形等一系列物理性质不容易改变的性质。如,黑火药、硝铵炸药等易吸湿受潮,严重时丧失爆炸能力。

(2)化学安定性。化学安定性是指爆炸品不容易发生分解而变质的性质。化学安定性取决于化学物质本身的化学性质和环境温度。化学安定性用“热分解速度”来表示。热分解速度越快,其化学安定性越低。如,黑火药、硝铵炸药、TNT 等正常储存条件下较稳定,不改变性能;而硝化甘油类化学稳定性很低,即使在常温下,也会分解。长期存放会加速分解,甚至发生自燃或爆炸。温度、湿度和日光会使其分解速度加快,所以,在仓库或船舱内都需加强通风。

在上面所述的理化性能指标中,冲击感度、5 秒钟延滞期的爆发点和爆速三个参数,只需满足其中的任何一个,都可确认为爆炸物质。

6. 爆炸极限(范围)

爆炸极限(范围)是衡量混合气体爆炸的主要指标。爆炸极限(范围)概念见本节一、(三)4.。爆炸下限越低,爆炸范围越大的气体或蒸气越危险。如氢气的爆炸极限较宽,爆炸下限较低,特别容易燃烧爆炸。它的爆炸极限为 4.00% ~74.20%,爆炸下限为 4.00%,爆炸上限为 74.20%,爆炸范围为 70.2%,即氢气与空气混合后,浓度在 4.00% ~74.20% 范围内,遇明火立即发生爆炸。

可燃气体或蒸气与空气混合,浓度又在爆炸极限(范围)内,一旦遇上明火,不但会因省掉了扩散过程,使燃烧的传播速度极快,而且一旦点燃,则形成局限于火源上的反应带(燃烧波),燃烧波在混合气体中会迅速传播,燃烧产生的热量使气体膨胀,产生巨大的压力,在容器内或闭塞场合,能造成破坏容器和建筑物。

三、毒害性

某些物质少量的进入人或动物的机体后,能与体液及组织发生作用,扰乱或破坏机体的正常生理功能,引起暂时性或永久性的病理状态,甚至危及生命安全,这种物质称为有毒的物质(毒物)。此种物质具有的这种特性称为毒害性。

在危险货物中除了第 6.1 类有毒的物质和第 2.3 类有毒气体具有很强的毒害性以外,还有许多其他类别的物质也具有一定的毒害性。运输中不论是有毒的气体、液体或固体会因为破包、泄漏、蒸发等原因通过经口、吸入或皮肤接触等途径使人中毒。

(一)影响毒物毒性大小的因素

不同的物质其毒性大小各不相同,影响毒物毒性大小的主要因素有:毒物的化学组成和结构、溶解性(水溶性还是脂溶性)、溶解度、颗粒大小、沸点高低、蒸气密度、环境温度等。

1. 毒物的化学组成及结构对毒性的影响

毒物的化学组成和结构是影响毒物毒性大小的决定因素。

在无机毒物中、毒物的毒性决定于是否含有汞(Hg)、铅(Pb)、砷(As),硒(Se)、钡(Ba)、氰根(—CN)等化学组成,当然这些化学组成在水溶液中应成离子状态。

在有机毒物中,含有磷(P)、氯(Cl)、硫(S)、汞(Hg)、氰基(—CN)、铅(Pb)、氨基(—NH_2)、硝基(—NO_2)等物质的多数属于毒物。当然有机毒物的毒性大小不仅与它的化学组成有关,而且还与其化学结构有关。

毒物的化学结构与毒性间的关系,在脂肪族烃类化合物中,毒性作用随碳原子数的增加而加强。其结构中如以支链代以直链,则毒性减弱。毒性的大小随着不饱和程度的增加而增加。另外碳链上的氢原子被卤素原子取代时,毒性变大,随着卤原子增多,其毒性也增大。分子的对称性与毒性也有关系,一般认为对称结构化合物的毒性大于不对称者。如有机磷杀虫剂进入人体后,对人体所产生的毒作用随它们的化学结构而异,对氧磷 > 对硫磷 > 甲基对硫磷。

2. 溶解度

毒物在水中的溶解度越大,其毒性也越大。如氯化钡在25℃时在水中的溶解度是9.9 g,毒性较大;而硫酸钡在25℃时在水中的溶解度是0.00028 g,基本无毒性。硫化汞不溶于水,也不作为毒害品。

3. 颗粒度

毒物的颗粒越小,越易引起中毒。这是由于颗粒越小,越易进入呼吸道而被吸收。大于10 μm的气溶胶粒子沉着在上呼吸道,而1 ~ 10 μm粒子能侵入呼吸道深部,甚至侵入到肺泡内。

4. 环境温度

温度越高,越易中毒。因为温度越高,毒物的挥发性越大;温度越高,毒物的溶解度越大;温度越高,人体的呼吸也会加剧;这样就增加了毒物进入人体的量。

5. 沸点

毒物的沸点越低,就越易于挥发成蒸气,增加毒物在空气中的浓度,人体就易于中毒。

6. 蒸气密度

毒物的蒸气密度越大,越易在低洼处积聚。如果通风不良,非常容易引起中毒。

7. 脂溶性

毒物易溶于脂肪,则易渗过皮肤引起中毒。脂溶性的毒物可通过皮肤吸收,同时脂溶性的毒物易黏附在皮肤上,使吸收更有利于进行。如苯胺、硝基苯一类毒物很容易渗过皮肤,进入血液循环,引起中毒。

(二)毒性指标

不同的物质其毒性大小各不相同,在危险货物的运输与保管中,衡量毒物毒性大小的指标有:

1. 急性指标

以下几个急性指标是衡量该物质是否属于毒害品的指标。

(1)急性经口吞咽毒性半数致死剂量 LD_{50}

系指在14天内,使雄性和雌性刚成熟的天竺鼠半数死亡所施用的物质剂量。其结果以mg/kg表示。

(2)急性皮肤接触毒性半数致死剂量 LD_{50}

系指在白兔裸露皮肤上连续接触 24 小时,在 14 天内使受试验动物半数死亡所施用的物质剂量。其结果以 mg/kg 表示。

(3)急性吸入毒性半数致死浓度 LC_{50}

系指使雄性和雌性刚成熟的天竺鼠连续吸入 1 小时,在 14 天内使受试验动物半数死亡所施用的蒸气、烟雾或粉尘的浓度。其结果粉尘和烟雾以每升空气中的毫克数 mg/l 表示;蒸气用每立方米空气中的毫升数 ml/l(或 ppm)表示。

2. 慢性指标

毒物虽对人体有毒害作用,但如进入人体内的毒物的量不足,则毒性再高也不会引起中毒死亡。一般可通过降低环境空气中的毒物浓度含量来控制进入人体的剂量。以下两个慢性指标是控制作业环境安全的指标。

(1)最高容许浓度(MAC)。工作场所空气中有害物质规定的最高浓度限值。单位用 mg/m^3 或 ml/l(ppm)表示。

(2)阈限值(TLV)。一个健康成人一整天内反复经受毒物浓度的上限。单位用 ppm 表示。

MAC 和 TLV 都表示人员在这一浓度下长期劳动也不至于引起急性或慢性中毒。这一浓度值是经代表性的多次采样测定得出的。超过这一浓度限值,工作人员必须做好防护才能进入这个环境,否则会对人员身体健康产生有害影响。

(三)毒物进入人体的主要途径

有毒物质进入人体的主要途径有:

1. 呼吸道

整个呼吸道都能吸收有毒物质,尤其以肺泡的吸收能力最大。肺泡的面积很大,大约 55 m^2,肺泡的壁很薄,肺泡上有丰富的微血管,所以肺泡对有毒物质的吸收很快。直径 10 μm 以下的气体或粉尘能进入呼吸道,直径 5 μm 以下的气体或粉尘能直接达到肺泡,在气体交换的同时进入循环系统达到全身各部位,可在未经肝脏转化之前就起作用。经呼吸道吸收有毒物质的数量和速度与吸入的浓度、时间、肺活量以及有毒物质的理化性质有关。

2. 皮肤

虽然健康的皮肤有屏障作用,但一些有毒物质可以不同程度地通过表皮、毛囊或汗腺进入人体。毒物进入皮肤后,也不经肝脏,直接进入血液循环。经皮肤吸收有毒物质的数量和速度与物质的溶解性、浓度、接触时间、皮肤是否有破损、出汗等因素有关。

皮肤的表皮屏障有三道组成:首先是皮肤的角质层,一般分子量大于 300 的毒物不易透过此层;其次是位于表皮角质层下面的表皮细胞膜,它富含有固醇磷脂,对非脂溶性物质具有屏壁作用;表皮与真皮连接处的基膜也有类似作用,脂溶性的毒物虽能通过此屏障,但除非同时具有一定的水溶性,否则也不易被血液吸收,所以一些脂溶性和水溶性兼有的物质很容易通过皮肤的表皮屏障进入人体,而引起中毒。但当皮肤破裂或有皮肤病时,其屏障作用被破坏,此时原来不会经过皮肤被吸收的毒物也能大量被吸收。

毒物经毛孔进入毛囊后,可绕过表皮屏障直接透过皮脂腺细胞和毛囊壁而进入真皮,但它的总截面积仅占表皮面积的 0.1% ~1.0%,所以这一途径不如经表皮吸收的比例高。

3. 消化道

一般情况下，有毒物质经消化道进入人体的可能性不大。除误服外，可能会由于在作业现场进食或饮水，作业后未进行彻底清洗，一些在呼吸道中吸收较慢的粉尘状毒物可随痰咳出又重新咽下，都可导致有毒物质通过消化道进入人体。进入消化道的有毒物质在胃中吸收较少，主要在小肠中吸收，经肝脏转化后进入血液循环系统。但某些无机盐，如氰化物及脂溶性毒物，可经口腔粘膜吸收。因为经消化道吸收的毒物先经过肝脏，人体肝脏等器官对某些毒物有解毒作用，所以消化道中毒较呼吸中毒表现得比较缓慢。

毒物被吸收以后，通过血液分布到全身，最后到达各种细胞内的作用点起作用而发生毒性。其毒性作用表现在两个方面：一方面毒物进入作用点后直接起毒性作用；另一方面毒物进入作用点后，经过代谢可使其毒性降低或增加。其代谢是通过在各种酶的作用下经水解、氧化、还原、结合等过程完成的。经代谢其毒性变小了，这叫解毒。有毒物质的代谢基地主要在肝脏，其次是在肠、肺、肾和皮肤等。经口进入的毒物吸收后首先要经肝脏的作用，其他途径进入的毒物则先经大循环，再转到肝脏。

毒物排出体外的主要途径有呼吸道、肾脏和消化道，还有汗液、乳汁等。

毒物在吸收、分布和排出过程中，除被身体内的解毒功能所作用外，同时使机体组织或功能受到损伤，产生中毒症状。如毒物一氧化碳和氰化氢都能对细胞色素氧化酶起抑制作用。在正常情况下细胞色素氧化酶中的铁，可通过 $Fe^{++} \rightleftharpoons Fe^{+++}$ 而进行氧化还原反应。但由于一氧化碳和氰化氢都能与酶的蛋白质部分的金属起作用，一氧化碳能与 Fe^{++} 结合，而氰化氢能与 Fe^{+++} 结合，两者都使酶的功能受到影响而发生细胞窒息。

四、腐蚀性

腐蚀性是指某些物质化学性质非常活泼，能与很多金属、非金属及动、植物机体等发生化学反应，并使其遭到破坏的性质。具有这种特性的物质称为腐蚀性物质或腐蚀品。

危险货物中除了第 8 类腐蚀性物质具有很强的腐蚀性外，还有许多物质也具有一定的腐蚀性。在危规中定义腐蚀性物质以及衡量其腐蚀作用的大小是采用两个主要指标：一是根据在规定时间内看其与受试验动物皮肤接触后出现可见的坏死现象；二是让其与规定类型的钢或铝的表面接触，由其年腐蚀率的大小来判断。后者适用于不具化学灼伤的腐蚀品的判断。

腐蚀品与很多物品、人体接触后，都能形成不同程度的腐蚀。其中对人体的腐蚀又称为化学烧伤（或化学灼伤）。

（一）对人体的腐蚀

固体、液体和气体腐蚀品触及皮肤表面或器官的表面（如眼睛、食道等）都会引起化学烧伤。

固体腐蚀品如氢氧化钠等，能烧伤与之直接接触的表皮。液体腐蚀品能很快侵害人体的大部分表面积，并能透过衣物发生作用。气体腐蚀品虽然不多，但许多液体腐蚀品的蒸气和粉末状固体腐蚀品的粉尘，同样具有严重的腐蚀性，它们不仅能伤害人体的外部皮肤，尤其会侵害呼吸道和眼睛。

腐蚀品接触人的皮肤、眼睛或进人呼吸道、消化道，就立即与表皮细胞组织发生反应，使细胞组织受到破坏，而造成烧伤。呼吸道、消化道的表面黏膜比人体表皮更娇嫩，更容易受腐蚀。内部器官被烧伤时，会引起炎症（如肺炎等），严重的会死亡。

(二)对物品的腐蚀

腐蚀性物品中的酸、碱甚至盐都能不同程度地引起对金属的腐蚀。它们会腐蚀金属的容器、船舶、货舱及设备等。即使这些金属物品不直接与腐蚀品接触,也会因腐蚀品蒸气的作用而锈蚀。

有机物质如木材、布匹、纸张和皮革等也会被碱、酸腐蚀。腐蚀品甚至能腐蚀水泥建筑物,撒漏于水泥地上的盐酸,能把光滑的地面腐蚀成为麻面。撒漏的硫酸来不及加水稀释流入下水道,结果水泥制的下水道遭到毁坏。氢氟酸能腐蚀玻璃等。

五、放射性

所谓放射性是指一些物质能自发地、不断地放出穿透力很强、而人的感觉器官察觉不到的射线,这种射线对人体组织会造成伤害,使人体产生急性或慢性放射性疾病的性质。

危险货物中第7类放射性物质即具有这个特性。物质的这种特性是1896年由法国科学家贝可勒尔从天然铀石首先发现的,此后施密特发现钍盐也有类似的辐射特性,居里夫人进一步发现了具有辐射性质的物质钋和镭。

(一)射线的种类

放射性物质放射出的射线通常有三种:α 射线、β 射线和 γ 射线。此外,还有一种中子流,是原子核裂变的产物,不是原子核衰变的产物。

1. α 射线

α 射线是一种带正电的粒子流,α 粒子即氦原子核(He^{2+}),带两个正电荷,通过物质时,电离作用很强,本身则不断损耗能量,故它的穿透力弱,射程很短(空气中2.7 cm、生物体中0.035 mm)。但由于它的电离作用强,一旦进入体内,能引起很大伤害,所以,α 射线内照射危害大,外照射危害不大。一般用两张纸,一层金属片,普通衣服,木板或一定厚度的空气层就能将 α 射线挡住。

2. β 射线

β 射线是一种带负电的电子流。β 粒子即电子,由于 β 射线电荷少、质量小、运动速度快,所以它的穿透力较强,射程比 α 射线大(空气中7 m、生物体中3 mm)。但电离作用比 α 射线弱得多,约为1/100,所以,β 射线内照射危害较小,外照射危害较大。一般用9 mm厚的铝片、塑料板、木板或多层厚纸等也足以将它挡住。

3. γ 射线

γ 射线是一种波长很短的电磁波,即光子流,与X射线相似,不带电,速度高(30万km/s),能量大,穿透能力强,比 β 射线强50~100倍,比 α 射线强1万倍。γ 射线电离能力最弱,只有 α 射线的千分之一,β 射线的1/10。因此,γ 射线外照射危害很大,内照射危害很小。一般用原子序数较高的金属,如铁、铅能起到一定的屏蔽作用。

4. 中子流

只有在原子核发生裂变时,才能从中释放出中子束。运输中常见的是由中子源放出的一种不带电的粒子源。因为中子不带电,不能直接产生电离,所以它的穿透能力也是很强的。中子对人体的危害主要是外照射,一般认为,中子引起人体损伤的有效性是 γ 射线的2.5~10倍。中子最容易被氢原子或含有氢原子的化合物吸收。常用石蜡、水、有机纤维、水泥等作为吸收材料。

（二）量度放射性的物理量及单位

与运输有关的量度放射性的物理量及单位有以下几种：

1. 放射性活度（又称放射性强度）

放射性活度是量度放射性物质的放射性的一个物理量。反映了某放射性物质放射性的强弱程度。用每秒内某放射性物质发生核衰变的数目或每秒内射出的相应粒子数目来表示某物质的放射性活度。

放射性活度的单位，国际计量单位（SI 制）是：贝可勒尔（Bq）。每秒一个核发生衰变是1 贝可勒尔。

常用单位是：居里（Ci）。它们之间的换算关系是：

$$1\ Ci = 3.7 \times 10^{10}\ Bq\ ;1\ Bq = 2.703 \times 10^{-11}\ Ci$$

$$1\ Ci = 10^{3}\ mCi = 10^{6}\ \mu Ci$$

2. 放射性比活度（又称比度，比强度）

放射性比活度即放射性物质单位质量（或体积）所具有的放射性活度。

使用放射性比活度，可以更确切地表示某种物质的放射性活度的大小。故各种运输方式的《危规》都以放射性比活度来度量某一种物品是否应列入放射性物品。

放射性比活度的计量单位（SI 制）是：贝可勒尔/千克（Bq/kg）、贝可勒尔/克（Bq/g）。常用单位是：居里/千克、微居里/克、居里/厘米^3、居里/升。

3. 吸收剂量

吸收剂量是指受辐射的物质或生物体单位质量（或体积）内吸收射线的能量值。

国际单位（SI 制）：戈瑞（GY），即焦耳每千克（J/kg）。

常用单位：拉德（rad）。

换算：1 GY = 100 rad。

4. 剂量当量

剂量当量是表示人体对一切射线所吸收能量的剂量单位。

国际单位（SI 制）：将焦耳每千克命名为希沃特（Sievert），简记为 Sv，1 Sv = 1 J/kg。

常用单位：雷姆（rem）。

换算：1 Sv = 100 rem。

在辐射防护工作中，虽然吸收剂量相同，由于辐射类型和照射条件等不同，也可能产生完全不同的生物效应。为了统一表示各种射线对机体的危害程度，在辐射防护上，采用了剂量当量的概念。剂量当量是适当的修正因素对吸收剂量进行加权，使得修正后的吸收剂量能更好地和辐射所引起的有害效应联系起来。剂量当量的定义为，在组织内被研究的某一点上的 D 与 Q 和 N 的三个数的乘积，即，

$$H = D \cdot Q \cdot N$$

式中：H——剂量当量；

D——吸收剂量；

N——所有其他修正因素的乘积，指定 N = 1（ICRP 指定的）；

Q——品质因素（见表 1-3）。

表 1-3　辐射类型 Q 值表

辐射类型	Q 值
X 射线、γ 射线和电子	1
快中子和质子	10
α 粒子	20

以上所述可以看出剂量当量表征吸收上述能量对人体可能带来的危害大小，而吸收剂量则表征单位质量物质吸收辐射能量的多少。

5. 剂量当量率（辐射水平）

剂量当量率是指单位时间所受到的剂量当量，又称辐射水平。

国际单位（SI 制）：希（沃特）/秒（Sv/s），微希（沃特）/秒（μSv/s），毫希（沃特）/小时（mSv/h）。

常用单位：微雷姆/秒（μ rem /s），毫雷姆/小时（mrem/h），雷姆/周（rem/w），雷姆/年（rem/y）。

六、污染性

水路危险货物运输中主要指的是对海洋的污染性。在《IMDG Code》中的海洋污染物即海洋有害物质具有这一性质。

这种物质进入海洋后，可能危害人类健康、伤害生物资源和海洋生物，损害环境优美或妨碍海洋的其他合法利用。

判断海洋污染物的标准是依据《MARPOL 73/78》，通过其进入海洋后在生物体内积累对水生生物或人类健康造成的危害程度大小来确定。

第四节　危险货物的运输法规

一、国际公约和规则

在国际上与海上危险货物运输有关的国际公约和规则主要有：

（一）《关于危险货物运输的建议书》（橙皮书）

1953 年成立了联合国经济社会理事会（ECOSOC）。根据联合国经济社会理事会 468G 决议，于 1954 年成立联合国危险货物运输专家委员会（UN CETDG）。联合国危险货物运输专家委员会由经选举的 22 个成员国代表组成，非政府组织和联合国其他代表（如国际海事组织等）可以观察员的身份参加。我国政府于 1988 年以成员国正式代表身份加入联合国危险货物运输专家委员会。

该委员会于 1956 年提出了一份《关于危险货物运输的建议书》（简称橙皮书）。该建议书在国际上具有较大的权威性，其制定的原则是尽可能防止所使用的运输工具和货物受损，制定规则必须不妨碍危险货物的运输，但对太危险的货物，可不予受理运输；其目的是直接用作各国和国际制定危险货物运输规则的基础，对危险货物运输提出了一个原则要求，国际上和各国的规则应在这个基本原则下以统一的形式予以发展。该建议书适用于各种运输方式运输的包装危险货物，对于不同的运输形式，可允许有较宽或较严的要求。

该建议书在历次专家委员会会议上进行修订（目前每两年一次，以后有可能改为四年一次）。在 1996 年的 19 届会议上通过了将橙皮书改为可以直接纳入所有运输方式的国家和国际规则的危险货物运输建议书规章范本的形式(Model Regulation)。

新版的橙皮书共有7个部分和两个附录:一般规定、定义和培训;分类;危险货物一览表和限量内免除的规定;包装和罐柜的规定;托运程序;容器、中型散装容器、大宗包装、可移动罐柜和公路罐车的构造和试验;运输作业的有关规定;附录A——通用的和未另列明条目的正确运输名称清单;附录B——术语汇编。

与危险货物运输建议书配套使用的危险货物分类试验和标准的建议以单独的《试验和标准手册》的形式出版。

(二)《1974年国际海上人命安全公约》(SOLAS 1974)

SOLAS公约是有关海上安全最早的国际公约,1974年政府间海事协商组织(IMCO)〔现为国际海事组织(IMO)〕为了海上安全管理的新需要,在1960年SOLAS公约的基础上议定了1974年SOLAS公约,并于1980年5月25日生效,取代了1960年SOLAS公约。在公约中设立第VII章“危险货物运输”。该公约以后又经过了多次修订,到目前为止,SOLAS公约第VII章“危险货物运输”的内容分为四部分:

A部分——包装或固体散装危险货物的装运;

B部分——散装运输危险液态化学品船舶的构造和设备;

C部分——散装运输液化气体船舶的构造和设备;

D部分——船舶安全载运放射性核燃料、钚和高辐射水平的放射性废弃物国际规则。

我国政府于1979年11月7日加入《SOLAS 1974》。目前,已有一百多个国家加入该公约,其拥有的船舶吨位几乎接近世界商船总吨位的百分之百。

(三)《经1978年议定书修订的1973年防止船舶造成污染公约》(MARPOL 73/78)

为了保护海洋环境和防止船舶造成海洋污染,1973年10月8日至11月2日在伦敦召开防止海洋污染国际会议,会议讨论通过了《1973年国际防止船舶造成污染公约》(简称MARPOL 1973)。由于MARPOL 1973对当时的情况来说要求太高,不够科学和合理,迟迟不能生效,而海洋污染的事故又频频发生。所以,1978年2月6日至17日IMCO在伦敦召开了油轮安全和防止海洋污染国际会议,会议讨论通过了《1973年国际防止船舶造成污染公约的1978年议定书》(简称MARPOL 73/78)。《MARPOL 73/78》有VI个附则(见表1-4)。

表1-4 MARPOL 73/78的VI个附则

附则	名称	生效日期	我国加入日期
Ⅰ	防止油污染规则	1983年10月2日	1983年7月1日
Ⅱ	控制散装有毒液体物质污染规则	1987年4月6日	1983年7月1日
Ⅲ	防止海运包装有害物质污染规则	1992年7月1日	1994年9月13日
Ⅳ	防止船舶生活污水污染规则	2005年8月1日	2006年11月2日
Ⅴ	防止船舶垃圾污染规则	1988年12月31日	1988年11月21日
Ⅵ	防止船舶造成空气污染规则	2005年5月19日	2006年8月23日

该公约的附则Ⅰ、Ⅱ、Ⅲ分别涉及防止和控制油类、散装有毒液体物质、包装有害物质污染的具体要求,这3个附则的主要内容如下:

1. 附则Ⅰ——防止油污规则

附则Ⅰ是该公约的必选附则,因此与《MARPOL 73/78》同时生效,即1983年10月2日生效。我国于1983年7月1日加入《MARPOL 73/78》,成为该公约的缔约国。附则Ⅰ主要针对防止和控制油污提出船舶结构、设备的要求及操作排放污水的规定。它分有四章共26条。第一章总则;第二章控制操作污染的要求;第三章关于将油船因船侧和船底损坏而造成污染减至最低的要求;第四章防止油污事故造成污染。在规则附录Ⅰ中还列出了油类物质名单,这些油类有的属于挥发性的具有较大的火灾危险;有的属于非挥发性的,虽不具有较大的火灾危险,但具有对海洋环境的污染危险性。

2. 附则Ⅱ——控制散装有毒液体物质污染规则

《MARPOL 73/78》附则Ⅱ由 IMO 的 MEPC(海上环保会)于 1973 年 11 月 2 日制定,1985 年 12 月 6 日修正,于 1987 年 4 月 6 日生效。同时对我国生效。

该规则对载运散装有毒液体物质的船舶规定了设计要求、构造要求、设备要求、排放标准、排放程序、管路布置标准、货物操作及其记录等内容。该规则附录Ⅰ列出了“有毒液体物质的分类导则”,对可能散装运输的有毒液体物质分为 X、Y、Z、OS 四个类别。

3. 附则Ⅲ——防止海运包装有害物质污染规则

《MARPOL 73/78》附则Ⅲ,原名为《防止海运包装或集装箱、可移动罐柜或公路及铁路罐车装运有害物质污染规则》,现名为《防止海运包装有害物质污染规则》。附则 III 按 1985 年 IMO 的海上环保会的决定和同年经海安会批准,附则Ⅲ通过《国际海运危险货物规则》(IMDG Code)来实施,附则Ⅲ的内容已包含在《IMDG Code》的 1989 年 25 套(IMDG Code Amdt. 25 - 89)修正案中,该修正案于 1991 年 1 月 1 日起得到实施。《MARPOL 73/78》附则Ⅲ于 1992 年 7 月 1 日生效。我国于 1994 年 9 月 13 日参加,1994 年 12 月 13 日对我国生效。

该规则主要针对运输包装有害物质,尤其是船舶在运输中使用集装箱、可移动罐柜及铁路罐车装运的有害物质。“有害物质”系指在《IMDG Code》中确定的“海洋污染物”,两者的鉴定标准是一样的。

(四)《国际海运危险货物规则》(IMDG Code)

1960 年海上人命安全公约(SOLAS)会议对联合国危险货物专家委员会(UN CETDG)的建议案给予了肯定,并通过了 56 号建议案。为进一步满足船舶运输危险货物对国际规则的需要,建议案要求由国际海事组织负责,并与联合国危险货物专家委员会合作,制定一个统一的《国际海运危险货物规则》。

当时的 IMCO(现 IMO)的海上安全委员会(MSC)指派了一个由海上运输危险货物方面具有丰富经验的国家的一些专家组成了一个工作组。该工作组根据当时的《1960 SOLAS》第 VII 章的规定与联合国危险货物运输专家委员会合作,并考虑到海运惯例和程序,从 1961 年 5 月召开的第一次会议直到 1965 年的第十次会议,产生了著名的《国际海运危险货物规则》(IMDG Code)。

《国际海运危险货物规则》(IMDG Code)于 1965 年 9 月 27 日由国际海事组织 A. 81(IV)决议通过。工作组于同年 11 月 22 日至 26 日召开了第十次会议,此后就成为海上安全委员会(MSC)下属的危险货物运输分委员会(CDG),现调整为危险货物、固体货物和集装箱分委会(DSC)。

《IMDG Code》的设计起初是用于海上运输并且是建议性的,但这并不影响它的广泛使用,包括生产商、包装商、仓储商、船东、港口经营人都使用了规则中的全部或部分内容,世界上的绝大部分国家都把它作为立法和管理的依据。我国自 1982 年 10 月 1 日起在国际航线上开始使用《IMDG Code》。

在 2002 年 5 月 IMO 海安会第 75 届会议上确认了其早期决定,通过发布第 31 套修正案在国际法上成为强制性的。据此,MSC 通过了决议 MSC.123(75)对经修正的1974年 SOLAS 公约第Ⅵ和 VII 章进行了相应的修正以指明《国际海运危险货物规则》的修正情况。

在经修正的1974年 SOLAS 公约 VII 章 A 部分第3条明确指出:载运包装危险货物须遵守《IMDG Code》的相关规定。即根据 MSC 决定,《IMDG Code》在2004年1月1日起成为SOLAS公约下的强制性规则(其中大部分内容)。

需要说明的是,在本规则第1.1章中指出:尽管根据经修正的 SOLAS 74 公约第 VII 章,本规则在法律上是强制性文件,但是本规则的以下规定依然是建议性的:

第1.3章(培训);

第1.4章(保安规定)(除1.4.1.1外);

第2.1章2.1.0节(第1类爆炸品,引言说明);

第2.3章2.3.3节(闪点的测定);

第3.2章 危险货物一览表的第15栏和第17栏;

第5.4章5.4.5节(多式联运危险货物表格),就该表格的格式而言;

第7. 3章(有关发生只涉及危险货物的事故和火灾的预防办法的特殊规定);

第7.9.3节(主管机关地址);

附录 B 术语汇编。

修正后的《IMDG Code》是依据并为实施《1974年国际海上人命安全公约》(SOLAS)和《经1978年议定书修正的1973年国际防止船舶造成污染公约》(MARPOL 73/78)制定的,对保障船舶安全载运危险货物、防止海洋污染具有重要的作用。《IMDG Code》问世后一直进行着定期修正,基本上为两年进行一次修正,到目前为止已经进行了32次的修订。

其中30套修正案(IMDG Code Amdt. 30 - 00)在版本上作了较大的改变。主要是1996年危险货物运输建议书(橙皮书)改成《危险货物运输建议书规章范本》后,《IMDG Code》与规章范本有较大的区别,在执行中存在一些问题,1996年 MSC 同意修改《MDG Code》,与规章范本统一协调,切实实现规章范本的目的。

目前最新的《MDG Code》32套修正案是以30套修正案为基础,分为七大部分,即七章,大16开3本(包括2个正本和一个补充本)。其具体内容为:

第1部分——总则、定义和培训;

第2部分——分类;

第3部分——危险货物一览表和限量内免除;

第4部分——包装和罐柜规定;

第5部分——托运程序;

第6部分——包装、中型散装容器、大宗包装、可移动罐柜、多单元气体容器和公路罐车的构造和试验;

第7部分——运输作业的有关规定。

具体内容分布为:

第一册:总则、定义和培训;分类;包装和罐柜的规定;托运程序;容器、中型散装容器、大宗包装、可移动罐柜、多单元气体容器和公路罐车的构造和试验;运输作业的有关规定。

第二册:危险货物一览表和限量内免除的规定;附录 A——通用的和未另列明条目的正确运输名称清单;附录 B——术语汇编;危险货物英文索引;危险货物中文索引。

补充本:应急措施;医疗急救指南;报告程序;货物运输组件的装载;船舶安全使用杀虫剂;INF 规则。

(五)《固体散装货物安全操作规则》(BC Code)

世界上每年有成千上万吨货物经海上散装运输,如煤、水泥、粮食、化肥、饲料、矿物和矿石等。尽管这些运输的绝大部分都顺利完成,也发生过多起严重事故,不但造成了船舶灭失,也造成了人员的伤亡。出席 1960 年国际海上人命安全大会的代表都认识到了散装固体货物运输中存在的问题,但在当时除了对谷物的载运外,还不能制订具体要求。然而,在公约附则 D 的第 55 段中建议由国际海事组织(IMO)组织制定国际上可接受的关于散货运输安全实践的规则。为了促进散装固体货物的海上运输安全,国际海事组织于 1965 年制定出版了第一版《固体散装货物安全操作规则》(Code of Safe Practice for Solid Bulk Cargoes)(简称 BC Code),以后又相继出版了几个版本。目前最新的是 2004 版,它包括了海上安全委员会第 79 届会议通过的所有《BC Code》的修正案。

《BC Code》向主管机关、船东、托运人和船长在安全积载和运输固体散装货物(谷物除外)所使用的标准方面提供了指导。该规则介绍散装固体货物运输的一般建议,200 多种典型固体散货的物理和化学特性及其安全运输的特殊要求,固体散货试样采集和各特性指标的测试方法等内容。

《BC Code》2004 版的结构包括综述、12 节和 9 个附录,具体如下:

综述

第 1 节　定义;

第 2 节　一般预防措施;

第 3 节　人员与船舶安全;

第 4 节　评定货物的安全适运性;

第 5 节　平舱措施;

第 6 节　静止角的确定方法;

第 7 节　易流态化货物;

第 8 节　易流态化货物的测试程序;

第 9 节　具有化学危险性的货物;

第 10 节　散装固体垃圾的运输;

第 11 节　积载因数换算表;

第 12 节　相关信息和建议的参照;

附录 1　各固体散装货物明细表;

附录 2　实验室测试程序、相关仪器和标准;

附录 3　固体散装货物的特性;

附录 4　固体散装货物的密度测量规范;

附录 5　可免除安装固定式气体灭火系统或固定式气体灭火系统对其无效的固体散装货清单;

附录 6　货煤气体的监测程序;

附录 7　关于进入船上封闭处所的建议;

附录 8　关于船上安全使用杀虫剂的建议;

附录9 固体散装货物索引。

（六）《国际散装运输危险化学品船舶构造和设备规则》(IBC Code)/《散装运输危险化学品船舶构造和设备规则》(BCH Code)

由于散装液体化学品存在的危险特性及海上运输的发展，需要有一个国际准则，来保证船舶及这类货物的安全，并减少给船员及周围环境所带来的危险。20世纪60年代中期，在政府间海事协商组织(IMCO)会议中首次提出化学品船舶安全的议题，海上安全委员会采纳了散装货物委员会的建议，组织有关专家开始筹备制定化学品船舶的设计规范、构造和设备的规则。

1971年10月12日，经IMCO全体会议通过了《散装运输危险化学品船舶构造和设备规则》，简称《散化规则》或《BCH Code》。该规则于1972年4月生效。该规则共有七章，对散装化学品船的结构和设备提出了要求。其中第六章列出对船舶结构和设备有最低要求的散装液体化学品货物68种；第七章则列出了可散装运输，但对船舶结构和设备无最低要求（即不受《BCH Code》约束的）的货物40种。尽管《BCH Code》开始并非强制性的，但是，因为人们认识到遵守该规则的确对保证散化运输的航行安全有益，所以，1972年以后建造的散化船，在结构和设备基本上符合《BCH Code》的要求。

《BCH Code》的目的在于提供一个统一的安全运输散装化学品的国际准则。它提出涉及这类运输的船舶结构特性和考虑到货物特性的这类船舶所必须具备的设备。制定该规则的基本思路是把海上运输的化学品按其所具有的危害性进行分类，并将这些危害与运输这些货物的船舶类型联系起来，不同类型的船舶，其货物防护和自救能力的程度也不同，化学品的危害性较大的，则应选择具有较强货物防护和自救能力的船型。

《BCH Code》生效后至1983年间，又被修正了10次，使其不断得到改进并与技术发展同步。其间，建造了一些新的需同时适合于《BCH Code》与《GC Code》（液化气船规则）的船舶，而这两个规则之间又有不统一的地方。为了协调两者的关系，综合《BCH Code》制定以来的实践，国际海事组织(IMO)于1983年制定并通过了《国际散装运输危险化学品船舶构造和设备规则》，简称《国际散化规则》或《IBC Code》。该规则于1986年7月1日生效。共有19章和一个附录，对船舶结构和设备提出了新的要求。

《IBC Code》2004年修正案共设有21章和一个附录。其中第十七章列出了对船舶结构和设备有最低要求的散装液体化学品物质清单；第十八章则列出了可散装运输，但对船舶结构和设备无最低要求的液体货物清单。

由此可见，散装运输某一液体危险化学品，需要选择什么船型、舱型以及设备等，均可在《BCH Code》第六章或《IBC Code》第十七章中的最低要求一览表中查得。反过来，若不遵守该一览表中规定的要求，则认为违背了规则，这不仅是不安全的，也是不允许的。这两个规则对保证散装液体化学品运输的安全，防止散装有毒液体物质污染海洋，都起了重要作用，所以，经1985年修改的《MARPOL 73/78》附则Ⅱ规定，散装化学品船必须符合《BCH Code》（现有船，即1986年7月1日以前建造的）和《IBC Code》（新船，即1986年7月1日或其后建造的），并作为强制性要求。

对于根据《IBC Code》或《BCH Code》建造和装备的每一条化学品船进行初期或定期检验后，都要颁发一份《国际散装运输危险化学品适装证书》或《散装运输危险化学品适装证书》。该证书应存放在船上，以供随时检查。在适装证书后边都须附加一张允许该船运载的属于

《IBC Code》第十七章或《BCH Code》第六章里化学品的清单。该适装证书和允许这条船运载的物质清单只应在该船上使用。

（七）《国际散装运输液化气体船舶构造和设备规则》（IGC Code）/《散装运输液化气体船舶构造和设备规则》/《现有散装运输液化气体船舶规则》

鉴于液化气船营运的危险性，IMO 于 1975 年 11 月 12 日通过了 A. 328 决议《散装运输液化气体船舶构造和设备规则》（简称 GC Code）以及 A. 329 决议《现有散装运输液化气体船舶规则》（简称现有的 GC Code）。

《GC Code》对新液化气船的设计、制造（包括改装）、运输管理提出了第一个国际性的标准。《GC Code》公布后，IMO 又针对该规则通过了四套修正案，对规则进行了局部修改。

《GC Code》适用于下述液化船：

（1）1976 年 10 月 31 日以后签订建造（或重大改装）合同的船舶：或

（2）当无建造（或重大改装）合同时，于 1976 年 12 月 3 日以后安放龙骨（或开始改装）的船舶；

（3）1980 年 6 月 30 日以后交付使用（或改装完毕）的船舶。

《GC Code》仅为建议性质的国际标准。

由于《GC Code》只是针对当时新设计制造（或改装）的液化气船而制订的安全标准，而对当时已经交付使用，以及已处于建造阶段的液化气船的安全要求，并未作出规定。故 IMO 又制定了《现有散装运输液化气体船舶规则》，对这些现有的液化气船的结构与设备提出了一个共同的国际标准。

现有的 GC Code 实质上是对《GC Code》的补充，适用于 1976 年 10 月 31 日以前交付使用的液化气船。与《GC Code》相同，它也是建议性质的国际标准。对于按这两个规则建造和装备的每条液化气船，应颁发一份《散装运输液化气体适装证书》。

由于《GC Code》、现有的 GC Code 仅属建议性质，它们只是作为参考性国际标准，由各国政府自行决定执行。部分国家将这两个规则纳入本国法律，将它们视同国际公约，对本国籍的液化气船强制执行这两个规则，同时要求到达本国港口的外国籍液化气船必须符合有关规则的要求并持有有效的证书，甚则禁止未持有相应“适装证书”的液化气船通过其水域。有些国家则仅在船东提出要求时才进行检验发证。但也有些国家对本国船舶并不要求，却只要求外国船舶应持有合格的“适装证书”才能进入该国港口。

这种状况非常混乱，IMO 决定在 SOLAS 1974 公约 1983 年修正案中对液化气船的安全标准作出强制性规定。

1983 年 6 月 17 日，IMO 通过了《国际散装运输液化气体船舶构造和设备规则》，并把它作为 SOLAS 1974 公约 1983 年修正案的一部分，强制执行，于 1986 年 7 月 1 日起对签字国生效。《国际散装运输液化气体船舶构造和设备规则》简称《国际气体运输规则》或《IGC Code》。它适用于 1986 年 7 月 1 日或以后安放龙骨或处于相似阶段的液化气船；不论何时建造的船舶，凡在 1986 年 7 月 1 日以后被改建成液化气船的，也适用本规则。对于按《IGC Code》建造和装备的每条液化气船，都应颁发一份《国际散装运输液化气体适装证书》。

（八）《国际船舶安全运输包装辐射核燃料、钚和高度放射性废弃物国际规则》（INF Code）

为了进一步加强放射性物质的安全运输，IMO 于 1999 年 5 月 27 日通过了《国际船舶安全运输包装辐射核燃料、钚和高度放射性废弃物国际规则》（INF Code），并于 2001 年 1 月 1 日生效,成为 SOLAS 1974 公约下的强制性规则。

其中辐射核燃料(INF)货物系指按照《IMDG Code》第 7 类作为货物运输的包装类辐射核燃料、钚和高度放射性废弃物。辐射核燃料系指含有铀、钍和钚的同位素已被用于维持自供式核连锁反应的材料。钚系指回收中从辐射核燃料提取的钚的同位素的合成混合物。高度放射性废弃物系指在辐射核燃料的回收设施中,从第一阶段提取系统的操作中产生的液体废物,或在其后的提取阶段产生的浓缩废物,或由此种废物转化成的固体物质。运输上述物质必须遵守《INF Code》。运输辐射核燃料货物还应适用《IMDG Code》的规定。

(九)公约、规则间的关系

公约是各缔约国共同签署、共同遵守的条约。为了更具体的履约,一般在公约制定后会制定和实施一系列操作性的规则。以上两个公约与一些规则之间就有着密切的联系。《SOLAS 1974》公约从安全方面对海运危险货物作出了规定,《MARPOL 73/78》公约从防止污染方面对海运有害物质作出了规定。尽管这两个公约所侧重的出发点不同,但目的都是为了减少或避免危险货物海上运输给人类造成危害,即安全危害和污染危害。因此,这两个公约构成了海运危险货物管理的较完整体系,而规则是实施公约的具体细则,所以这些规则是这个体系中的组成部分。具体公约与规则间的关系见表 1-5。

表 1-5 公约与规则间的关系

1974 SOLAS(第Ⅶ章)	MARPOL 73/78	规则
A	附则Ⅲ	《IMDG Code》、《BC Code》
B	附则Ⅱ	《IBC Code》、《BCH Code》
C		《IGC Code》、《GC Code》
D		《INF Code》
油轮安全内容	附则Ⅰ	

(十)《控制危险废物越境转移及其处置巴塞尔公约》

废弃物亦称废物,俗称垃圾,它是人类生产和生活的必然产物。随着工业的迅速发展,废物的种类和数量大幅度增加。由于各种简单的废物处置方法都存在一定的缺点,而先进的废物处置方法费用巨大。于是一些发达国家将废物运送到发展中国家去处置,而发展中国家技术比较落后,不了解这些物质的成分及特性,为此付出了巨大的环境代价,产生了严重的环境污染事实,所以,使这些发展中的国家清醒起来,引起他们强烈的抗议,同时,世界舆论也强烈反对。于是,1989 年 3 月 20 日至 22 日在瑞士的巴塞尔召开了世界各国全权代表大会,会上 104 个国家共同签署了《控制危险废物越境转移及其处置巴塞尔公约》(简称《巴塞尔公约》)。公约共 29 个条文及 6 个附件。该公约于 1992 年 5 月 5 日生效,我国 1991 年成为公约缔约国。

《巴塞尔公约》是控制废物越境转移及其处置的国际准则和依据。它对抑制危险废物的跨国转移,保护发展中国家的环境不受废物污染和人民健康起了重大作用。

尽管《巴塞尔公约》对废物越境转移进行了严格控制,但它并没有完全禁止废物越境转移。公约仍然允许在特殊情况下可以进行废物越境转移;而大部分废物越境转移都是利用海上运输,有些是危险废物,导致船舶事故、人员伤亡或中毒;有些对海洋造成污染。为此,IMO 在《IMDG Code》第 26 套修正案(IMDG Code Amdt. 26 - 91)中增加了废弃物运输的内容。

与废弃物运输有关的国际公约还有《1972 年防止倾倒废物及其他物质污染海洋公约》(简

称《伦敦倾废公约》)、《1982 年联合国海洋法公约》和《MARPOL 73/78》等。

除了以上海上运输危险货物有关的法规,其他运输方式的国际组织也制定了危险货物运输规则:国际航空组织(ICAO)制定了《空运危险货物安全运输技术规则》、国际航空运输协会(IATA)制定了《危险品规则》(DGR)、欧洲铁路运输中心局(OCTI)制定了《国际铁路运输危险货物技术规则》(RID)、欧洲经济委员会(ECE)制定了《国际公路运输危险货物协定》(ADR)和《国际内河运输危险货物协定》(ADN)等。

二、国内法规

国内与水路危险货物运输有关的法规主要有:

(一)《中华人民共和国海上交通安全法》

《中华人民共和国海上交通安全法》是经 1983 年 9 月 2 日第六届全国人大常委会第二次会议通过,同日第 7 号国家主席令公布,自 1984 年 1 月 1 日起施行的。本法共 12 章 53 条,其中第六章是关于危险货物运输。

(二)《中华人民共和国海洋环境保护法》

《中华人民共和国海洋环境保护法》是我国于 1982 年 8 月 23 日制定通过并实施,1999 年重新修订通过,于 2000 年 4 月 1 日实施的关于我国海洋环境保护的一个综合性的正式法律。它根据我国海洋环境保护政策和海洋环境保护的任务并依据有关国际防止海洋环境污染公约而制定出来的。制定本法是为了保护海洋环境及资源,防止污染损害,保护生态平衡,保障人体健康,促进海洋事业的发展,以及保护全球的海洋环境。

本法共 10 章 98 条。第一章总则;第二章海洋环境监督管理;第三章海洋生态保护;第四章防治陆源污染物对海洋环境的污染损害;第五章防治海岸工程建设项目对海洋环境的污染损害;第六章防治海洋工程建设项目对海洋环境的污染损害;第七章防治倾倒废弃物对海洋环境的污染损害;第八章防治船舶及有关作业活动对海洋环境的污染损害;第九章法律责任;第十章附则。

(三)《中华人民共和国水污染防治法》

《中华人民共和国水污染防治法》于 1984 年 5 月 11 日第六届全国人民代表大会常务委员会第五次会议通过,1996 年 5 月 15 日第八届全国人民代表大会常务委员会第十九次会议修订,同日第 26 号国家主席令公布并实施。

本法共 7 章 62 条。第一章总则;第二章水环境质量标准和污染物排放标准的制定;第三章水污染防治的监督管理;第四章防止地表水污染;第五章防止地下水污染;第六章法律责任;第七章附则。

(四)《中华人民共和国港口法》

《中华人民共和国港口法》于 2003 年 6 月 28 日由中华人民共和国第十届全国人民代表大会常务委员会第三次会议通过,同日以第 5 号令公布,自 2004 年 1 月 1 日起施行。

本法共 6 章 61 条。第一章总则;第二章港口规划与建设;第三章港口经营;第四章港口安全与监督管理;第五章法律责任;第六章附则。其中第四章港口安全与监督管理涉及很多危险货物方面的内容。

(五)《危险化学品安全管理条例》

《危险化学品安全管理条例》是经 2002 年 1 月 9 日国务院第五十二次常务会议通过,于 2002 年 1 月 26 日中华人民共和国国务院第 344 号令公布,自 2002 年 3 月 15 日起施行。

《危险化学品安全管理条例》共7章74条。第一章总则;第二章危险化学品的生产、储存和使用;第三章危险化学品的经营;第四章危险化学品的运输;第五章危险化学品的登记与事故应急救援;第六章法律责任;第七章附则。其适用范围涉及生产、经营、储存、运输、使用和废弃物处置等6个环节。具体内容见附录三。

(六)《中华人民共和国内河交通安全管理条例》

《中华人民共和国内河交通安全管理条例》是经2002年6月19日国务院第六十次常务会议通过,于2002年6月28日中华人民共和国国务院第355号令公布,自2002年8月1日起施行。

本《条例》共11章95条。第一章总则;第二章船舶、浮动设施和船员;第三章航行、停泊和作业;第四章危险货物监管;第五章渡口管理;第六章通航保障;第七章救助;第八章事故调查处理;第九章监督检查;第十章法律责任;第十一章附则。

(七)《中华人民共和国防止船舶污染海域管理条例》

《中华人民共和国防止船舶污染海域管理条例》(以下简称《条例》)是由国务院1983年12月29日颁布实施的,它是为贯彻实施1982年制定的《中华人民共和国海洋环境保护法》,防止船舶污染海域,维护海域生态环境而特别制定的。

《条例》共分12章56条。第一章总则;第二章一般规定;第三章船舶防污文书及防污设备;第四章船舶油类作业及油污水的排放;第五章船舶装运危险货物;第六章船舶其他污水;第七章船舶垃圾;第八章使用船舶倾倒废弃物;第九章水上、水下船舶修造打捞和拆船工程;第十章船舶污染事故的损害赔偿;第十一章处罚与奖励;第十二章附则。

(八)《水路危险货物运输规则》

《水路危险货物运输规则》(第一部分 水路包装危险货物运输规则)(以下简称《水路危规》)是由中华人民共和国交通部1996年10号令颁布,自1996年12月1日起实施。它是为了加强我国水路危险货物运输管理,保障运输安全,防止事故发生,适应国民经济发展而制定的。

《水路危规》内容包括:正文8章73条:包括总则;包装和标志;托运;承运;装卸;储存和交付;消防和泄漏处理;附则。7个附件:各类危险货物的引言和明细表;危险货物标志;包装型号、方法、规格和性能试验;积载和隔离;可移动罐柜;适用于中型散装容器装运的货物及要求;危险货物优先顺序表。7个格式:危险货物运输声明;放射性物品运输声明;危险货物包装检验证明书;放射性物品包装件辐射水平检查证明书;集装箱装箱证明书;危险货物鉴定表;放射性物品空容器检查证明书。两个附录:船舶装运危险货物应急措施;危险货物事故医疗急救指南。

《水路危规》力求与国际接轨,遵照我国加入的国际公约,以当时的《IMDG Code》为蓝本,并结合我国的特点和实践经验进行制定的,其更具有科学性、可操作性。它与《IMDG Code》都是关于包装危险货物运输的规则,虽然有很多相同的地方,但还是有许多自己的特点。主要表现在以下几个方面:

1. 制定依据

《水路危规》是依据《中华人民共和国海上交通安全法》、《中华人民共和国海洋环境保护法》、《化学危险品安全管理条例》、经修正的《1974年国际海上人命安全公约》、《国际海运危险货物规则》等国内法律、法规和国际公约、规则,以及有关的国家标准而制定的。

2. 适用范围

《水路危规》指出："在中华人民共和国境内从事危险货物的船舶运输、港口装卸、储存等业务，除国际航线运输（包括港口装卸）、军运、散装危险货物另有规定外，均适用本规则。"这就是说，凡是在中华人民共和国水域（包括沿海和内河）、码头以及陆域从事危险货物运输的船公司或其代理人和装卸、储存的企业或个人，无论是国有企业、私营企业，还是中外合资企业、外资独资企业、无论位于经济特区、沿海经济开发区，还是位于内地，无一例外，都必须遵守本规则的一切规定。国际航线危险货物运输遵守《国际海运危险货物规则》；关于军运，系指军事贸易、救灾抢险、军队调动、战争等情况下的危险货物运输，这方面的运输，除按照交通部《关于军贸危险品包装检验问题的通知》的规定执行外，还应按照军队方面的有关规定进行；关于散装危险货物运输另有相关的规定，有些正在制订中。

3. 分类

《水路危规》根据中华人民共和国 GB6944《危险货物分类和品名编号》和中华人民共和国 GB12268《危险货物品名表》等有关的国家标准，将危险货物划分为九大类。《IMDG Code》也是将危险货物分为九大类，但某些大类的名称有异，如第 2 类前者为"压缩气体和液化气体"，后者为"气体"等。两个规则在细分类上也有一些不同。细分类名称不同：前者为"项"，后者为"类"；细分类个数不同：如第 1 类前者为"5 小项"，后者为"6 小类"；第 3 类前者为"3 小项"，后者不分小类；第 8 类前者为"3 小项"，后者不分小类；第 9 类前者为"2 小项"，后者不分小类。另外，两个规则在某些类、项中包括的危险货物的品种有所差异，《水路危规》中还没有将海洋污染物列入。

4. 编号

《水路危规》根据中华人民共和国 GB6944 - 1986《危险货物分类和品名编号》规定将危险货物的编号用 5 位数表示，而且具有一定的含义，而《IMDG Code》选用联合国编号（UN No），用 4 位数表示，没有进一步含义。我国国标编号（GB No）5 位数中，第 1 位表示该危险货物的类别，第 2 位表示项别，后 3 位数为顺序号。

《水路危规》根据各种危险货物的危险程度又划分为一级和二级危险货物。那么，如何区分某个危险货物是一级还是二级危险货物呢？其中，第 1 类、第 2 类、第 5.2 项、第 6.2 项和第 7 类均为一级危险货物。其他可根据危险货物国标编号中的顺序号的大小来判断：若顺序号小于等于 500 的为一级危险货物；大于 500 的则为二级危险货物。

例如：碳化钙（电石），GB No. 43025，则表示该货物属于危险货物中的第 4 类，第 3 项，即属于第 4.3 项遇湿易燃物品；因为顺序号为 025，小于 500，所以该危险货物属于一级危险货物。

5. 运输

《水路危规》规定，客货船和客滚船载客时，原则上不得装运危险货物，而《IMDG Code》对有些危险性小的货物还是允许在客船上装运的。

6. 装卸、储存和交付

《水路危规》对危险货物的装卸、储存和交付提出了详尽的要求，而《IMDG Code》对此涉及很少。

另外，在包装和标志、积载和隔离、明细表等方面与《IMDG Code》也有一些不同。

（说明：根据 2005 年 11 月 1 日正式实施的 GB12268 - 2005《危险货物品名表》和 GB6944

-2005《危险货物分类和品名编号》的规定,危险货物品名编号采用联合国编号,原编号允许使用2年。危险货物的分类也依据橙皮书作了相应的调整。为此,《水路危规》也可能将作修正。)

(九)《港口危险货物管理规定》

《港口危险货物管理规定》是由中华人民共和国交通部2003年第9号令颁布,自2004年1月1日起施行。它是为加强港口危险货物管理,保障人民生命、财产安全,根据《中华人民共和国港口法》、《中华人民共和国安全生产法》、《危险化学品安全管理条例》等有关法律、行政法规而制定的。本规定共41条,在港口装卸、过驳、储存、包装危险货物或者对危险货物集装箱进行装拆箱等项作业(危险货物港口作业)适用本规定。具体内容见附录四。

(十)《船舶载运危险货物安全监督管理规定》

《船舶载运危险货物安全监督管理规定》是由中华人民共和国交通部2003年第10号令颁布,自2004年1月1日起施行,1981年交通部颁布的《船舶装载危险货物监督管理规定》([81]交港监字2060号)同时废止。

本规定是为加强船舶载运危险货物监督管理,保障水上人命、财产安全,防止船舶污染环境,依据《中华人民共和国海上交通安全法》、《中华人民共和国海洋环境保护法》、《中华人民共和国港口法》、《中华人民共和国内河交通安全管理条例》、《中华人民共和国危险化学品安全管理条例》和有关国际公约的规定而制定的。本规定适用于船舶在中华人民共和国管辖水域载运危险货物的活动。

本规定共七章37条。第一章总则;第二章通航安全和防污染管理;第三章船舶管理;第四章申报管理;第五章人员管理;第六章法律责任;第七章附则。具体内容见附录五。

除了以上介绍的国内与水路危险货物运输有关的法规外,另外还有《海运出口危险货物包装检验管理办法(试行)》及补充规定、《集装箱装运包装危险货物监督管理规定》、《船舶载运外贸危险货物申报规定》、《船舶载运散装油类安全与防污染监督管理办法》、《海运危险货物集装箱装箱安全技术要求》、《危险货物集装箱港口作业安全规程》等相应的规定、通知、国家标准和行业标准。

关于其他运输方式运输危险货物,我国交通部还颁布实施了《公路危险货物运输规则》、铁道部颁布实施了《铁道危险货物运输管理规则》、中国民用航空总局制定了《中国民用航空化学物品运输规定》等法规。

三、怎样使用《国际海运危险货物规则》(IMDG Code)

《IMDG Code》是从事海运危险货物安全和防污染监督管理人员、承运人、托运人及其代理人、船公司管理人员、船舶检验人员、危险品制造商、危险货物包装检验人员、港口作业及管理人员必备的工具书。其使用方法是:首先应熟悉第1册的所有内容,然后查阅第2册中的"危险货物一览表"及相关的附录。其中第4.1类中的自反应物质和第5.2类有机过氧化物还需查阅第2章分类中的一览表。

在《IMDG Code》第2册中列有的"危险货物一览表",它列出了三千多种在运输中常见的危险货物,限定了危险货物的范围,为我们从事危险货物的运输人员提供了危险货物的联合国编号、危险货物的正确运输名称、危险货物进行运输的限制条件、危险货物的分类和应标贴的标志、危险货物的副危险性(如果有的话)和应标贴的标志及海洋污染物标记、危险货物的包装类别、与运输有关的特殊规定、限量内豁免运输的最大量、适用的包装和中型散装容器及罐柜的导则及其特殊规定、应急措施表号、积载与隔离要求和危险货物的主要特性及注意事项等详细资料，而这些资料信息又是我们从事危险货物运输的各方人员必须掌握的，所以说危险货物一览表是危险货物运输不可缺少的重要技术文件之一。

危险货物一览表包括了《IMDG Code》中所有的危险货物条目，并将它们的联合国编号（UN No）、正确运输名称（PSN）、类别、副危险性、包装类、特殊规定、限量、包装导则和规定、中型散装容器导则和规定、罐柜和散装容器导则和规定、应急措施、积载与隔离以及特性和注意事项列成17个栏目，最后再加上一个UN No共18个栏目。

（一）危险货物一览表的格式

危险货物一览表的格式如表1-6所示。

表1-6 危险货物一览表的格式

UN No	正确运输名称	类别	副危险	包装类	特殊规定	限量	包装		中型散装容器		罐柜与散装容器			EmS	积载与隔离	特性与注意事项	UN No
							导则	规定	导则	规定	IMO	UN	规定				
(1)	(2)	(3)	(4)	(5)	(6)	(7)	(8)	(9)	(10)	(11)	(12)	(13)	(14)	(15)	(16)	(17)	(18)

（二）各栏目介绍

1. 联合国编号（UN No）

第1栏和第18栏“UN No”——本栏目是引用了联合国危险货物专家委员会《关于危险货物运输建议书》中的UN表中对每一危险货物指定的联合国编号。它由4位阿拉伯数字组成。

2. 正确运输名称（PSN）

第2栏“正确运输名称（PSN）”——本栏目中的正确运输名称是以比其他正常印刷字号大一字号或紧随其后必须对其补充解释的正常印刷字号组成。正确运输名称在同一分类的异构体存在时可用复数表示，正确运输名称下的无水物质也可能包括水合物。

危险货物的正确运输名称在危险货物的运输中起着很重要的作用，它是识别该货物的主要依据之一。

化学物品的命名是一个非常复杂和混乱的问题，同一个物品有工业名称、商业名称、习惯名称、民俗名称、译名和学名等。同是译名，从英语、日语、俄语翻译过来各不相同；同是学名，又有习惯命名法和系统命名原则之别。例如：氯苯，又称为氯化苯、一氯化苯、苯基氯；硫氰酸甲酯，又称为甲基芥子油、甲基硫代碳酰胺；2－甲基砒啶，又称为α－皮考啉、α－皭哥啉；甲基叔丁基甲酮，又称为3,3－二甲基－2－丁酮、2,2－二甲基－3－丁酮、频哪酮；氢氧化钠，又称为苛性钠、烧碱、火碱等等。这些混杂的名称，就是化工专家也需要凭借专用的工具书才能正确地确认某些名称，而有些土名如密陀僧（一氧化铅）、翡翠绿（乙酰亚砷酸铜），则恐怕在专用的工具书中也很难找到。

在危险货物运输的任何环节中，如果货物的名称不统一，将会产生对货物性质的认定错误，从而引起一系列如货物的标志、包装、积载、隔离、装卸、应急等问题的错误选择，甚至造成事故。因此，为了避免这种不统一所造成的麻烦，在《IMDG Code》中确定了危险货物的正确运输名称，并在危险货物一览表中列出了危险货物的正确运输名称。必须用正确运输名称对包件进行标记和制作单证。它的同义词、辅助名、原始名或缩写名等包括在索引中以方便人们查询正确运输名称。这里的“正确运输名称”,系指《经修正的 1974 年国际海上人命安全公约》(1974 SOLAS)第Ⅶ章第 4、5 条和《经 1978 年议定书修正的 1973 年国际防止船舶造成污染公约》(MARPOL 73/78)附则 III 中第 4 条所要求的“正确技术名称”。

名称前的数字、希腊字母、‘仲’、‘叔’和字母 m、n、o、p 等是名称不可缺少的一部分。名称后括号中的部分(例如:乙醇(乙基醇))是可供选择的正确运输名称。名称后的小字号不作为正确运输名称,但可以使用。当名称中有连接词“和”、“或”时,或名称中的一部分用逗号分隔时,该条目下的完整名称不必应用在运输单证或包装标记中。特别是在一个联合国编号下的多个名称组成的条目,就应选择合适的正确运输名称。例如:

(1)UN 1057 打火机或打火机充气罐——可能由下列最合适的正确运输名称组成:

打火机

打火机充气罐

(2)UN 2583 烷基苯磺酸或芳基苯磺酸,固体的,含有大于 5% 游离苯磺酸——最合适的正确运输名称为:

烷基苯磺酸,固体的

芳基苯磺酸,固体的

正确运输名称适当时可用单数或复数。另外,当限定词作为正确运输名称一部分使用时,它们在单证或包件上的顺序是任选的。处于固态的一种物质以熔融状态交付运输时,限定词“熔融的”应加在正确运输名称后(如:烷基苯酚,固体的,未另列明的,熔融的)。除了自反应物质、有机过氧化物外,如果危险货物一览表名称中已经表示出以大一字号“稳定的”,该词都应作为正确运输名称一部分。如没有进行稳定,将禁止运输,因为在正常的运输环境中易于发生危险性反应(例如:有毒液体,有机的,未另列明的,稳定的)。

3. 类别

第 3 栏“类别”——本栏目告诉我们该物质根据危险货物分类标准归属于九大危险分类中的哪一类,包括小类(如果有的话)。对于第 1 类,还包括对该物质或物品指定的配装类(共有 13 个配装类,用英文字母从 A ~ L,不包括 I,再加上 N 和 S 表示)。根据本栏目显示的内容在包件上粘贴相应的主标志。

4. 副危险

第 4 栏“副危险”——如某一物质具有多种危险性,按照危规的分类原则确定其主要危险性,其他危险性则视为副危险性。本栏目就显示了根据危规第 2 部分叙述的分类系统确定的任一副危险性对应的类别号。如果是海洋污染物或严重海洋污染物也给予表示。如:

P——海洋污染物

PP——严重海洋污染物

●——海洋污染物仅适用于本栏目或索引中标有 P 物质含量在 10% 或以上的物质或标有 PP 物质含量在 1% 或以上的物质。

根据本栏目显示的内容在包件上粘贴副标志或标记。

5. 包装类

第 5 栏为“包装类”——本栏目包括指定物质或物品的包装类号(Ⅰ、Ⅱ、Ⅲ)。如果某一条目含有一种以上的包装类,该物质或配置品在运输时需要应用规则中第 2 部分危险分类标准根据其特性确定包装类。

6. 特殊规定

第6栏"特殊规定"——本栏目包含的编号系指在《IMDG Code》第2册第3.3章中列出的该物质或物品与运输有关的一些特殊规定(如有关包装、含量、分类、标志等的特殊规定)。特殊规定中如果没有用词给出另外的含义,则适用于该物质或物品所允许的所有的包装类。其中编号900列出一份禁止运输的物质清单。另外,在特殊规定中列出了许多在运输中需要经过测试才可确定是否符合《IMDG Code》的规定,即是否可按普通货物运输的要求。

7. 限量

第7栏"限量"——本栏目提供的是按照《IMDG Code》第2册第3.4章限量规定运输的相关物质或物品每一内包装认可的最大量。其中词"无"系指不允许按限量运输的物质或物品。

8. 包装导则

第8栏"包装导则"——本栏目列出的首字母数字码(如P001)系指该物质或物品适合的有关包装导则。在《IMDG Code》第4.1章列有包装导则一览表。包装导则指出了运输物质或物品可能使用的包装(包括大宗包装)。

它们分为以下几种形式:

字母"P"编号系指除中型散装容器和大宗包装以外的包装导则。

字母"LP"编号系指使用大宗包装的包装导则。

含有"P"编码,但没有"LP"编码则意味着该物质不允许使用这类包件。

9. 特殊包装规定

第9栏"特殊包装规定"——本栏目所包含的首字母数字码系指适用于特定物质或制品的特殊包装规定(参见《IMDG Code》第4.1章)。在特殊包装规定中字母"PP"系指适用于有关"P"代码使用包装的特殊包装规定。在特殊包装规定中字母"L"系指适用于有关"LP"代码使用包装的特殊包装规定。

10. IBC 包装导则

第10栏"IBC 包装导则"——本栏目中包含首字母数字代码(如 IBC05)系指运输物质应使用的中型散装容器的相关说明。在《IMDG Code》第4.1章4.1.4.2列有 IBC 包装导则表。字母"IBC"代码系指使用 IBCs 的包装说明所表示的中型散装容器类型。

当没有提供代码时则为该物质使用 IBC 包装没有被认可。

11. IBC 特殊规定

第11栏"IBC 特殊规定"——本栏目包含首字母数字码(如 B1),其中字母"B"系指适用于带有"IBC"代码的包装使用导则的特殊包装规定(参见《IMDG Code》第4.1章)。

12. IMO 罐柜导则

第12栏"IMO 罐柜导则"——本栏目仅适用于按照与过渡规定相一致的《IMDG Code》第29次修正案要求制造的 IMO 可移动罐柜和公路罐车,本栏目的规定可以替代第13栏的规定使用至2010年止。本栏目含有 T 代码(如 T12)和有些情况是 TP 注释(同第14栏)。当本栏没有"T"代码时则适用于第13栏的"T"代码。在《IMDG Code》第4.2章列有可移动罐柜导则表。

13. UN 罐柜和散装容器导则

第13栏"UN 罐柜导则"——本栏目含有的"T"代码(同第13栏),适用于以可移动罐柜和公路罐车运输危险货物。除了固体物质的特殊规定外,当本栏没有提供 T 代码时则表示以可移动罐柜运输该危险货物没有被认可,除非主管当局特殊批准。在《IMDG Code》第4.2章列有可移动罐柜导则表。

虽然危险货物一览表中标明了可移动罐柜导则,但是具有更高试验压力、更大罐壳厚度、更坚固底部开口和压力释放装置的其他可移动罐柜也可以使用。具体使用原则见《IMDG Code》第4.2章。

散装容器代码——本栏目含有“BK2”,系指该货物是可以用封闭散装容器运输的散装货物。如果没有提供散装容器代码,则意味该物质不允许使用散装容器运输。

14. 罐柜特殊规定

第14栏“罐柜特殊规定”——本栏目包含的TP代码(TP1~TP31)是给特定物质划定的可移动罐柜的特殊规定,是为了补充或取代可移动罐柜导则中规定的要求。本栏目“TP”列明注释适用于第12、13栏列明的可移动罐柜(参见《IMDG Code》第4.2章)。

15. 应急表号(EmS No)

第15栏“EmS No”——本栏目系指《船舶载运危险货物应急反应措施》(EmS指南)中火灾和溢漏的应急表号。

第一个EmS代码系指火灾应急表号(例如:火灾应急表字母“F-A”一般火灾应急表)。

第二个EmS代码系指溢漏应急表号(例如:溢漏应急表字母“S-A”毒性物质)。

下划线EmS号代码(特殊情况)表示一个物质、材料或物品在应急反应措施中给出附加指示。

对于未另列明的或其他通用条目的危险货物,最适当的应急措施表可能由于危险成分的不同而不同。因此,托运人可根据自己的知识声明从本规则表示的不同表号中选择的是最恰当的。

16. 积载与隔离

第16栏“积载与隔离”——本栏目指出了该物质或物品的积载与隔离规定。其中有积载类别(A~E、爆炸品01~15),特殊的积载和隔离要求。

17. 特性与注意事项

第17栏“特性与注意事项”——本栏目显示了该危险货物的主要特性和注意事项。它为我们描述了该危险货物的主要物理和化学特性,以及它的主要危险性,并指出了相应的注意事项。

(三)怎样查阅危险货物一览表

为了迅速、正确地查找《IMDG Code》危险货物一览表,获得危险货物资料,在中文版的《IMDG Code》第2册中编制了“危险货物英文名称索引”和“危险货物中文名称索引”。

当我们已知一种物质、材料或物品名称后,可以通过中文名称索引或英文名称索引查到该物质、材料或物品的联合国编号UN No。因为危险货物一览表是根据联合国编号的大小顺序排列的,所以由具体的联合国编号UN No即可查阅到危险货物一览表,获得相关的资料。

1. 危险货物英文名称索引

英文索引是按照危险品正确运输名称中开头字母在英文字母中的顺序进行排列的。名称前的阿拉伯数字、罗马数字Ⅰ、Ⅱ等、希腊字母α、β、γ等和英文前缀,虽然是名称的不可缺少的组成部分,但在索引排序中不予考虑。

在索引中,物质、材料或物品名称后面的单词“see”系指该名称为同义词,其详细的运输规定列在危险货物一览表相关的联合国编号/正确运输名称所对应的同义名的条目中。

某些海洋污染物或严重海洋污染物仅在索引中被确认。这些海洋污染物或严重海洋污染物未被列入一个未另列明条目或通用条目，应按1～8类的特性分类，如不符合这些分类，则应按第9类的条目提交运输。

即环境有害物质，固体的，未另列明的，UN 3077或

环境有害物质，液体的，未另列明的，UN 3082。

在英文索引中列出四个栏目：物质、材料或物品名称；是否是海洋污染物；类别；联合国编号UN No。

2. 危险货物中文名称索引

中文索引是将危规中所有的危险品条目以中文名称汉语拼音字母按英文字母顺序进行排列，名称中的阿拉伯数字、英文字母、希腊字母、罗马数字等，虽然是名称的组成部分，但不予考虑，只以汉字为准。

在索引中，物质、材料或物品名称后面的单词"见"系指该名称为同义词，其详细的运输规定列在危险货物一览表相关的联合国编号/正确运输名称所对应的同义名的条目中。

在中文索引中只列出了二个栏目：物质、材料或物品；联合国编号。

（四）示例

甲醇（METHANOL）

在中文名称索引的字母J栏中或英文名称索引M栏中查到它的联合国编号UN No为1230，然后由联合国编号UN No1230查得危险货物一览表，见表1-7所示，获得以下信息资料：

表1-7　危险货物一览表（部分）

UN No (1)	正确运输名称 (2)	类别 (3)	副危险 (4)	包装类 (5)	特殊规定 (6)	限量 (7)	包装 导则 (8)	包装 规定 (9)	中型散装容器 导则 (10)	中型散装容器 规定 (11)
1230	甲醇	3	6.1	Ⅱ	279	1L	P001	—	IBC02	—

表1-7（续）　危险货物一览表（部分）

罐柜与散装容器 IMO (12)	罐柜与散装容器 UN (13)	罐柜与散装容器 规定 (14)	EmS (15)	积载与隔离 (16)	特性与注意事项 (17)	UN No (18)
T4	T7	TP2	F－E，S－D	积载类B。避开生活居住处所。	无色、挥发性液体。闪点12℃ c.c. 爆炸极限：6%～36.5%。与水混溶。吞咽会中毒，引起眼睛失明。避免皮肤接触。	1230

（1）联合国编号UN No 1230。

（2）正确运输名称为甲醇。

（3）属于第3类易燃液体。

(4)副危险性6.1为有毒害性,即该物质除了具有易燃性外,还有毒害性,需要粘贴具有毒害性的副标志。

(5)包装类别为Ⅱ。

(6)特殊规定279。在《IMDG Code》第3.3章适用特定物质、材料或物品的特殊规定查到该规定为:这种物质是依据人类的经验而不是应用本规则严格的分类标准进行分类或设定包装类。

(7)限量要求为内包装内最大数量不超过1L,即该物质在内包装内的数量不超过1L,每一包件的总毛重不超过30kg(内包装易于破碎或穿孔,每一包件的总毛重不超过20kg),可以按限量内豁免运输。

(8)包装导则P001,在《IMDG Code》第4.1章4.1.4包装导则一览表P001中,可以得到适用的具体包装和规格。也可见本书第三章中表3-6所示。

(9)无特殊包装规定。

(10)中型散装容器导则IBC02,在《IMDG Code》第4.1章涉及IBCS使用的包装导则表IBC02中,可以得到适用的具体规格(形式与包装导则P001类似)。

(11)对中型散装容器也无特殊包装规定。

(12)IMO罐柜导则为T4,在《IMDG Code》第4.2章可移动罐柜导则中,可以得到具体要求:最低试验压强2.65 bar;最小罐壳厚度为直径大于1.8 m的厚度不少于6 mm,直径不大于1.8 m的厚度不少于5 mm;压力释放规定正常;底部开口规定见《IMDG Code》第6.7章中的6.7.2.6.3。

(13)UN罐柜导则为T7,在《IMDG Code》第4.2章4.2.4.3.6可移动罐柜导则中,可以得到具体要求同上T4。

(14)罐柜特殊规定TP2,在《IMDG Code》第4.2章可移动罐柜特殊规定中,可以得到具体要求为不应超过规定的装载限度。

(15)应急措施表号EmS为F-E,S-D,即在《IMDG Code》补充本P28火灾应急表F-E非遇水反应易燃液体中可以获得灭火建议;在P60溢漏应急措施表S-D易燃液体中获得处理溢漏的建议。

(16)积载与隔离要求为:积载类B,即该物质在客船上只限舱面积载,在货船上舱面舱内都可装载;装载的位置应避开生活居住处所。

(17)特性与注意事项为:该物质是无色、油状液体;闪点:12℃$_{C.C.}$;爆炸极限:6%~36.5%;与水混溶;吞咽会中毒,引起眼睛失明;避免与皮肤接触。

(五)通用条目或未另列明条目

鉴于实际情况的限制,在危险货物一览表中不可能列出所有的危险货物名称。主要有两个原因:一是为了减少危险货物的编号,防止文字和内容的重复,故在危险货物一览表中将理化特性、包装、标志、应急措施、积载与隔离等要求相似的货物归为一组,给予一个编号以一个"通用条目"出现,使得危规显得精练紧凑;二是随着时代的进步,科学技术的发展,新的化学品不断出现,任何一种危规的品名表虽然不断地进行修改增减,但均不可能在一个时间间隔内所列出的物质或物品的名单详尽无遗。而这些新生产的化学品同样需要进行贸易,需要运输,这样,就有必要给它们提供一个参照运输的条款。在《IMDG Code》中设立了未另列明的(N.O.S)条目以用于这些危险货物的运输。因此,对于在危险货物一览表中没有列出的物质或物品，可以使用“通用条目”或“未另列明的”条目进行运输。每一条目都指定一个联合国编号。

危险货物一览表中的条目分为 4 种情况：

① 严格定义的物质或物品的单一条目：

例如：UN1090　　丙酮

UN1194　　亚硝酸乙酯溶液

② 严格定义的物质或物品类的通用条目：

例如：UN1133　　胶合剂

UN1266　　香水产品

UN3101　　有机过氧化物，B 型，液体的

③ 未另列明的特殊条目，包括具有特殊化学或技术属性的物质或物品：

例如：UN1477　　硝酸盐，无机的，未另列明的

UN1987　　醇类，未另列明的

④ 未另列明的通用条目，包括符合一类或多类标准的物质或物品：

例如：UN1325　　易燃固体，有机的，未另列明的

UN1993　　易燃液体，未另列明的。

第 4.1 类中的自反应物质划分到 20 个通用条目中的一个。

第 5.2 类中的所有有机过氧化物也划分到 20 个通用条目中的一个。

由于通用条目或未另列明的条目具有高度的概括性，因而不论是条目本身还是其相应的联合国编号都不能提供关于危险货物的足够资料，以保证一旦货物发生事故时采取恰当的有效措施，所以，在危险货物一览表中第 6 栏的特殊规定 274 中指出，其运输单证和包装标记的正确运输名称应当以技术名称作补充，具体要求为：

(1) 在单证和包件上显示的补充资料应是科技手册、期刊和教科书中被认可的常用化学名称。商业名称不应用于此目的。就农药而言，技术名称可以对正确运输名称加以补充，它应是国际标准化组织（ISO）通过的通用名称，列在《世界卫生组织（WHO）推荐农药毒性分类及指南》中的名称或活性物质名称。在农药运输单证中应含有活性物质的浓度。

(2) 在危险货物一览表中通用或未另列明的条目中的某个具有特殊规定 274 来论述危险货物混合物时，混合物需要在后面插入一些补充资料表示每种成分的危险，这些资料由于太长在包件上无法全部进行标记。总之，对于这些混合物在包件上可以标记不多于两种最危险成分的标记。

(3) 如混合物包件贴有副危险类别标志，括号中的化学名称应有一个是副危险类别标志组分的名称。

(4) 如包件内含有海洋污染物，要标明这种海洋污染物经认可的化学名称。

下面是未另列明的（N. O. S）条目用技术名称对正确运输名称进行补充的事例说明：

UN2003 烷基金属，未另列明的（三甲基镓）；

UN2902 农药，液体的，有毒的，未另列明的（艾氏剂，19%）。

在《IMDG Code》第 2 册附录 A 中列出了通用的和未另列明条目的正确运输名称清单。在清单中通用的和未另列明物质的名称按照它们的危险类别或分类进行了分组，在每一危险类别或分类中名称按下列原则被分成 3 组：

——特殊条目,包括具有特定化学或技术性质的物质和物品组;

——农药条目,系指第3类和第6.1类;

——通用条目,包括具有一种或多种普通危险性质的物质或物品组。

复习思考题

1. 什么是危险货物?危险货物根据运输形式的不同分为哪几种?包装危险货物分为几类?

2. 什么是燃烧?燃烧有哪几种形式?

3. 爆炸形式有几种?其中化学爆炸又包括哪几种?

4. 什么叫敏感度?了解敏感度对爆炸品的运输有什么意义?

5. 影响毒物毒性大小的因素有哪些?毒物的化学组成及结构对毒性有什么影响?

6. 毒物进入人体的途径有哪些?

7. 什么是腐蚀品?衡量其腐蚀作用的大小主要是采用哪两个指标?

8. 射线的种类主要有哪些?各有什么特点?怎样防护?

9. 国际上与海上危险货物运输有关的国际公约和规则主要有哪些?公约与规则间有怎样的关系?

10. SOLAS公约第Ⅶ章“危险货物运输”的内容分为哪四部分?

11.《MARPOL 73/78》有哪几个附则?

12. 国际国内有关水路包装危险货物运输的法规分别是哪个?它们主要有哪些区别?

13.《国际海运危险货物运输规则》是否是SOLAS公约下的强制性规则?

14.《IBC Code》与《BCH Code》有什么区别?

15.《国际海运危险货物规则》中的危险货物一览表主要包括哪些内容?怎样查阅《国际海运危险货物规则》中的危险货物一览表?简述一览表中各符号的意义。

16. 简述危险货物的正确运输名称的重要性。

17. 解释通用条目和未另列明条目的作用和意义。使用通用条目或未另列明条目运输的危险货物,其运输单证和包装标记的正确运输名称应怎样表示?

18. 名词解释:闪点、燃点、自燃点、爆炸极限、爆发点、LD_{50}、LC_{50}、MAC、TLV、放射性强度、放射性比强度(比活度)、剂量当量、(剂量当量率)辐射水平、海洋污染物。

第二章　各类包装危险货物的定义、分类及特性

包装危险货物根据《国际海运危险货物规则》(IMDG Code),按照它们所呈现的危险性或主要的危险性分为九大类(见第一章第二节)。本章分别介绍每一大类的定义、细分类及相应的危险特性。

第一节　爆炸品

一、定义

《IMDG Code》指出第1类爆炸品包括爆炸性物质、烟火物质和爆炸性物品。具体定义为:

(1)爆炸性物质系指固体或液体物质(或几种物质的混合物),能通过本身的化学反应产生气体,其温度、压力和速度会对周围环境造成破坏,甚至包括不放出气体的烟火物质。

(2)烟火物质系指一种或几种物质的混合物,设计上通过产生热、光、声、气体或所有这一切的结合达到一种效果,这些效果是通过非爆燃性的、自续的、放热等一些化学反应产生的。

(3)爆炸性物品系指含有一种或多种爆炸性物质的物品。

二、分类

(一)按危险性分类

按爆炸产生的危险性,《IMDG Code》将第1类爆炸品分为6小类:

第1.1类　具有整体爆炸危险的物质和物品(是指实际上瞬间影响到几乎全部装药量的爆炸)。

第1.2类　具有抛射危险,但没有整体爆炸危险的物质或物品。

第1.3类　具有燃烧危险、较小爆炸或较小抛射危险,或兼有两种危险,但无整体爆炸危险的物质或物品。本类包括的物质和物品:

(1)产生相当大的辐射热;或

(2)相继燃烧,产生较小爆炸或抛射作用或兼有两种作用。

第1.4类　无重大危险的物质和物品。

本类包括在运输过程中万一点燃或引爆时只有微弱危险的物质和物品。其影响主要限于包件本身,预计不会产生相当大的碎片的抛射作用或其作用范围不大。外部火焰必须实际上不会引起包件中全部货物在瞬间爆炸。

注:本类的物质和物品,若其包装或设计可使由于意外作用而引起的任何危险局限在包件内部,除非包件已经被火烧坏;在这种情况下,所有爆炸或抛射作用应限制在不会明显妨碍在靠近包装处进行灭火或采取其他应急措施的范围内,那么该类物质和物品应当划分为配装类S。

第1.5类　有整体爆炸的危险但极不敏感的物质。

本类包括具有整体爆炸危险,但在正常运输条件下引爆或从燃烧转为爆轰的可能性极小的极不敏感的物质。

注:当船上大量运载时,由燃烧转为爆燃的可能性较大。因此,第1.1类和1.5类的爆炸性物质的积载要求是一致的。

第1.6类　没有整体爆炸危险的极不敏感物品。

本类仅含由极不敏感的起爆物质组成的物品,该物品因意外起爆或传爆的可能性可以忽略。

注:第1.6类物品的危险仅限于在单个物品的爆炸。

《水路危规》将第1类爆炸品分为5小项。

(二)按配装类分类

第1类爆炸品由于性质上的差异,考虑到如果彼此在一起能安全积载或运输而不会明显地增加事故的概率或在一定量的情况下不会明显提高事故后果的等级,可视其为"相容的"或"可配装的"。根据这一原则,爆炸品被分成若干配装类。

(1)《IMDG Code》将第1类爆炸品分为13个配装类,用英文字母从A~L,不包括I,再加上N和S表示。表2-1为配装类和类别符号。

《水路危规》将第1类爆炸品分为12个配装类。

表2-1　配装类和类别符号

物质和物品配装类说明	配装类	类别符号
初级爆炸物质	A	1.1A
含初级爆炸物质的物品,且不含两个或两个以上有效的保护装置	B	1.1B,1.2B,1.4B
抛射爆炸物质或其他爆燃物质或含有这些物质的物品	C	1.1C,1.2C,1.3C,1.4C
次级爆炸物质、黑火药或含有次级爆炸物质的物品,无引发装置和发射火药,或含有初级爆炸物质和两个或两个以上有效保护装置的物品	D	1.1D,1.2D,1.4D,1.5D
含有次级爆炸物质的物品,无引发装置,有发射火药(含易燃液体或胶体或自燃液体除外)	E	1.1E,1.2E,1.4E
含次级爆炸物质的物品,自带引发装置,有推进火药(含易燃液体或胶体或自燃液体除外)	F	1.1F,1.2F,1.3F,1.4F
自燃物质或含自燃物质的物品,或同时含有一种爆炸物质和一种照明、燃烧、催泪或发烟物质的物品(水激活物品或含有白磷、磷化物、自燃物质、易燃液体或胶体或自燃液体除外)	G	1.1G,1.2G,1.3G,1.4G
同时含一种爆炸物质和白磷的物品	H	1.2H,1.3H
同时含一种爆炸物质和一种易燃液体或胶体的物质	J	1.1J,1.2J,1.3J
同时含有一种爆炸物质和一种有毒化学制剂的物品	K	1.2K,1.3K
爆炸物质或含有一种爆炸物质的物品,呈现出特殊危险(例如:由于水激活,或存在自燃液体、磷化物或一种自燃物质),需要彼此隔离的物品	L	1.1L,1.2L,1.3L
只含极不敏感爆轰物质的物品	N	1.6N
经如此包装或设计的物质或物品,因事故引起的危险作用仅限于包件内部,当包件被烧坏时,一切爆炸和抛射效应不会严重影响和阻碍在包件附近救火或采取其他措施	S	1.4S

(2)爆炸品的类别表。爆炸品的危险性分类和配装类组合成35个类别符号,见表2-2所示。

表2-2 爆炸品分类、危险分类和配装类组合表

	配装类												
危险性分类	A	B	C	D	E	F	G	H	J	K	L	N	S	合计
1.1	1.1A	1.1B	1.1C	1.1D	1.1E	1.1F	1.1G		1.1J		1.1L			9
1.2		1.2B	1.2C	1.2D	1.2E	1.2F	1.2G	1.2H	1.2J	1.2K	1.2L			10
1.3			1.3C			1.3F	1.3G	1.3H	1.3J	1.3K	1.3L			7
1.4		1.4B	1.4C	1.4D	1.4E	1.4F	1.4G						1.4S	7
1.5				1.5D										1
1.6												1.6N		1
总计	1	3	4	4	3	4	4	2	3	2	3	1	1	35

(三)按用途分类

按照炸药的用途,可分为以下四类:

1. 起爆药

起爆药有时亦称初级炸药、主发炸药或第一炸药。起爆药是一种对外界作用十分敏感的炸药。它不但在比较小的外界作用(机械作用或热作用等)下,就能发生爆炸变化,而且变化速度可以在很短时间内增至最大值。起爆药可以用来引起其他炸药发生爆炸变化。因此,用其装填各种起爆器材和点火器材,如火帽、雷管等(用以点燃火药和引爆猛炸药)。例如引信中的雷管就装有起爆药,用它的爆炸引起弹丸中猛炸药爆炸。常见的起爆药有叠氮化铅、雷汞、二硝基重氮酚等。

2. 猛炸药

猛炸药有时亦称次发炸药、高级炸药或第二炸药。猛炸药爆炸时,对周围介质有强烈的机械作用,能粉碎附近的固体介质,故作为爆炸装药装填各种弹丸及爆破器材。猛炸药需要较大的外界作用或一定量的起爆药作用才能诱发其爆炸。常见的猛炸药有TNT、特屈儿、黑索金等。

3. 火药

火药能在没有外界助燃剂(如氧气)参加下,进行快速燃烧,而燃烧产生的高温高压气体对弹丸作抛射功,因此主要用作发射药和推进剂。常见的火药有黑火药、无烟火药、高分子复合火药等。

4. 烟火剂

烟火剂包括照明剂、信号剂、曳光剂、燃烧剂、烟幕剂等,用以装填特种弹药,产生特定的烟火效应。

上述四种炸药中,猛炸药的基本爆炸变化形式是爆轰;起爆药是燃烧或爆轰;火药与烟火剂则是燃烧。不过它们都具有爆炸性质,在一定条件下都能产生爆炸。

炸药的燃烧亦称燃爆。它和一般燃料燃烧不同,炸药本身含有氧化剂和可燃物,不需空气中的氧,由于在密闭容器中进行反应,其燃烧速度受压力的影响很大,压力升高反应速度明显增加。

爆轰是以爆轰波的形式沿着炸药高速地自行传播的现象。爆轰传播速度基本上很少受外界条件的影响。燃烧和爆轰的传播机理是不同的。燃烧是通过热的传导、扩散和辐射在炸药中传播的,而爆轰则是通过冲击波传播的。爆轰波就是伴有高速化学反应的冲击波。

爆炸品除了以上分类方法外，还有按作用分为：点火器材、起爆器材、炸药及爆炸品、其他爆炸品（如枪弹类、礼花类、爆竹类等）；按爆燃速度和敏感度分为：烈性炸药或起爆炸药、低爆炸药或爆燃炸药；按化学上分为：自氧化还原化合物、氧化剂和还原剂的混合物。

（四）分类程序

《IMDG Code》强调了第1类货物的分类程序标准、管理规定，以便把好爆炸品运输的第一关。明确指出：

（1）所有具有或怀疑具有爆炸特性的物质或物品应考虑划分到第1类。第1类物质或物品应划分成适当的危险类和配装类。第1类货物应根据最新版本联合国《试验和标准手册》进行分类。下列货物不应划分到第1类：

① 除非特别授权，禁止运输敏感性过高的爆炸性物质；

② 属于第1类货物定义排除范围内的物质和物品；或

③ 不具有爆炸性的物质或物品。

（2）在运输前，所有爆炸性物质和物品的分类、配装类以及准备运输货物的正确运输名称须得到生产国主管机关批准。下列情况需要新的批准手续：

① 新的爆炸性物质；或

② 与以前制造及批准的爆炸性物质或混合物有显著区别的一种新的爆炸性物质的组合物或混合物；或

③ 一种新设计的爆炸物品，一种含有新爆炸性物质的物品，或一种含有新的爆炸性物质组合物或混合物的物品；或

④ 使用新设计或新包装类型包括新型内包装的爆炸性物质或物品。

（3）危险性分类通常在试验结果的基础上评估。交付运输的物质或物品须根据其应做的试验的结果来指定危险性类别。其他试验结果以及从已经发生事故中收集的资料也可加以考虑。

（4）主管机关可根据试验结果和第1类的定义从该类货物中排除某物品或物质。

联合国《试验和标准手册》中第1类货物分类认可程序见图2-1 第1类货物分类认可程序简图。

三、特性

（一）爆炸性

爆炸性是爆炸品的主要危险特性。爆炸品的爆炸属于化学爆炸中的爆炸性物质的爆炸。

爆炸性物质的爆炸是物质因获得发火的能量引起迅速分解，放出具有足够能量的高温、高压气体，并迅速膨胀做功的现象。

从化学角度看，爆炸品可分为两种类型：爆炸性化合物和爆炸性混合物。

爆炸性化合物是自氧化还原化合物，在物质分子结构内含有不稳定的“活性原子基团”（又称致爆源 explosophore），即含有易氧化而未氧化和易还原而未还原的两种原子。存在着自身的内在矛盾。在许多化合物中含有致爆源，像叠氮化合物、溴酸盐、氯酸盐、亚氯酸盐、碘酸盐、硝酸盐、亚硝酸盐、高氯酸盐和苦味酸盐等。因而，在一定的外界条件影响下，就会发生自身氧化还原反应。使化合物分子内各原子重新排布组合成新物质的分子。这个过程就出现了爆炸。如，三硝基甲苯（TNT）中硝基（$—NO_2$）就是致爆源，极易与TNT分子的其余部分发生反应。

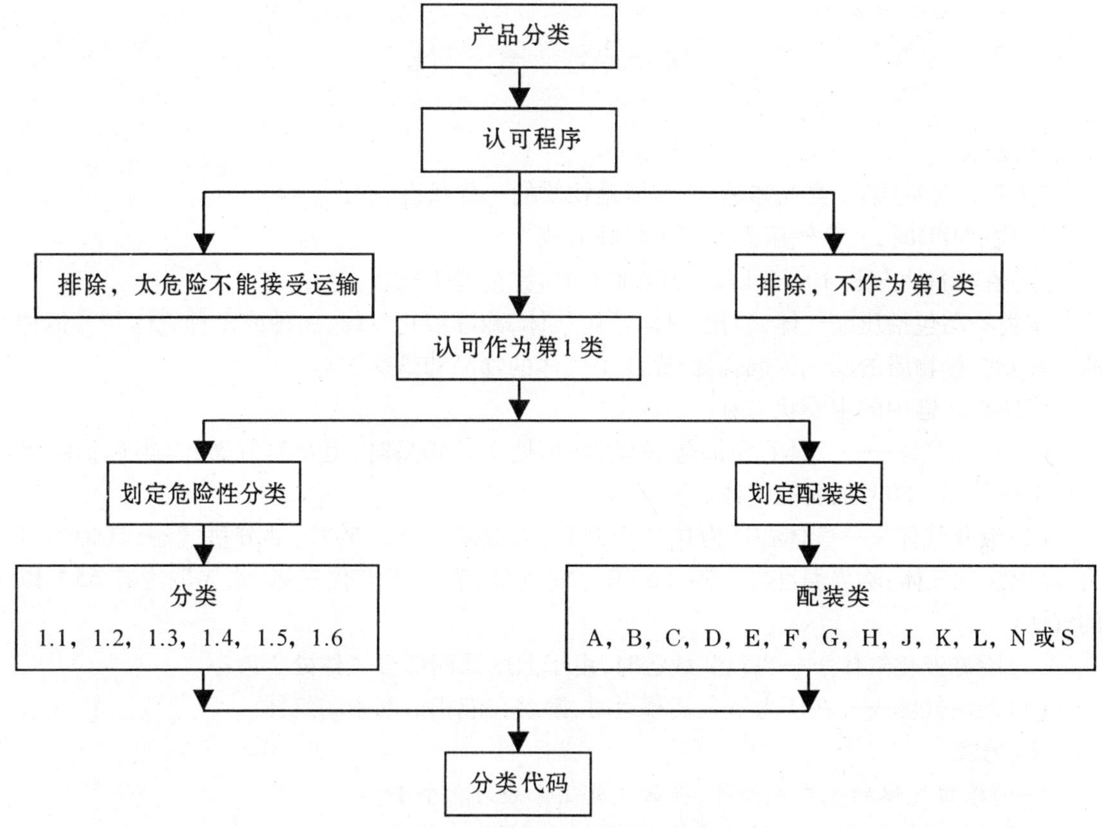

图 2-1　第 1 类货物分类认可程序简图

爆炸性混合物是氧化剂和还原剂的混合物，由性质上是氧化剂和还原剂的两种或多种物质混合。其爆炸反应是通过氧化剂的氧化性和可燃物的还原性之间的矛盾统一而完成的氧化还原反应，也能导致爆炸。像黑火药是由焦炭、硫磺（还原剂）和硝酸钾（氧化剂）组成的。

无论爆炸性化合物还是爆炸性混合物，发生爆炸都不需要外界提供氧气。在无空气的情况下，只要外界提供一定的条件，如，受热、摩擦、撞击、引爆等，爆炸品均会发生爆炸。

（二）毒害性

许多炸药或爆炸性物质爆炸时通常产生大量的 CO，CO_2，N_2，N_2O，NO，NO_2或 SO_2等窒息性和有毒气体，有的甚至有剧毒，很容易造成窒息或中毒。

（三）燃烧性

爆炸品燃烧时放出大量热量，使温度急剧升高，瞬间中心点温度升至 1500～4500℃，很容易使周围可燃物质引起燃烧，造成火灾。

四、几种爆炸品

（1）雷汞（含水或水加乙醇≥20%），1.1A，UN 0135，积载类 12。

（2）叠氮化铅（含水或水加乙醇≥20%），1.1A，UN 0129，积载类 12。

（3）三硝基甲苯（TNT）（干的或含水＜30%），1.1D，UN 0209，积载类 10。

（4）硝化甘油（含不挥发、不溶于水的钝感剂≥40%），1.1D，副危险性 6.1，UN 0143，积载类 13。

（5）烟花爆竹，1.4S，UN 0337，积载类 05。

第二节　气　体

一、定义

《IMDG Code》第2类气体是指:气体是物质的一种状态,它:

(1)在50℃时,其蒸气压力大于300 kPa;或

(2)在标准大气压101.3 kPa、温度20℃时,完全处于气态。

本类物品包括压缩气体,液化气体,溶解气体,冷冻液化气体,一种或多种气体与其他种类的一种或多种物质的蒸气的混合物,充注了气体的物品和烟雾剂。

气体在运输中的主要状态有:

(1)压缩气体——气体在压力包装运载时,处于-50℃时,完全呈气态;本类包括临界温度低于或等于-50℃的所有气体。

(2)液化气体——气体在压力包装运载时,当温度高于-50℃,部分呈气态,其特性可分为:高压液化气体:临界温度在-50~65℃之间气体,和低压液化气体:临界温度在65℃以上的气体。

(3)冷冻液化气体——当包装载运时,由于温度低而部分气体处于液态。

(4)溶解气体——在压力下包装载运时,溶解在液相溶剂中的气体。

二、分类

(一)根据气体的主要危险性,将第2类气体分为3个小类

①第2.1类 易燃气体(Flammable Gases);

②第2.2类 非易燃、无毒气体(Non-flammable,non toxic gases);

③第2.3类 有毒气体(Toxic Gases)。

1.第2.1类 易燃气体

该气体在温度20℃、标准压力101.3kPa时:

(1) 在与空气混合物中所占体积为13%或更低时可点燃;或

(2) 不管最低燃烧极限是多少,与空气混合形成的燃烧范围至少有12个百分点。

2.第2.2类 非易燃、无毒气体

该气体在20℃时,压力不低于280 kPa,或作为冷冻液体运输的气体,该气体具有:

(1) 窒息性——在大气中,该气体通常会冲淡或替代氧气;或

(2) 氧化性——该气体通常以提供氧气的方式,可以比空气更易于造成或导致其他材料燃烧;或

(3) 在其他类别里没有列入。

3.第2.3类 有毒气体

该气体是:

(1) 被认为对人类有毒或者有腐蚀性,以至于危害健康;或

(2) 被推定对人类有毒或有腐蚀性,通过试验得出气体的半致死浓度(LC_{50})值相当于或低于5000 ml/m^3(ppm)。

注:在腐蚀性上符合上述标准的气体将分类为带有腐蚀性副危险性的有毒气体。

(二)具有多种危险性的气体或气体混合物,其危险性排序原则

(1)第2.3类优先于其他所有类别;

(2)第2.1类优先于第2.2类。

(三)气体混合物的分类

对于气体混合物(包括其他类别物质的蒸气)的分类,应使用下列原则:

1. 气体混合物的易燃性

应该按照国际标准化组织通过的方法(见国际标准化组织 ISO 10156:1996)进行试验和计算来确定易燃性。当应用该测定方法得不到足够数据时,可以运用国家主管当局认可的类似方法进行测定。

2. 气体混合物的毒性

对于毒性可以按第6.1类有毒物质的试验测定方法进行试验测定,或者应用下列公式计算确定:

$$LC_{50}\text{有毒(混合物)} = \frac{1}{\sum_{i=1}^{n}\frac{f_i}{T_i}}$$

式中:f_i = 混合物物质第 i 种成分的摩尔份数;

T_i = 混合物物质第 i 种成分的毒性指数(适当时,T_i 等于 LC_{50} 值)。

当 LC_{50} 值是未知数时,可以取类似物理、化学反应的物质的 LC_{50} 最低值来确定毒性指数,但如果仍不能确定,应通过试验。

3. 气体混合物的腐蚀副危险性

气体混合物有一种腐蚀性副危险性,当该混合物为人类经验所知,毁坏皮肤、眼睛或者黏膜,或当混合物腐蚀成分 LC_{50} 值等于或小于 5000 mL/m^3(ppm),此时的 LC_{50} 用下列公式计算的:

$$LC_{50}\text{ 腐蚀性(混合物)} = \frac{1}{\sum_{i=1}^{n}\frac{f_{ci}}{T_{ci}}}$$

式中:f_{ci} = 混合物第 i 种腐蚀成分的摩尔份数;

T_{ci} = 混合物第 i 种腐蚀性成分的毒性指数(适当时,T_{ci} 等于 LC_{50} 值)。

4. 气体混合物的氧化能力

气体混合物的氧化能力可通过试验来确定,或者用国际标准化组织通过的计算方法确定。

三、特性

(一)扩散性

气体是物质的一种聚集状态,又称气态,它和液态、固态合称物质的三态。分子聚集成物体时,因分子与分子之间距离和作用力的大小不同,而分为气体、液体和固体。气体分子之间的距离最大,作用力最小,其分子所具有的动能最大,分子可以在任意范围内运动,如果没有容器的限定或没有外力的作用,气体可以无限制地扩散。万一盛装气体的容器发生溢漏,气体就会逃逸到环境中去。如果是易燃气体,就会有燃烧和爆炸的危险;如果是有毒气体,就会有人员中毒的危险;即使是无毒不燃气体,由于其扩散性会冲淡环境中的氧含量,对人员造成危害。

气体的扩散及在环境中的分布与该气体的密度相对于空气的密度之比有关。

相对密度即为一种气体(A)对另一种气体(B)在相同条件下(同温、同压、同体积)的密度之比,即ρ_A/ρ_B,相对密度(D)与气体分子量有下述关系:

$$D = \frac{\rho_A}{\rho_B} = \frac{M_A}{M_B}$$

当温度、压力相同时,两种气体的密度之比(相对密度)等于它们的分子量之比。气体物质的相对密度是以空气为标准的。例如:在一个大气压和0℃时,1 L空气(空气的平均分子量为29)的质量为1.293 g,同温同压下,1升氢气(氢气的分子量为2.016)的质量为0.08987 g,则氢气对空气的相对密度为:

$$D_{氢气} = \frac{0.08987\ g/L}{1.293\ g/L} = \frac{2.016}{29} = 0.0695$$

即氢气对空气的相对密度为0.0695。

在危规所列各种气体的特性中都包括有该气体相对于空气的密度,气体可按此分为以下四种:

(1)"较空气为轻",气体的密度小于(但不小于1/2)空气的密度;

(2)"远较空气为轻",气体的密度小于空气密度的1/2;

(3)"较空气为重",气体密度大于(但不大于2倍)空气的密度;

(4)"远较空气为重",气体的密度大于空气密度的2倍以上。

一切比空气轻的气体都会蓄留在空间的封闭顶部;一切比空气重的气体会沉积在低洼处。如任其蓄积,都有潜在危险。所以,应针对气体相对密度的大小采取相应的防范措施,以确保安全。

(二)可压缩和液化性

如上所述,气体内各分子间的距离相当大,它是一种十分疏散的物质,少量的气体占据着很大的空间。如,在标准状况下(101.3 kPa, 20℃),1 kg氨气约占1317.6 L的体积,1 kg氯气约占315.3 L的体积。像这样庞大的体积,对于生产和运输来说,都带来很多问题。

然而,物质的三态是可以转变的,物质所处的状态和温度、压力有关。如果对气体施加压力,则气体可以被压缩。处于压缩状态的气体叫做压缩气体。气体被压缩,压力明显增大,即压力与体积成反比;气体被加热,压力会上升,即压力与温度成正比。如果在对压缩气体继续施加压力,并降低温度,压缩了的气体就会转化成液体。气体转化为液体的过程叫液化。经过加压和降温而液化为液体的气体叫液化气体。也就是说,液化气体不再是气体,而处于液体状态。这时,其体积大大缩小。如,在临界状态下,1 kg氨气液化成液态氨体积为4.25 L,只是标准状态下1 kg氨气体积的3‰,1 kg氯气液化成液态氯,体积为原体积的5‰,利用气体的可压缩和液化性就可以解决运输问题了。

气体都具有可压缩性,然而,不是在任何情况下,只要施加压力,都能使气体液化,只有当温度降到一定程度时,再施加压力才能使其液化。在这一温度以上,无论施加多大压力都不能使其液化。这个加压使气体液化时所允许的最高温度叫做临界温度。

在临界温度时使气体液化所需的最小压力叫做临界压力。当温度在临界温度以下时,使气体液化所需的压力小于临界压力;当温度降至沸点温度时,在常压下即能得到液化气体。由此可见,液化气体比起压缩气体,其体积压缩的程度更大。

临界温度和临界压力是了解气体液化的两个重要数据。不同物质,其临界温度、临界压力也不相同。几种气体的临界温度、临界压力见表2-3所示。

表2-3　几种气体的临界温度、临界压力

气体名称		临界温度(℃)	临界压力(MPa)
氦气	He	-267.9	0.23
氢气	H_2	-239.9	1.30
氖气	Ne	-228.7	2.62
氮气	N_2	-147.1	3.39
氧气	O_2	-118.8	5.04
甲烷	CH_4	-82.1	4.69
一氧化碳	CO	-138.7	3.51
乙烯	C_2H_4	9.7	5.14
二氧化碳	CO_2	31	7.39
乙烷	C_2H_6	32.1	4.86
氨气	NH_3	132.4	11.28
氯气	Cl_2	143.9	7.71
二氧化硫	SO_2	157.2	7.87
三氧化硫	SO_3	218.3	8.41

(1)当温度在临界温度以上时,无论施加多大压力都不能使气体液化,只能是压缩。当温度在临界温度以下时,气体才有可能液化。

(2)在临界温度时,只要施加比临界压力略大的压力,就可以使气体液化。

(3)当温度在临界温度以下时,使气体液化所需的压力小于临界压力,随着温度降低而降低。在沸点温度时,在常压下即能使气体液化。

(4)一般情况下,临界温度低于常温的多数为压缩气体,临界温度高于常温的多数为液化气体。

(5)临界温度高的容易液化,压力一般不超过5 MPa;临界温度低的(低于常温)不容易液化,为了能在钢瓶里多储存一些,往往需要施加很大的压力。

(三)物理爆炸性

所有气体都是加压灌装在压力容器内进行运输的,如容器受到剧烈撞击、振动或受热时,会使容器内压力增大,若超过容器所能承受的最高压力,就会产生容器爆炸。它属于物理爆炸。据测一个普通氧气钢瓶爆炸相当于5吨TNT炸药爆炸的威力,其冲击波甚至更强。

因此,盛装气体的钢瓶必须符合规定标准,使用前必须通过性能试验,必须检查钢瓶上的钢印标记。在装卸作业时,应防止撞击、拖拉、摔落、翻滚,不得溜坡滚动。储运时应远离火源,防止日晒,注意通风散热。

(四)燃烧爆炸性

易燃气体扩散到空气中,与空气形成混合气体,当达到爆炸或燃烧极限(范围)时,遇明火会发生燃烧和爆炸。

燃烧或爆炸下限越低,燃烧或爆炸范围越大的气体越危险。一些易燃气体的爆炸极限见表2-4所示。在易燃气体的运输中,爆炸或燃烧极限(范围)是十分重要的参数,必须根据这个数据采取恰当的安全措施。

表2-4 一些易燃气体的爆炸极限

气体名称	分子式	爆炸极限(%)	气体名称	分子式	爆炸极限(%)
氢气	H_2	4.0~75	丙烷	C_3H_8	2.1~9.5
甲烷	CH_4	5.3~14	丁烷	C_4H_{10}	1.8~8.4
一氧化碳	CO	12~75	环氧乙烷	C_2H_4O	3.0~100
乙烷	C_2H_6	3.0~16	乙炔	C_2H_2	2.1~80

(五)毒性(腐蚀性)

有毒气体在第2类气体中所占比重很大。有毒气体,尤其是剧毒气体对人、畜都有很大的毒害性,吸入少量即可引起中毒或死亡。像氰化氢、一氧化碳、氯甲烷、氯气、氯化氢和光气等都是剧毒气体。如,空气中含0.01%~0.02%氰化氢气体时,吸入即中毒,吸入30~60 min能引起严重中毒甚至死亡。

大多数的酸性气体有较强的腐蚀性,不仅对金属结构、建筑材料进行成年累月的侵蚀,而且对植物、人体皮肤粘膜也有很大的危害。

《IMDG Code》将毒性和腐蚀性气体归为一类,尽管性质上有差异,但从对人员危害的角度上两者是一致的。有毒气体(包括腐蚀性气体)如果发生逸漏,主要通过呼吸道进入人体,这是中毒最危险的途径。因此,有毒气体的储存、积载应特别注意远离一切食品及居住处所。

(六)助燃性

在第2.2类非易燃、无毒气体中有些气体虽然本身不能燃烧,但具有很强的助燃性。如,氧气就是典型的助燃剂。物质在纯氧中燃烧要比在空气中燃烧容易得多,也猛烈的多。可燃物在助燃气体中,尤其是在高压助燃气体中的燃烧比在空气中容易得多,有时甚至不需点火即能燃烧,所以,助燃气体因漏气扩散极易引起周围可燃物的燃烧。

如,油脂是较易氧化和燃烧的有机物质。在空气中不加热,不点火一般不会燃烧,但在纯氧中,由于氧化加速,若再加上有火星或光照就可能引起燃烧。若和高压氧气接触,氧化反应进行得更快,甚至不需要其他条件就能引起燃烧。由此可见,如果装有高压氧气的钢瓶和油脂配装在一起,高压氧气钢瓶被油脂污染,或装运高压氧气钢瓶的车库残留有油脂等物质,一旦氧气钢瓶漏气,就有可能引起燃烧甚至爆炸。

(七)窒息性

在第2.2类非易燃、无毒气体中有些气体虽然无毒,但在高浓度时有窒息性。如,二氧化碳 CO_2。

(八)溶解性

许多气体能溶解于水和某些溶剂中,有的甚至溶解量非常大。例如:氨可以大量溶解在水中;乙炔可以大量溶解在丙酮中。利用这一性质可以储运某些不易液化或压缩的气体,如,在乙炔钢瓶内填充多孔性物质,再注入丙酮,然后把乙炔加压灌入,使其溶解在丙酮中。这种溶解在溶剂中的气体被称为溶解气体。另外,利用气体在水中的溶解性,一旦发生某些易溶于水的气体逸漏时,可投入水中,减少其在空气中扩散。

四、几种气体

(1)氧气(压缩的),第2.2类,副危险性5.1,UN 1072,积载类A。

(2)氢气(压缩的),第2.1类,UN 1049,积载类E。

(3)氯气(液化的),第2.3类,副危险性8,海洋污染物,UN 1017,积载类D。

(4)乙炔(压缩溶解的),第2.1类,UN 1001,积载类D。

(5)二氧化碳(压缩的),第2.2类,UN 1013,积载类A。

(6)一氧化碳 ,第2.3类,副危险性2.1,UN 1016,积载类D。

第三节 易燃液体

一、定义

在《IMDG Code》中指出第3类易燃液体具体包括:易燃液体和液态退敏的爆炸品。

(一)易燃液体(Flammable liquids)

易燃液体是在闭杯闪点试验61℃(相当于开杯试验65.6℃)或在61℃以下时放出易燃蒸气的液体或液体混合物,或含有处于溶液中或悬浮状态的固体或液体(如:油漆、清漆、真漆等,但不包括由于其他危险性已另列入其他类别中的物质),上述温度通常指闪点。还包括:

(1)交付运输的液体在闪点温度或高于闪点温度;和

(2)交付运输的液体物质在加温条件下运输,这些物质在温度等于或低于最高运输温度时会放出易燃的蒸气。

(二)液态退敏的爆炸品(Desensitized Explosives)

液态退敏的爆炸品是溶于或悬浮于水或其他液体物质,形成均质的液体混合物以抑制其爆炸特性的爆炸性物质。

二、分类

1.《IMDG Code》在本类中不分小类。

2.《水路危规》根据闪点的高低即危险性的大小将第3类易燃液体分为3个小项:

第3.1项　闪点低于-18℃(c.c)的低闪点类液体;

第3.2项　闪点为-18℃至23℃(c.c)(不包括23℃)的中闪点类液体;

第3.3项　闪点为23℃至61℃(c.c)(包括61℃)的高闪点类液体。

《水路危规》又把闪点在23℃(c.c)以下(不包括23℃)的易燃液体列为一级危险货物,闪点为23℃至61℃(c.c)(包括61℃)的易燃液体列为二级危险货物。

3.根据易燃危险性划分为3个包装类,见表2-5所示:

表2-5　确定易燃液体包装类的标准

包装类	闪点℃ 闭杯(c.c)	初沸点℃
Ⅰ	—	≤35
Ⅱ	<23	>35
Ⅲ	≥23至≤61	>35

(1)对于只具有易燃性危险的液体,该物质的包装类由表2-5的标准来确定;

(2)对于具有其他副危险性的液体,应考虑由表2-5标准来确定的危险类别和基于其副危险性确定的危险类别,按《IMDG Code》中的“危险性优先顺序表”(见本章表2-19)规定确定分类和包装类。

(3)按照联合国《试验和标准手册》第Ⅲ部分32.3章在下列基础上规定的程序,闪点低于23℃的黏性易燃液体,如:油漆、瓷釉、真漆、清漆、胶黏剂和上光剂可放在包装类Ⅲ里:

① 以流动时间(秒)表示的黏度;

② 闭杯闪点；

③ 溶剂分离试验。

（4）闪点低于23℃的黏性易燃液体如油漆、瓷釉、清漆、胶黏剂和上光剂，凡划入包装类Ⅲ者，应符合以下条件：

① 溶剂分离试验中纯净溶剂层分离不足3%；

② 该混合物或任何分离的溶剂都不满足第6.1类或第8类的标准；

③ 黏度和闪点符合表2-6所示：

表2-6

流过的时间 t(s)	喷口直径(mm)	闪点(℃c.c)
$20 < t \leqslant 60$	4	17以上
$60 < t \leqslant 100$	4	10以上
$20 < t \leqslant 32$	6	5以上
$32 < t \leqslant 44$	6	-1以上
$44 < t \leqslant 100$	6	-5以上
$100 < t$	6	-5以上

④所用容器的容积不超过30 L。

(5)由于加温运输或交付运输而划分为易燃液体的物质应包括在包装类Ⅲ中。

(6)对于黏性物质，其：

① 闪点等于或高于23℃，且小于或等于61℃；

② 不具有毒性和腐蚀性；

③ 所含硝化纤维素不到20%，且该硝化纤维素所含的氮元素按质量比不足12.6%；

④ 包装容器容积不超过30 L。

在下列情况不受《IMDG Code》的约束：

①按照联合国《试验和标准手册》中溶剂分离试验，溶剂分离层的高度低于总高度的3%；以及

②联合国《试验和标准手册》黏度试验中，喷嘴直径为6 mm时物质的流出时间等于或大于60 s或40 s(该黏性物质所含第3类物质不到60%)。

三、特性

(一)易挥发性

在自然界中普遍存在液态和气态的转化，从液态转变成气态的过程叫做气化。液体表面的气化现象叫蒸发，蒸发在任何温度下都能够进行。液体在低于沸点温度下的蒸发现象则称挥发。所有液体都能够蒸发，只是各种液体蒸发的快慢不同。影响液体蒸发的速度与温度、蒸发面积、分子间内聚力的大小、在相同温度下液体的饱和蒸气压等有关。在条件相同的情况下，易燃液体内聚力较其他可燃液体内聚力小，而饱和蒸气压大，沸点较低，所以易燃液体易于挥发。易燃液体的易挥发性一方面可能造成物质的减量，另一方面容易形成易燃、易爆、有毒的蒸气。

(二)易燃性

液体本身并不能燃烧，但其挥发的蒸气与空气的混合物一旦接触火种就易于着火燃烧。绝大部分液体的燃烧形式都是蒸发燃烧，由于易燃液体的沸点都较低；略高于常温，如，乙醚(34.5℃)，二硫化碳(46℃)，丙酮(56.1℃)，在常温下就易挥发，在液面上形成较高的蒸气压，

液面附近的蒸气浓度很高，易于形成可燃性气体，且易燃液体闪点低、点燃所需的能量又极小，一般只需要0.2 mJ，见表2-7所示。因此，易燃液体具有高度的易燃性。

表2-7　一些常见易燃液体的着火能量

物质	最小着火能量(mJ)	空气中混合物的浓度
二硫化碳	0.009	28% ~30%
汽油	0.1 ~0.2	-
苯	0.20	4.7%
丁酮	0.29	-

(三)蒸气的易爆性

如上所述，易燃液体一般在常温下就能源源不断地挥发，液面附近蒸气浓度都很大，一旦从容器中泄露出来，和空气混合达到一定的浓度，遇明火会发生爆炸。易燃液体的爆炸性也用爆炸范围(极限)来表示。易燃液体一般都是爆炸下限比较低，且爆炸范围比较宽。见表2-8所示一些常见易燃液体的爆炸极限。

表2-8　一些常见易燃液体的闪点和爆炸极限

物质	闪点(c.c)	爆炸极限
汽油	< -18℃	0.6% ~8.7%
二硫化碳	-30℃	1% ~60%
乙醚	-40℃	1.7% ~48%
乙醇	13℃	3.3% ~19%
丙酮	-20 ~ -18℃	2.5% ~13%
苯	- 11℃	1.4% ~8%

(四)具有较大的蒸气压

敞开的液体物质总是或快或慢地蒸发着，直到全部变成蒸气。如果把液体在一定温度下放在一个留有空间的密闭容器中，液体的蒸发不能无限地进行下去，当液体分子由液相进入气相的数量与由气相返回液相的数量一致时，达到了动态平衡，使液体上方的空间充满蒸气。如果温度不发生变化，这一平衡将一直维持下去。像这样在密闭容器中，一定的温度下处于平衡状态时液体蒸气所具有的压力叫做饱和蒸气压(简称蒸气压)。几种常见液体的蒸气压见表2-9所示。

易燃液体都是蒸气压较高的液体，而且随温度的升高急剧加大，因而储存于密闭容器中时，受热后很容易造成容器的胀裂，甚至发生物理爆炸。铁桶装的易燃液体在夏季受热后，出现的“胖桶”观象，主要就是因为蒸气压增大而造成的。所以对于易燃液体应禁止受热、远离热源、火源，夏季还要做好降温工作。

表2-9　几种常见液体的蒸气压(mm 高汞柱)

温度(℃)	水	乙醇	苯
-10	2.1	5.6	15
0	4.6	12.2	27
10	9.2	23.6	45
20	17.5	43.9	74
30	31.8	78.8	118
50	92.5	222.2	271
75	289.1	666.1	643
100	760.0	1 693.3	1 360.0

（五）热胀冷缩性

许多物质都有受热膨胀、受冷收缩的物理特性。易燃液体的受热膨胀系数都比较大，其受热膨胀性相当突出，再加上受热后蒸气压提高，其增值很大。因此，装满易燃液体的容器，往往会因受热造成容器胀裂，液体外溢或爆炸。

因此，凡是液体货物，不论用什么形式的包装容器，在充装时，在包装容器内必须留有一定的空余空间，以适应温度变化所造成的货物体积的膨胀。这个空余空间，就叫包装的膨胀余位。膨胀余位一般以体积的百分比计算。

液体物质的膨胀体积可以用下列公式计算：

$$\Delta V = V_1 \times (T_2 - T_1) \times \beta \text{ 或}$$
$$V_2 = V_1 + V_1(T_2 - T_1) \times \beta$$

式中：T_1—— 灌装时的温度；

T_2—— 运输途中可能遇到的最高温度；

V_1——T_1 时的体积；

V_2——T_2 时的体积；

β—— 膨胀系数（一些常见液体的膨胀系数见表 2-10 所示）；

$\triangle V$—— 膨胀体积。

$$\text{膨胀余位 } \alpha = \triangle V/V_1 = (T_2 - T_1) \times \beta$$

《IMDG Code》规定，向包装充灌液体时，在 55℃时，不应将液体灌满包装。我国规定一般液体的膨胀余位应为 5%，对个别膨胀系数大的液体，或个别温差大的运程，要充分估计液体的膨胀体积，留足膨胀余位。

表 2-10 一些常见液体的膨胀系数

液体名称	β(1/℃)	液体名称	β(1/℃)
乙醚	0.001656	乙醇	0.001120
戊烷	0.001608	汽油	0.001080
丙酮	0.001487	醋酸	0.001071
苯	0.001237	松节油	0.000973
四氯化碳	0.001237	甘油	0.000505
甲醇	0.001199	水	0.000107

（六）高度流动性

易燃液体大都是黏度较小的液体，一旦溢漏，它们极易流动到低处。此外，液体物质能形成与重力方向垂直的水平面，当容器破损时，会迅速扩散，而且由于渗透、毛细管引力、浸润等作用而扩大其表面积，使蒸发速度加快，空气中的蒸气浓度很快提高，并向四周扩散，遇明火等即引起燃烧、爆炸。

（七）反应性

易燃液体遇强酸及氧化剂等能发生剧烈反应而引起燃烧。如酒精遇到氧化剂铬酸会引起燃烧，又如松节油遇到发烟硝酸也会剧烈反应而燃烧。

（八）毒性

大多数易燃液体及其蒸气都有不同程度的毒性或麻醉性。液体可以通过不同途径如，吸入蒸气、皮肤接触或口摄入等方式使人中毒，产生致毒效应。有的毒性很大。如，苯、二甲苯、二硫化碳等吸入较多会引起急性中毒，出现头痛、眩晕、麻醉、昏迷、休克等急性症状。

如长时间吸入乙醚蒸气会引起麻醉,深度麻醉会引起死亡。因此,装载易燃液体的库房、货舱应经常保持良好的通风,开舱卸货前应先通风,以控制蒸气浓度。

(九)易积聚静电

大部分易燃液体的绝缘性能都很高,不管脂肪烃还是芳香烃,都具有10^{13}欧姆·厘米左右的非常高的电阻率,一般电阻率大于10^{12}欧姆·厘米的液体能呈现带电现象,当它所处的电位发生急剧的变化时,即产生放电。因为易燃液体的着火能量又极小,所以在易燃液体的装卸、运输过程中易积聚静电,往往容易被静电火花点燃,引起可燃性蒸气混合物的燃烧爆炸。表2-11为一些易燃液体的电阻率。

表2-11 一些易燃液体的电阻率

液体名称	电阻率(Ω·cm)	相对湿度(%)	温度(℃)
石油精(轻汽油)	2.7×10^{13}	53	27.7
矿油精	2.6×10^{13}	54	28.1
苯(90%)	1.6×10^{13}	54	26.8
甲苯	2.5×10^{13}	54	27.0
二甲苯	2.8×10^{13}	54	28.0
二硫化碳	7.5×10^{11}	57	10.1
醋酸乙酯	1.7×10^{7}	54	27.7

(十)比重小

液体物质的比重是相对于水测定的,水的比重为1,比重比水小且不混溶于水的液体物质,就会浮于水上。大部分易燃液体的比重都小于1且不混溶于水。当这类物质发生火灾时,用水去灭火是无效的,不但起不到覆盖、降温作用,当液体不只限于某一容器时,还会由于水的流动性,而使火灾蔓延。

但对于能溶于水的易燃液体如乙醇等则可以用大量的水灭火。比水重的二硫化碳也可用水灭火。

一些易燃液体的比重见表2-12所示。

(十一)蒸气相对密度较大

许多易燃液体的蒸气较空气为重,当它们从容器中挥发出来后,其蒸气不是向高空扩散,而往往是向低处扩散。因此,在存放和积载易燃液体的库房和货舱的较低处就可能有易燃液体蒸气聚集,容易产生一些潜在的危险。一些易燃液体的蒸气相对密度见表2-12所示。

表2-12 一些易燃液体的比重和蒸气相对密度

液体名称	比重	蒸气相对密度
汽油	0.8	3.0~4.0
二硫化碳	1.26	2.6
乙醇	0.79	1.59
乙醚	0.71	2.55
苯	0.88	2.8

四、几种第3类物质

(1)汽油 -18℃(C.C)以下,副危险性:可能是海洋污染物,UN 1203,包装类Ⅱ,积载类A。

(2)乙醇 13℃(C.C),UN 1170,包装类Ⅱ,积载类A。

(3)乙醚 -40℃(C.C),UN 1155,包装类Ⅰ,积载类E。

(4)二硫化碳 -30℃(C.C),副危险性6.1,UN 1131,包装类Ⅰ,积载类D。

(5)苯 -11℃(C.C),UN 1114,包装类Ⅱ,积载类B。

(6)硝化甘油酒精溶液(含硝化甘油1%~5%),-18~23℃(C.C),UN 3064,包装类Ⅱ,积载类E。

第四节 易燃固体、易自燃物质和遇水放出易燃气体的物质

一、定义

《IMDG Code》指出:第4类涉及除划分为爆炸品以外在运输条件下易燃或可能引起或导致起火的物质。

二、分类

第4类分为3小类:

①第4.1类 易燃固体(Flammable Solids);

②第4.2类 易自燃物质(Spontaneously Combustible);

③第4.3类 遇水放出易燃气体的物质(Substances which in Contact with Water Emit Flammable Gases)。

(一)第4.1类 易燃固体

本类物质是在运输所经受条件下,易于燃烧或易于通过摩擦可能起火的固体;易于发生强烈热反应的自反应物质(固体或液体);如没有充分稀释的情况下有可能爆炸的退敏爆炸品,即该类包括:易燃固体(Flammable Solids)、自反应物质(Self-reactive Substances)和固体退敏爆炸品(desensitized explosives)。

1.易燃固体

易燃固体是指易于燃烧和经摩擦可能起火的固体。

易于燃烧的固体是指纤维状、粉末状、颗粒状或糊状的物质。这些物质与燃烧的火柴等火源短暂接触时易于点燃且火焰蔓延迅速。此外,本类的大部分物质(如赛璐珞)加热或卷入火灾会散发出有毒的气体产物。金属粉末尤其危险,一旦起火难以扑救,而且用二氧化碳或水会增加其危险。

易燃固体分类依据:

(1)按联合国《试验和标准手册》第Ⅲ部分33.2.1的试验方法,标准样品燃烧时间低于45 s或燃烧率高于2.2 mm/s(金属粉末或合金如果可被点燃且覆盖样品整个长度的反应时间等于或少于10 min),属于4.1类易燃固体。

(2)直到确定明确的标准前,经摩擦起火的物质应比照现行条目(如,火柴)划归4.1类易燃固体。

易自燃金属粉末,如果被水充分浸湿及达到抑制其自燃的性质,可划到4.1类。

易燃固体包装类确定依据:

(1)参照联合国《试验和标准手册》第Ⅲ部分33.2.1的试验方法确定易燃固体包装类别:

对于易燃固体(金属粉末除外),如其燃烧时间低于45 s,且火焰通过浸湿区,应划归包装类Ⅱ。对于金属粉末或合金,如反应区覆盖该样品整个长度的时间等于或少于5 min,应划归

包装类Ⅱ。

对于易燃固体(金属粉末除外),如其燃烧时间低于45 s,且浸湿区阻止火焰蔓延至少4 min,应划归包装类Ⅲ。对于金属粉末,如反应区覆盖该样品整个长度的时间等于或大于5 min,且小于10 min,应划归包装类Ⅲ。

(2)对于经摩擦可能起火的固体,其包装类的确定应比照现行条目或按照适用的特殊规定。

2. 自反应物质

自反应物质是对热不稳定,即使没有氧气(空气)的参与也易产生强烈放热分解的物质。但不包括下列物质:

(1)符合第1类标准的爆炸品;

(2)符合第5.1类划定程序的氧化物质;

(3)符合第5.2类标准的有机过氧化物;

(4)其分解热小于300 J/g;或

(5)某物质如连同包装总为50 kg,则其自行加速分解温度(SADT)应大于75℃。

注1:分解热可用任何国际公认的方法,如,差式扫描量热法和绝热量热法来确定。

注2:凡显示自反应物质特性的物质都应按上述标准进行划分,其中包括根据第4.2类得出肯定结果的物质。

自反应物质的分解可因加热、与催化性的杂质(酸、碱或重金属化合物)接触、摩擦或碰撞而发生。分解温度因物质而不同;分解速度随温度的升高而升高。物质的分解(尤其是在没着火的情况下)可能产生有毒气体或蒸气;还有些自反应物质在限定条件下有爆炸分解的特性,有些可猛烈燃烧。为此,应在控制温度下、加入退敏物质或用适当的包装运输。以下类型的化合物是自反应物质的例子:

(1)脂族偶氮化合物(—C—N = N—C—);

(2)有机叠氮化合物($—C—N_3$);

(3)重氮盐($—CN_2Z$);

(4)亚硝基化合物(—N—N = O);和

(5)芳族硫代酰肼($—SO_2—NH—NH_2$)。

自反应物质分类依据:

按《试验和标准手册》的确认方法,对50 kg包件自加速分解温度等于或低于75℃的划定为自反应物质。

根据其危险程度,自反应物质分为A、B、C、D、E、F、G这7种类型。

对于A型自反应物质,即使包装通过了检验,也不允许在此种包装中运输;对于G型,则不作为自反应物质;对于B~F型自反应物质的划定与允许的单位包件的最大重量有关。

分类是通过实验室试验得出的数据判定,具体如下:

(1)A型自反应物质:定为A型的自反应物质是在包装运输中能爆炸或迅速燃爆的物质,禁止以此种包装运输;

(2)B型自反应物质:定为B型的自反应物质是具有爆炸性,但在运输包装中既不爆炸也不迅速燃爆,只可能发生热爆炸的物质,须贴有"爆炸品"副危险类别标志。单位包件内自反应物质的最大净重为25 kg,除非最大量必须限制到较低值以预防其在包件内引起爆炸或迅速燃爆;

(3)C 型自反应物质:定为 C 型的自反应物质是具有爆炸性,但在运输包装中不爆炸、不迅速燃爆也不发生热爆炸,运输时可以不贴有“爆炸品”副危险类别标志。单位包件内自反应物质的净重最大为 50 kg;

(4)D 型自反应物质:定为 D 型的自反应物质是在试验中满足下述其一条件的物质:

①部分引起爆炸,不迅速爆燃,在封闭条件下加热不会呈现任何强烈效应;或

②不会爆炸,只缓慢爆燃且在封闭条件下加热不呈现任何强烈效应;或

③不会爆炸或爆燃,在封闭条件下加热呈现中等强度的效应;

在该包件内自反应物质的净重最大为 50 kg;

(5)E 型自反应物质:定为 E 型自反应物质的是在试验中既不爆炸也不会燃爆,在封闭条件下呈现低度或不呈现任何效应的物质。该包件内自反应物质的净重最大为 400 kg/450 L;

(6)F 型自反应物质:定为 F 型自反应物质的是在试验中既不会在空化状态下爆炸也不会燃爆,在封闭条件下加热呈现微弱效应或不呈现效应,且爆炸性微弱或没有爆炸能力,可以采用中型散装容器运输;(附加条件见《IMDG Code》4.1.7.2.2)

(7)G 型自反应物质:定为 G 型自反应物质的是在试验中既不产生空化状态下的爆炸也不爆燃,在封闭条件下加热时不产生任何效应、无任何爆炸性,如果其是热稳定的(50 kg 包件的自加速分解温度为 60~75℃),则不划为 4.1 类自反应物质;但如果不是热稳定的,或使用的稀释剂沸点在 150℃以下,该物质定为 F 型自反应物质。

目前已确定的自反应物质清单,见《IMDG Code》2 .4.2.3.2.3。

在《IMDG Code》2 .4.2.3.2.3 已确定的自反应物质清单中未列出的新自反应物质或配制品的分类及确定其通用条目,应由原产国主管机关在检测报告的基础上作出。

自反应物质的包装类应划归包装类Ⅱ。

自反应物质的温度控制要求:

自加速分解温度(SADT)小于 55℃的自反应物质应在控制温度下运输。具体温度控制要求见本书第六章第一节二、温度控制要求。

确定自加速分解温度(SADT)的试验方法见联合国《试验和标准手册》第Ⅱ部分第 28 章。

自反应物质的退敏:

为了确保安全,可用稀释剂对自反应物质进行退敏。对使用稀释剂退敏的自反应物质应测定其浓度和形式;不能使用一旦包件发生泄漏会导致自反应物质产生危险的稀释剂;稀释剂应与自反应物质相容,其中相容的稀释剂是那些对自反应物质的热稳定性和危险类型没有不利影响的固体和液体;需要对其温度进行控制的液态配制品中的液态稀释剂,其沸点至少为 60℃,闪点不低于 5℃,该液体的沸点至少比自反应物质的控制温度高 50℃。

3. 固体退敏爆炸品

固体退敏的爆炸品是指被水或酒精浸湿或被其他物质稀释后,形成均一的固体混合物来抑制其爆炸性的爆炸物质。

在运输状态中,退敏试剂须均匀地分布在所运物质中。对于含有水或被水浸湿的物质,如果预计需在低温条件下运输,可添加诸如乙醇等适当的相容的溶剂来降低液体的冰点。这些物质中,有的在干燥状态下被划定为爆炸品。

提及被水或其他液体浸湿的物质时,它只有在明确说明的浸湿条件下,才须作为第 4.1 类物质交付运输。在《IMDG Code》第 3.2 章危险货物一览表中固体退敏爆炸品的具体条目有

UN1310、UN1320、UN1321、UN1322、UN1336、UN1337、UN1344、UN1347、UN1348、UN1349、UN1354、UN1355、UN1356、UN1357、UN1517、UN1571、UN2555、UN2556、UN2557、UN2852、UN2907、UN3317、UN3319、UN3344、UN3364、UN3365、UN3366、UN3367、UN3368、UN3369、UN3370、UN3376 和 UN3380 。列外条目 UN2956、UN3241、UN3242 和 UN3251 的物质也划归到第 4.1 类。

（二）第 4.2 类 易自燃物质

易自燃物质是在运输中遇到的正常条件下易于自发升温或易于遇空气升温，然后易于起火的液体或固体物质。该类包括：引火性物质（Pyrophoric Substances）、自热物质（Self－heating substances）。

1. 引火性物质

引火物质是指即使数量很少，与空气接触后 5 min 内即可着火的物质，包括混合物和溶液（液体或固体）。这些物质是最容易自燃的。

引火性物质的分类依据：

（1）按联合国《试验和标准手册》第Ⅲ部分 33.3.1.4 的试验方法进行试验，符合其评估结果的应划归 4.2 类引火性固体。

（2）按联合国《试验和标准手册》第Ⅲ部分 33.3.1.5 的试验方法进行试验，符合其评估结果的应划归 4.2 类引火性液体。

2. 自热物质

自热物质是指除引火物质外，在不提供能量的情况下与空气接触易于自行发热的物质，这些物质只有当数量大（若干公斤）、时间长（若干小时、若干天）的情况下才会着火。

物质自热导致自燃，是由于物质与空气中氧的反应所产生的热量不能迅速充分地传导到周围环境中所引起的。当产热的速率超过散热的速率并且达到自燃温度时，物质就会自燃。

自热物质的分类依据：

（1）按联合国《试验和标准手册》第Ⅲ部分 33.3.1.6 的试验方法进行试验，在试验中发生下列情况的应划归 4.2 类自热物质。

①在 140℃情况下使用边长 25 mm 的立方体样品得到肯定结果；

②在 140℃情况下使用边长 100 mm 的立方体样品的试验中得到肯定结果并且在 120℃情况下使用边长 100 mm 的立方体样品的试验中得到否定结果并且该物质交付运输的包件容积大于 $3m^3$；

③在 140℃情况下使用边长 100 mm 的立方体样品的试验中得到肯定结果并且在 100℃情况下使用边长 100 mm 的立方体样品的试验中得到否定结果并且该物质交付运输的包件容积大于 450 L；

④在 140℃情况下使用边长 100 mm 的立方体样品的试验中得到肯定结果并且在 100℃情况下使用边长 100 mm 的立方体样品的试验中得到肯定结果。

注：自反应物质不应划为第 4.2 类而须划为第 4.1 类，除了用这种试验方法也得到肯定结果的 G 型之外。

（2）按联合国《试验和标准手册》第Ⅲ部分 33.3.1.6 的试验方法进行试验，在试验中发生下列情况的不应划归 4.2 类自热物质。

①在 140℃情况下使用边长 100 mm 的立方体样品的试验中得到否定结果；

②在 140℃情况下使用边长 100 mm 的立方体样品的试验中得到肯定结果并且使用边长

25mm 的立方体样品得到否定结果，在 120℃情况下使用边长 100 mm 的立方体样品的试验中得到否定结果并且该物质交付运输的包件容积不超过 3 m^3；

③在 140℃情况下使用边长 100 mm 的立方体样品的试验中得到肯定结果并且使用边长 25 mm 的立方体样品得到否定结果，在 100℃情况下使用边长 100 mm 的立方体样品的试验中得到否定结果并且该物质交付运输的包件容积不超过 450 L。

3. 第 4.2 类易自燃物质包装类的确定：

(1) 所有引火性固体和液体应划归包装类Ⅰ。

(2) 自热物质，在 140℃情况下使用边长 25 mm 的立方体样品的试验中得到肯定结果的应划归包装类Ⅱ。

(3) 自热物质符合下列评估结果的应划归包装类Ⅲ：

①在 140℃情况下使用边长 100 mm 的立方体样品的试验中得到肯定结果并且使用边长 25 mm 的立方体样品的试验中得到否定结果，并且该物质交付运输的包件容积大于 3 m^3；

②在 140℃情况下使用边长 100 mm 的立方体样品的试验中得到肯定结果并且使用边长 25 mm 的立方体样品的试验中得到否定结果，在 120℃情况下使用边长 100 mm 的立方体样品的试验中得到肯定结果并且该物质交付运输的包件容积大于 450 L；

③在 140℃情况下使用边长 100 mm 的立方体样品的试验中得到否定结果并且使用边长 25 mm 的立方体样品的试验中得到否定结果并且在 100℃情况下使用边长 100 mm 的立方体样品的试验中得到肯定结果。

(三) 第 4.3 类 遇水放出易燃气体的物质

本类物质无论是固体还是液体，与水作用易于自燃或放出一定数量的危险性易燃气体。

该类物质与水作用易于自燃或放出一定数量的易燃气体，放出的气体与空气混合将形成爆炸性混合物，很容易被普通的火源点燃。如，明火、手工工具作业时飞溅的火花、无保护装置的灯泡等。产生的冲击波和火焰，可能对人体和环境造成危害。

1. 第 4.3 类物质的分类依据：

按联合国《试验和标准手册》第Ⅲ部分 33.4.1 的试验方法进行试验，发生下列情况的物质应划归到第 4.3 类：

(1) 在试验程序中的每一步都发生自然着火；或

(2) 产生易燃气体的速率大于每千克该物质每小时 1 L 易燃气体。

2. 第 4.3 类物质包装类的确定：

(1) 应划归包装类Ⅰ的物质是在大气温度下与水剧烈反应，产生易燃气体或在大气温度下很容易与水反应，其产生易燃气体的速率大于或等于每千克该物质每分钟 10 L。

(2) 应划归包装类Ⅱ的物质是在大气温度下很容易与水反应，其产生易燃气体的最大速率大于或等于每千克该物质每小时 20 L，且不满足包装类Ⅰ的标准。

(3) 应划归包装类Ⅲ的物质是在大气温度下缓慢与水反应，其产生易燃气体的最大速率大于或等于每千克该物质每小时 1 L，且不满足包装类Ⅰ或Ⅱ的标准。

遇水能够反应产生易燃气体的物质主要有活泼金属及其合金类，如锂、钠、钾、铷、铯、钙、钾汞齐、钠汞齐、钾钠合金等；金属氢化物，如氢化锂、氢化钠、氢化钙、氢化铝等；硼氢类，如乙硼烷、丁硼烷、硼氢化钾、硼氢化钠等；碳的金属化合物，如碳化钙、碳化铝、石灰氮等；其他还有一些金属的粉末如铝粉、锌粉、铝镁粉等。

三、特性

(一)燃烧性

易燃固体的燃点都很低,在遇空气(或氧化剂)、遇火、受热、摩擦或与酸类接触等都能引起剧烈的燃烧甚至爆炸。

易自燃物质的自燃点较低,并易于被氧化分解,尤其是受潮、受热后放出热量,这些热量又加剧氧化反应,产生热量越来越多很容易达到自燃点引起自燃。

遇水放出易燃气体的物质化学特性极其活泼,遇水(湿)、酸、氧化剂等能发生剧烈的化学反应,放出易燃性气体,并产生一定的热量,当产生的热量达到其自燃点时或遇到明火立即引起燃烧甚至爆炸。

(二)爆炸性

本类物质的爆炸主要有以下几种情况:

(1)易燃固体中有许多物质都是粉末状的,飞散到空气中在一定条件下会引起粉尘爆炸。

所谓粉尘爆炸是指易燃或可燃性固体粉末均匀地分散在空气中,当它达到一定的浓度和范围时,遇明火引起燃烧而产生爆炸。它是粉尘粒子燃烧的急剧传播,在瞬间完成整个燃烧过程的现象,可燃性粉尘爆炸是属于化学爆炸的一种。

(2)有些物质与氧化剂混合会形成爆炸性混合物。

(3)因物质燃烧产生大量气体,使体积迅速膨胀引起爆炸。

(4)固体退敏爆炸品,当其浸湿液体低于规定含量或处于干燥状态时即为爆炸性物质,具有强烈的爆炸性。

(5)遇水放出易燃气体的物质,如放出的易燃气体与空气混合浓度达到爆炸极限,遇明火即引起混合气体的爆炸。

(6)遇湿放出易燃气体的物质,如与包装内残留的空气中的水汽反应生成气体,此气体如不能及时排泄,压力增大会发生爆炸。

(三)毒性和腐蚀性

本类中的一些物质本身有毒,如黄磷;还有一些物质在燃烧时会产生大量的有毒或腐蚀性气体,特别是硝基和氨基化合物,燃烧时能产生毒性较大的氮氧化物,硫磺和含硫化合物燃烧时产生腐蚀性的硫氧化物;还有一些遇水放出易燃气体的物质有较强的吸水性,和水反应后生成强碱或有毒气体,使人的皮肤干裂、腐蚀,引起中毒。

四、几种第4类物质

(1)赤磷,第4.1类,UN 1338,包装类Ⅲ,积载类A。

(2)硫磺,第4.1类,UN 1350,包装类Ⅲ,积载类A。

(3)苯磺酰肼(发泡剂BSH),第4.1类,UN 3226,包装类Ⅱ,积载类D。

(4)三硝基甲苯(TNT)(含水≥30%),第4.1类,UN 1356,包装类Ⅰ,积载类E。

(5)黄磷,第4.2类,副危险性6.1、严重海洋污染物,UN 1381, 包装类Ⅰ,积载类E。

(6)鱼粉(未稳定的),第4.2类,UN 1374,包装类Ⅱ,积载类B。

(7)种子饼(含油在10%以上或油和水分含量合计超过20%),第4.2类,UN 1386,包装类Ⅲ,积载类E。

(8)硼氢化铝(液体),第4.2类,副危险性4.3, UN 2870,包装类Ⅰ,积载类D。

(9)金属钠,第4.3类,UN 1428,包装类Ⅰ,积载类D。

(10)碳化钙,第4.3类,UN 1402,包装类Ⅱ,积载类B。

(11)铝粉(未涂层的),第4.3类,UN 1396,包装类Ⅱ,积载类A。

(12)甲基二氯硅烷(液体),第4.3类,副危险性3、8,UN 1242,包装类Ⅰ,积载类D。

第五节 氧化性物质和有机过氧化物

一、定义

第5类所涉及的物质因在运输过程中会放出氧气并产生大量的热,从而引起燃烧。

二、分类

第5类分为2小类:

①第5.1类 氧化性物质(Oxidizing Substances)

②第5.2类 有机过氧化物(Organic Peroxide)

(一)第5.1类 氧化性物质

该类物质本身未必燃烧,但通常因放出氧气能引起或促使其他物质燃烧,这些物质可能包含在一个物品中。

1.氧化性固体

(1)第5.1类氧化性固体物质分类依据。氧化性固体物质类别的确定是通过试验测定该固体物质与可燃物质充分混合时增加其燃烧速度和燃烧剧烈程度的潜力来判断。试验程序按联合国《试验和标准手册》第Ⅲ部分34.4.1进行。

进行试验的物质是待评估的物质与干纤维素的混合物,其与纤维素的质量比为1:1或4:1,混合物的燃烧特征与标准3:7混合物(溴酸钾与纤维素的质量比)相比较,如果进行试验显示的平均燃烧时间等于或少于此标准混合物,该物质划为第5.1类。

(2)第5.1类氧化性固体物质包装类的确定标准。按联合国《试验和标准手册》第Ⅲ部分34.4.1的试验程序对氧化性固体物质指定的包装类,应符合下列标准:

包装类Ⅰ:进行试验的物质与纤维素的质量比为1:1或4:1,显示的平均燃烧时间少于溴酸钾与纤维素的质量比为3:2的混合物的平均燃烧时间;

包装类Ⅱ:进行试验的物质与纤维素的质量比为1:1或4:1,显示的平均燃烧时间等于或少于溴酸钾与纤维素的质量比为2:3的混合物的平均燃烧时间且不满足包装类Ⅰ的标准;

包装类Ⅲ:进行试验的物质与纤维素的质量比为1:1或4:1,显示的平均燃烧时间等于或少于溴酸钾与纤维素的质量比为3:7的混合物的平均燃烧时间且不满足包装类Ⅰ和Ⅱ的标准;

未划入第5.1类:进行试验的物质与纤维素的质量比为1:1或4:1,不着火也不燃烧,显示的平均燃烧时间大于溴酸钾与纤维素的质量比为3:7的混合物的平均燃烧时间。

2.氧化性液体

(1)第5.1类氧化性液体物质分类依据。氧化性液体物质类别的确定是通过试验测定当液体物质与可燃物质充分混合时增加其燃烧速度和燃烧剧烈程度或自燃的潜力来判断。试验程序按联合国《试验和标准手册》第Ⅲ部分34.4.2的试验程序进行。在燃烧过程中测试其压力提高的时间。

如果进行试验的液体物质与纤维素的质量比为1:1,它显示的平均压力提高时间等于或少于65%的硝酸水溶液与纤维素的质量比为1:1的混合物,则该物质必须划为第5.1类。

(2)第5.1类氧化性液体物质包装类的确定标准。按联合国《试验和标准手册》第Ⅲ部分34.4.2的试验程序对氧化性液体物质指定的包装类,应符合下列标准:

包装类Ⅰ:进行试验的液体与纤维素的质量比为1:1的混合物自发点燃,或该物质与纤维素的质量比为1:1的混合物的平均压力提高时间少于50%的高氯酸与纤维素的质量比为1:1的混合物的平均提高时间;

包装类Ⅱ:进行试验的液体与纤维素的质量比为1:1的物质,显示的平均压力提高时间等于或少于40%的氯酸钠与纤维素的质量比为1:1的混合物的平均提高时间,且不满足包装类Ⅰ的标准;

包装类Ⅲ:进行试验的液体与纤维素的质量比为1:1的物质,显示的平均压力提高时间等于或少于65%的硝酸水溶液与纤维素的质量比为1:1的混合物的平均提高时间,且不满足包装类Ⅰ和Ⅱ的标准;

未划入第5.1类:进行试验的液体与纤维素的质量比为1:1的物质,显示的平均压力提高小于2070 kPa;或显示的平均压力提高时间大于65%的硝酸水溶液与纤维素的质量比为1:1的混合物的平均提高时间。

(二)第5.2类 有机过氧化物

该类物质属于有机物,在分子结构上含有两价的 -O-O-(可以认为是过氧化氢其中的一个或两个氢原子被烃基取代的衍生物)。

任何有机过氧化物都应考虑划归第5.2类,除非配制品所含如下有机过氧化物:

(1)当含有不超过1.0%的过氧化氢时,有机过氧化物的有效含氧量不超过1.0%;或

(2)当含有多于1.0%但不超过7%的过氧化氢时,有机过氧化物的有效含氧量不超过0.5%。

有机过氧化物根据其危险程度可划分为从A到G七种类型。对于A型有机过氧化物,尽管其包装通过了检验,也不允许在此包装中运输;至于G型可不遵循5.2类规定;B型到F型的分类与每一包装所允许的最大量直接相关。在《IMDG Code》中的表2.5.3.2.4"现已确定包装的有机过氧化物一览表"列出了允许运输的有机过氧化物,包装导则IBC520列出了允许以IBC_S运输的有机过氧化物,可移动罐柜导则T23列出了允许可移动罐柜运输的有机过氧化物。对于每一种允许运输的物质,在危险货物一览表对其指定了通用条目(UN3101到3120)并提供了副危险性和相关运输信息的备注。

第5.2类有机过氧化物的分类原则的依据是联合国《关于危险货物运输建议书》2.5章图表2.2(a)。相关试验方法和标准按照联合国《试验和标准手册》第Ⅱ部分。

未列入"现已确定包装的有机过氧化物一览表"的有机过氧化物根据下列原则进行分类:

(1)A型有机过氧化物:定为A型的有机过氧化物是在包装运输中能引起爆炸或迅速燃爆的物质,禁止以此种包装运输。

(2)B型有机过氧化物:定为B型的有机过氧化物是具有爆炸性,在运输包装中既不引起爆炸也不迅速燃爆,但易于在包件内产生热爆炸的物质,须贴有"爆炸品"副危险类别标志。单位包件内有机过氧化物的最大净重可达25 kg,除非最大量必须限制到较低值以预防其在包件内引起爆炸或迅速燃爆。

(3)C型有机过氧化物:定为C型的有机过氧化物是具有爆炸性,但在运输包装中不爆

炸、不迅速燃爆也不发生热爆炸。运输时可以不贴有“爆炸品”副危险类别标志。单位包件内有机过氧化物的最大净重为 50 kg。

(4)D 型有机过氧化物:定为 D 型的有机过氧化物是在试验中满足下述其一条件的物质:

①在封闭条件下加热时部分的引起爆炸,不迅速爆燃,并且不呈现出剧烈效应;或

②在封闭条件下加热时根本不引起爆炸,缓慢爆燃,并且不呈现出剧烈效应;或

③在封闭条件下加热时根本不引起爆炸或爆燃,并且呈现中等效应;

在该包件内有机过氧化物的最大净重为 50 kg。

(5)E 型有机过氧化物:定为 E 型有机过氧化物的是在试验中,在封闭条件下加热,既根本不爆炸也根本不燃爆,只呈现微弱效应或不呈现任何效应的物质。该包件内有机过氧化物的最大净重为 400 kg/450 L。

(6)F 型有机过氧化物:定为 F 型有机过氧化物的是在试验中,在封闭条件下加热既不引起空化状态的爆炸也不会燃爆,只呈现微弱效应或没有任何效应,而且呈现爆炸力很弱或没有,可以考虑采用中型散装容器或罐柜运输(其他要求见《IMDG Code》4.1.7. 和 4.2.1.12)。

(7)G 型有机过氧化物:定为 G 型有机过氧化物的是在试验中,在封闭条件下加热既不引起空化状态的爆炸也不爆燃,并不呈现任何效应及没有任何爆炸力,则不应划为 5.2 类。但配制品应是热稳定的(对 50 kg 包件的自加速分解温度为 60℃或更高),对液体配制品则使用 A 型稀释剂退敏;如果配制品是非热稳定的或使用 A 型以外的稀释剂作为退敏剂,则此配制品须定义 F 型有机过氧化物。

有机过氧化物被划定为包装类Ⅱ。

三、特性

1. 第 5.1 类氧化性物质本身未必燃烧,但在遇酸、受热、受潮或接触有机物、还原剂会放出原子氧和热量,引起燃烧或形成爆炸性混合物的危险。具体特点为:

(1)分子组成中含有高价态的原子或过氧基,具有极强的得电子能力,显示出强氧化性。无机化合物中含有 N^{+5}、N^{+3}、Mn^{+7}、X^{+1}—X^{+7}、Cr^{+6}及 -O-O- 等结构的物质均为氧化剂。

(2)热稳定性差,易于受热分解,放出氧气,促使易燃物质燃烧。

(3)化学性质活泼,能和其他物质发生缓慢的氧化反应,并因释放热量的聚积引起这些物质的自燃。

(4)大多数氧化剂和液体酸类接触发生剧烈反应,散发有毒气体,某些氧化剂遇火散发有毒气体。

(5)某些氧化剂具有毒性或腐蚀性,或对海洋环境有害。

(6)氧化物质若混有杂质,会增加对摩擦、撞击和温度的敏感性。

(7)某些氧化剂遇水会发生分解,特别是活泼金属的过氧化物,遇水分解放出氧气。

2. 大多数有机过氧化物本身是易燃的,表现出强烈的氧化性能,极不稳定易分解,无论是固态、液态都可同其他物质发生危险反应,燃烧迅速,并对碰撞、摩擦敏感,危险性极强。主要特点是:

(1)由于含有过氧基(-O-O-),极不稳定,受到震动、冲击、摩擦或热就能引发分解。

(2)对杂质很敏感,特别是与酸类、重金属氧化物、胺类等接触即会引起剧烈的分解。

(3)过氧基断裂所需能量不大,所以其分解温度很低。有的甚至在常温下即能分解,所以许多有机过氧化物运输时需要控制温度。目前划定的有机过氧化物的控制温度和应急温度可

见《IMDG Code》中的表 2.5.3.2.4"现已确定包装的有机过氧化物一览表"。

运输中,须对下列有机过氧化物进行温度控制:

① B 和 C 型有机过氧化物,自行加速分解温度≤50℃;

② D 型有机过氧化物,在封闭条件下加热时,呈现出中等效应,自行加速分解温度≤50℃或在封闭条件下加热呈现微弱效应或没有任何效应,自行加速分解温度≤45℃;和

③ E 型和 F 型有机过氧化物,自行加速分解温度≤45℃。

具体温度控制要求见本书第六章第一节二、温度控制要求。

(4)有些有机过氧化物会发生爆炸性分解,特别是在封闭情况下,可通过加入稀释剂来抑制。

①有机过氧化物在许多情况下可以用有机液体或固体、无机固体或水来退敏。退敏所使用的抑制剂数量(或浓度)应达到的效果是,万一泄漏或卷入火灾,有机过氧化物不会浓缩到危险程度。

②稀释剂分为:

A 型稀释剂——是与有机过氧化物相容的有机液体,沸点不低于 150℃。该稀释剂可用于任何有机过氧化物的退敏;

B 型稀释剂——是与有机过氧化物相容的有机液体,沸点低于 150℃,但不低于 60℃,闪点不低于 5℃。该稀释剂可用于在 50 kg 包件中沸点比 SADT 高 60℃的所有有机过氧化物的退敏;

其他稀释剂——包括有机和无机惰性固体和水,必须和有机过氧化物相容,相容的含义是指对有机过氧化物的热稳定性和危险类型不产生有害影响。

水只可用来在有机过氧化物一览表中列明的或批准声明中列明是含水或水中稳定分散体的有机过氧化物进行退敏。

(5)许多种有机过氧化物如与眼睛接触,即使是短暂的,也会对角膜造成严重的伤害。有的对皮肤也有腐蚀性。有的具有很强的毒性。

四、几种第 5 类物质

(1)过氧化氢,稳定的,第 5.1 类,副危险性 8,UN 2015,包装类Ⅰ,积载类 D。

(2)高锰酸钾,第 5.1 类,UN 1490,包装类Ⅱ,积载类 D。

(3)次氯酸钙(含有效氯大于 39%),第 5.1 类,UN 1748,包装类Ⅱ,积载类 D。

(4)过氧化苯甲酰(浓度≤77%,含水),第 5.2 类,UN 3104,包装类Ⅱ,积载类 D。

(5)过氧化甲基乙基酮(浓度≤45%,含 A 型稀释剂,有效氧≤10%),第 5.2 类,UN 3105,包装类Ⅱ,积载类 D。

第六节　有毒物质和感染性物质

一、定义

有毒物质是指如吞咽、吸入或皮肤接触易于造成死亡、严重伤害或损害人体健康的物质。

感染性物质是指那些已知或有理由认为含有病原体的物质。病原体是指会使动物或人感染疾病的微生物(包括细菌、病毒、立克次氏体、寄生虫、真菌)和其他媒介,如病毒蛋白。

二、分类

第6类分为2小类：

①第6.1类　有毒物质(Toxic Substances)

②第6.2类　感染性物质(Infectious Substances)

(一)第6.1类　有毒物质

有毒物质的确认指标及危险等级标准见表2-13：

表2-13　经口吞咽、皮肤接触和吸入粉尘、烟雾或蒸气的分类标准

包装类	危险等级	经口吞咽毒性 LD_{50}(mg/kg)	皮肤接触毒性 LD_{50}(mg/kg)	粉尘、烟雾吸入毒性 LC_{50}(1小时)(mg/l)
Ⅰ	大	≤5	≤40	≤0.5
Ⅱ	中	>5~≤50	>40~≤200	>0.5~≤2
Ⅲ*	小	固体>50~≤200	>200~≤1000	>2~≤10
		液体>50~≤500	>200~≤1000	>2~≤10

注：毒性数据相当于包装类Ⅲ的催泪性毒性物质，应将其列入包装类Ⅱ。

如果一种物质经两种或多种致毒途径动物试验所得结果显示不一致，则使用试验中显示最高危险性的一种来确定包装类。

(二)第6.2类　感染性物质

本类物质具体包括感染性物质、生物制品、培养物(实验室原培养物)、基因重组的生物和微生物和医疗或临床废弃物。

(1)感染性物质是指那些已知或有理由认为含有病原体的物质。病原体是指会使动物或人感染疾病的微生物(包括细菌、病毒、立克次氏体、寄生虫、真菌)和其他媒介，如病毒蛋白。

(2)生物制品是从活生物体取得的，根据可能有特别许可证发放要求的国家主管机关的要求制造或发放的，并用于预防、治疗或诊断人或动物的疾病，或用于与此类活动有关的开发、实验或调查目的的产品。生物制品包括，但不限于，诸如疫苗等成品或半成品。

(3)培养物(实验室原培养物)是为了提高病原体浓度而将其扩大成繁殖过程的产物，这样能提高接触该病原体的感染的危险性。本定义指的是为故意产生病原体而准备的培养物，并不包括用于诊断和临床的培养物。

(4)基因重组的微生物和生物指的是其遗传物质已经通过遗传工程，有目的地以非自然方式进行改变的一些微生物和生物。

(5)医疗或临床废弃物指的是从人类或动物的医疗中或从生物研究中产生的废料。

感染性物质划分为A类和B类。

A类：以某种形式运输的感染性物质，当接触该物质时，可造成人或动物的永久性致残、生命危险或致命疾病。符合这些标准，能引起人体或人体和动物疾病的感染性物质须指定为UN 2814。只能引起动物疾病的感染性物质须指定为UN 2900。

UN 2814 感染性物质，对人感染。

UN 2900 感染性物质，只对动物感染。

B类：不符合A类标准的感染性物质。B类感染性物质须指定为UN 3373，但培养物除外。

UN 3373 诊断样品或临床样品。

含有A类感染性物质或培养物中B类感染性物质的医疗或临床废弃物须相应指定为

UN2814 或 UN2900。含有除培养物以外的 B 类感染性物质的医疗或临床废弃物须指定为 UN3291。

有理由相信含有感染性物质的可能性极低的医疗或临床废弃物指定为 UN 3291。

UN 3291 的正确运输名称是临床废弃物,未另列明的,或(生物)医疗废弃物,未另列明的,或经管制的医疗废弃物,未另列明的。

三、特性

(一)毒害性

有毒物质少量的进入人或动物的机体后,能与体液及组织发生作用,扰乱或破坏机体的正常生理功能,引起暂时性或永久性的病理状态,甚至危及生命安全的物质。

不同的物质其毒性大小各不相同,影响毒物毒性大小的主要因素有:毒物的化学组成和结构、溶解性(水溶性还是脂溶性)、溶解度、颗粒大小、沸点高低、蒸气密度、环境温度等。

有毒物质的物理形态是固体或液体,或它们散发、挥发出来的气体、蒸气、雾、烟雾和粉尘。

(二)遇热、酸、水等分解性

几乎所有的有毒物质遇火或受热分解散发有毒气体。有些毒物遇酸会发生剧烈反应,产生剧毒气体,如氰化钠、氰化钾等。有些毒物遇水发生分解反应,产生剧毒、腐蚀性气体。如:氟化砷、磷化铝等。此外,有些毒物遇碱类、与金属接触也会产生反应放出有毒气体。

(三)有机毒品可燃性

毒害品中的有机物都是可燃的,其中还有不少液体是易燃的,它们遇火、高热或与氧化剂接触会燃烧甚至爆炸,并放出有毒气体,加大危害性。如氯甲酸甲酯,闪点5℃;氯甲苯,闪点52℃。

(四)污染性

大部分有毒物质具有污染性。

(五)腐蚀性

有不少毒害品对人体和金属有较强的腐蚀性,强烈刺激皮肤和黏膜,甚至发生溃疡加速毒物经皮肤的入侵。如:苄基溴、苄基氰、溴化氰、氯甲酸乙酯等毒物都具有较强的腐蚀性。

(六)感染性

第 6.2 类物质具有对人或动物发生感染性疾病的危害性。

四、几种第 6 类物质

(1)四乙基铅,第 6.1 类,副危险性 海洋污染物,UN 1649,包装类Ⅰ,积载类 D。

(2)氰化钠,第 6.1 类,副危险性 海洋污染物,UN 1689,包装类Ⅰ,积载类 B。

(3)三氧化(二)砷 ,第 6.1 类,UN 1561,包装类Ⅱ,积载类 A。

(4)感染性物品(对人体有害的),第 6.2 类,UN 2814。

(5)感染性物品(仅对动物有害的),第 6.2 类,UN 2900。

第七节 放射性物质

一、定义

《IMDG Code》中的第 7 类放射性物质是指所托运的货物中放射性比活度和总活度都超过《IMDG Code》所规定的数值的任何含有放射性核素的物质。

二、分类

第7类不分小类。

《IMDG Code》按放射性活度限值或安全程度分为以下几种：

(一)免除(例外)包件的物质或物品

(1)该类放射性物质的总量不超过表2-14规定限量的非裂变物质。

(2)对于除了用天然铀、贫化铀或天然钍制成的物品以外的放射性物质，例外包件所含活性不应大于下列限量：

①如果放射性物质被封装在仪器内或放射性物质作为仪器或其他制成品的部件，例如钟表或电子装置，下表2-14中第2、3栏分别给出每个单项和包件的限量；和

②如果放射性物质没被封装在仪器内或不作为其他制成品的部件，表2-14第4栏列出了包件的限量。

表2-14 例外包件的活度限量

内装物的物理状态	仪器或物品		物质
	物品限量	包件限量	包件限量
固体：特殊形式	$10^{-2}A_1$	A_1	$10^{-3}A_1$
其他形式	$10^{-2}A_2$	A_2	$10^{-3}A_2$
液体	$10^{-3}A_2$	$10^{-1}A_2$	$10^{-4}A_2$
气体：氚	$2\times10^{-2}A_2$	$2\times10^{-1}A_2$	$2\times10^{-2}A_2$
特殊形式	$10^{-3}A_1$	$10^{-2}A_1$	$10^{-3}A_1$
其他形式	$10^{-3}A_2$	$10^{-2}A_2$	$10^{-3}A_2$

其中：

A_1是特殊形式放射性物质的活度值，A_2是特殊形式放射性物质以外的活度值，可从《IMDG Code》中的表查出通过公式推算出来(以TBq为单位)。

(3)对于用天然铀、贫化铀或天然钍制造成的物品，只要铀或钍的外表面被封装在一由金属或其他坚固材料制造的无放射性的外壳内，例外包件可含有任何数量的该物品。

(4)例外包件外部表面任一点上的辐射水平不应超过5 μSv/h。

(二)低比活度放射性物质(LSA)

低比活度放射性物质是指本身的比活度有限的放射性物质或评估平均比活度低于有关限值的放射性物质。在评估平均比活度时，不考虑低比活度放射性物质的外部屏蔽材料。低比活度放射性物质(LSA)分为如下3种：

1. LSA—I

(1)含铀或钍的矿石浓缩物，其他的含有天然放射性核素且对其加工是为了利用这些核素的矿石；

(2)未经辐照的固体天然铀或贫化铀或天然钍或其固体或液体的混合物或化合物；

(3)除未被确认为例外数量的裂变物质外，A_2为无限制的放射性物质；或

(4)除未被确认为例外数量的裂变物质外，活度分布普遍的其他放射性物质，并且评估平均比活度不超过规定比活度值的30倍。

2. LSA—II

(1)氚浓度0.8T Bq/L以下的水；或

(2)活度分布普遍，固体和气体的评估平均比活度不超过$10^{-4}A_2/g$，液体的评估平均比活

度不超过 $10^{-5}A_2/g$ 的其他物质。

3. LSA—III

除粉末以外的固体(例如压缩的废弃物、活化了的物质),其中:

(1)放射性物质遍布于固体或固体物质的集合体中,或实质上均匀地分布于固体压缩紧固剂(如混凝土、沥青或陶瓷等)中;

(2)相对不溶解的放射性物质,或实质上被包含于相对不溶解的基质中,因此,即使包装破损,每个包件被置于水中7天,通过渗漏造成的放射性物质损失不超过0.1 A_2;和

(3)排除其任何屏蔽材料,固体的评估平均比活度不超过 $2\times10^{-3}A_2/g$。

(三)表面污染物体(SCO)

表面污染物体是指本身不具有放射性但其表面分布有放射性固体物质。表面污染物体(SCO)被分为两类:

(1)SCO-I,在固体物品上:

①在可接近表面上每300 cm^2(若表面积小于300 cm^2,则按表面积计)的平均非固定污染为:β和γ辐射源及低毒α辐射源不超过4 Bq/cm^2,或所有其他α辐射源不超过0.4 Bq/cm^2,和

②在可接近表面上每300 cm^2(若表面积小于300 cm^2,则按表面积计)的平均固定污染为:β和γ辐射源及低毒α辐射源不超过 4×10^4 Bq/cm^2,或所有其他α辐射源不超过 4×10^3 Bq/cm^2,和

③在不可接近表面上每300 cm^2(若表面积小于300 cm^2,则按表面积计)的平均非固定污染加上固定污染为:β和γ辐射源及低毒α辐射源不超过 4×10^4 Bq/cm^2,或所有其他α辐射源不超过 4×10^3 Bq/cm^2。

(2)SCO-II,在固体物品上,其表面固定污染或非固定污染超过了以上(1)中规定的适用限度,并且其上:

①在可接近表面上每300 cm^2(若表面积小于300 cm^2,则按表面积计)的平均非固定污染为:β和γ辐射源及低毒α辐射源不超过400 Bq/cm^2,或所有其他α辐射源不超过40 Bq/cm^2,和

②在可接近表面上每300 cm^2(若表面积小于300 cm^2,则按表面积计)的平均固定污染为:β和γ辐射源及低毒α辐射源不超过 8×10^5 Bq/cm^2,或所有其他α辐射源不超过 8×10^4 Bq/cm^2,和

③在不可接近表面上每300 cm^2(若表面积小于300 cm^2,则按表面积计)的平均非固定污染加上固定污染为:β和γ辐射源及低毒α辐射源不超过 8×10^5 Bq/cm^2,或所有其他α辐射源不超过 8×10^4 Bq/cm^2。

(四)A型包件的物质

A型包件内装放射性物质的活度不应大于下列数值:

(1)特殊形式放射性物质——A_1;或

(2)所有其他的放射性物质——A_2;

(3)对于标识和共同活度都已确定的放射性核素混合物,A型包件的物质也应符合下列条件:

$$\sum_{i}\frac{B_{(i)}}{A_{(i)}}+\sum_{j}\frac{C_{(j)}}{A_{2(j)}}\leqslant 1$$

式中:$B_{(i)}$—— 特殊形式放射性物质放射性核素 i 的活度;

$A_{1(i)}$—— 放射性核素 i 的 A_1 值;

$C_{(j)}$—— 除特殊形式放射性物质外的放射性核素 j 的活度;

$A_{2(j)}$—— 放射性核素 j 的 A_2 值。

(五)B(U)型包件的物质

(1)内装的放射性物质活度(包装设计和散热所必须的积载规定)不超过由单方主管机关批准的限制,且在批准证书中给出。

单方批准是指只需设计的原产国主管机关批准。

(2)该包件不应含有:

①活度大于那些认可设计的包件;

②与那些认可设计的包件不同的放射性核素;或

③在形式或物理、化学状态上与那些认可设计的包件不同的内装物,如其批准证书中所述。

(六)B(M)型包件中的物质

(1)内装的放射性物质活度(包装设计和散热所必须的积载规定)不超过由多方主管机关批准的限制,且在批准证书中给出。

多方批准是指需设计的原产国或起运国以及托运货物途径或抵达的每个国家批准。

(2)该包件不应含有:

①活度大于那些认可设计的包件;

②与那些认可设计的包件不同的放射性核素;或

③在形式或物理、化学状态上与那些认可设计的包件不同的内装物,如其批准证书中所述。

(七)C 型包件的物质

(1)此项规定主要针对在多式联运过程中,空运 C 型包件所载运的放射性物质数量可能超过 3000 A_1 或 100000A_2(海运这样数量的放射性物质使用 B(U)或 B(M)型包件就可以了,不需要使用 C 型包件)。由于有可能在海上转运此类包件,所以作出如下规定。

(2)C 型包件不应含有:

①活度大于那些认可设计的包件;

②与那些认可设计的包件不同的放射性核素;或

③在形式或物理、化学状态上与那些认可设计的包件不同的内装物,如其批准证书中所述。

(八)可裂变物质

为铀 -233、铀 -235、钚 -239、钚 -241 或这些放射性核素的任何组合。

含裂变物质的包件不应含有:

(1)与那些认可设计的包件不同的一批裂变物质;

(2)与那些认可设计的包件不同的任何放射性核素或裂变物质;或

(3)在形式或物理、化学状态上或空间安排上与那些认可的设计包件不同的内装物,如其批准证书中所述。

（九）低弥散性放射性物质

（1）低弥散性放射性物质又称特殊形式放射性物质，系指：

①不会弥散的固体放射性物质；或

②装有放射性物质的密封盒，密封盒的制造应做到只有将该盒破坏时才能打开。特殊形式放射性物质应至少有一边尺寸不得小于 5 毫米。

（2）特殊形式放射性物质应具有这样的性质和设计，若使其进行规定的试验，应符合下列规定：

①在适用的冲击、震动和弯曲试验中不会断裂或粉碎；

②在适用的受热试验中不会融化或弥散；和

③在规定的渗漏试验获得的水的活度不会超过 2kBq；或者对于封闭源，在国际标准化组织 ISO9978:1992(E)“防辐射—封闭放射源—渗漏试验方法”中规定的体积渗漏评估试验中，渗漏率不会超过主管机关能接受的适用的认可阈值。

（3）性能标准的证明应与第 7 类物质和包件的构造、试验和批准规定相一致。

（4）对于非低弥散性的放射性物质，如果在 B(U)型或 B(M)型包件中数量超过 3000A_1 或 3000A_2 就不允许空运。这个限制不适用于 B(U)型或 B(M)型包件的海运，但由于装有低弥散性放射性物质的此类包件也可能进行海上运输，所以作出下列规定。

①低弥散性放射性物质应是在包件中放射性物质的全部数量满足下列规定：

（i）距离未覆盖放射性物质 3 m 处的辐射水平不超过 10 mSv/h；

（ii）如果进行规定的试验，100 μm 以下的空气动力学等量直径的气体和颗粒形态的悬浮物不超过 100 A_2。每个试验应用一个单独的样品；和

（iii）如果进行规定的试验，水中的活度不超过 100 A_2。进行该试验时，上述（ii）中所述该试验的损坏作用应予以考虑。

②对含有或模拟低弥散性放射性物质的样品应进行增强型热试验和冲击试验。每个试验应用不同的样品。每个试验做完以后，应对该样品进行渗漏试验。每个试验后应确定其是否符合相关的规定。

（十）特殊安排的放射性物质

可以在特殊安排下进行船舶运输的放射性物质。特殊安排是指经主管机关批准并提出相应的要求，以便那些不完全符合放射性物质适用规定的托运货物可以按照这些要求进行运输。

（十一）六氟化铀的包件

包件中的六氟化铀的重量不得超过一定的数值，这个数值使包件在最高温度下产生小于 5% 的空当，而 5% 的空当是对使用包件的设备系统规定的。交付运输时，六氟化铀须以固体形式并且包件的内部压力须低于大气压力。

三、特性

（一）放射性

本类物质的主要危险性是放射性。

（二）其他特性

有些放射性物质还具有爆炸性、易燃性、腐蚀性、毒性等。

如：金属钍粉末遇热或火焰或氧化剂发生剧烈反应，引起燃烧或爆炸；氟化铀具有强腐蚀

性和毒性。

四、运输指数和临界安全指数

(一)运输指数(Transport Index,TI)

运输指数(TI)是指给包件、集合包件、罐柜或集装箱或无包装的 LSA－I 和 SCO－I 确定一个数字。利用该数字对辐射照射量进行控制。其确定方法:

(1)包件、集合包件运输指数的测定:

测定出距离包件、集合包件外表面 1 m 远处的以毫希沃特/小时(mSv/h)为单位的最高辐射水平。该测定值乘以 100,结果就是运输指数。

(2)对于铀和钍矿石及其浓缩物,在距离货物外表面 1 m 远处的任何一点,其最高辐射水平可以取以下的数值:

铀和钍矿石及其物理浓缩物　　0.4 mSv/h

钍的化学浓缩物　　0.3 mSv/h

除六氟化铀外的铀化学浓缩物　　0.02 mSv/h

(3) 罐柜、集装箱或无包装的 LSA－I 和 SCO－I 的运输指数的测定:

测定出距离罐柜或集装箱或无包装的 LSA－I 和 SCO－I 外表面 1m 远处的以毫希沃特/小时(mSv/h)为单位的最高辐射水平。该测定值乘以 100,再乘以下表(表 2－15 大尺寸货载的放大系数)中的相应系数:

表 2-15　大尺寸货载的放大系数

取整体货物的最大横截面积	放大系数
整体载货尺寸 ≤ 1 m^2	1
1 m^2 < 整体载货尺寸 ≤ 5 m^2	2
5 m^2 < 整体载货尺寸≤20 m^2	3
20 m^2 < 整体载货尺寸	10

(4)按上述(1)、(3)方法确定的运输指数值的有效数字为小数点第 1 位。

(5)确定每个集合包件、集装箱或运输工具的运输指数,可取所装包件运输指数之和或直接测量辐射水平;对于非钢性集合包件,其运输指数只能按所有包件运输指数之和来计算。

(二)临界安全指数(Criticality Satety Index,CSI)

临界安全指数(CSI)是指用于对含有裂变物质的包件、集合包件或集装箱进行临界安全控制的累加数字。其确定方法:

(1)装有裂变物质包件的临界安全指数应用 50 除以《IMDG Code》中推出的两个 N 值中较小的那个得出,即 CSI＝50/N。

(2)每批托运货物的临界安全指数应是该批货物所有包件临界安全指数的总和。

五、放射性包件和集合包件分级

根据运输指数和表面辐射水平对盛装放射性物质、物品的包件和集合包件的危险程度分级见表 2-16。

表 2-16　包件和集合包件危害级别划分

条件		级别
运输指数(TI)	表面任何一点的最大辐射水平(mSv/h)	
0①	最大辐射水平≤0.005	Ⅰ级——白色标志
0 < TI≤1	0.005 < 最大辐射水平≤0.5	Ⅱ级——黄色标志
1 < TI≤10	0.5 < 最大辐射水平≤2	Ⅲ级——黄色标志
TI > 10②	2 < 最大辐射水平≤10	Ⅲ级——黄色标志

注①:如果所测得的运输指数不大于 0.05,其值可视为 0。

②:还应以独家使用运输。

所谓"独家使用"是指由一个发货人独自使用一个运输工具或一个大的货物集装箱,有关起始、中途和最终的装卸作业全部按发货人或收货人的要求进行。

六、几种放射性物质

1. 放射性物质,例外包件—仪器或物品,第 7 类,UN 2911,积载类 A。

2. 六氟化铀,裂变的,第 7 类 ,副危险性 8 ,UN 2977,积载类 A。

第八节　腐蚀性物质

一、定义

第 8 类腐蚀品系指通过化学反应能严重地伤害与之接触的生物组织的物质,或从其包件中撒漏亦能导致对其他货物或船舶损坏的物质。

二、分类

1.《IMDG Code》第 8 类中不分小类。

2.《水路危规》将第 8 类分为 3 小项:

第 8.1 项　酸性腐蚀品;

第 8.2 项　碱性腐蚀品;

第 8.3 项　其他腐蚀品。

3. 按运输中的危险程度,将第 8 类分成以下 3 类包装类:

(1)包装类Ⅰ:严重危险性的物质和制品;

是在 3 min 或少于 3 min 的暴露时间后开始直到 60 min 的观察期内,能使动物完好的皮肤组织出现坏死现象的物质。

(2)包装类Ⅱ:中等危险性的物质和制品;

是在 3 min 或 3 min 以上 60 min 以内的暴露时间后开始直到 14 天的观察期内,能使动物完好的皮肤组织出现坏死现象的物质。

(3)包装类Ⅲ

是在 60 min 以上,4 h 以内的暴露时间后开始直到 14 天的观察期内,能使动物完好的皮肤组织出现坏死现象的物质;或虽不会在完好的皮肤组织引起可见坏死现象,但在试验温度为 55℃时对钢或铝的表面年腐蚀率超过 6.25 mm。试验所用钢材为 S235JR + CR,S275J2G3 + CR,ISO 3574:1999,统一编号系统(UNS)G10200 或 SAE1020。试验用的铝为非电镀的 7075 –

T6 型或 AZ5GU－T6 型。

三、特性

腐蚀品是化学性质非常活泼的物质，能与很多金属、非金属及动、植物机体等发生化学反应。腐蚀品不仅具有腐蚀性，很多腐蚀品同时还具有毒性、易燃性或氧化性等性质中的一种或数种。

（一）腐蚀性

腐蚀性是本类物质的主要危险性。腐蚀品与很多物品、人体接触后，都能形成不同程度的腐蚀。

（二）毒性

许多腐蚀品具有不同程度的毒性，如水合肼、五溴化磷、偏磷酸；特别是具有挥发性的腐蚀品，能挥发出有毒的气体和蒸气，在腐蚀人体的同时还能引起中毒，如发烟硫酸、氢氟酸等。

（三）氧化性

腐蚀品中的含氧酸大多是强氧化剂，本身会分解放出氧气，或与其他物质反应时，夺取电子使其氧化，如硝酸暴露在空气中就会分解放出氧气。强氧化剂与可燃物接触时，即可引起燃烧。如硝酸、浓硫酸、高氯酸等，与松节油、食糖、纸张、炭粉等接触后，即可引起燃烧甚至爆炸。浓硫酸，浓硝酸可以氧化铜，同时放出有毒的二氧化硫或二氧化氮气体。

（四）易燃性

有机腐蚀品具有可燃性，其中有些是易燃的。这是由于本身的化学组成所决定的。一些挥发性的有机腐蚀品闪点较低，接触明火会引起燃烧，如冰醋酸，闪点 40℃（c. c）；氯甲酸乙酯，闪点 29℃（c. c）。

有些强酸强碱，在腐蚀金属的过程中放出可燃的氢气。当氢气在空气中占一定的比例时，遇高热、明火即燃烧，甚至引起爆炸。

（五）遇水反应性

腐蚀品中很多物品能与水发生反应生成烟雾，对眼睛和呼吸道有强烈的刺激作用。反应的同时放出大量的热。反应分为两种情况：

（1）遇水分解：这类反应以氯化物为主，如氯磺酸水解发生强烈反应，生成盐酸和硫酸；

（2）遇水化合：这类反应以各种酸酐为主，如三氧化硫遇水生成硫酸，反应的结果使腐蚀性明显增强；

遇水反应的腐蚀品都能与空气中的水汽发生反应而生烟（雾），它对眼睛、咽喉和肺有强烈的刺激作用，而且有毒。由于反应剧烈，并同时放出大量的热量，当满载这些物品的容器遇水后，则可能因漏进水滴，猛烈反应，使容器炸裂。所以尽管没有给这些物品贴上“遇潮时危险”的副标志，其防水的要求应和 4.3 类危险货物相同。

（六）污染性

一些腐蚀品具有污染性，属于海洋污染物甚至是严重海洋污染物，如二氯苯基三氯硅烷、氯化铜等。

四、几种腐蚀品

（1）硫酸，含酸超过 51%，第 8 类，UN 1830，包装类 Ⅱ，积载类 C（金属桶 B）。

（2）氯磺酸，第 8 类，UN 1754，包装类 Ⅰ，积载类 C。

（3）冰醋酸，按质量含酸超过 80%，第 8 类，副危险性 3，UN 2789，包装类 Ⅱ，积载类 A。

(4)氢氧化钠,固体的,第8类,UN 1823,包装类 Ⅱ,积载类 A。

(5)水合肼,按质量含肼大于37%,第8类,副危险性6.1,UN 2030,包装类 Ⅰ或Ⅱ或Ⅲ,积载类 D。

第九节 杂类危险物质和物品

一、定义

(一)《IMDG Code》中的定义

《IMDG Code》指出:第9类物质和物品是指在运输中呈现出未列入其他类别的危险物质和物品;以及基因重组的微生物和生物。

基因重组的微生物(GMMOs)和基因重组生物(GMOs)是指所含的基因物质已经通过基因工程进行故意改变而不是自然发生的微生物和生物。

第9类具体包括以下几种:

(1)未列入其他类别的物质和物品,根据已经表明或可以表明该物质或物品具有的危险特性须适用于经修订的《1974年国际海上人命安全公约》第七章A部分规定。

(2)不适用于上述公约第七章A部分规定,但适用于《经1978年议定书修订的1973年国际防止船舶造成污染公约》(MARPOL 73/78)附则III规定的有害物质(海洋污染物)。

(3)在等于或高于100℃条件下运输或交付运输的液态物质,以及在等于或高于240℃条件下运输或交付运输的固体。

(4)不符合第6.2类感染性物质定义的基因重组的微生物和生物,但能够改变动物、植物或微生物使其不同于正常的自然繁殖结果,须将其指定为UN3245。原产国、途经国和目的地国主管机关批准使用的基因重组的微生物和重组生物不适用于本规则的规定。

(二)国标中的定义

《危险货物分类和品名编号》(GB6944)指出:本类货物系指在运输过程中呈现的危险性质不包括在上述八类危险性中的物品。

本类货物分为两项:

第1项 磁性物品。本项货物系指航空运输时,其包件表面任何一点距2.1 m处的磁场强度 H ≥0.159A/m。

第2项 另行规定的物品。本项货物系指具有麻醉、毒害或其他类似性质,能造成飞行机组人员情绪烦躁或不适,以致影响飞行任务的正确执行,危及飞行安全的物品。

(三)《水路危规》中的定义

《水路危规》指出:本类货物系指在水路运输中呈现的危险性质不包括在上述第1至第8类危险货物中的货物。

本类货物的具体品名(除干冰外)及运输条件由交通部另行公布。

二、几种第9类物质

(一)在《IMDG Code》中列出的第9类物质有几十种,现列举几种

(1)二氧化碳,固体的(干冰),UN 1845,包装类 Ⅲ,积载类 C。

(2)聚苯乙烯珠体,可膨胀的,UN 2211,包装类 Ⅲ,积载类 A。

(3)鱼粉(稳定了的),UN 2216,包装类 Ⅲ,积载类 B。

(4)石棉,UN 2590,包装类 Ⅲ,积载类 A。

(5)对环境有害的物质,固体的,未另列明的,海洋污染物,UN 3077,包装类 Ⅲ,积载类 A。

(6)对环境有害的物质,液体的,未另列明的,海洋污染物,UN 3082,包装类 Ⅲ,积载类 A。

(二)《水路危规》中的第 9 类物质

在《水路危规》中第 9 类只列明一种物质:二氧化碳,固体的(干冰),UN 1845,GB 92001,包装类 Ⅲ,积载类 C。

第十节 海洋污染物

一、定义

海洋污染物(Marine Pollutants)系指由于其对海产品生物积累的潜在威胁或由于其对水生生物的严重毒性,而适用于《MARPOL 73/78》附则 III 的物质。

二、包装有害物质(海洋污染物)的判定导则

按《MARPOL 73/78》附则 III 的标准,一种物质只要满足下列任何一个标准,即被划定为有害物质(海洋污染物):

1. 被视为具有污染潜在威胁的某种物质如果符合下列情况(表 2-17)应判定为海洋污染物(P):

(1)在生物体内积累达显著程度并对水生生物或人类健康造成危害(A 栏内危害级别为"+");或

(2)在生物体内积累后对水生生物或人类健康带有伴随性危险,短时间积累一周或更短时间(A 栏内危害级别为"Z");或

(3)对水生生物有剧毒性,其 LD_{50} 低于 1mg/l(B 栏内危害级别为"4")。

表 2-17 GESAMP 危害示意表

GESAMP 危害示意表				
A	B	C	D	E
+				
Z				
	4			

2. 被视为具有严重污染潜在危险的物质,如果符合下列情况(表 2-18)应判定为严重海洋污染物(PP):

(1)在生物体内积累达显著程度并对水生生物或人类健康造成危害(A 栏内危害级别为"+")并且对水生生物具有剧毒性,其 LD_{50} 低于 1 mg/l(B 栏内危害级别为"4");或

(2)对水生生物具有剧毒性,其 LD_{50} 低于 0.01 mg/l(B 栏内危害级别为"5")。

表 2-18 GESAMP 危害示意表

GESAMP 危害示意表				
A	B	C	D	E
+	4			
	5			

3. 如《IMDG Code》某种物质、材料或物品被主管机关认可指定为海洋污染物,但根据经修正的 GESAMP 危害示意表,它已不再符合海洋污染物或严重海洋污染物的判定标准,则无需

执行海洋污染物的规定。

4. 在“危险货物一览表”第4栏提供下列海洋污染物的信息：

P——该条目包含海洋污染物，或在通用条目下，该条目包括的大部分物质、材料或物品是海洋污染物；

PP——该条目包含严重海洋污染物，或在通用条目下，该条目包括的大部分物质、材料或物品是严重海洋污染物；

●——该条目包括未另列明的物质、材料和物品并且准备用于包括海洋污染物或严重海洋污染物的货物。

三、溶液、混合物和异构体的划分

1. 在溶液或混合物中含有一种或多种海洋污染物，其含量占到10%或以上的，属于海洋污染物。

2. 在溶液或混合物中含有严重海洋污染物，其含量占到1%以上的，属于海洋污染物。

3. 对不属于《IMDG Code》第1至8类，但符合上述1或2所提出的海洋污染物标准的溶液或混合物，应在第9类按“对环境有害的物质，固体的，未另列明的”或“对环境有害的物质，液体的，未另列明的” 条目运输（即使这些溶液或混合物并未在“危险货物一览表”中列名）。

4. 某些物质虽然被包括在《IMDG Code》第1至8类的通用条目，但其异构体并不符合这些类别的标准。被判明为海洋污染物的这些异构体应在第9类按“对环境有害的物质，固体的，未另列明的”或“对环境有害的物质，液体的，未另列明的” 条目运输（即使这些溶液或混合物并未在“危险货物一览表”中列名）。

第十一节　具有多种危险性的物质、混合物和溶液的分类

对于含有多种危险性的在《IMDG Code》中未明确列出名称的物质、混合物或溶液，首先应看其是否属于优先列出类别和分类的物质，如不适用再根据《IMDG Code》中的“危险性优先顺序表”（见表2-19）确定其类别。出现在横行与纵行交叉点上的类别为主要危险，其他类别为副危险。

下列物质、材料和物品的危险性优先顺序没有在《危险性优先顺序表》中列明，这些主要危险总是优先的：

（1）第1类物质和物品；

（2）第2类气体；

（3）第3类中的液体退敏爆炸品；

（4）第4.1类中的自反应物质和固体退敏爆炸品；

（5）第4.2类中的引火性物质；

（6）第5.2类物质；

（7）第6.1类中具有包装类I的蒸气吸入毒性的物质；

（8）第6.2类物质；和

（9）第7类物质。

表 2-19　危险性优先顺序表

类别及包装类	4.2	4.3	5.1 I	5.1 II	5.1 III	6.1I 皮肤	6.1I 口入	6.1 II	6.1 III	8,I 液体	8,I 固体	8,II 液体	8,II 固体	8,III 液体	8,III 固体
3,I*						3	3	3	3	3	—	3	—	3	—
3,II*						3	3	3	3	8	—	3	—	3	—
3,III*						6.1	6.1	6.1	3**	8	—	8	—	3	—
4.1II*	4.2	4.3	5.1	4.1	4.1	6.1	6.1	4.1	4.1	—	8	—	4.1	—	4.1
4.1III*	4.2	4.3	5.1	4.1	4.1	6.1	6.1	6.1	4.1	—	8	—	8	—	4.1
4.2II		4.3	5.1	4.2	4.2	6.1	6.1	4.2	4.2	8	8	4.2	4.2	4.2	4.2
4.2III		4.3	5.1	5.1	4.2	6.1	6.1	6.1	4.2	8	8	8	8	4.2	4.2
4.3I			5.1	4.3	4.3	6.1	4.3	4.3	4.3	4.3	4.3	4.3	4.3	4.3	4.3
4.3II			5.1	4.3	4.3	6.1	4.3	4.3	4.3	8	8	4.3	4.3	4.3	4.3
4.3III			5.1	5.1	4.3	6.1	6.1	6.1	4.3	8	8	8	8	4.3	4.3
5.1I						5.1	5.1	5.1	5.1	5.1	5.1	5.1	5.1	5.1	5.1
5.1II						6.1	5.1	5.1	5.1	8	8	5.1	5.1	5.1	5.1
5.1III						6.1	6.1	6.1	5.1	8	8	8	8	5.1	5.1
6.1I 皮肤										8	6.1	6.1	6.1	6.1	6.1
6.1I 口入										8	6.1	6.1	6.1	6.1	6.1
6.1II 吸入										8	6.1	6.1	6.1	6.1	6.1
6.1II 皮肤										8	6.1	8	6.1	6.1	6.1
6.1II 口入										8	8	8	6.1	6.1	6.1
6.1III										8	8	8	8	8	8

注：*4.1 类中除了自反应物质和固体退敏爆炸品以外的物质和第 3 类液体退敏爆炸品以外的物质；

** 6.1 指农药；

— 指不可能的组合。

复习思考题

1. 什么是第 1 类爆炸品？爆炸品按危险性分为几类？按配装类分为几类？
2. 气体按危险性分为几类？怎样区分易燃气体、有毒气体？具有多种危险性的气体或气体混合物，其危险性是怎么排序的？
3. 气体按运输形式分为几种？一般临界温度高于常温的气体按什么形式运输？
4. 气体有哪些特性？
5. 什么叫相对密度？了解这个指标对运输气体有什么意义？
6. 什么是易燃液体？国际国内危规对第 3 类易燃液体分类有什么不同？
7. 易燃液体有哪些特性？
8. 易燃液体着火能否用水扑救？为什么？
9. 易燃液体包装时为什么必须留有膨胀余位？危规规定膨胀余位为多少？
10. 第 4.1 类包括哪些物质？
11. 什么是易自燃物质？易自燃物质产生自燃的主要原因是什么？
12. 什么是第 4.3 类物质？
13. 第 4 类物质有哪些特性？其中的爆炸性有哪几种情况？
14. 什么是粉尘爆炸？硫磺着火能否用直流水来扑救？为什么？
15. 什么是氧化物质？一般由什么样分子组成的物质属于 5.1 类氧化物质？
16. 氧化剂的主要危险性是什么？

17. 有机过氧化物的结构特点怎样？为什么某些有机过氧化物在运输中须进行温度控制？某些有机过氧化物需加入稀释剂才能运输？

18. 什么是有毒的物质？有毒物质的判定标准是什么？

19. 什么是感染性物质？第6.2类具体包括哪些物质？

20. 什么是放射性物质？

21. 什么是运输指数？临界安全指数？怎样确定包件的运输指数？集装箱的运输指数？

22. 放射性物质的包件分为几级？

23. 什么是腐蚀品？国际国内危规在腐蚀品分类中的有什么区别？

24. 腐蚀品有哪些危险特性？

25. 在《IMDG Code》中第九类具体包括哪些物质？

26. 国际与国内危规在第九类上有什么区别？

27. 什么是海洋污染物？海洋污染物是否属于第九类？在《IMDG Code》中的"危险货物一览表"是怎样提供海洋污染物信息的？

28. 具有多种危险性的物质怎样分类？哪些物质、材料和物品的危险性总是优先的？

第三章 危险货物的包装和运输组件

第一节 危险货物的包装

一、危险货物包装的定义

危险货物包装是指能够经受得住各种运输、装卸和保管过程中的风险，确保高度安全的各种包装和包装方法。

海上危险货物的运输包装是指由《IMDG Code》推荐的各种包装和包装方法。考虑到科学和技术的发展，可以使用与该规则规定的不同包装，但这些包装必须具有同等效能，由主管机关认可的技术检验部门按《IMDG Code》的试验标准进行试验，证明在船舶安全载运和防止海洋的污染要求等方面达到等效包装要求的，方可使用新包装。

二、危险货物包装的作用与要求

(一)危险货物运输包装的作用

危险货物运输包装是防止货物在正常运输过程中发生燃烧、爆炸、腐蚀、毒害、放射射线、污染等事故的重要条件之一，是保障安全运输的基础。它除了具有一般运输包装的作用以外，还具有一些特殊的作用，具体作用如下：

(1)抑制或钝化货物的危险性，使危险性限制在最小的范围内，提供良好的运输作业环境。

(2)防止因接触雨雪、阳光、潮湿空气和杂质而使货物变质，或发生剧烈的化学反应而造成事故。

(3)减少货物在运输中所受的碰撞、震动、摩擦和挤压，使其在包装的保护下处于完整和相对稳定的状态，从而保证安全运输。

(4)防止因货物撒漏、挥发而使性质相抵触的货物直接接触，而发生事故或污染运输设备及其他货物。

(5)便于运输过程中的装卸、搬运和保管，做到及时运输和保管安全。

(二)危险货物运输包装的一般要求

(1)盛装危险货物的包装应质量良好具有相应的强度，其构造和封闭装置能经受正常装卸运输条件的风险，不应由于温、湿度或内部压力的变化而泄漏。包装表面不应粘附有残余物、雨、雪或其他物质。

(2)包装的材质、形式、规格、方法和包件重量等应与拟装危险货物相适应，并应便于装卸和运输。常规包装的最大容积为450 L，最大净重400 kg。

(3)包装应具有良好的封口，根据危险货物的类别和特性选择符合要求的包装封口。封口分为：气密封口、有效封口(液密封口)和牢固封口(最低要求)。

盛装具有下列特性的危险货物时其封口应是气密封口：

① 产生可燃气体或蒸气；

② 在干燥情况下，可能有爆炸性；

③ 产生有毒气体或蒸气；

④ 产生腐蚀性气体或蒸气；

⑤ 可能与空气发生危险性反应。

(4)相互之间能发生危险反应，并引起以下后果的危险货物，不应装在同一个外包装或大宗包装内：

① 燃烧或产生相当多的热量；

② 产生易燃、有毒或窒息性气体；

③ 形成腐蚀性物质；或

④ 形成不稳定物质。

(5)包装内所使用的衬垫材料或吸收材料应是惰性材料，并与内装货物的性质相适应。

(6)盛装液体的包装，若散发气体而可能增加内压，则在包装上可安装一个安全阀(泄压阀)，确保在装卸、运输过程中不应内压增大而产生危险。向包装内充装液体时，必须留有足够的膨胀余位。

(7)装载固体物质的包装，如果该固体物质在装卸运输过程中有可能因温差而变成液体，那么这种包装还必须具备装载液态物质的能力。

(8)组合包装的内包装装入外包装应保证在正常装卸运输条件下不破裂、不被戳穿或不渗漏。易于破裂或被戳穿的内包装，如玻璃、瓷器或陶器或某些合成材料制成的内包装，应使用合适的衬垫材料紧固于外包装内。内容物的任何泄漏不应削弱衬垫材料或外包装的保护性能。

(9)任何曾盛装过危险货物的空包装，应按原装危险货物的要求来处理，除非能证明将危险货物的残余物已清除掉。

(10)新的、再生的、重复使用的包装或经修复的包装均应经过相应的检验合格，方可使用。

三、各种包装定义

1. 单一包装 —— 是指直接将货物盛装在包装容器中的包装。如：钢桶、塑料桶、塑料罐等。其最大净重不超过 400 kg；最大容积不超过 450 L。

2. 内包装 —— 是指运输中其外面需要外包装的包装。组合包装中的内层包装就称为内包装。

3. 内容器 —— 是指起盛装作用并需要外包装的容器。复合包装中的内层就称为内容器。

4. 外包装 —— 是指复合包装和组合包装的外部保护部分及其吸附性材料、衬垫材料和为保证内容器或内包装所需的任何其他组成部分。

5. 中层包装 —— 是指置于内包装或物品与外包装之间的包装。

6. 复合包装 —— 是指由一个外包装和一个内容器组成的一个整体包装。该包装一旦组装好后，无论在充罐、储存、运输或卸空时始终是一个整体。如：钢塑复合桶。其最大净重不超过 400 kg；最大容器不超过 450 L。

7. 组合包装 —— 是指将一个或多个内包装装在一个外包装内组成的包装，其目的是便于运输。如塑料罐装在木箱中，其最大净重不超过 400 kg。

8. 中型散装容器 —— 是指容器大于 250 L,但不超过 3000 L(3 m^3),设计适合于机械装卸,并能承受装卸运输过程中正常风险的刚性、半刚性和柔性的可移动包装。(具体见本节十、1.)

9. 大宗包装 —— 是指由装有物品或内包装的外包装组成的包装,设计上适合于机械装卸,净重超过 400 kg 或容量超过 450 L,但容积不大于 3 m^3。(具体见本节十、2.)

10. 救助包装 —— 是指为了运输、回收或处理的目的,在其中可盛放损坏、破损或渗漏的危险货物的一种特殊包装。

11. 重复使用的包装 —— 是指那些用来灌装相同内容物或类似相容物的包装。该包装经检验能达到性能试验的各项指标。该包装主要由产品发货人为节约成本而采用的包装。

12. 修复的包装 —— 是指已经使用并将内容物清净后需要更换部分辅件的包装。如钢桶、塑料桶、罐,更换了不完整的垫圈、封闭器盖等。

13. 再生包装 —— 是指从一个非 UN 型改成 UN 型或从一种 UN 型改成另一种 UN 型(如塑料桶从 1H1 改成 1H2)或某些结构部件经过更换(如钢桶的非移动盖)的包装。

14. 散装容器 —— 是指用于运输固体货物的盛装体系(包括任何内衬或涂层),其中的固体货物与盛装体系直接接触。不包括包件、中型散装容器(IBCs)、大宗包装和可移动罐柜。(具体见本节十、3.)

四、包装的类别

危险货物的包装除第 1、2 和 7 类,第 4.1 类中的自反应物质、第 5.2 类和第 6.2 类外的所有包装按其呈现的危险程度划分为三个包装类,即:

包装类Ⅰ——适用于盛装高度危险的物质;

包装类Ⅱ——适用于盛装中度危险的物质;

包装类Ⅲ——适用于盛装低度危险的物质。

五、包装类型代码

1. 包装类型代码是由包装种类代码和包装材质代码组成。具体包括:

(1)一个表示包装种类,如圆桶、罐等阿拉伯数字,后接:

(2)一个或多个,用于表示材料性质,如钢、木材等的大写拉丁字母,如需要时再接:

(3)一个表示包装归属类型内某一类型的阿拉伯数字。

2. 对复合包装,须在代码的第二个位置依次使用两个大写拉丁字母,第一个字母表示内容器的材料,第二个表示外包装的材料。

3. 对组合包装,仅使用其外包装的代码。

4. 包装代码后加上字母“T”,“V”或“W”,分别表示它们是符合规定的救助包装、特殊包装或等效包装。

5. 包装种类代码

包装种类代码由阿拉伯数字表示。下面的阿拉伯数字表示包装种类:

1——桶

2——木琵琶桶

3——罐

4——箱

5——袋

6——复合包装
7——压力容器
11——盛装固体,内装物以重力方式装卸的刚性中型散装容器
13——柔性中型散装容器
21——盛装固体,内装物在大于 10 kPa 压力下装卸的刚性中型散装容器
31——盛装液体的刚性中型散装容器
50——刚性大宗包装
51——柔性大宗包装

6. 包装材质代码

包装材质代码由大写英文字母表示。下面的大写英文字母表示材质:

A　钢
B　铝
C　天然木
D　胶合板
F　再生木
G　纤维板、瓦楞纸板或纸板
H　塑料、钙塑材料
L　纺织材料
M　多层纸
N　金属,钢和铝除外
P　玻璃、瓷或粗陶

7. 包装类型代码

包装种类和包装材质代码的组合包装代码能完整地表示出包装的类型,如表 3-1 所示。

表 3-1　包装类型代码一览表

包装种类	包装材质	类型	包装代码
1. 圆桶	A 钢	不可拆装桶顶	1A1
		可拆装桶顶	1A2
	B 铝	不可拆装桶顶	1B1
		可拆装桶顶	1B2
	D 胶合板	——	1D
	G 纤维	——	1G
	H 塑料	不可拆装桶顶	1H1
		可拆装桶顶	1H2
	N 金属(钢和铝以外)	不可拆装桶顶	N1
		可拆装桶顶	N2
2. 木琵琶桶	C 木材	塞式	2C1
		可拆装桶顶	2C2

续上表

3. 罐	A 钢	不可拆装桶顶	3A1
		可拆装桶顶	3A2
	B 铝	不可拆装桶顶	3B1
		可拆装桶顶	3B2
	H 塑料	不可拆装桶顶	3H1
		可拆装桶顶	3H2
4. 箱	A 钢	——	4A
	B 铝	——	4B
	C 天然木	普通的	4C1
		箱壁防撒漏的	4C2
	D 胶合板	——	4D
	F 再生木	——	4F
	G 纤维板	——	4G
	H 塑料	多孔(或泡沫)	4H1
		硬质的	4H2
5. 袋	H 塑料编织	无内衬或涂层的	5H1
		防撒漏的	5H2
		防水的	5H3
	H 塑料薄膜	——	5H4
	L 纺织品	无内衬或涂层的	5K1
		防撒漏的	5K2
		防水的	5K3
	M 纸	多层的	5M1
		多层的,防水的	5M2
6. 复合包装	H 塑料容器	在钢桶内	6HA1
		在钢条或钢皮箱内	6HA2
		在铝桶内	6HB1
		在铝条或铝皮箱内	6HB2
		在木箱内	6HC
		在胶合板桶内	6HD1
		在胶合板箱内	6HD2
		在纤维板桶内	6HG1
		在纤维板箱内	6HG2
		在塑料桶内	6HH1
		在硬塑料箱内	6HH2
	P 玻璃、陶瓷、粗陶瓷容器	在钢桶内	6PA1
		在钢条或钢皮箱内	6PA2
		在铝桶内	6PB1
		在铝条或铝皮箱内	6PB2
		在木箱内	6PC
		在胶合板桶内	6PD1
		在柳条筐内	6PD2
		在纤维板桶内	6PG1
		在纤维板箱内	6PG2
		在多孔塑料包装内	6PH1
		在硬塑料箱内	6PH2

续上表

11. 中型散装容器	钢	适装固体,内装物用重力方式装卸	11A
	铝	适装固体,内装物用重力方式装卸	11B
	天然木	带内衬,适装固体,内装物用重力方式装卸	11C
	胶合板	带内衬,适装固体,内装物用重力方式装卸	11D
	再生木	带内衬,适装固体,内装物用重力方式装卸	11F
	纤维板	适装固体,内装物用重力方式装卸	11G
	刚性塑料	带支撑框架,适装固体,内装物用重力方式装卸	11H1
	刚性塑料	无支撑框架,适装固体,内装物用重力方式装卸	11H2
	钢、铝以外金属	适装固体,内装物用重力方式装卸	11N
13. 柔性中型散装容器	编织塑料	无内衬或涂层	13H1
	编织塑料	有涂层	13H2
	编织塑料	有内衬	13H3
	编织塑料	有内衬和涂层	13H4
	塑料薄膜	——	13H5
	纺织材料	无内衬或涂层	13L1
	纺织材料	有涂层	13L2
	纺织材料	有内衬	13L3
	纺织材料	有内衬和涂层	13L4
	多层纸	——	13M1
	多层纸	抗水型	13M2
21. 中型散装容器	钢	适装固体,内装物用高于 10 kPa 的压力装卸	21A
	铝	适装固体,内装物用高于 10 kPa 的压力装卸	21B
	刚性塑料	带支撑框架,适装固体,内装物用高于 10 kPa 的压力装卸	21H1
	刚性塑料	无支撑框架,适装固体,内装物用高于 10 kPa 的压力装卸	21H2
	钢、铝以外金属	适装固体,内装物用高于 10 kPa 的压力装卸	21N
31. 中型散装容器	钢	适装液体	31A
	铝	适装液体	31B
	钢、铝以外金属	适装液体	31N
50. 刚性大宗包装	钢		50A
	铝		50B
	钢、铝以外金属		50N
	刚性塑料		50H
	纤维板		50G
	天然木		50C
	胶合板		50D
	再生木		50F
51. 柔性大宗包装	塑料		51H
	纸材		51M

六、包装的标记

1. 每一个经检验合格的包装均具有标记。带有包装标记的包装表明符合检验合格的设计类型,它还表明该包装符合对包装制造的规定,但这些规定与包装的使用无关。标记并不确认包装可以用于任何物质。有关包装类型(例如钢桶),其最大容积或重量及其他特殊要求请见盛装对每一物质或物品的规定。

2. 包装标记意在为包装生产商、修理商、用户、承运人和管理机关提供某种帮助。对于新包装的使用,原始的标记是生产商用于区别其类型和标明其达到以某些性能试验要求的手段。

3. 包装标记并非总能提供各种试验等级方面的细节。带有 X 或 Y 标记的包装可以用于装运被指定为具有较低危险性的物质，其相对密度的最大允许值可按系数 1.5 或 2.25 来确定。也就是说，经检验用于盛装相对密度为 1.2 的物质的包装类Ⅰ包装可用作盛装相对密度为 1.8 的物质的包装类Ⅱ包装，也可以用作盛装相对密度为 2.7 的物质的包装类Ⅲ包装。当然包装应满足高密度物质所要求的其他性能标准。

4. 包装标记应持久、清晰，其位置和尺寸应易于看到。对于毛重超过 30 kg 的包装，其标记应在包装的顶部或一侧，字母、数字和符号应不小于 12 mm 高，除了 30 L 或 30 kg 或更小的包装，其标记至少有 6 mm 高外，对于 5 L 或 5 kg 或更小的包装，其标记应为一种适当的尺寸。

5. 标记能持久、清晰地显示以下内容：

（1）联合国包装符号：

对于模压金属包装，可用大写字母“UN”作为符号。

（2）包装类型的代码。

（3）表明其设计类型已顺利通过试验的包装类英文字母：

X——表示符合包装类Ⅰ、Ⅱ和 III 的包装；

Y——表示符合包装类Ⅱ和 III 的包装；

Z——仅表示符合包装类 III 的包装。

（4）表明相对密度，应四舍五入取第一位小数。表示该拟装液体物质的包装在无内包装时已按该相对密度进行了设计类型试验。如果相对密度不超过 1.2，可免除此项。对于拟盛装固体物质是以公斤表示出最大总重量。

（5）使用字母“S”表示用于盛装固体或内包装的包装，或使用精确到最近的 10kPa 表示的试验压力来表示包装（组合包装除外）所顺利通过的液压试验。

（6）包装制造年份。1H 和 3H 型包装须适当标出包装的制造月份。

（7）批准国所分配的用于国际交通中机动车辆使用的标记符号。

（8）制造厂的名称或主管机关规定的其他识别标志。

（9）如果是经修复的包装，按修复包装的批准国和修复厂家标出（7）和（8），并标出修复包装的年份和“R”；如经渗漏试验还应标出“L”。

6. 包装标记示例：

（1）

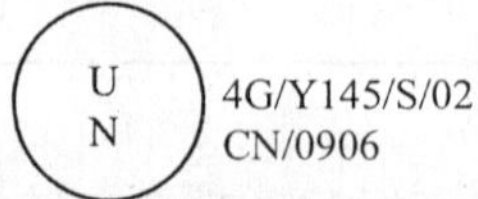

该标记表示：此包装是新纤维板箱，适用于包装Ⅱ和Ⅲ的物质，最大允许总重量为 145 kg，适用于盛装固体，2002 年制造，批准国为中国，生产厂家代号 0906。

（2）

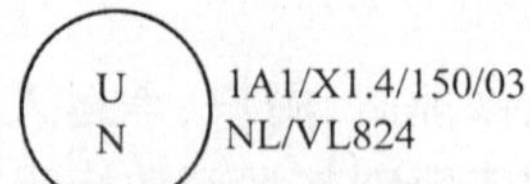

该标记表示:此包装是新不可拆装桶顶钢桶,适用于包装Ⅰ、Ⅱ和Ⅲ的物质,适用于盛装液体,拟装液体物质的相对密度为1.4,包装所能承受的液压试验压力为150 kPa,2003年制造,批准国为荷兰,生产单位VL,识别号824。

(3)经修复的包装标记

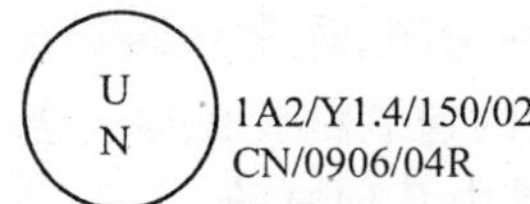

该标记表示:此包装是经修复的可拆装桶顶开口钢桶,适用于包装Ⅱ和Ⅲ的物质,适用于盛装液体,拟装液体物质的相对密度为1.4,包装所能承受的液压试验压力为150 kPa,2002年制造,批准国为中国,修复的生产厂家代号0906,于2004年修复。

七、包装的性能试验

《IMDG Code》要求危险货物运输包装在投入使用前,其设计类型必须顺利地通过规定的各种试验。设计类型的限定因素有:设计、规格、材料、材料厚度、生产和包装方式、各种表面处理等。必须按主管机关规定的时间间隔对产品样品进行重复试验。对包装的设计、材料或包装制造方法每进行一次变动,都必须重复进行试验。

一个组合包装的外包装和不同类型的内包装进行试验并证明合格,该外包装也可以配用这些不同类型的内包装。

如因安全原因而需对包装进行内部处理或涂层,这种处理或涂层应在试验后仍能保持其保护性。

如果试验结果的有效性不受影响,而且经主管机关同意,几种试验可以在一个样品上进行。

(一)包装试验的准备

(1)进行试验的包装须按运输进行准备,对组合包装要包括使用的内包装。非属于袋装的内包装或单一容器或包装所盛装的液体不得少于其容量的98%,盛装的固体不得少于其容量的95%。袋装包装应装至最大使用重量。用于组合包装而设计的内包装从事液体和固体运输时,对固体和液体内装物要分别试验。可采用其他物质代替拟运输的物质,除非这样做会使试验结果无效。如使用其他的物质来替代某种固体,其物理性质(重量,粒度等)应同拟装物相同。为了达到所要求的包件总重量,可允许使用添加物,例如铅粒袋等,但这种添加物不应影响试验的结果。

(2)如使用另一种物质来代替一种液体进行跌落试验,则这种物质的相对密度和黏度应类似于拟装运物质。也可以使用水进行跌落试验。

(3)纸或纤维板包装应在控制温度和相对湿度(r. h.)的大气环境中至少处理24 h。

可从下述3种方法中选择一种,最好是采用23℃ ±2℃和50% ±2%r. h的大气条件。另外两种方法是20℃ ±2℃和65% ±2%r. h.或27℃ ±2℃和65% ±2%r. h.。

注:平均值应在这些限制内。短期的波动和测量限制会引起个别测量相对湿度达到±5%的变化,对试验结果的再现性无太大的影响。

(4)用天然木制成的塞型木琵琶桶,在试验前必须装满水存放至少24 h。

(5)应采取某些附加步骤证实用以制造准备盛装液体的塑料桶、塑料罐和复合包装(塑料材料)符合相关要求。做到这一点可采用诸如对包装或容器的样品进行长时间(例如6个月)的相容性试验的方法。在此期间,样品应装满其所指定盛装的物质,相容性试验结束后,对样品应进行相关的试验。对可能会引起塑料桶、塑料罐应力裂缝或强度降低的物质应对盛装有该物质或其他已知的对该塑料至少具有同等影响的物质的试验样品施加格外负荷，该负荷应相等于运输可能堆码在包装之上的总重量，堆码的最低高度包括样品在内应为 3 m。

（二）包装试验方法及其合格标准

根据海上运输中可能遇到的各种情况，通常包装试验包括跌落试验、渗漏试验、内压（液压）试验和堆码试验。不是每一类型的包装都要做以上各种试验，而是根据危险货物的性质，所用包装材料的质量和包装形式作其中几项试验。

1. 跌落试验

（1）试验样品（每种设计型号和制造厂商）的数量和跌落的方向见表 3-2 所示。

对于非平面跌落，样品的重心应垂直于撞击点。在跌落试验中，跌落的方位不止一个，应当选择最易使包装损坏的那一种跌落方位。

表 3-2　试验样品的数量和跌落的方向

包 装	试验样品数量	跌落方向
钢桶 铝桶 除钢或铝桶之外的金属桶 铝罐 钢罐 胶合板桶 木琵琶桶 纤维桶 塑料桶和罐 桶形复合包装	6 个（每次跌落用 3 个）	第一次跌落（用 3 个样品）：须以倾斜的方式使包装的凸边撞击在目标上。如包装无凸边，则应以圆周接缝或边缘撞击。 第二次跌落（用另外 3 个样品）：应使第一次时没有试验到的最弱的包装部位撞击在目标上，例如封闭器或一些圆筒形桶的桶体纵向焊缝处。
天然木箱 胶合板箱 再生木箱 纤维板箱 塑料箱 钢或铝箱 箱形复合包装	5 个（每次跌落用一个）	第一次跌落：以箱底平落 第二次跌落：以箱顶平落 第三次跌落：以一长侧面平落 第四次跌落：以一短侧面平落 第五次跌落：以一个角跌落
袋——单层，带侧缝的	3 个（每袋跌落 3 次）	第一次跌落：以袋的宽面平落 第二次跌落：以袋的窄面平落 第三次跌落：以袋的端部跌落
袋——单层，不带侧缝的或多层的	3 个（每袋跌落 2 次）	第一次跌落：以袋的宽面平落 第二次跌落；以袋的端部跌落

（2）样品跌落试验的特殊准备。下列试验样品和内装物的温度应降至 −18℃或以下：

塑料桶、塑料罐、多孔聚苯乙烯箱以外的塑料箱、复合包装（塑料材料）和带有塑料内包装的组合包装，准备盛装固体或物品的塑料袋除外。

装有液体的可拆装桶顶包装，在装灌和封闭之后 24 h 内不得进行跌落试验，以使其内气泡及时放出。

（3）跌落目标。跌落目标应为坚硬、无弹性的平坦和水平的平面。如果需要，试验的液体应通过添加防冻剂保持液态。

（4）跌落高度。固体和液体可采用拟运输的固体和液体或采用具有基本相同物理性质的其他物质进行试验，试验跌落高度见表 3-3 所示。

表 3-3

包装类Ⅰ	包装类Ⅱ	包装类Ⅲ
1.8 m	1.2 m	0.8 m

盛装液体的包装,如使用水来进行试验:

①如果拟运输的液体的相对密度不超过 1.2,则试验跌落高度见表 3-3 所示。

②如果拟运输物质的相对密度超过 1.2 时,则跌落高度根据拟运物质的相对密度(d)按表 3-4 计算出来,四舍五入至第一位小数:

表 3-4

包装类Ⅰ	包装类Ⅱ	包装类Ⅲ
d×1.5 m	d×1.0 m	d×0.67 m

(5)试验合格标准:

①每一盛装液体的包装当内外压力达到平衡时,不应出现渗漏现象。组合包装的内包装除外,其内外压力不需要平衡。

②盛装固体的包装经受跌落试验并以包装的上表面撞击目标后,只要内包装或内容器(如塑料袋)仍能保持全部盛装内装物,即使封闭装置已不再防撒漏,受试样品即通过试验。

③包装或复合包装或组合包装或外包装不应出现可能影响运输安全的任何损坏。内容器或内包装不应出现盛装物质的渗漏现象。

④袋子的最外层或外部包装不应出现可能影响运输安全的任何损坏。

⑤撞击时有少量物质从封闭装置中溢出,只要无进一步渗漏,该包装也被认为试验合格。

⑥第 1 类物质的包装不允许出现任何会使爆炸物质或物品从外包装中渗漏出来的破损。

2. 渗漏试验

(1)所有拟盛装液体物质的包装类型均应进行渗漏试验,但组合包装的内包装不需要进行此项试验。

(2)试验样品的数量:每种设计型号和每个制造厂都应以 3 个试验样品进行试验。

(3)包装试验的特殊准备:通气式封闭装置须更换成不通气式封闭装置或将通气口密封。

(4)试验方法和施加的压力:包装连同其封闭装置应被置于水下 5 min,同时向内部施加空气压力,包装在水下的放置方法不应影响试验效果。施加的空气压力(表压)见表 3-5,也可以使用其他至少有同等效力的方法。

表 3-5

包装类Ⅰ	包装类Ⅱ	包装类Ⅲ
不小于 30 kPa(0.3 bar)	不小于 20 kPa(0.2 bar)	不小于 20 kPa(0.2 bar)

(5)试验合格标准:无任何渗漏出现。

3. 内压(液压)试验

(1)所有拟盛装液体的金属、塑料和复合包装都应进行内压(液压)试验。组合包装的内包装不需要进行这类试验。

(2)试验样品数量:每种设计类型和每个制造厂都应有 3 个试验样品进行试验。

(3)包装试验的特殊准备:通气式封闭装置须更换成不通气式封闭装置或将通气口密封。

(4)试验方法和施加的压力:金属包装和复合包装(玻璃,瓷器和粗陶)包括其封闭装置应承受 5 min 的试验压力,塑料包装和复合包装(塑料材料),包括其封闭装置应承受 30 min 的试验压力。包装的支撑方式应保证试验有效,对包装所施加大压力应连续并均匀,并在整个试验时间内保持恒定,按下述任一方法求出所施加液压(表压):

①不低于55℃时所测出的包装内的总表压(即盛装物质的蒸气压、空气及其他惰性气体的压力减去100 kPa)乘以安全系数1.5。

②不小于1.75乘以拟运物质在50℃时的蒸气压力减去100 kPa,但最低的试验压力为100 kPa。

③不小于1.5乘以拟运物质在55℃时的蒸气压力减去100千帕(kPa),但最小的试验压力为100 kPa。

(5)另外,根据包装构造材料不同,拟盛装包装类I物质的包装应能承受最低压力为250 kPa(表压)的试验5 min或30 min。

(6)试验合格标准:包装无任何渗漏。

4. 堆码试验

(1)除袋子外,所有的包装都应进行堆码试验。

(2)试验样品数量:每种设计类型和每个制造厂都应有3个试验样品进行试验。

(3)试验方法:应对样品的顶部施加负荷力,所施加的负荷力应等于在运输中可能堆积在它上面的相应包件的总重:如样品盛装的液体,其相对而言密度不同于拟运输液体,此负荷力应按后者计算。堆积的最低高度包括样品在内应为3 m。试验持续时间为24小时,但用于盛装液体的塑料桶、罐和6HH1和6HH2的型复合包装的试验时间应为28天并且温度不低于40℃。

(4)试验合格标准:受试验样品无渗漏。对于复合包装或组合包装,其内容器或内包装的盛装物质不得发生渗漏。任何受试验样品均不得出现会影响运输安全的变化,或会降低其强度或造成堆码包装不稳定的变形。塑料包装须冷却至环境温度后再进行评估。

(三)包装试验报告

包装进行试验后,应向用户出具一份试验报告,报告至少包括以下内容:

(1)包装试验机构的名称和地址;

(2)申请试验的人员姓名和单位;

(3)试验报告的专用标识;

(4)试验报告的签发日期;

(5)包装的生产厂家;

(6)包装设计类型的说明(如体积、材料、封闭装置、厚度等),包括生产方法(如吹模),图纸和/或照片;

(7)最大容量;

(8)试验内容物的特性,如液体的黏度和相对密度,固体颗粒的大小;

(9)试验描述和结果;

(10)签字,签字人的姓名和身份。

试验报告须包括以下声明,即本包装就运输而论,已经根据有关规定进行了试验,使用其他包装方法和部件的无效。

八、包装导则

在《IMDG Code》第四章中以各种包装导则的形式提出了相应的危险货物类别及某些具体

物质的包装要求。

（一）包装导则的一般规定

（1）针对除中型散装容器和大宗包装以外的包装，这些包装导则由包括字母“P”的字母数字编码表示。

（2）针对中型散装容器，这些包装导则由包括字母“IBC”的字母数字编码表示。

（3）针对大宗包装，这些包装导则由包括字母“LP”的字母数字编码表示。

（4）对于个别物质或物品，包装导则中给出特殊包装规定，这些特殊规定由包括以下字样数字编码表示：

“PP”适用于除中型散装容器和大宗包装以外的包装；

“B” 适用于中型散装容器；

“L” 适用于大宗包装。

（5）危险货物一览表第八栏为每一种物品或物质标明了必须的包装导则。第九栏标明了适用于特定物质或物品的特殊包装规定。

（6）每一包装导则酌情列出了可用的单一和组合容器。

（二）包装导则的使用

某一种危险货物应该选用哪种包装，可根据该物质的联合国编号，在《IMDG Code》第 2 册中的“危险货物一览表”的第 8 栏中查到包装导则编号和第 9 栏特殊包装规定编码（如果有的话），然后根据对应的包装导则选用合适的包装。

如：甲醇，UN1230，在《IMDG Code》中的“危险货物一览表”的第 8 栏中查到包装导则为 P001，第 5 栏中查到包装类Ⅱ，第 9 栏特殊包装规定编码没有（见本书第一章表 1-7）。根据包装导则 P001（见表 3-6）的规定，组合包装的内包装可有 3 种：一是玻璃内包装，限定的最大容量为 10 L；二是塑料内包装，限定的最大容量为 30 L；三是金属内包装，限定的最大容量为 40 L。再根据包装类Ⅱ，其组合包装的外包装为桶或箱时，限定的最大净重是 400 kg，但其中外包装为多孔塑料时，限定的最大净重是 60 kg。单一包装和复合包装同样类推，同时还要满足该包装导则中的特殊包装的规定。

表 3-6　适用于液体货物的通用包装导则

P001	包装导则（液体）			P001
组合包装		最大容量/净重		
内包装	外包装	包装类Ⅰ	包装类Ⅱ	包装类Ⅲ
	桶			
	钢（1A2）	75 kg	400 kg	400 kg
玻璃 10L	铝（1B2）	75 kg	400 kg	400 kg
塑料 30L	其他金属（1N2）	75 kg	400 kg	400 kg
金属 40L	塑料（1H2）	75 kg	400 kg	400 kg
	胶合板（1D）	75 kg	400 kg	400 kg
	纤维（1G）	75 kg	400 kg	400 kg

续上表

	箱 钢(4A) 铝(4B) 天然木(4C1,4C2) 胶合板(4D) 再生木(4F) 纤维板(4G) 多孔塑料(4H1) 硬塑料(4H2)	 75 kg 75 kg 75 kg 75 kg 75 kg 75 kg 40 kg 75 kg	 400 kg 400 kg 400 kg 400 kg 400 kg 400 kg 60 kg 400 kg	 400 kg 400 kg 400 kg 400 kg 400 kg 400 kg 60 kg 400 kg
	罐 钢(3A2) 铝(3B2) 塑料(3H2)	 60 kg 60 kg 30 kg	 120 kg 120 kg 120 kg	 120 kg 120 kg 120 kg
单一包装		最大容量/净重		
桶 钢,非移动桶顶(1A1) 钢,移动桶顶(1A2) 铝,非移动桶顶(1B1) 铝,移动桶顶(1B2) 其他金属,非移动桶顶(1N1) 其他金属,移动桶顶(1N2) 塑料,非移动桶顶(1H1) 塑料,移动桶顶(1H2)		 250 L 禁止 250 L 禁止 250 L 禁止 250 L * 禁止	 450 L 250 L 450 L 250 L 450 L 250 L 450 L 250 L	 450 L 250 L 450 L 250 L 450 L 250 L 450 L 250 L
罐 钢,不可拆卸罐顶(3A1) 钢,可拆卸罐顶(3A2) 铝,不可拆卸罐顶(3B1) 铝,可拆卸罐顶(3B2) 塑料,不可拆卸罐顶(3H1) 塑料,可拆卸罐顶(3H2)		 60 L 禁止 60 L 禁止 60 L * 禁止	 60 L 60 L 60 L 60 L 60 L 60 L	 60 L 60 L 60 L 60 L 60 L 60 L
复合包装 塑料容器置于钢或铝罐(6HA1,6HA2) 塑料容器置于纤维,塑料或胶合板罐(6HG1,6HH1,6HD1) 塑料容器置于钢、铝板条箱、箱或塑料容器置于木、枝条篮,纤维板、硬塑料箱(6HA2,6HB2,6HC,6HD2,6HG2 或 6HH2) 玻璃容器置于钢,铝,纤维,胶合板,硬塑料或多孔塑料罐(6PA1,6PB1,6PG1,6PD1,6PH1 或 6PH2)或置于钢,铝,木,纤维板或胶合板箱(6PA2,6PB2,6PC,6PG2 或 6PD2)		 250 L * 120 L * 60 L * 60 L	 250 L 120 L 60 L 60 L	 250 L 120 L 60 L 60 L

续上表

特殊包装规定：
PP1 对于 UN 1133,1210,1263 和 1866,若属于包装类 II 和包装类 III,且内装量等于或少于 5 升,则运输中每个金属或塑料包装在下述情况不必满足性能试验要求： a. 以托盘,托盘箱或成组化装置装载,例如：将一个个包装放置或堆放于托盘上,并用皮带绑扎、缩拢缠紧、绷紧或其他适当方法予以固定。对于海运,托盘,托盘箱或成组化装置应牢固的包装并绑扎固定在密封的货物运输组件中。 b. 作为最大净重为 40 kg 的组合包装的内包装。 PP2 对于 UN 3065,1170,可以使用木桶(2C1 和 2C2)。 PP4 对于 UN 1774,包装应满足包装类 II 的性能指标。 PP5 对于 UN 1204,包装的构造应保证不因为内压增高而导致爆炸,不应使用气瓶和气体容器。 PP6 对于 UN 1851 和 3248,每个组合包装内包装的最大净容量为 5 升。 PP10 对于 UN 1791,属于包装类 II 的,包装应设通风口。 PP31 对于 UN 1131,1553,1693,1694,1699,1701,2478,2604,2785,3148,3183,3184,3185,3186,3187,3188、3207、3413 和 3414,包装应该气密封口。 PP33 对于 UN 1308,包装类 I 和包装类 II,只允许使用最大毛重 75 kg 的组合包装。 PP81 对于 UN 1790,含氢氟酸大于 60% 但不超过 85% 和 UN 2031 含硝酸大于 55%,允许使用塑料桶和罐作为单一包装的期限须从制造日期起 2 年。

* 对第 3 类包装类 I 的货物不允许使用。

九、特殊包装规定

(一)第 1 类爆炸品的特殊包装规定

(1)爆炸品的包装除特殊情况外,应满足包装类 II 的要求。

(2)爆炸品包装的设计和结构须达到下列要求：

① 对爆炸品具有保护作用;能防止爆炸品溢漏和在正常运输状态下,包括事先可预见的温度、湿度、压力等的改变,不会增加爆炸品的燃烧和爆炸的危险性;

② 保证整个包件正常运输状态下,可以安全装卸;

③ 能承受住运输过程中由于装货和可预见的包件的堆码而产生的压力,从而不会增加爆炸品危险性;包装的盛装功能不会受到损伤;不会因某种方式或某种程度的变形而降低其强度,或导致堆码不稳。

(3)装有液态爆炸品的包装应确保有双重防渗漏保护。

(4)金属桶的封闭装置应使用合适的垫圈。如果金属包装的密封装置带有螺纹,应防止爆炸物质进入螺纹中。还须防止爆炸物质进入到金属包装接缝凹处。

(5)装有可溶于水的物质的包装须采取防水措施。装有退敏或减敏物质的包装须密封以防止运输过程中浓度的改变。

(6)当包装中包括在运输途中可能结冰的双层充水外壳这一装置时,须在水中加足量的防冻剂,以防运输途中水结冰,但不得使用有易燃危险的防冻剂。

(7)若内包装没有足够保护装置用以防止爆炸性物质与金属接触,不得将以金属为原料且未有保护层的钉子、U 形钉或其他封闭装置插到包装内部。

(8)在正常运输状态下,内包装、填充物和衬垫材料及将爆炸物质或物品的放入包件内的方式都须确保所装爆炸性物质或物品在外包装内不会松动。需防止物品中的金属成分与金属包装接触;含有爆炸性物质且未有封闭外壳的物品,须彼此间隔放置以防摩擦和碰撞。

(9)对于大型的军用爆炸品,如果有两种及两种以上有效的保护装置,可以免去包装。如爆炸品带有推进药或装置,应对其点火系统加以保护。

(10)禁止使用易于产生并积累足够静电的塑料包装,以防放电时导致包装内的爆炸物质或物品引爆,着火或发生反应。

(11)爆炸性物质不能装在由于热或其他因素而引起的内外压力差可能导致包件爆炸或破裂的包装里。

(12)无论包装是否符合危险货物一览表中所列的包装导则,如果该包装已获得国家主管机关的批准,则 P101 可适用于任何一种爆炸性物质或物品。

(13)对于政府所有的军用危险品,于 1990 年 1 月 1 日以前按当时生效的《IMDG Code》的规定进行了包装,如果包装完好并事先声明,则准予运输。

(二)第 2 类气体的特殊包装规定

盛装气体的包装是压力容器。对压力容器的规定如下:

(1)压力容器的结构和密封性需能够在正常运输条件下防止由于振动及温度、湿度或压力的变化(如因纬度不同所致)而引起的任何内装物的渗漏。

(2)压力容器中直接与危险货物接触的部分,不得受到危险货物的影响或损坏,而且不得产生危险反应。须达到 ISO11114－1:1997 和 ISO11114－2:2000 的要求。装载 UN1001 溶解乙炔和 UN3374 不含溶剂乙炔的压力容器,须均匀填充多孔块状物质,该物质应符合主管机关规定的试验和要求,并且:

① 与压力容器的材料相容;对 UN1001 乙炔,不会与该物质或其溶剂形成有害的或危险的化合物;

② 能够防止乙炔在多孔块状物质中分解曼延。

(3)须按包装导则 P200 选择装载气体或气体混合物的压力容器及其关闭装置。

(4)可再次充灌的压力容器不得充灌与先前所载物不同的气体或气体混合物,除非进行了换装气体的作业,压缩和液化气体的换气试验须按照 ISO11621:1997 的规定进行。另外,先前装载了第 8 类腐蚀品或以腐蚀性为副危险性的其他危险品的压力容器,不得用于装载第 2 类气体,除非按规定进行了检验和试验。

(5)充灌前,充灌人须检查压力容器,以保证该压力容器确系用于装运此种气体并且满足规则的要求。充灌后,切断阀门须关闭,并在航程中保持关闭状态。托运人须核实关闭装置和设备无渗漏。

(6)压力容器须按照工作压力、充灌率及拟充灌物质的包装导则的有关规定进行充灌。反应性气体及气体混合物的充灌,须保证其全部分解后,容器内的工作压力仍不超过允许工作压力。钢瓶组的充灌,须保证不超过组件内任何一个钢瓶的最小工作压力。

(7)压力容器及其关闭附件须符合《IMDG Code》第 6.2 章关于设计、制造、检验和试验的规定。若采用外包装,则压力容器须牢固的固定在其内。除非包装导则中另有规定,否则一个外包装中可装有一个或多个内包装。

(8)压力容器的阀门在设计和构造上须保证有效抵御损害,不致泄漏内装物,或能避免可导致内装物外泄的损害。

(9)不可再次充灌的压力容器须满足以下条件:

① 在外包装中运输,如箱、框架、缩包的托盘或胀包的托盘;

② 装载易燃或有毒气体时水容量小于或等于 1.25 L;

③ 不得用于装载 LC_{50} 小于或等于 200 ml/m^3 的有毒气体;并且

④ 运输中不加以修理。

(10)可再次充灌的非低温压力容器须按规定定期进行检验。压力容器的定期检验到期之后,不得向其内充灌气体。

(11)压力容器在下述情况下不得充灌:

① 损坏的程度可能影响到压力容器或其辅助设备的完整性;

② 除非压力容器或其辅助设备经检验并证明状况良好;或

③ 除非要求的证书、重新试验及充灌标记清楚可见。

(12)充灌的压力容器在下述情况下不得提交运输:

① 正在泄漏;

② 损坏的程度可能影响到压力容器或其辅助设备的完整性;

③ 除非压力容器或其搬运构件经检验并证明状况良好;或

④ 除非要求的证书、重新试验及充灌标记清楚可见。

(13)容积不超过1L的压力容器,阀门须予以充分的防护,须装入外包装中运输,这种外包装应以合适材料制成,并且有相应于包装容量及其用途的足够强度和结构,运输中对内包件应加以固定或衬垫,以防正常运输时在外包装中发生移动。

(三)第5.2类有机过氧化物和第4.1类自反应物质的特殊包装规定

(1)为了避免不必要的限制,第4.1类中自反应物质和第5.2类有机过氧化物的包装应满足包装类Ⅱ的要求。

(2)对于有机过氧化物,所使用的盛装容器应为"有效封口"。但如果所装物质能产生气体,且使包件产生很大压力的话,可以安装通气装置,该装置的设计应确保包件处于竖直时,液体不会渗漏;当有外包装时,不会影响通风装置的操作。

(3)有机过氧化物和自反应物质的包装方法列在包装导则P520中,具体划归OP1到OP8,其中每种包装方式的具体数量代表了目前被认为是每个包件认可的最大数量。使用时,应在有机过氧化物和自反应物质各自的一览表列明的通用条目下找到具体的物质名称、浓度、加入的稀释剂种类,确认对应的包装方法。

(四)第6.2类感染性物质的特殊包装规定

(1)除满足包装的一般要求外,第6.2类感染性物质的发货人必须确保所有的包件均以良好的状态抵达目的港,而且在运输过程中不会对人和动物构成任何危害。

(2)对于UN2814和UN2900,须将逐项列出的内容物清单封装于中层包装和外包装之间。当拟装运的感染性物质情况未知但怀疑符合A标准,并归类为UN2814或UN2900时,须在外包装内文件上的正确运输名称后面,用圆括号注明"疑似A类感染性物质"。

(3)空的包装在送还发货人或送到任何地方之前,须将其进行彻底灭菌或消毒处理,而且任何显示该包装曾装过感染性物质的标志或标记都必须予以清除或擦掉。

(4)UN3373诊断样品的包装要求见包装导则P650。

(五)第7类放射性物质的特殊包装规定

(1)每一包件中放射性物质数量不应超过《IMDG Code》第2章"基本的放射性核数值表"中规定的限制。

(2)尽可能降低包件外表面的非固定放射性污染,在正常运输条件下不应超过以下限值:

① 对于β和γ辐射源以及低毒α辐射源为4 Bq/cm^2,及

② 对于其他所有的 α 辐射源为 0.4 Bq/cm²。

这些限量适用于外表面任何部分任意 300 cm² 面积上的平均值。

(3)包件内除装有运输的放射性物质必须的物品以及运输文件外，不应有其他的物品，但并不排除低比活度放射性物质和表面污染体与其他物质一起运输。当某一放射性物品和文件在同一包件内运输或者低比活度放射性物质或表面污染物体一起运输时，须保证这些物质之间没有相互作用，并且包装或其内装物不会削弱包件的安全。

(4)除了规定的特殊情况外，在集合包件、货物运输组件、罐柜、中型散装容器内表面和外表面上非固定污染水平不得超过(2)中的限量。

(5)如果包件、中型散装容器或罐柜内盛装的放射性物质具有其他的副危险性，还应满足针对副危险性的相关运输规定。

(6)有自燃特性的放射性物质应在 A、B(U)、B(M)和 C 型包件中运输，并应适当的惰化。

(7)对置于单个 IP－1、IP－2、IP－3 型包件或一个物体，或一批物件中低比活度放射性物质(LSA)或表面污染物体(SCO)的数量须限制为从距无屏蔽材料的上述物质、物件或整批物件 3 米远处的表面辐射水平不超过 10 mSv/h。

(8)属于或含有裂变物质的低比活度放射性物质或表面污染物体应满足关于裂变物质的规定。

(9)属于 LSA－I 和 SCO－I 类的放射性物质如满足下列条件，可以无包装运输：

① 除了仅含天然放射性核素的矿石以外的未经爆炸放射性物质的运输，须保证在常规条件下不会有放射性内装物从该运输工具中泄漏及其防护层也不会有任何损坏；

② 除运输在易接近表面上的污染不大于 SCO－I 规定值 10 倍的表面污染物体外，每一运输工具应以独家使用的方式；

③ 如果超过规定值，须采取措施保证放射性物质不会泄入运输工具。

(10)除非另有规定，低比活度放射性物质和表面污染物体须按照表 3-7 要求进行包装。

表 3-7 低比活度放射性物质和表面污染物体的包装规定

放射性内装物	工业包装类型	
	专用	非专用
LSA－I 固体*	IP－1 型	IP－1 型
液体	IP－1 型	IP－2 型
LSA－II 固体	IP－2 型	IP－2 型
液体和气体	IP－2 型	IP－3 型
LSA－III*	IP－2 型	IP－3 型
SCO－I	IP－1 型	IP－1 型
SCO－II	IP－2 型	IP－2 型

* 满足规定的条件下可以在无包装条件下运输。

十、中型散装容器、大宗包装

(一)中型散装容器(IBC_S)

1. 定义

中型散装容器是指刚性或柔性的可移动包装，应符合下列条件：

(1)容积

①用于包装类Ⅱ和Ⅲ的固体和液体，不应大于3 m^3(3000 L)；

②使用柔性、刚性塑料、复合型、纤维板或木质中型散装容器装运包装类Ⅰ的固体，不应大于1.5 m^3；

③使用金属中型散装容器装运包装类Ⅰ的固体，不应大于3 m^3；

④用于第7类放射性物质，不应大于3 m^3。

(2)设计上适合于机械装卸；且

(3)经过检验，能够承受装卸和运输所产生的各种应力。

2.结构规定

(1) 中型散装容器在外界环境的影响下应不会变形。

(2) 在正常的运输条件下，包括震动、温湿度和压力变化，中型散装容器的结构和封口应保证内容物不会泄漏。

(3) 中型散装容器的封口的材质应与所装物质相容或在本质上被保护，使其不受内容物的影响；也不与内容物发生有害反应或使内容物分解。

(4) 使用的填充材料不会受内容物影响。

(5) 附属设备的位置设计合理、保护得当，能防止在运输过程中发生损坏和造成内容物泄漏。

(6) 中型散装容器及其辅助结构和设备在设计上应能承受所装内容物的压力及正常装卸、运输产生的各种应力。能堆码的中型散装容器应符合设计的堆码负荷。中型散装容器的提升和紧固装置应有足够的强度且位置合适，不会对中型散装容器的任何部位产生过大的应力。

(7) 对于由框架内装主体组成的中型散装容器，应使主体和框架之间不发生碰撞或摩擦，造成主体的损坏；主体应始终位于框架内；如主体和框架的连接部分允许相对运动或膨胀，则主体应固定在合适的位置上，以保证各种设备不会损坏。

(8) 如果中型散装容器装有底部卸货阀，该卸货阀必须能被关闭紧固且被保护以防损坏。使用杠杆关闭装置的阀门应能防止意外地开启。开关位置明显且易辨识。装载液体货物的中型散装容器还应配备盲板或其他的能封住液货口的等效措施。

3.中型散装容器的试验

中型散装容器的每一类型在投入使用之前都应进行试验，试验合格签发证书。刚性中型散装容器应经船检部门检验，柔性中型散装容器应经商检部门检验。检验的有效期一般为5年，对外部、附件的功能为2.5年。

根据包装材质和类型的不同，试验的项目不同，有的在试验顺序上也有相应要求。具体试验的项目有：

(1) 底部提升试验(柔性中型散装容器不需要试验)；

(2) 顶部提升试验(纤维板、木制的中型散装容器不需要试验)；

(3) 堆码试验(柔性中型散装容器不需要试验)；

(4) 渗漏试验(柔性、纤维板、木制的中型散装容器不需要试验)；

(5) 液压试验(柔性、纤维板、木制的中型散装容器不需要试验)；

(6) 跌落试验(都需要试验)；

(7) 扯裂试验(仅柔性中型散装容器需要试验)；

(8) 倒塌试验(仅柔性中型散装容器需要试验);

(9) 正位试验(仅柔性中型散装容器需要试验)。

4. 中型散装容器的标记

每一个经检验合格的中型散装容器均具有标记。标记能持久、清晰地显示以下内容:

(1) 联合国包装符号。

(2) 卸货方式和类型代码。

(3) 表明其设计类型已顺利通过试验的包装类英文字母:X、Y 或 Z。

(4) 包装制造年份和月份。

(5) 批准国所分配的用于国际交通中机动车辆使用的标志。

(6) 制造厂的名称或主管机关规定的其他标志。

(7) 以公斤表示堆码试验的负荷。

(8) 以公斤表示出所允许的最大总重量。

标记示例:

该标记表示:钢制金属中型散装容器,采用重力方式卸货,适用于包装Ⅱ和Ⅲ的物质,1998年2月制造,批准国为荷兰,生产单位 VL,识别号 824,堆码试验负荷为 5500 kg,最大允许总重量为 1500 kg。

5. 中型散装容器的附加要求

(1)用于装运闭杯闪点在 61℃或以下的易燃液体、易发生粉尘爆炸的粉末类的中型散装容器应采取防静电措施。

(2)中型散装容器在上一次定期(或初次)检验期满后,必须再经检验才能使用。如果在上一次检验期满之前装载,可以运输,但无论如何不得超过上一次定期检验期满后的三个月;但在下列情况下,中型散装容器在上一次定期检验期满后可以载运:

①已卸空但未清洗,在下次充灌前进行检验;以及

②除经主管机关另行许可,在最后一次定期检验期满后 6 个月内,中型散装容器可以用做危险货物或其残余物的返运,以便对其回收和处理。这种免除应在运输文件上予以记载。

③对于硬塑料的中型散装容器和带有塑料内容器的复合型中型散装容器,除了主管机关另有批准,允许运输液体危险货物的期限从制造日期起 5 年。由于所装液体性质的原因也可能规定更短的时间。

④31HZ2 的中型散装容器至少应装至外壳体积的 80%,并自始至终在封闭式的货物运输组件内运输。

6. 中型散装容器的使用

在《IMDG Code》的"危险货物一览表"第 10 栏中提供"IBC"代码的为可以使用中型散装容器来运输,提供的"IBC"代码为 IBC 包装导则,在《IMDG Code》第 4.1 章列有 IBC 包装导则表。当没有提供代码时则为该物质使用 IBC 包装没有被认可。

(二)大宗包装(Large Packing)

1. 定义

大宗包装是指由装有物品或内包装的外包装组成的包装，应符合下列条件：

(1)设计上适合于机械装卸；且

(2)内容物净重超过400 kg或容积超过450 L，但不大于3 m^3。

2. 一般规定

大宗包装不适用于：

(1) 第2类，除了包括喷雾器在内的物品；

(2) 第6.2类，除了联合国编号为3291的医用废物；

(3) 第7类，用于盛装放射性材料的包件。

在《IMDG Code》的"危险货物一览表"第8栏中提供"LP"代码的为该物质可以使用对应的大宗包装来运输。

3. 大宗包装的试验

为了确保每一个生产出来的包装符合安全运输的要求，大宗包装应根据主管机关批准的质量保证程序进行生产和试验。试验项目包括：底部提升、顶部提升、堆码和跌落试验。

4. 大宗包装的标记

每一个经检验合格的大宗包装均具有标记。标记能持久、清晰地显示以下内容：

(1) 联合国包装符号。

(2) 大宗包装类型代码。

(3) 表明其设计类型已顺利通过试验的包装类英文字母：X、Y或Z。

(4) 包装制造年份和月份。

(5) 批准国所分配的用于国际交通中机动车辆使用的标识。

(6) 制造厂的名称或主管机关规定的其他标识。

(7) 以公斤表示堆码试验的负荷。对于设计上不能堆码的大宗包装，应写上数字"0"。

(8) 以公斤表示出所允许的最大总重量。

标记示例：

该标记表示：适用于堆码的钢制大宗包装，适用于包装Ⅰ、Ⅱ和Ⅲ的物质，1998年5月制造，批准国为荷兰，生产单位VL，识别号824，堆码试验负荷为2500 kg，最大允许总重量为1000 kg。

十一、包装的管理

危险货物的包装正确与否，质量好坏直接关系到危险货物能否交付运输及运输的安全。为此，国际公约、规则和我国法规对危险货物包装及管理都作了明确的规定。

凡拟交付船舶装运的危险货物应按《IMDG Code》中列明的包装形式、规格和包装类选用合适的包装。按《IMDG Code》要求选用的危险货物包装还应经海事管理部门认可的检验机构检验合格后，方可投入海上运输。若选用《IMDG Code》列入以外的包装形式，应事先征得海事管理部门同意。

在我国制定的《海运出口危险货物的包装检验管理办法》及补充规定中要求如下：

(1)海运出口危险货物的包装容器，应由经商检机构批准的生产厂，按《IMDG Code》的要求组织生产并由商检机构出具“海运出口危险货物包装容器性能鉴定结果单”。

(2)危险货物生产厂,应凭商检机构出具“海运出口危险货物包装容器性能鉴定结果单”,按《IMDG Code》要求使用包装容器,并由商检机构出具“海运出口危险货物包装容器使用鉴定结果单”。

(3)危险货物托运人应凭商检机构出具“海运出口危险货物包装容器性能鉴定结果单”和“海运出口危险货物包装容器使用鉴定结果单”,到海事管理部门办理申报手续。

(4)包装检验证书有效期按包装形式分为一年半、一年和半年。

一般钢桶、复合桶、纤维板桶盛装固体货物的桶为一年半、盛装液体货物为一年、盛装腐蚀性货物的为6个月。其他包装容器有效期为一年。经检验合格的危险货物包装容器,应在证书有效期内装运出口完毕,若超出证书有效期,须申请商检机构重新检验。

(5)商检机构主要负责《IMDG Code》第6部分规定的包装容器的检验。压力容器的检验与发证由国家劳动主管部门负责。放射性物质的包装应持国家规定的部门检验出具的放射性货物剂量检查证明书。

(6)改变《IMDG Code》中规定的危险货物包装形式和规格,必须事先向海事管理部门提交实施改变者上级主管部门的审核意见,说明改变原包装理由及新包装性能、效果、实验标准、方法等资料。改变后的包装,由海事管理部门认可的技术检验部门按《IMDG Code》的试验标准进行试验,证明在船舶安全载运和防止海洋的污染要求等方面达到等效包装要求的,方可使用新包装。不符合本条要求的,海事管理部门不予放行。

(7)经检验合格的危险货物包装应按要求进行正确的标记。

(8)托运人在托运包装危险货物过程中,应认真查验危险货物包装情况,若发现包装破损、渗漏,应及时更换,不得使破漏的包装上船。

海事部门在管理中,凡发现装船时包装不符合《IMDG Code》要求的,或认为对安全构成影响的,无论其包装检验证书有效如何,海事管理部门都将不予放行。

港口管理部门负责对出口危险货物严格检查包装是否与商检证书相符,有破损、渗漏、污染和严重锈蚀等情况,对包装不符合要求者,不得进港和装船,确保完好无损的危险货物包件出运。

第二节　危险货物的运输组件

在《IMDG Code》中,货物运输组件(Cargo Transport Units,CTUS)系指公路货车、铁路货车、集装箱、公路罐车或可移动罐柜。

一、集装箱

(一)定义

集装箱系指一种永久性的并有相应的强度足以反复使用的运输设备。这种设备是为了便于以一种或几种方式运输,中间无需转装而专门设计的,在适用时应根据《经修正的1972年国际集装箱安全公约》(CSC)予以批准。“集装箱”一词不包括车辆、也不包括包装,但装在底盘车上的集装箱包括在内。

(二)装运要求

(1)用于装运危险货物的集装箱应根据《经修正的1972年国际集装箱安全公约》(CSC)

予以批准，并经船检部门检验合格。使用集装箱装运危险货物应遵守《IMDG Code》、《关于货物集装箱、车辆装载指南》及我国的《集装箱装运包装危险货物监督管理规定》和 2007 年 3 月 1 日实施的《海运危险货物集装箱装箱安全技术要求》(JT672—2006)。

(2)危险货物只有按危规中有关规定包装后才能装在集装箱内运输。某些散装固体危险货物可装在主管当局特准作该项用途的集装箱内运输。某些危险货物具有特殊危险性，应对预期航程的环境作充分考虑后，方可采用集装箱运输。

(3)要求互相隔离的危险货物不得同装于一个集装箱内，要求"远离"的危险货物，须经主管机关批准后方可同装在一个集装箱内，并必须保持等效的安全标准。

(4)充分了解危险货物的特性，不符合危规要求的货物或已受损、渗漏者不得装入集装箱内。

(5)在集装箱内堆装要紧密牢固、有足够的支撑及加固，以适合航行的要求。

(6)当一票危险货物只构成集装箱装载内容的一部分，最好应装载于箱门附近；危险货物的任何部分不得从箱内突出，装箱后即应关门封锁。

(7)对托运人来说，应在货物托运单上或单独的申报单上保证他所托运的货物已正确的加以包装、标记、标志等内容，并具有适运的条件，写明其正确运输名称和危险货物的类别。

(8)危险货物的装箱作业时，应由装箱单位的装箱检查员进行现场监装，装箱完毕经过检查合格后，现场装箱检查员签署"集装箱装箱证明书"(见本书第十章表 10-5)，并由装箱单位盖章，以证明货物已正确装箱并符合以下规定：

①集装箱清洁、干燥、外观上适合装货；

②如果托运货物中包括除第 1.4 类外的第 1 类货物，集装箱在结构上符合《国际危规》第 1 类绪论中的规定；

③集装箱内未装入不相容的货物，除非经有关主管机关批准；

④所有包件都经过外部破损检查，装入箱内的包件是完好的；

⑤所有包件装箱正确，衬垫、加固合理；

⑥当散装危险货物装入集装箱时，货物已均匀地分布在集装箱内；

⑦集装箱和所装入的包件均已正确地标记、标志和标牌；

⑧当将固体二氧化碳(干冰)用于冷却目的时，在集装箱外部门端明显处已显示标记或标志。注明："内有危险气体——二氧化碳(干冰)，进入之前务必彻底通风。"

⑨对集装箱内所装的每一票货物，已经收到其根据《国际海运危险货物规则》所要求的危险货物申报单。

(9)装有危险货物的集装箱应按《IMDG Code》规定进行标记、标牌，至少贴有规格为 250 mm × 250 mm的标牌四幅。集装箱一经确认无危险性，所有危险货物标牌应自箱上去掉或加以遮盖。

(10)装载有危险货物的集装箱，应检查外部有无内容物的破损、撒漏或渗漏。

(11)从事海运危险货物装箱作业的单位应将每次危险货物装箱作业情况按要求如实记录。由负责装箱的现场检查员记录，记录内容包括：积载计划、装箱时间、装箱货况、集装箱箱体状况、货物包装状况、装箱衬垫、加固情况等事项。

(12)从事海运危险货物装箱作业的单位应将危险货物装箱情况拍摄照片存档，正确显示装箱前、中、后三种箱体状况和相应箱号，并保存于记录档案。

(三)各类危险货物的装箱要求

1. 爆炸品

(1)曾装运过强酸、强碱类的集装箱在未彻底清刷干净之前,严禁装入爆炸品。

(2)包装应良好,木板箱包装不能有钉子外露。

(3)要逐件检查包装有无异状,如破损、水湿、油污、虫蛀等。

(4)装箱时应自里向外,由下至上装载。堆码要整齐平稳,不能留有空当。如不可避免时应用木块或使用填补器填塞牢固。

(5)箱壁的四周应用衬垫木板使货物与金属铁器部位隔离。

(6)所装的货物在箱内不能铺满一层时,应用木棱固定,以防货物移动或塌堆。

(7)装货完毕,箱门处留有的空隙应采用填补器或其他的加固方法。

(8)进行箱内的固定工作须使用不致产生火花的工具,用力不要过猛,严防撞击、震动,同时注意所使用的钉子不能撒落在箱内。

(9)装卸作业时,必须轻拿轻放,不得在包装上踩踏,搬运时不得在水泥地上滚动,禁止背负。

(10)在使用叉车装箱时,最好使用电瓶车。如使用内燃机铲车时,应选用燃烧完全的机车,并在排烟管上安装消除火星的网罩。

(11)作业时所使用的机具,应降低规定负荷的25%。夜间作业时应使用防爆型照明灯具。

(12)积载不能超过包装堆积试验的高度。

(13)雷管及引信等极敏感的物质应装于货物的表面。

(14)高温季节应遵守当地有关部门规定的作业时间。

(15)在装箱时注意它们的配装类要求。

2. 压缩、液化和加压溶解气体

(1)检查钢瓶的安全帽是否拧紧,检测有无异味,以防气体冒出。瓶帽如有松动,应采取有效地紧固措施;其他的附件如阀门、瓶体、漆色是否符合要求;瓶壁的腐蚀程度;有无凹陷及损坏现象。

(2)钢瓶的保护皮圈应齐全,否则不能装入箱内。

(3)钢瓶不宜单个散放,最好以每几个为一组或以托盘的形式装箱,这样可防止钢瓶在箱内滚动。箱的侧壁和两端应用木板与金属部位隔离。

(4)作业时不能手持钢瓶的安全帽,严禁抛掷、碰撞、滚滑。

(5)堆放时,箱内钢瓶的安全帽必须朝同一方向。

(6)在进行有毒或剧毒气体的钢瓶作业时,在作业地点附近应备有防毒面具以备用。

(7)在进行作业时,严禁穿着沾有油污的工作服和使用沾有油污的手套及工具。

(8)箱内沾有油污的集装箱不能使用。

(9)所使用的工具或机具,应不致产生火花。使用机车装箱时其排烟管应有防止火星冒出的防护网罩。

(10)进行货物固定时,钉子或钉帽不能露于表面之外。

(11)夏季作业时,要有遮阳设施,防止日光暴晒并遵守当地有关部门规定的作业时间。

(12)如集装箱内全部装满,则不需要特别加以固定,但箱门端的空隙应用木板或胶合板使箱门与货物隔离。

(13)如钢瓶在箱内拟装两层时,则须在下层钢瓶上铺设有足够厚度的木板或胶合板。如上层的钢瓶数不能铺满一层时,为了防止货物倒塌和滑动,箱门附近的货物除用绳索捆扎外同时应施加固定。

(14)钢瓶原则上竖装,但由于尺寸的要求必须横装时,则每垛的前后应有隔板隔开,如在纵向留有空隙,则采用木框或增加隔板的厚度来填塞。为了防止货物的摩擦和滚动,上下层钢瓶之间要插入衬垫材料,如有条件最好采用薄的橡胶板,连续弯曲地衬垫在货物之间。

3. 易燃液体

(1)检查桶盖有无松动,桶的焊接缝处有无渗漏后的渍迹,如有桶盖松动的现象应及时采取紧固措施,紧固时所使用的工具应为铜质的。如果焊接缝处有渗漏现象严禁装入箱内并应及时运向仓库或远离装货现场。

(2)观察每一包件有无对应的标记和标签。桶的两端有无膨胀现象或表现出外裂现象。

(3)现场作业人员不能随身携带火种,如火柴、打火机等。不能穿着钉有铁掌的鞋靴。

(4)作业前,现场应备置相应的灭火器材,以便在最短的时间内投入使用。

(5)装箱时应自里向外,平铺码靠,如需装载第二层货物时,应在下面货物上铺垫木板,以防向箱内搬、滚动桶时产生摩擦或撞击,并在每层之间使用木板衬垫。

(6)箱壁的四周(如是金属质的)应用木板或其他木质衬垫材料加以有效地隔离。

(7)桶与桶之间不能留有空隙,桶的凸缘应错开,错开的方法可采用垫高板。

(8)当不能铺满一层时,考虑重心偏心的空隙所留的余位,应加以有效的紧固,使其不致滚动或移动。

(9)在作业过程中如发现因温度较高而引起容器膨胀时,这样的货物不能装入箱内,发现地上有渗漏的痕迹时应仔细检查包装。

(10)闪点低于23℃的易燃液体在高温季节作业时应遵守当地有关部门规定的作业时间,夜间作业时应使用防爆型照明灯具。

(11)使用机车装箱时其排烟管应具有防止火星冒出的装置,并应降低其负荷的25%。

(12)在进行固定工作时,应使用不致产生火星的工具,固定时所用的钉子不能外露。

(13)如果箱门附近留有较大的空隙,可采用侧壁支撑的方法进行固定。就是用同集装箱宽度尺寸相同的木棱,撑于两侧槽内,但应该注意的是侧壁强度较弱,使用这种固定方法时,应首先由箱底板起,垫一根厚木板条贴于槽内,其长度应高于木棱的支撑点,然后方可固定,以扩大其受力面积。如有条件,可利用专用装置上的导轨和方型木条来固定货物,这是一种可靠的固定方法。

4. 易燃固体、易于自燃、与水接触放出易燃气体的易燃固体或物质

(1)根据货物的特性,对于撞击、摩擦较敏感的货物,在装箱时,箱壁的四周应用木板或胶合板,加以有效的隔离。

(2)铁桶的包件,每层应用木板衬垫。

(3)箱内所留有的空隙用木板和木框架填补器塞牢和固定。

(4)使用铲、钗车作业时,要采取有效地安全措施,防止摩擦、撞击出火星。

(5)袋装货在堆装时一定要注意其堆码方法,可采用砌墙法,(也称各层二连装货法)或其他的装载方法。箱门附近的空隙需加以固定。

(6)堆码应整齐,作业时禁止使用手钩。

(7)发现有退包或有水渍、油及污染现象的包件,不能装入箱内。

(8)对有温度要求的货物,应按货物性能的要求备置控制或检测温度的装置。

(9)电石、黄磷、金属钙等如发现其包件、桶的两端膨胀时,及时报有关人员处理,在未经过处理或放气前不要搬运晃动。

(10)箱内潮湿的集装箱严禁使用。

5. 氧化剂、有机过氧化物

(1)所使用的集装箱内部应清洁干燥,没有油污,不得留有任何酸类、煤炭、木屑、硫化物及粉状可燃等物质。

(2)认真检查包件是否完好,桶盖有无松动,关闭环是否卡紧,外表有无裂痕。

(3)装货时应自里向外堆码,在装第二层桶装货物时,在下层货物的上面铺垫一层木板,以防摩擦或损坏包装。

(4)箱壁的四周应用木板加以隔离。

(5)箱内所留有的空隙应用木板、填补器或用支撑的方法加以固定,其钉子不能外露。

(6)箱内所用的固定、衬垫材料应质地良好,木板上不能带有树皮;严禁使用芦席或残缺不全的碎木板、铁丝或钢丝绳等铁质索具。

(7)严禁在箱门附近进行锯、刨、砍等工作,掉落的木屑应打扫干净,以防带入箱门。

(8)作业时操作人员应戴防护手套,必要时需戴口罩和穿着工作服。

(9)所使用的机具应与货物的性质相适应。铲、钗车的排烟管应加有防火星冒出的装置。

(10)忌高热,作业时应有遮阳设施,防止日光直晒。

(11)有机过氧化物应在《IMDG Code》规定的条件下或经主管当局对预期航程情况做出应有的考虑后所规定的条件下用集装箱运输。

(12)使用温控集装箱(冷藏集装箱)时应事先检查其温控设备是否处于良好状态。

(13)袋装货的装载应按各层二连装货法,作业时禁止使用手钩。

(14)由于包装破漏,撒落的货物应及时清除,溢漏物不可重新装入原包装内。

6. 有毒或感染性的物质

(1)作业中禁止肩扛、背负、冲撞、摔碰、翻滚。搬运时要平稳、轻放,防止包装破损。

(2)对易燃性质的毒害品,夏季要防止日晒。

(3)搬运一般毒品时应穿工作服、戴口罩、手套等。

(4)搬运腐蚀品、刺激性、易引起呼吸中毒的挥发性液体毒害品时,除须穿着工作服、戴口罩、手套外,还应系胶质围裙、穿胶靴、带防护眼镜和防护帽等,外露皮肤涂防护药膏。

(5)搬运剧毒物质必须戴着防毒面具。

(6)如货物系托盘成组件,装第二层高时应注意下面的货是否能承受得住压力并铺衬垫木板。如在箱内双排装载时所留的空隙应稳妥地固定。

(7)袋装货的积载应采用各层二连装货法,箱门端留有的空隙仍需用填补器固定。

(8)进行剧毒品作业时应远离生活区,防止有毒气体或粉尘渗入。

(9)忌湿、晒的毒害品应避免雨、雪天作业,防止日晒。在验收货或装箱前应了解在运输途中有否雨淋、水湿现象。

(10)撒落在地面上的毒物,应用潮湿锯末及时清扫干净。

7. 放射性物质

(1) 认真检查包装，保证装入箱内的包装完好无损。其包装应符合《IMDG Code》标准的要求。

(2) 作业中严禁肩扛、背负、翻滚和倒放，并注意轻拿轻放。

(3) 摆放要平稳、牢靠以防在运输途中滑动倒塌。

(4) 装箱时要做到放射性强度大的装于集装箱中部，将放射性强度小的装于周围，这样也能起到一定的屏蔽作用。

(5) 如装的数量较少，不能装满一箱时，应装于箱的中部，四周用填料顶紧。

(6) 无机械设备时，可用手推车。操作人员应按规定的作业时间进行轮换。

(7) 袋包装的放射性矿石和矿砂装箱时应堆码严紧，采用两横一竖装载方法，其包装表面不得留有矿粉。

(8) 放射性物质的包装不同，在装箱时根据不同的包装形式进行装载或固定。

(9) 对于放射性物质应当优先装运，做到随进货、随装箱、随挂运和装船。力争货不落地，不积压。

(10) 作业完毕，应用肥皂、清水将手、脸彻底洗干净。

8. 腐蚀性物质

对于腐蚀性物质的包装，除了前面所提到的各种包装外，还有塑料桶包装的货物。这种包装虽有很多长处，但也有一些弱点，如冬季时包装较脆，不能摔碰；夏季炎热时包装又变软怕压。因此在装箱时应适时考虑这些特点。

(1) 装货时检查包件的桶盖是否松动，包件有无渗漏或裂变。

(2) 塑料桶的堆码高度不得超过堆积试验允许的高度。

(3) 如实际装载超过允许的高度时，应在第二层塑料桶上面打一木隔板，立柱支撑于箱底板上，然后方可继续装货。这样可以防止下层塑料桶被压坏，造成货物的外溢。

(4) 各种形式的容器和包装的液体物品，严禁倒放。每层之间用木板衬垫。

(5) 使用玻璃和陶瓷容器盛装本类货物时应检查封口是否完好，有无渗漏，装箱时应采取有效地紧固措施和固定的方法。

(6) 在搬运中，禁止直接用手接触，装载时应平稳牢固。

9. 其他危险物质

这些物质即经验已经证明或可以证明其危险已达到《IMDG Code》中规定的杂类危险物质，这种物质性能不一，包装各异。在实际装箱时可根据其性质和包装形式参照前几类的装箱方法进行装载和固定。

二、可移动罐柜

(一) 定义

可移动罐柜是指其主体是金属质的，容量在 450L 以上，配备有安全、减压、隔热、测量、通风、装卸等装置，可整体装卸的容器。这种容器也称为"罐柜集装箱"或"液体集装箱"。罐柜主体的外部大多数为一金属框架，金属框架的规格与集装箱一样，起到加强、紧固、保护和稳定的作用。

可移动罐柜像集装箱一样可整体从船上吊上吊下地进行装卸，在船上时，货物不能装入或卸出；也可装在车辆上成为罐车，直接开到船上。

（二）IMO 罐柜类型

目前可移动罐柜在海运中有两套适用的规定："UN 罐柜导则"和"IMO 罐柜导则"。根据《IMDG Code》规定，按照《IMDG Code》第 29 次修正案要求制造的 IMO 可移动罐柜和公路罐车使用至 2010 年止。IMO 罐柜共有 7 种类型：

（1）IMO 1 型罐柜指装有减压装置，最大允许工作压力等于或高于 1.75 bar，可以用作第 3 类到第 9 类物质运输的可移动罐柜。

（2）IMO 2 型罐柜指装有减压装置，最大允许工作压力等于或高于 1.0 bar 但低于 1.75 bar，用来装运某些液体危险货物或危险性小的固体危险货物。

（3）IMO 4 型罐柜指用于第 3 类到第 9 类危险物质运输的公路罐车，并包括带永久性配装罐柜或罐柜加附在带有至少四个铰链的底盘上的半挂车。该铰链应符合国际标准化组织（ISO）标准（ISO1161：1984）。

（4）IMO 5 型罐柜指装有减压装置，用作第 2 类非冷冻液化气体运输的可移动罐柜。

（5）IMO 6 型罐柜指用于第 2 类非冷冻液化气体运输的公路罐车，并包括带永久性配装罐柜或罐柜加附在底盘上的半挂车，该底盘配有装运第 2 类非冷冻液化气体所必需的各项附属和结构设备。

（6）IMO 7 型罐柜指配有装运冷冻液化气体所必需的各项附属和结构设备的隔热型可移动罐柜。可移动罐柜应在不拆移其结构设备情况下运输及装卸，装满货后能吊移。罐柜不是永久地固定在船上。

（7）IMO 8 型罐柜指用于第 2 类冷冻液化气体运输的公路罐车，并包括永久性配装隔热罐柜的半挂车，且配有装运第 2 类冷冻液化气体所必需的各项附属和结构设备。

（三）装运要求

（1）用于装运危险货物的罐柜及设备必须经过船检部门检验合格，否则不得用于海运。

（2）使用可移动罐柜装运危险货物，应按《IMDG Code》第 4 章的要求选用合适的罐型，并按充灌要求进行充灌作业。

（3）使用可移动罐柜装运危险货物，只限于《IMDG Code》危险货物一览表第 14 栏中给出罐柜导则编码的物质。每一可移动罐柜导则都由英文字母 T 和阿拉伯数字组成（T1 到 T75）。每一导则都代表了一种技术规范。如果该物质在危险货物一览表中没有给出可移动罐柜导则编码，则该物质不允许用可移动罐柜运输，除非经主管机关批准。

（4）虽然危险货物一览表中标明了可移动罐柜的导则，但是具有更高试验压力，更大罐柜罐壁厚度，更坚固的底部开口和压力释放装置的其他可移动罐柜可以等效使用。

（5）在危险货物一览表第 14 栏中对某些危险物质作出了可移动罐柜的特殊规定，这种规定是为了补充或说明可移动罐柜导则中的某种规定。可移动罐柜特殊规定以英文字母 TP（罐柜规定）表示。

（6）装运危险货物的罐柜车辆应按《IMDG Code》规定进行标记、标牌。

三、公路罐车

公路罐车是指装有容积超过 450L 的罐柜并配有减压装置的车辆。在正常装卸和运输条件下，罐柜都应固定在车辆上且不能在船上装卸货物。公路罐车靠自己的轮子在船上转运，为了将其固定在船上，还应有永久性的系固附件。

公路罐车的罐柜要求与可移动罐柜的相同，车辆应按车辆作业所在国公路的主管机关的要求进行试验和检验。在《IMDG Code》第6章中提出了具体要求。

四、车辆

车辆系指各种公路货车、铁路货车或货运列车。每一个拖车应视为一个单独的车辆。

危险货物可像装入集装箱那样装入公路货车，然后作为一个运输整体被吊到或直接开到船上，固定于船舱内、车辆甲板上或露天甲板上，公路货车一般都具备货箱或围遮及紧固装置，因此，危险货物装车，车内积载、垫隔、紧固等要求与集装箱装箱要求相同。装有危险货物的车辆应具有车辆装载危险货物声明书，其内容和作用相当于集装箱装箱证明书。

五、散装容器

（一）定义

在《IMDG Code》32次修正案（2004版）中确定该定义为：

散装容器系指用于运输固体货物的盛装体系（包括任何内衬或涂层），其中的固体货物与盛装体系直接接触。不包括包件、中型散装容器（IBCs）、大宗包装和可移动罐柜。

散装容器符合下列条件：

（1）具有永久性，因此强度足以供重复使用；

（2）经特殊设计便于用一种或多种运输方式运输货物而无须中间倒装；

（3）配备便于装卸的装置；和

（4）容积不小于1 m^3。

散装容器举例：集装箱、海上散装容器、吊货箱、散货箱、交换车体箱、槽形集装箱、滚动式集装箱、车辆装载舱。

（二）装运要求

（1）在《IMDG Code》的“危险货物一览表”第13栏UN罐柜和散装容器导则中标有散装容器代码“BK2”，则该固体物质可以用散装容器来装运；如没有提供“BK2”代码，则该物质用散装容器来装运还没有被认可，产地国主管机关签发临时运输批准的除外。

（2）在运输途中可能达到的温度下，会变为液态的固体物质不得用散装容器装运。

（3）散装容器须是防撒漏的，其防漏性能须保证在正常运输条件下不因振动以及温度、湿度或压力的变化而造成内装物外漏。

（4）用散装容器装运散装固体物质时，须以适当的方式使货物均匀地分布在容器中，使之最大限度地减少损坏容器或导致危险货物外漏的移动。

（5）散装固体不应与散装容器的材质、密封垫、设备包括盖子和防水油布、或与内装物接触的保护层等发生危险性反应或明显对其造成削弱。散装容器须在构造上或经改装后能防止内装货物渗透容器木质底的表面覆层，也须能防止危险货物或其残余物接触到容器中易被危险货物影响的部件。安装的通风装置须保持其清洁和实用。

（6）在对散装容器进行充灌和交付运输前，须对其进行检查和清洁，确保其结构适用，确保不会在容器的内、外表面上沾有其他残余物。在运输期间，散装容器的外表面不得沾有任何危险货物的残余物。

（7）如在散装容器中以串联方式使用几套关闭装置，在充灌前，须首先关闭最靠近运输物质的那套关闭装置。

（8）装运过危险货物的空散装容器除非已采取了足够的措施以完全消除其危害性，否则将空散装容器与装满相同货物的散装容器同等对待。

(9)如果散装容器用来装运易发生粉尘爆炸或可产生易燃蒸气的物质(例如某些废弃物),则须在运输途中及装、卸货期间杜绝一切火源并消除危险静电的产生。

(10)彼此间会或可能发生危险反应的物质不得混装在同一个散装容器中。危险反应系指:

①燃烧和/或产生大量的热;

②散发易燃和/或有毒气体;

③生成腐蚀性液体;或

④生成不稳定物质。

(11)用散装容器装运的第4.2类危险货物应使其自燃温度高于55℃。

(12)用来装运第4.3类危险货物的散装容器须是水密的。

(13)用来装运第5.1类危险货物的散装容器须在设计上或改装时,保证所装危险货物不与木质或其他不相容材料相接触。

(14)用来装运第6.2类(UN2900)废弃物的封闭式散装容器及其开口须在设计上或采用内衬保证防漏性;UN2900废弃物须在运输前用适当的消毒剂进行彻底处理方能装货;装运过UN2900废弃物的封闭式散装容器在未进行彻底清洁和消毒前不得再次使用。

(15)装运未经包装的第7类放射性物质须符合本章第一节九、(五)第7类放射性物质的特殊包装规定中的(9)。

(16)装运第8类危险货物的散装容器须用水密的封闭散装容器。

复习思考题

1. 危险货物运输包装的作用有哪些?危险货物运输包装的一般要求是什么?
2. 危险货物包装的封口有哪几种?危险货物包装的类别有几种?
3. 危险货物包装类型代码由哪几部分组成?各包装代码的含义是什么?
4. 危险货物包装的试验方法一般有几种?
5. 怎样识别危险货物包装标记?
6. 怎样选用危险货物包装?
7. 什么是中型散装容器、大宗包装?
8. 托运人凭什么包装检验证书进行危险货物申报?包装检验证书的有效期是多长?
9. 用集装箱装运危险货物有哪些要求?
10. 什么是可移动罐柜?IMO罐柜的类型有哪些?装运危险货物的要求有哪些?

第四章　危险货物的标记、标志和标牌

为了保障危险货物的运输安全，以及万一发生紧急情况能够迅速正确地采取适当的行动，必须让涉及危险货物运输的每一个人员能够正确地识别他们所面临的危险货物和明确它们的危险性。因此托运人在提交危险货物托运时，必须对所托运的包件或货物运输组件进行正确地标记、标志或标牌，并在运输单证中进行真实地描述和证实。

有了正确地标志、标记和标牌，使得从事危险货物运输的各类人员在任何时候、任何情况下都能对所接触的货物迅速地加以识别，正确地认识其危害性，并采取相应的安全措施，万一发生事故，也能采取正确的应急行动。

第一节　标　记

一、包件的标记

（一）标记的内容

1. 标记的主要内容

危险货物包件上显示的正确标记的主要内容为：危险货物的正确运输名称和冠以“UN”字母的联合国编号。示例如下：

腐蚀性液体，酸性，有机的，未另列明的（辛酰氯），UN 3265。

2. 其他内容

（1）对于 1.4 类，配装类 S 的货物，除非贴有 1.4S 的标志，应标示类别和配装类。

（2）救助包件还应标有“救助”（SALVAGE）字样。

（二）标记的要求

对于所有包件标记要求做到：

（1）明显可见而且易于识别；

（2）在海水中至少浸泡 3 个月标记内容仍清晰可辨。在考虑适当的标记方法时，还应考虑所用包装材料及包装表面的耐久性；

（3）与包件外表面的背景形成鲜明的颜色对比；

（4）不应与可能大大降低其效果的其他包件标志放在一起；

（5）容量超过 450 L 的中型散装容器应在相对的两侧标记；

（6）对于非包装物品，应在物品、支架或操纵、储存或吊放装置上加以标记。

（三）海洋污染物标记

（1）装有海洋污染物的包件应耐久地标有海洋污染物（MARINEPLLUTANT）的标记（见图 4-1）。除非：

①内包装内装有液体海洋污染物小于等于 5L 或固体海洋污染物小于等于 5 kg；

②内包装内装有液体严重海洋污染物小于等于 0.5L 或固体严重海洋污染物小于等于 500 g。

(2)具体要求。海洋污染物标记应位于或用模板印刷于危险货物标志的邻近处,如无危险货物标志时应位于适当位置。

图4-1 海洋污染物标记

海洋污染物标记的颜色应与包件形成鲜明的对照,如使用粘贴性标记,应为黑白两色。

用于包件的三角形标记各边的长度应至少为100 mm,由于包件尺寸的原因,只能使用较小者除外。

(四)第7类的特殊标记规定

(1)装有放射性物质的每一包件应在其包装外表面标出易识别、耐久的,用以确定发货人或收货人或两者的标记。

(2)对于被免除的包件也要求冠以"UN"字样的联合国编号。

(3)每一超过50 kg的包件都应在其包装外表面用易识别、耐劳久的标记标出其允许的最大总重量。

(4)对于IP-1型、IP-2型或IP-3型工业包件设计,应用"IP-1"型、"IP-2型"或"IP-3型"字样在其包装外表面用易识别、耐劳久的标记标出。

(5)A型包件应在其包装外表面标出易识别、耐久的"A型"字样。

(6)对于IP-2型、IP-3型或A型的工业包件设计,设计证书颁发国的国际车辆识别代码(VRI代码)和生产者的名称或其他主管机关规定的包件标记应在其包装外表面用易识别、耐劳久的标记标出。

(7)任何其设计需经主管机关批准的包件应在其包装外表面用易识别、耐劳久的字样标出以下内容:

①由主管机关指定的该包件设计识别标记;

②能够唯一标识符合该种设计的每一包装的系列号;

③B(U)型或B(M)型包件设计应标上相应的"B(U)型"或"B(M)型"字样;

④C型包件设计应标上相应的"C型"字样。

(8)每一B(U)型、B(M)型或C型包件设计还应具有耐火、防水的最外层容器,并且该容器应以凹凸印、压印或其他耐火、防水的方法醒目地标明三叶型符号标记(见图4-2)。

(9)当LSA-I或SCO-I物质盛装在容器或包装材料中时,并且在允许的独家使用条件下运输,这些容器或包装材料的外表面应带有"RADIOACTIVE(放射性的)LSA-I"或"RADIOACTIVE(放射性的)SCO-I"标记。

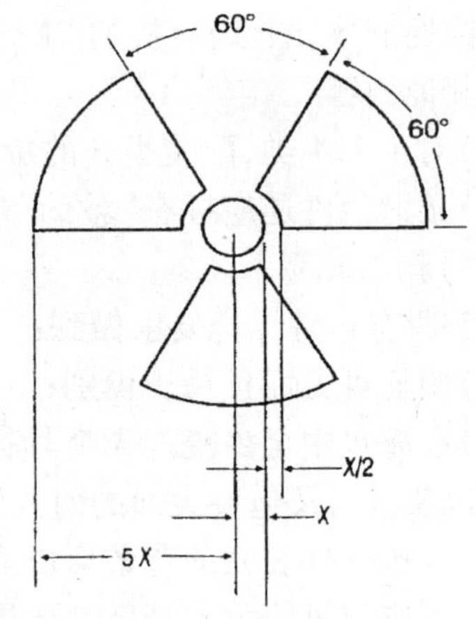

三叶型符号及以中心圆半径X为基础的各部分的比例X的最小允许尺寸为4 mm

图4-2 三叶型符号标记

二、货物运输组件的标记

如果标贴在包件上的标记从货物运输组件的外表面不能清楚可见的话,应将放大了的标记标贴在货物运输组件的外表面上,以提醒人们在组件内装有危险货物并存在危险。

(一)货物运输组件标记的内容

1. 正确运输名称

内装物的正确运输名称须持久地标记于下列运输组件的至少两侧：

(1)含危险货物的罐柜运输组件；

(2)含危险货物的散装容器；

(3)装有单一物品包装危险货物且无标牌、联合国编号或海洋污染物标记要求的任何其他货物运输组件，另一个方法是可以显示联合国编号。

2. 联合国编号

除第1类货物外，联合国编号须按要求显示在下列托运货物上：

(1) 在罐柜货物运输组件中运输的固体、液体或气体，包括多隔间罐柜货物运输组件的每个隔间上；

(2) 包装危险货物，总重超过4000 kg，并针对该货物只有一个联合国编号，而且其是货物运输组件中唯一的危险货物；

(3) 在车辆或集装箱或罐柜中未包装的第7类LSA－Ⅰ、SCO－Ⅰ的物质；

(4) 在车辆(内或上)或货物集装箱内，具有唯一联合国编号的包装放射性物质，且在独家使用条件下运输；

(5) 在散装容器内的固体危险物质。

(二)标记的要求

(1)在货物运输组件上显示标记的方法应做到使其在海水中至少浸泡3个月后，货物运输组件上的标记仍清晰可辨。在考虑适当的标记方法时，还应考虑到货物运输组件表面能进行标记的简易性。

(2)当货物运输组件内所装的危险货物或其残余物完全卸掉后，应立即除掉或遮盖掉那些由于装运此类物质而显示的标记。

(3)联合国编号应以黑色数字表示，数字高度不小于65 mm，而且：

①与主要危险类别标牌下半部白色背景颜色相反；或

②显示于高不小于120 mm，宽不小于300 mm，四周带有10 mm黑框的橘黄色长方形板上(见图4-3)，位置紧挨标牌或海洋污染物标记；当不需要标牌或海洋污染物标记时，联合国编号应紧挨正确运输名称。

显示联合国编号的图例

或

* 类别或分类编号的位置
** 联合国编号的位置

图4-3　货物运输组件上联合国编号的表示图例

(4)装有含海洋污染物包件的货物运输组件，即使包件本身不要求张贴海洋污染物标记，货物运输组件外也应清楚地显示“海洋污染物”标记。三角形标记各边的长度不小于250

mm。

(5)含有限量运输危险货物的运输组件不需要标记或标牌,但须在外表面适当的位置(显示标牌的位置)粘贴高度不小于65 mm的“限量”或“LTD QTY”。

(三)加温标记

货物运输组件内的物质,如果运输或交付运输时温度等于或超过100℃时仍为液态,或当运输或交付运输时温度等于或超过240℃时仍为固态,那么这样的组件应在其每一侧和每一端面粘贴加温标记。

这个三角形标记应具有宽度不小于250 mm且为红颜色的边框,见封三。

除了加温标记,在运输过程中预计达到的物质最高温度须耐久的标记在可移动罐柜或隔热护套的两端,并和加温标记紧挨,字体高度至少为100 mm。

第二节 包件的标志

危险货物的标志是在包件上使用图案和相应的说明描述所装危险货物的危险性和危险程度。它是以危险货物分类为基础的,分为主标志和副标志。

一、标志的特征

(1)各标志的式样、符号、颜色见封三所示。

(2)标志的形式都呈45°角的正方形(菱形),标志的尺寸不应小于100 mm×100 mm,除非因包件尺寸问题而只能粘贴较小标志。

(3)所有标志上的符号、文字和号码应用黑色表示,但下面的情况除外:

①第8类的标志,文字和类号用白色;

②标志底色全部为绿色、红色或蓝色时,符号、文字和号码可用白色。

(4)标志的图形符号主要有:爆炸的炸弹(爆炸性)、火焰(易燃性)、骷髅和两根交叉的骨头棒(毒性)、气瓶(非易燃、无毒气体)、三叶形(放射性)、三个新月形沿一个圆圈重叠在一起(感染性)、圆圈上带有火焰(氧化性)、从两个玻璃器皿中流出的液体侵蚀到手和金属上(腐蚀性)、七条垂直的条带(杂类)。

(5)标志分为上下两半,除1.4、1.5、1.6类外,其余标志的上半部分为图形符号,下半部分为文字和类或分类号和适当的配装类字母。

(6)除1.4、1.5、1.6类外,第1类的标志的下半部分标明物质和物品的分类号和配装类字母。1.4、1.5、1.6类的标志的上半部分标明分类号,下半部分标明配装类字母。

(7)第5类的标志,应在下半部分标明物质的小类。

(8)除第1类外,其他类别的主、副标志在内容特征上基本相同,副危险性标志均不应标明类别号码。

二、标志的使用

1. 除非有特殊规定,在《IMDG Code》危险货物一览表具体列出的物质或物品,应有危险货物一览表第3栏所示危害性的危险类别标志并附加由第4栏中类号或分类号所表示危险性的副危险标志。在某些情况下,第6栏的特殊要求会给出是否需要副危险标志。包件中装有低度危险且在危险货物一览表中作出免除标志的危险货物,就可免除这些标志要求。

2. 如果某种物质符合几个类别的定义,而且其名称未在危险货物一览表中具体列出,则应利用危规中的危险性优先顺序表和一些优先物质的规定来确定其主要危险类别，除了主要危险性标志，还应贴副危险性标志。

3. 除非危规中另有规定，一切装有危险货物的包件应以耐久的标志或标志图案明确表明该危险货物的特性。应做到使其在海水中至少浸3个月其标志或标志图案仍清晰可辨。

4. 如果包件的尺寸足够大，标志应贴在包件表面靠近正确运输名称标记的地方。标志应贴在包件表面不会被包件任何部分和配件或其他任何标记和标志盖住或挡住的地方。当包件形状不规则或尺寸太小以致标志无法令人满意的贴上时，可用结实的签条或其他方法固定在包件上。

5. 危险货物具有主危险性、次危险性并属于海洋污染物时，其标志的显示方式，应按主标志、副标志、海洋污染物标记的顺序自上而下对角或侧端相衔接的方式显示，且不能相互遮盖。无次危险性时，主标志下方应贴海洋污染物标记。由于包件规格原因，只能横向显示标志时，应按从左至右的顺序显示危险货物的主标志、副标志和海洋污染物标记。

6. 容量超过450 L的中型散装容器应在相对的两侧标志。

三、标志的特殊规定

(1)第1类的1.4小类，配装类S的爆炸品，可以免贴标志，其包件上可选择标记为1.4S。

(2)对于第2类气体钢瓶，考虑到它的形状、为运输而采用的排列方向和机械加固，可粘贴符合本规定的较小些的具有代表性的标志，但要在钢瓶的非圆柱体部位(肩部)显示。

(3)对第2类提供了三种不同的标志，一种表示2.1类的易燃气体(红色)，一种表示2.2类的非易燃无毒气体(绿色)，一种表示2.3类的毒性气体(白色)。如果危险货物一览表表明第2类气体具有一种或多种副危险性，则应按表明的副危险性分别粘贴对应的副危险性标志。

(4)对于B型自反应物质应有第1类爆炸性副危险性标志，除非主管机关根据能够证明该自反应物质在该包装中不会产生爆炸可能的试验数据免除该标志。

(5)第4.2类物质不需贴带有第4.1类字样的副危险标志。

(6)对装有B、C、D、E或F型有机过氧化物的包件须贴5.2类标志。这个标志也意味着产品可能易燃，因此不需要贴“FLAMMABLE LIQUID”(易燃液体)副危险性标志。此外，B型有机过氧化物应贴有“EXPLOSIVE”(爆炸品)副危险性标志，除非主管机关因为试验数据已证明该有机过氧化物在此包装内不显示爆炸性能，已批准具体包件免贴这种标志。当符合第8类物质包装类Ⅰ或包装类Ⅱ的标准时，需要贴“CORROSIVE”(腐蚀性)副危险性标志。

(7)对感染性物质包件除了感染性物质6.2类的主标志外，还应贴根据内装物性质所要求的其他标志。

(8)放射性物质的标志除应有“放射性物质”字样外，还应具有以下信息：

①内装物：除LSA－Ⅰ物质外，使用从“基本的放射性核素值”表中提取的放射性核素的名称符号。对于放射性核素混合物，限制最严的那些核素都必须在该行允许的空白处列出。在“放射性核素的名称”之后应相应显示“LSA－Ⅱ”、“LSA－Ⅲ”、“SCO－Ⅰ”或“SCO－Ⅱ”字样。对于LSA－Ⅰ物质只需具有“LSA－Ⅰ”字样，放射性核素的名称不必写出。

②放射性活度：所运的放射性内装物的最大放射性活度以贝克勒尔(Bq)并冠以合适的SI词头。对于裂变性物质，可以用以克(g)或以g的倍数为单位表示的质量数来代替放射性活度。

③对于集合包件或货物集装箱，标志上的“内装物”和“放射性活度”栏必须按上述①、②

的要求分别填写,并计算其内装所有单个包件的总活度。但是如果一个集合包件或集装箱内装有一批混合包件,其内装物为不同的放射性核素,其“内装物”和“放射性活度”栏可填写为见“运输单证”。

④运输指数:除Ⅰ级——白色标志外,Ⅱ级——黄色标志和Ⅲ级——黄色标志需按规定填写运输指数。

⑤临界安全指数:裂变物质须具有临界安全指数(CSI),该指数应按照主管机关颁发的特殊安排批准证书或包装设计批准证书所示。对于集合包件和集装箱,标志上的临界安全指数应为所有集合包件和集装箱中裂变性内装物的安全指数的合计。

(9)第8类物质如所具有的“毒性”只是引起生物组织的破坏,则不需贴带有6.1类的副危险标志。

(10)在拟用于冷藏液化气体运输的低温容器的两个相对侧面,须加方向标志。方向标志见封三,标准格式为74×10^5 mm的长方形,如包件的大小要求,该标志的尺寸可以改变,只要它们保持清晰可见。

四、《国际危规》与《水路危规》分类不同时标志的使用

根据《水路危规》第27条中的规定:

1. 按本规则规定属于危险货物,但国际运输时不属于危险货物,外贸出口时,在国内运输区段包装件上可不标贴危险货物标志,由托运人和作业委托人分别在水路货物运单和作业委托单特约事项栏内注明“外贸出口,免贴标志”;外贸进口时,在国内运输区段,按危险货物办理。

2. 国际运输属于危险货物,但按本规则规定不属于危险货物,外贸出口时,国内运输区段,托运人和作业委托人应按外贸要求标贴危险货物标志,并应在水路货物运单和作业委托单特约事项栏内注明“外贸出口属于危险货物”;外贸进口时,在国内运输区段,托运人和作业委托人应按进口原包装办理国内运输,并应在水路货物运单和作业委托单特约事项栏内注明“外贸进口属于危险货物”。

3. 如本规则对货物的分类与国际运输分类不一致,外贸出口时,在国内运输区段,其包装件上可粘贴外贸要求的危险货物标志;外贸进口时,国内运输区段按本规则的规定粘贴相应的危险货物标志。

第三节　货物运输组件的标牌

标牌在某种意义上讲就是放大了的标志。如果贴在包件上的标志从货物运输组件的外表面不能清楚可见的话,应将放大了的标志即标牌粘贴在货物运输组件的外表面上,以警告人们在组件内装有危险货物并存在危险。

一、标牌的特征

1. 标牌的尺寸应不小于250 mm×250 mm,并带有和符号颜色相同的线,该线距边缘向里12.5 mm且和边缘平行;

2. 标牌应与每一危险货物标志的颜色及符号相匹配;

3. 如同对标志的要求一样,在标牌的下半部的适当位置显示类别号(对于第1类物质,则为配装类字母),其数字的高度不应小于25 mm。

二、标牌的使用

除以下情况外，标牌应和运输组件中货物的主危险性相对应：

1. 装有任何数量配装类为S的第1.4类爆炸品、限量内运输的货物或豁免运输的第7类放射性物质的运输组件，不做标牌要求；

2. 当组件内装有的第1类物质或物品多于一个危险项时，可以只显示最高爆炸危险性质的标牌。

3. 危险货物一览表第4栏规定的物质或物品的副危险性应予以显示。然而，当组件内危险货物在一种类别以上时，如果其危害性已在主危险性标牌上显示出来，则不需要再贴副危险性标牌。

4. 当货物运输组件内所装的危险货物或其残余物完全卸掉后，应立即除掉或遮盖掉那些由于装运此类物质而显示的标牌、橘黄色标志。

5. 装有危险货物或危险货物残留物的运输组件应按下列方式清楚地显示标牌：

(1) 集装箱、半挂车或可移动罐柜，在其每侧和其每端；

(2) 铁路罐车，至少在每侧；

(3) 盛装一种以上危险货物或其残留物的多隔间罐柜，在相关分格间的位置，沿每侧标记；

(4) 其他任何货物运输组件，至少在组件背面和两侧。

6. 在货物运输组件上显示标牌的方法应做到使其在海水中至少浸泡3个月后，货物运输组件上的标牌仍清晰可辨。

7. 第7类放射性物质的标牌上半部的背景为黄色，下半部为白色，三叶形和其他的打印字样为黑色。下半部"放射性"字样的使用是非强制性的，也允许在此位置显示所托运货物的联合国编号。

三、熏蒸警告牌

因处于熏蒸状态下的封闭货物运输组件内的气体成分对人体具有一定的危害性，所以在该货物运输组件的进门处应当清楚地显示熏蒸警告牌，以起到警示作用。此警告牌应很容易被打算进入此组件的人员看到。其内容应包括熏蒸剂的识别名称、熏蒸剂加入日期及有效时间。

此熏蒸警告牌应为长方形，其宽度不应小于300 mm，高度不应小于250 mm。标记内容为黑字白底，字体不得小于25 mm，见图4-4所示。

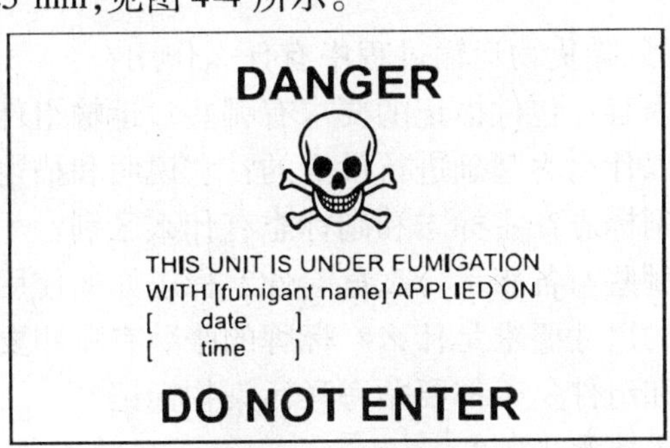

图4-4　熏蒸警告牌

四、集合包件和成组货物、混合包装、未清洁的空包装的标记和标志

(一) 集合包件和成组货物

1. 集合包件和成组货物的概念

集合包件系指一个单独的发货人将一个或多个包件封起来,形成一个组件形式,用以方便运输中装卸和积载。具体是采用放置或堆码在一个货板如托盘,通过皮带捆扎、缩拢缠紧、绷紧或其他方式予以系固;或放入一个有保护性的外包装内,如箱子或板条箱。

成组货物是指一些包件被放置或堆码并采用捆扎、缩拢缠紧或其他合适方法紧固在像托盘之类的货板上,或放置在如箱式托盘之类的外包装内,或永久固定合装在网络内。理论上要比集合包件范围大,但要求基本相同。

这两种形式都是方便托运和运输作业而产生的,它不应损害每个内包件的盛装功能。

2. 具体规定

集合包件和成组货物必须标明内装的每一项危险货物的正确运输名称和联合国编号,并按包件的要求进行标记和标识,如明显可见独立包件的标记和标识,则可免除要求。集合包件和成组货物中的危险货物独立包件应按规定做好标记和标识。

(二)混合包装

1. 混合包装的概念

混合包装是指两种或更多的危险货物装在同一个外包装内的包装形式。

2. 具体规定

混合包装的包件应按内装的每一种危险货物的要求进行标记和标识,如果所包括的危险性已反映在主标识上时,则不必再贴副标识。

(三)未清洁的空包装

(1)除盛装过放射性物质以外其他危险货物的空包装,如果没有经过有效清洗并驱除其中的蒸气,应按原先装过的危险货物的要求进行标记和标志。

(2)用于放射性物质装运的罐柜和中型散装容器不应用于其他货物的装运,除非采取清除辐射污染措施,将辐射污染降至:对于 β 和 γ 辐射源及低毒 α 辐射源在 0.4B q/cm^2 以下;对于所有其他 α 辐射源在 0.04B q/cm^2 以下。

(3)含有放射性物质残余物或装有未经清洁的放射性物质空包装的空货物运输组件,应按对原装放射性物质的货物运输组件或包件适用的规定运输。

复习思考题

1. 标记、标志和标牌在危险货物运输过程中有什么作用?
2. 标记主要包括哪些内容?包件标记的要求有哪些?运输组件的标记要求有哪些?
3. 危险货物标志它是以什么为基础进行设置的?它说明和描述了什么含义?
4. 在什么情况下要贴副标志?主标志和副标志有什么区别?
5. 标志的图形符号有哪些?各表示什么危险性?标志如何使用?
6. 什么是标牌?标牌的尺寸要求是什么?标牌的张贴有哪些要求?
7. 海洋污染物的包件和组件是否都要贴海洋污染物标记?
8. 在什么情况下要贴熏蒸警告牌?
9.《国际危规》与《水路危规》分类不同时标志怎样使用?
10. 简述集合包件和成组货物、混合包装、未清洁的空包装的标记、标志和标牌的要求。

第五章　包装危险货物的积载与隔离

第一节　危险货物的积载

正确合理地积载与隔离是保证危险货物运输安全的重要措施。危险货物的积载除了应按普通货物积载要求以外,还有其特殊的积载要求。

一、积载类

为危险货物的积载确定积载类,主要是考虑到危险货物一旦发生事故可能会迅速影响全船,这对于载运旅客或人员较多的船舶采取安全撤离等措施具有一定的困难,所以对这类船舶应限制其装运危险性大或具有特殊危险的货物。

为了提出适当的积载建议,首先将船舶进行分类。

(一)船舶分类

(1)除第1类爆炸品外,为了确定适当的积载方式,把船舶分为两类:

①货船:是指专门从事货物运输的船舶,包括载客限额不超过25人或按船舶总长每3m不超过1人的客船(以数额较大者为准);

②客船:是指载客超过限制数额的其他客船。

(2)第1类爆炸品,为了确定适当的积载方式,把船舶分为两类:

①货船:是指专门从事货物运输的船舶,包括载客限额不超过12人的客船;

②客船:是指载客超过限制数额的其他客船。

(二)积载类

(1)为了确定适当的积载方式,除第1类爆炸品外,其他类别危险货物依据安全装运所需要的积载位置分为不同的积载类。这些积载类范围是从积载类A至E。各积载类对不同船舶类型的积载位置要求见表5-1。

表5-1　危险货物积载方式

积载方式 / 船舶类型	积载类A	积载类B	积载类C	积载类D	积载类E
货船①	舱面或舱内	舱面或舱内	只限舱面	只限舱面	舱面或舱内
客船②	舱面或舱内	只限舱面	只限舱面	禁止装运	禁止装运

注①:是指专门从事货物运输的船舶,但包括载客限额不超过25人或船舶总长每3 m不超过1人的客船;

②:指载客超过限制数额的其他客船。

(2)对第1类危险货物共划分了15个积载类,从积载类01至积载类15。见表5-2所示第1类危险货物积载方式。

表 5-2 第 1 类危险货物积载方式

积载类	货船(不超过 12 名旅客)	客船
01	舱面或舱内	舱面或舱内
02	舱面或舱内	在舱面封闭式货物运输组件内;或在舱内封闭式货物运输组件内
03	舱面或舱内	只限在舱面封闭式货物运输组件内
04	舱面或舱内	禁止装运
05	在舱面封闭式货物运输组件内或舱内	在舱面封闭式货物运输组件内或舱内
06	在舱面封闭式货物运输组件内或舱内	在舱面封闭式货物运输组件内;或在舱内封闭式货物运输组件内
07	在舱面封闭式货物运输组件内或舱内	只限在舱面封闭式货物运输组件内
08	在舱面封闭式货物运输组件内或舱内	禁止装运
09	在舱面封闭式货物运输组件内;或在舱内封闭式货物运输组件内	在舱面封闭式货物运输组件内;或在舱内封闭式货物运输组件内
10	在舱面封闭式货物运输组件内;或在舱内封闭式货物运输组件内	只限在舱面封闭式货物运输组件内
11	在舱面封闭式货物运输组件内;或在舱内"C"型弹药舱内	只限在舱面封闭式货物运输组件内
12	在舱面封闭式货物运输组件内;或在舱内"C"型弹药舱内	禁止装运
13	在舱面封闭式货物运输组件内;或在舱内"A"型弹药舱内	只限在舱面封闭式货物运输组件内
14	只限在舱面封闭式货物运输组件内	禁止装运
15	在舱面封闭式货物运输组件内;或在舱内封闭式货物运输组件内	禁止装运

表中:

(1)封闭式货物运输组件是指任何清洁、坚固、防风雨的、能固定在船舶结构上的箱状设备,包括封闭的集装箱、封闭的车辆、封闭的铁路货车或弹药箱;在甲板室和桅房或超过尺寸的防风雨包装(集合包装)这样的小型舱室内积载是可接受的替代办法;其组件或舱室的地面必须是木质的、密合或布置得以使货物积载在格板、木护板或木垫板上;如果满足了必要的附加规定,封闭式货物运输组件可用于第 1 类 A 型或 C 型积载或用作弹药舱。除配装类 A、配装类 G 和 L、未另列明条目以外的第 1 类物质都属于封闭式货物运输组件积载。

(2)A 型弹药舱积载是指船上货物运输组件和舱室的内壁和地面应装有密合木板;舱顶和舱壁应清洁,无铁锈或锈皮,不需加板条;货物的最高点应至少离舱顶或上层甲板 300 mm;装有防护装置,用来预防撒漏的内装物与舱壁或船侧和舱壁间发生摩擦;如用船侧和舱壁作为该处的部分结构时,应清洁、无铁锈或锈皮;且用板条或防汗湿木板加以防护,其间距不超过 150 mm;所有支柱和其他未加防护的铁制品同样应清洁并钉上板条;当其他第 1 类货物与需要积载在 A 型弹药舱的货物一起积载时,需保证其包装没有由含铁或铝合金制成的暴露在外的零件,除非采取了特殊的预防措施,否则不应从上部装载。A 型弹药舱积载适用于应避开钢质制品的爆炸性物质。

(3)C 型弹药舱积载是指封闭式货物运输组件在船上的布置尽量靠近船舶中心线;其靠近船侧处不小于船宽 1/8 或 2.4 m 距离处,两者取较小值。C 型弹药舱积载适用于配装类 A

的物质。

(4)特殊积载是指在舱内积载时应远离居住处所和工作区并且不得叠载,位置布置同C型弹药舱;凡建议舱面积载但实际不可行时,主要危险是火灾和泄漏的物质、有浓烟或催泪或有毒雾(配装类G,H或K)物质和存在特殊危险的物质和物品(配装类L)应进行特殊积载。对于配装类G或H的货物可采用钢质弹药箱、防止内装物泄漏的钢质货物运输组件和经有关主管机关同意的选择方案进行积载。在任一舱室内只应积载同一种配装类的货物,若无适合的单独舱室,经主管机关允许,配装类G和H的货物可积载在同一货舱内,但间距不得小于3 m。配装类K或L的货物应装在钢质弹药箱中运输。特殊型积载适用于配装类G和L爆炸性物质、未另列明条目和配装类G、H、L和K中的特别危险的某些物品。

(三)舱面积载的三种方式

《IMDG Code》规定,根据危险货物不同的防护条件,舱面积载分为只限舱面、在有遮盖的舱面和在有防护的舱面上积载这三种方式。如图5-1所示为危险货物舱面积载方式。

二、危险货物积载的一般要求

1. 根据积载类别如允许舱面或舱内积载的危险货物,在杂货船和散货船应尽量选择在舱内积载,在下列情况下应选择在舱面积载:

(1)要求经常查看的货物;

(2)因特殊要求需接近检查的货物;

(3)有形成爆炸性混合气体的、产生剧毒蒸气的或对船舶有无形腐蚀作用的物质。

2. 遇水易损坏的包件应在舱内积载。如在舱面积载,应严加防护,任何时候不能使其受天气和海水的侵袭。

3. 由于危险货物意外事故的突发可能影响到全船,因此那些需要在短时间内撤离大量人员的“其他客船”不得载运某些具有特殊危险的货物。

4. 除了注意“危险货物一览表”第16栏一般的积载类(A,B,C,D,E)外,当决定适当的积载类安排时,还必须注意该栏中可能提供的一种或多种特殊积载要求。

5. 危险货物包件堆积试验的最低高度是3 m,在考虑到积载支撑程度和加固等情况下,允许船长自行选择较高的积载。

6. 桶装危险货物必须直立向上积载,经主管机关授权者除外。

7. 危险货物在舱面积载时,要保证消火栓、测量管及其他类似设备和通道不受影响,并与之远离;保证游步通道和所有通向船舶安全航行、操作所需设备的通道畅通。

8. 对需防止压力增大、分解或聚合的物质,应遮蔽其包件,免受烈日及其他辐射热;在“危险货物一览表”中要求遮蔽免受辐射热的物质,舱内积载时应“远离”热源。

9. 对具有特殊危险的货物应按特殊积载要求进行。

10. 对于某些危险货物要求隔热保护,这些热源包括火花、火焰、蒸气管道、热线圈、加热的燃油舱和液货舱侧壁顶,以及机器处所的舱壁(机舱舱壁达到A-60的隔热等级或与此等效的标准),对于爆炸品在机舱舱壁达到A-60外,还需与之“远离”积载。

11. 不得在可移动罐柜上部积载其他货物运输组件。除非是专门设计且用于专门船舶,或已对其专门防护并使主管机关满意。

12. 若危险货物在舱内发生泄漏,应采取预防措施,防止泄漏物通过机器处所污水管及泵系排放。

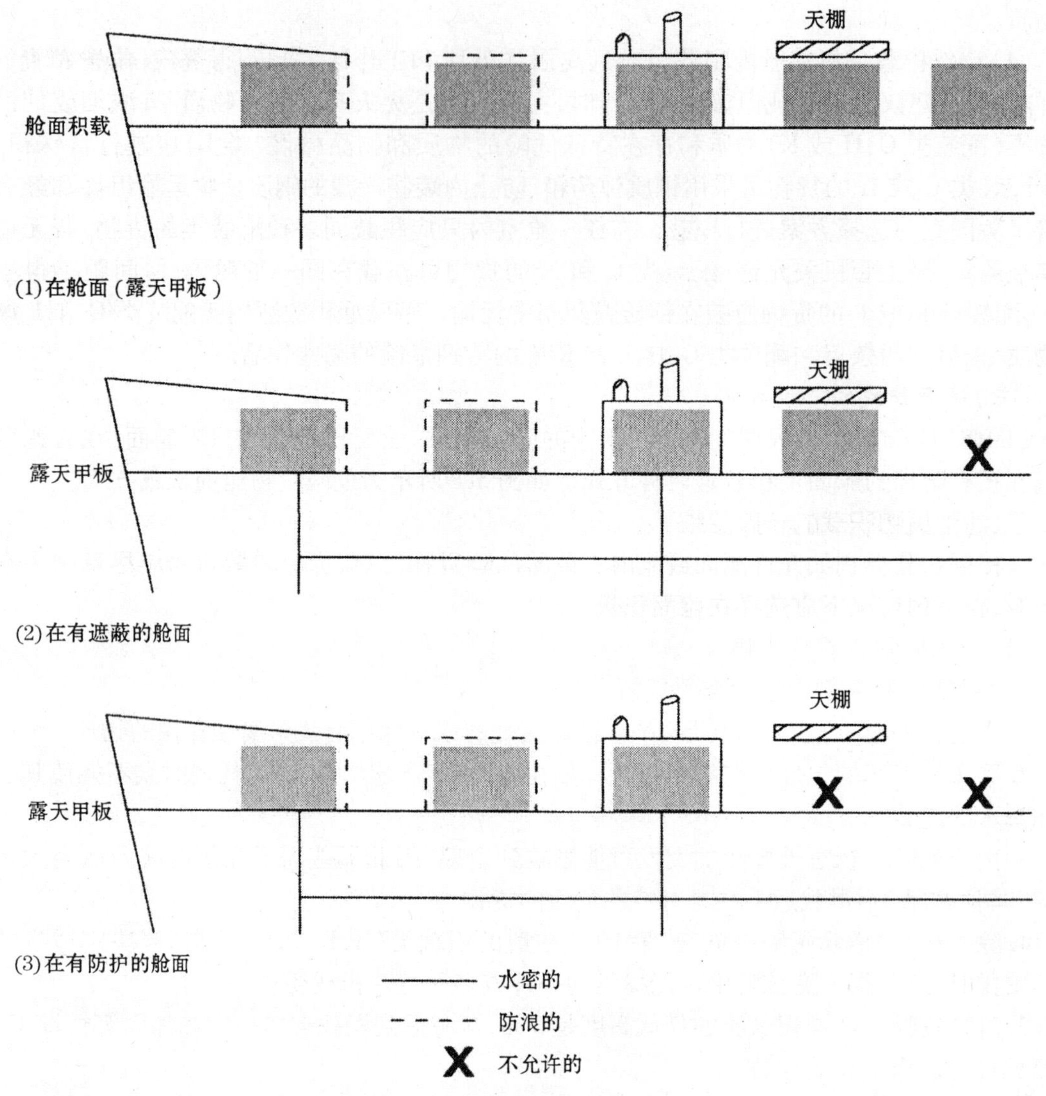

图 5-1 危险货物舱面积载方式

13. 对于有毒的气体或蒸气或有腐蚀性的气体或蒸气应避开生活居住处所积载。标有毒品的货物或其他有感染性物质或放射性物质也都应避开生活区或食品而积载。

14. 有海洋污染物标记的货物，如果允许在“舱面或舱内”积载，除非在露天甲板能提供等效的防护，否则应选择舱内积载；如果要求“只限舱面”积载，应选择在有良好防护的甲板或露天甲板遮蔽处所中积载。

15. 确定有“避开生活居住处所”积载要求的物质、材料、物品有：易挥发的有毒物质、易挥发的腐蚀性物质、遇潮湿空气产生有毒或腐蚀性蒸气的物质、释放强烈麻醉性蒸气的物质、第2类易燃气体。要求“避开生活居住处所”积载的物质具体列在“危险货物一览表”第16栏中。若在“危险货物一览表”第16栏提出“避开生活居住处所”，决定积载时还应考虑到泄漏的蒸气会通过舱壁的通道或其他开口，或通过通风管道进入居住处所、机器处所、其他工作处所的可能性。

16. 需要与食品隔离的物质有:(1)标有第6.1类标志,包装类Ⅰ和Ⅱ的有毒物质和物品;(2)标有第2.3类标志的有毒物质和物品;(3)标有第7类标志的放射性材料。如果上述(1)、(2)物质与食品分装在不同的封闭运输组件内可免除隔离条件。感染性物质的积载应采用隔离3,应与食品“用一整个舱室或货舱隔离”。腐蚀性物质以及标有第6.1类,包装类Ⅲ有毒物质的积载应采用隔离1,与食品“远离”。

三、各类危险货物的积载要求

(一)第1类货物的积载要求

1. 第1类爆炸品首先查到“危险货物一览表”第16栏规定的积载类,然后根据表5-2具体积载方式来安排。

2. 除下列情况之一外,其他爆炸品不得在客船运输:

(1)属于第1.4类配装类S的爆炸品不受数量限制;或

(2)救生用爆炸性物品,其爆炸性物质总净重每船不超过50 kg;或

(3)配装类C、D和E的货物,其爆炸性物质总净重每船不超过10 kg;或

(4)配装类G(特殊积载要求除外)的物品,其爆炸性物质总净重每船不超过10 kg;或

(5)配装类B的物品,其爆炸性物质总净重每船不超过10 kg;或

(6)配装类N的爆炸性物质总净重每船不超过50 kg,并且除载运第1.4类和配装类S之外,不得载运其他爆炸品;

(7)经主管机关批准的具有特殊安全措施的客船上,可载运附加数量或其他种类的第1类危险货物。

可以在客船上载运的第1类货物应根据下表5-3积载。

表5-3　客船载运爆炸品积载表

分类	爆炸品样品	配装类												
		A	B	C	D	E	F	G	H	J	K	L	N	S
1.1	d	c	e	e	e	e	c	e	–	c	–	c	–	–
1.2	d	–	e	e	e	e	c	e	c	c	c	c	–	–
1.3	d	–	–	e	–	–	c	e	c	c	c	c	–	–
1.4	d	–	b	b	b	b	c	b	–	–	–	–	–	a
1.5	d	–	–	–	e	–	–	–	–	–	–	–	–	–
1.6	d	–	–	–	–	–	–	–	–	–	–	–	e	–

其中:a = 对于货船,在舱面或舱内;

b = 对于货船,在舱面或舱内,只限装在可移动弹药箱内;

c = 禁止载运,本规定取代其他所有规定;

d = 遵照有关国家主管机关所制定的规定;

e = 在集装箱或类似容器中,仅限舱面。

3. 第1类货物应积载在船舶的阴凉处,在船上应尽量合理可行地保持阴凉,积载应“远离”一切热源;货舱应清洁没有其他货物(如谷物或煤)的粉尘,以减少着火危险。

4. 舱内积载时货舱应干燥;在船上出现包装的货物受潮时,须立即向托运人征求意见,得到指示前避免处理包件。

5. 正确系固,以免在航行中发生明显的移动。

6. 尽可能远离居住处所和机器处所,不应直接积载在这些舱内或舱面:

(1)在居住处所和装有第1类货物的货舱间应有一个永久性的A类钢舱壁,第1.1、1.2、1.3或1.5类货物不应积载在离此舱壁3 m以内;当直接积载在这些舱室的上面或下面时,应积载在至少离舱壁垂直线3 m远处。

(2)在机器处所和装有第1类货物的货舱间应有一个永久性的A类钢舱壁。除第1类配装类S外,第1类货物不应积载在离该舱壁3 m以内;当积载在机舱的上层或下层舱面时,应至少离舱壁垂直线3 m远处。除非A级机器处所和装有第1类货物的货舱间的分隔舱壁是按A—60标准隔热的,对第1.4类配装类S以外的货物,应按《IMDG Code》第7章附录2规定采取补充措施。

(3)当第1类货物积载在"远离"居住处所或机器处所舱壁时,介于中间的货舱可以装非易燃的货物。

(4)第1类货物不应积载在离明火、机械排放口、厨房的管路、用于易燃品的储藏间或其他潜在火源水平距离6 m以内。货物积载应确保通道畅通并远离船舶其他安全操作必需的设施,并应避开消火栓、蒸汽管和通道,离步桥、生活区和救生设备水平距离不少于8 m。

7.一般电器设备和电缆不应安装在载运第l类货物的货舱内。当安装在航行途中不需要通电或不符合要求标准处时,电器设备和电缆应切断电源以使货舱内电路不通电。当航行中由于船舶的操作安全而需要使装有第1类货物的货舱中的电器设备和电缆通电时,这些设备和电缆应符合认可的标准(《IMDG Code》第7章附录3)。

8.除非已经在海水和桅杆或船体结构间,即从其末端一直到整个船体结构的主体已配备有效的电器连接,否则应在任一桅杆或结构上配备对海的接地避雷装置。全焊接结构的船舶上的钢质桅杆可以认为满足这一要求。

9.为了防止未经批准的人员进入,所有舱室、弹药舱和货物运输组件均应上锁或适当地关闭。上锁和关闭的方法应使得在出现紧急情况时能够进入而没有延误。

10.积载类09和10舱内积载货物应直接积载在甲板上格子护板、木护板或木垫板上;不允许积载在其他货物上;不需要对船侧、舱壁和支柱加板条;避免与易燃的其他货物同舱积载;货物上不得堆装非第1类货物,以维持直接通向舱口的通道;舱室或货舱中的所有货物应牢固系固,足以能消除发生明显移动;整个甲板作为弹药舱时其积载应方便卸货。

11.火箭和火箭发动机的积载:

通常在装配好的情况下运输的小型或中型火箭或火箭发动机,装有完整的起爆系统(自行推进的),不管是否装在货架上运输,不受积载配置的限制,其条件是在包装设计上火箭应用捆带条或其他方法将其有效地约束以免滚动,或者具有下列一种或多种安全措施:

(1)有效保护电引爆装置及喷管,以防杂散电流和意外引爆;

(2)起爆系统被撞击时,击发装置能有效保护;

(3)由点火管到推进剂装药的点火通路应用一个机械隔爆板或通过使传爆系列零件的错位来阻断,喷管应有效地盖住,以防止意外引爆;

(4)火箭应装有经认可的设计的空气动力"阻流板"或更好的飞行阻流板。

通常在未装配好的情况下运输的大型火箭或火箭发动机,当处于自行推进状态时,应按下列积载限制处置:

(1)外包装上标出发动机的头部和尾部;

(2)头朝舱壁、天花板或船侧,且间距不得大于30 mm。

不符合上述装配好情况下运输积载要求的任何火箭或火箭发动机必须按未装配好情况下运输的积载限制条件处置。

（二）第2类货物的积载要求

（1）气体容器在运输过程中尽可能合理保持阴凉，容器的积载应“远离”一切热源。

（2）采取足够措施防止泄漏的气体渗入到船舶的其他地方，比空气为重的气体可能聚积在货舱的低处，被意外点燃，甚至发生“回火”。

（3）其积载方式应保证泄漏气体不会通过管道和通风口进入生活、机舱处所和其他工作区域。

（4）如气体容器装在封闭货物运输组件内，应特别注意打开门进入前的通风。

（5）气体容器积载方式如下：

①应进行隔垫防止其直接接触钢质甲板；除非容器置于框架中成为组件，其积载和楔垫应能防止容器发生移动；对液化气体容器保证其液相不会接触任何减压装置。

②容器垂向积载应成组积载，并用坚实的木材制成箱或框将容器围蔽；必须进行垫隔使之与钢质甲板保持间隙；在箱内或框内的容器应缚牢以防止移动。

③舱面积载应保护容器不受热辐射，包括烈日照射。

④舱内积载时应积载于有机械通风装置的货舱中。

（6）易燃或有毒气体的积载应采取措施防止易燃气体受热；配备机械通风装置，使其能有效地将易燃气体从封闭货物处所中排出；在载有旅客的船上积载时应远离供旅客使用的甲板和舱室；在滚装船积载时应特别注意通风和隔热。

有2.3类标志未经清洗的空钢瓶应仅限舱面积载。（虽然《危险货物一览表》中有规定，对装满货时仅限舱面积载的容器，其未经清洗的空容器可以在舱面或舱内有机械通风的处所积载。）

（三）第3类货物的积载要求

第3类所有物质的蒸气都有麻醉作用，长时间吸入可能导致神志不清，深度或长时间的麻醉可能致死。

（1）对第3类物质应按“危险货物一览表”中的规定积载类进行积载，但对使用塑料罐（3H1、3H2）、塑料桶（1H1、1H2）和塑料桶内的塑料容器（6HH1、6HH2）包装的闪点等于或低于23°C（c.c）的物质，除非将其装于封闭的货物运输组件，否则应只限舱面积载。

（2）在运输中应尽可能合理地保持阴凉，其积载一般应“远离”一切可能的热源。

（3）应采取足够的措施防止易燃液体受到热辐射或其他热源的影响。应配备通风设施使它能有效地将货物处所的易燃蒸气排出。

（4）应采取足够措施防止泄漏的液体或蒸气渗入船舶的其他部位，比空气为重的气体可能聚积在货舱的低处，被意外点燃，甚至发生“回火”。

（5）用可移动罐柜载运闪点等于或低于23°C（c.c）的易燃液体时，其积载方式应保证泄漏蒸气不会通过管道和通风口进入生活、机舱处所和其他工作区域。

（6）如认为本类某种物质的积载需“避开生活居住处所”，该内容将在“危险货物一览表”中列明。

（7）在载有旅客的船上积载时应大大远离供旅客使用的甲板和舱室；在滚装船积载时应特别注意通风和隔热。

（四）第4类货物的积载要求

1. 在运输中应尽可能合理地保持阴凉，其积载一般应“远离”一切热源。

2. 如某一物质易于散发能与空气形成爆炸性混合物的蒸气或粉尘，应采取预防措施将它装在通风良好的处所。

3. 在航行期间，如遇卷入火灾的危险，也许有必要将托运的本类物质中的一件或数件加以抛弃。当允许舱内装载时，必须考虑到这一点。

4. 在载有旅客的船上积载时应大大远离供旅客使用的甲板和舱室。在滚装船积载时应特别注意通风和隔热。

5. 装有自反应物质，UN2956，UN3241，UN3242，UN3251 和固体退敏爆炸品的包件应避开热辐射（包括阳光的直射）。

6. 鱼粉的积载要求。在“危险货物一览表”中列入鱼粉，未稳定的（UN1374，包装类Ⅲ）和鱼粉，稳定的（UN2216，第9类）这两种品名。其运输方式有松散包装运输和集装箱运输两种。

（1）鱼粉松散包装运输：

①航行期间每天3次测温并记录；

②货温超过55℃并继续升高时，应限制向舱内通风；如自热现象持续应施放二氧化碳或惰性气体；船上应配备相应设备；

③货物积载应避开易变热的管路和舱壁（如机舱舱壁）；

④对 UN1374，使用松散袋运输时，建议采用双行式积载，以提供良好的表面和穿堂通风；对 UN2216，使用松散袋运输时，对袋装货物的积载无须特殊通风要求；

（2）鱼粉集装箱运输：

①货物装箱后，密封箱门和其他开口处防止空气进入；

②每天凌晨读取舱内温度并记录；

③如果舱内温度急剧升高，并继续增高，应急时可考虑充水并注意对船舶稳性的危险；

④货物积载应避开易变热的管路和舱壁（如机舱舱壁）。

7. 种子饼（UN1386）的积载要求。在“危险货物一览表” 中 UN1386 有两种种子饼。

（1） UN1386，种子饼，含植物油的，（a）用机械压榨的种子，含油量在10%以上或所含油及水分含量合计超过20%。其积载要求：

①需要穿堂风和表面通风；

②航程超过5天时，需要配备向货舱施放二氧化碳或惰性气体的设备；

③袋装应采用双排式积载；

④定时测量货舱内不同深度的温度并记录；货温超过55℃并继续升高时，应限制向舱内通风；如自热现象持续应施放二氧化碳或惰性气体。

（2） UN1386，种子饼，含植物油的，（b）经溶剂萃取和压榨的种子，含油量不超过10%且当水分含量高于10%时，所含油及水分含量合计不超过20%。其积载要求：

①需要表面通风，以消除溶剂蒸气；

②航程超过5天，袋子积载处无循环贯通的通风设备，应定时测量货舱内不同深度的温度并作记录；

③航程超过5天，应配备二氧化碳或惰性气体施放设备。

（五）第5类货物的积载要求

1. 除了用于积载货物运输组件的货物处所外，在装入氧化性物质之前，应将货物处所打扫干净，清除一切不必要的可燃物。

2. 尽可能合理可行地使用非易燃的加固和防护材料，并只能使用最少数量清洁、干燥的木质垫料。

3. 应采取措施避免氧化物质渗入到其他可能贮有可燃物质的货舱、舭部等处所。

4. 曾装运氧化物质的货舱，卸货后应检查有无污染物，在用于装运其他货物尤其是食品之前，原已被污染的货舱应作适当的清扫和检查。

5. 有机过氧化物应当按照积载类 D 积载；应"远离"生活居住处所或其通道积载；应"远离"一切热源积载；对包件应加以保护，使其不受日光直射，并积载在阴凉和通风良好的地方；积载时应考虑必要时应采取适当的应急行动，例如抛弃货物。

6. 硝酸铵，UN1942 和硝酸铵化肥，UN 2067 的积载措施：

（1）应积载在紧急时可以开启的干净货物处所；

（2）袋装化肥或装于货物运输组件内的化肥，应积载于易于接近的位置；

（3）船上的机械通风有能力排除化肥分解放出的气体和烟雾；

（4）应能打开舱盖，提供大量的通风和水；

（5）装货前就应考虑到紧急情况时舱内淹水可能造成的稳性问题；

（6）同其他货物混装时应考虑相容性。

（六）第6类货物的积载要求

1. 卸完货后应对装运过本类物质的处所作是否污染检查，在用于装运其他货物，尤其是食品之前，应对受污染的处所进行适当的清洗和检查。

2. 对同时属于易燃液体的有毒物质积载在载有旅客的船上时应远离供旅客使用的甲板和舱室；在滚装船积载时应特别注意通风和隔热；在运输期间，这些物质应积载于机械通风处所；尽可能合理地保持阴凉，一般情况下应"远离"一切热源积载。

3. 所有感染性物质必须采用隔离3，与生活居住处所"用一整个舱室或货舱隔离"。

（七）第7类货物的积载要求

1. 按"危险货物一览表"第16栏所列积载类别进行积载。

2. 在运输低比活度放射性物质（LSA）或表面污染物体（SCO）（IP－1，IP－2，IP－3 型或未包装的）的内河船艇或其他运输工具上的单个货物处所内的总活度不得超过表5-4 所示的限值。

表5-4　工业包装或未包装的 LSA 物质和 SCO 的运输活度限值

物质特性	除内陆水道外的运输方式的活度限值	内河船艇货物处所的限值
LSA－I	无限值	无限值
不易燃的固体 LSA－II，和 LSA－III	无限值	$100A_2$
易燃的固体、所有的液体和气体 LSA－II 和 LSA－III	$100A_2$	$10A_2$
SCO	$100A_2$	$10A_2$

3. 托运货物应牢固积载。

4. 除主管机关在证书中有特别要求，只要其表面平均热通量不超过 15 W/m^2，且周边货物为非袋装，其包件或集合包件可与包装的一般货物一起运输或储存，而无特殊积载要求。

5. 集装箱的装载以及包件、集合包件和集装箱累加时，应作如下控制：

(1)除独家使用情况外，装在同一运输工具上的包件、集合包件和集装箱应予以限制，使该运输工具上的运输指数总和不超过表5-5中所列的值，对LSA—I物质的运输指数总和没有限制。

表5-5 非独家使用条件下集装箱和运输工具的运输指数(TI)限值

集装箱或运输工具类型	在单个集装箱内或同一运输工具上的运输指数总和的限值
小型集装箱	50
大型集装箱	50
车辆	50
旅客航空器 货物航空器	50 200
内陆水道船舶	50
海洋船舶* (1)舱,室或特定区域： 包件、集合包件、小型集装箱 大型集装箱 (2)整船： 包件、集合包件、小型集装箱 大型集装箱	 50 200 200 无限值

注：*装在按照下面7规定的车辆上运输的包件或集合包装可以用船舶进行运输，条件是在船期间不得把其从车辆中移出。

(2)如果某一托运货物是在独家使用条件下运输，对单个运输工具上的运输指数总和应无限值。

(3)在常规运输条件下，运输工具外部表面任何一点的辐射水平不得超过2 mSv/h，并且离运输工具外部表面2m处的辐射水平不得超过0.1 mSv/h。

(4)在一个集装箱内及运输工具上的临界安全指数(CSI)的总和不得超过表5-6所列的值。

表5-6 内有易裂变物质的集装箱和运输工具的临界安全指数(CSI)限值

集装箱或运输工具类型	在单个集装箱内或同一运输工具上的运输指数总和的限值	
	非独家使用	独家使用
小型集装箱	50	n.a
大型集装箱	50	100
车辆	50	100
旅客航空器 货物航空器	50 50	n.a 100
内陆水道船舶	50	100
海洋船舶① (1)舱、室或特定区域： 包件、集合包件、小型集装箱 大型集装箱 (2)整船： 包件、集合包件、小型集装箱 大型集装箱	 50 50 200② 无限值②	 100 100 200③ 无限值③

注:①装在按照下面7规定的车辆上运输的包件或集合包装可以用船舶进行运输,条件是在船期间不得把其从车辆中移出。这种情况适用"独家使用"条目。

②托运货物的作业和积载,要使得然后一个组中的CSI总和不超过50,且每个组的作业和积载都要使得各组间彼此间隔至少6 m。

③托运货物的作业和积载,要使得然后一个组中的CSI总和不超过100,且每个组的作业和积载都要使得各组间彼此间隔至少6 m。各组间的空格可装载其他货物。

④表中"n. a"意为不适用。

6. 运输指数大于10的任何包件或集合包件或者临界安全指数大于50的任何托运货物应仅在独家使用条件下运输。

7. 对于在独家使用条件下托运货物辐射水平不应超过:

(1)10 mSv/h:在包件或集合包件外表面任意一点,且仅在如下条件下可以超过2 mSv/h:车辆应予封闭,在正常运输条件下,能防止未经许可的人员入内;及应采取措施固定包件或集合包件,使其在车辆内的位置在正常运输条件下保持固定;及在整个运输期间不能进行装卸;

(2)2 mSv/h:在车辆外表面(包括上表面和下表面)任意一点;或对于未封闭的车辆而言,在车辆外缘垂直投影面上、整件货物的上表面上、车辆底部外表面上任意一点;

(3)0.1 mSv/h:在车辆外侧面的垂直平面2 m外任意一点;或如果整件货物用开敞的车辆运输,在车辆外缘垂直投影面2 m外任意一点。

8. 对于公路车辆而言,载有贴着Ⅱ级-黄色标志或Ⅲ级-黄色标志的包件、集合包件或集装箱时,车上只能有司机和助手而再无他人。

9. 表面辐射水平大于2 mSv/h的包件或集合包件,除非按照上表5-6中的表注①在独家使用的车辆内或车辆上运输,否则除了特殊安排外不应由船舶运输。

10. 对于专用船舶运输,由于船舶的设计或租船原因而使之专用于载运放射性物质,应予免除上述5的规定,但须满足下列条件:

(1)该船舶运输中的辐射防护计划应经船旗国主管机关批准,如需要的话,还应经各中途停靠港主管机关的批准;

(2)应预先为整个航程确定积载计划,包括在各中途停靠港准备装载的任何托运货物;

(3)所有托运货物装、运和卸的工作都应由在运输放射性物质方面适任的人员进行监督。

11. 通常用于运输放射性物质的运输工具和设备应定期进行检查以确定受污染水平。检查次数与污染可能性和所运输放射性物质的活度有关。

12. 除下面13规定外,在放射性物质运输过程中,任何污染程度超过《IMDG Code》4.1.9.1.2中的限值或表面辐射水平超过5 μSv/h的运输工具、设备或其一部分,应尽快有适任人员消除污染;且不能再行使用,除非这种非固定放射性污染不超过上述《IMDG Code》4.1.9.1.2中固定的限量以及消除污染后表面的固定污染辐射水平低于5 μSv/h。

13. 用于专载放射性物质的独家使用的集合包件、集装箱、罐柜、中型散装容器或运输工具的内表面应免除《IMDG Code》4.1.9.1.4和上述12规定的要求,只要这种独家使用方式一直持续下去。

14. 如果某一托运货物无人接收,该货物应置于安全位置且尽快通知主管机关并要求对进一步行动做出指示。

(八)第8类货物的积载要求

1. 本类货物应尽合理有效地保持干燥,因为该类物质遇潮时对大多数金属都有不同程度的腐蚀性，有的还与水产生强烈反应。

2. 经许可盛装本类物质的无保护塑料包装应尽可能合理有效地保持阴凉，因为大多数塑料制品在较高温下强度会降低。

3. 具有易燃液体特性的腐蚀品载运旅客的船上积载时应远离供旅客使用的甲板和舱室；在滚装船积载时应特别注意通风和隔热；在运输期间，这些物质应积载于机械通风处所；尽可能合理地保持阴凉，一般情况下应"远离"一切热源积载。

（九）第 9 类货物的积载要求

1. 硝酸铵化肥（UN 2071）的积载预防措施：

（1）应积载在紧急时可以开启的干净货物处所；

（2）袋装化肥或装于货物运输组件内的化肥，应积载于易于接近的位置；

（3）船上的机械通风有能力排除化肥分解放出的气体和烟雾；

（4）应能打开舱盖，提供大量的通风和水；

（5）装货前就应考虑到紧急情况时舱内淹水可能造成的稳性问题；

（6）在无法阻止分解的情况下（例如天气恶劣），不会对船舶结构立刻造成危险。分解后的残留物可能仅相当于原来装载量的二分之一；这种损失量也可能对船舶稳性造成影响，这一点在装货前也应考虑到；

（7）不应与机舱的金属舱壁直接接触。对于袋装货，例如可以用木板使舱壁与货物之间隔开一空间；短程国际航行不必适用此项要求；

（8）如船舶未装有烟雾探测装置或其他适当装置，应在航行中安排定期检查装有这些化肥的货物处所，其间隔不应超过 4 h（如闻一闻其通风孔）以确保尽早发现化肥可能发生的分解。

2. 鱼粉，稳定了的（UN 2216，第 9 类）的积载预防措施见本节三、（四）.6。

第二节　危险货物的隔离

隔离是根据危险货物之间的相容性或不相容性所规定的配装要求。在安排积载计划时应特别注意，严格按照《IMDG Code》中规定的隔离要求进行配装，防止因不相容的危险货物混装造成危险后果。

如果两种物质或物品在一起积载时，会因溢漏或其他事故而发生危险，那么这两种物质或物品即被认为是不相容的。

一、隔离原则

（1）性质不相容的物品应进行有效的隔离；

（2）某种特殊货物与助长其危险性的货物不能配装；

（3）易燃物品与遇火可能爆炸的物品不能配装；

（4）性质相似，但消防方法不同的货物不能配装；

（5）性质相似，但危险性大，发生事故不易扑救的货物不能配装。

二、隔离类

为了运输安全，把具有某些相似化学性质的危险货物按隔离类被归在一起，采取相同的隔离要求。如果在"危险货物一览表"第 16 栏（积载与隔离）中，某一特殊的隔离要求涉及某一类物质,例如“酸”,该特殊隔离要求适用于被划归为相应隔离类的货物。

隔离类分为 18 类,具体为:酸、铵化合物、溴酸盐、氯酸盐、亚氯酸盐、氰化物、重金属及其盐类、次亚氯酸盐、铅和铅化合物、液体卤代烃、汞和汞化合物、亚硝酸盐及其混合物、高氯酸盐、高锰酸盐、金属粉末、过氧化物、叠氮化物和碱类。

应注意的是,并不是在某一隔离类内的所有物质都在规则中按其名称分别列出。有些物质是按照“未另列明的(N.O.S.)”条目运输,属于“未另列明的”条目的具体货物名称并未列在上述隔离类清单中,托运人就应根据具体涉及的物质的组成和性质来确定相应的隔离类。

三、隔离表

不同类别危险货物间一般的隔离要求见表 5-7 所示。

表 5-7　隔离表

类别	1.1 1.2 1.5	1.3 1.6	1.4	2.1	2.2	2.3	3	4.1	4.2	4.3	5.1	5.2	6.1	6.2	7	8	9
爆炸品 1.1、1.2、1.5	*	*	*	4	2	2	4	4	4	4	4	4	2	4	2	4	X
爆炸品 1.3、1.6	*	*	*	4	2	2	4	3	3	4	4	4	2	4	2	2	X
爆炸品 1.4	*	*	*	2	1	1	2	2	2	2	2	2	X	4	2	2	X
易燃气体 2.1	4	4	2	X	X	X	2	1	2	X	2	2	X	4	2	1	X
无毒不燃气体 2.2	2	2	1	X	X	X	1	X	1	X	X	1	X	2	1	X	X
有毒气体 2.3	2	2	1	X	X	X	2	X	2	X	X	2	X	2	1	X	X
易燃液体 3	4	4	2	2	1	2	X	X	2	1	2	2	X	3	2	X	X
易燃固体(包括自反应和固体退敏爆炸品) 4.1	4	3	2	1	X	X	X	X	1	X	1	2	X	3	2	1	X
易自燃物质 4.2	4	3	2	2	1	2	2	1	X	1	2	2	1	3	2	1	X
遇水时放出易燃气体的物质 4.3	4	4	2	X	X	X	1	X	1	X	2	2	X	2	2	1	X
氧化性物质(剂) 5.1	4	4	2	2	X	X	2	1	2	2	X	2	1	3	1	2	X
有机过氧化物 5.2	4	4	2	2	1	2	2	2	2	2	2	X	1	3	2	2	X
有毒物质 6.1	2	2	X	X	X	X	X	X	1	X	1	1	X	1	X	X	X
感染性物质 6.2	4	4	4	4	2	2	3	3	3	2	3	3	1	X	3	3	X
放射性物质 7	2	2	2	2	1	1	2	2	2	2	1	2	X	3	X	2	X
腐蚀品 8	4	2	3	1	X	X	X	1	1	1	2	2	X	3	2	X	X
杂类危险物质和物品 9	X	X	X	X	X	X	X	X	X	X	X	X	X	X	X	X	X

“隔离表”中代码和符号的含义如下:

1 ——“远离”;

2 ——“隔离”;

3 ——"用一整个舱室或货舱隔离";

4 ——"用一介于中间的整个舱室或货舱做纵向隔离";

X —— 无一般隔离要求,如有应查阅"危险货物一览表";

* ——见表 5-8。

上表表示的是危险货物不同类别间一般的隔离规定,包括爆炸品与其他危险货物之间的隔离。但不适用于第 1 类爆炸品各危险性分类之间的隔离,爆炸品应遵照配装类分类和配装类之间的配装积载要求(见表 5-8 所示)。

表 5-8 允许混合积载的第 1 类货物表

配装类	A	B	C	D	E	F	G	H	J	K	L	N	S
A	X												
B		X											X
C			X	X^6	X^6		X^1					X^4	X
D			X^6	X	X^6		X^1					X^4	X
E			X^6	X^6	X		X^1					X^4	X
F						X							X
G			X^1	X^1	X^1		X						X
H								X					X
J									X				X
K										X			X
L											X^2		
N			X^4	X^4	X^4							X^3	X^5
S		X	X	X	X	X	X	X	X	X		X^5	X

注:"X":表示可以在同一舱室、弹药箱、货物运输组件或车辆中积载的相应配装类的货物。

1—配装类 G 的爆炸性物品(除烟火及需要特殊积载的物品外)只要同一舱室、弹药箱、货物运输组件或车辆内没有爆炸性物质,可以与配装类 C、D 和 E 的爆炸性物品一起积载。

2—托运的配装类 L 的货物只能与同一类型的配装类 L 的货物一起积载。

3—第 1.6 类的不同种类,配装类 N 的物品,只有当被证实物品之间没有共性爆炸的额外危险时,才可以运输。否则应将其作为第 1.1 类对待。

4—当配装类 N 物品与配装类 C、D 或 E 物品或物质一起运输时,配装类 N 物品应作为配装类 D 对待。

5—当配装类 N 的物品与配装类 S 的物品或物质一起运输时,整个装载应按配装类 N 的标准进行。

6—配装类 C、D 和 E 中任何物品的组合均应视做 E 的物品,对于配装类 C、D 中的任何物质的组合,可以根据组合装载中的主要特点,按最适合的配装类进行处理。整个划分规则应在成组装载或货物运输组件的每一标志或标牌上标明。

四、使用隔离表的注意事项

1. "隔离表"表示的是不同类别危险货物间一般的隔离要求,某些特殊物质、材料或物品隔离的特殊规定见《IMDG Code》中"危险货物一览表",当与一般规定不一致时应优先符合这些特殊规定。如乙炔,溶解的,第 2.1 类,UN 1001,在危险货物一览表中特殊隔离要求为:与氯气"隔离"。

2. 由同一种物质构成,只是含水量不同的不同类别的危险货物之间不需要隔离。如第 4.2 类和第 8 类中的硫化钠。

3. 当危险货物在一起积载时，不论危险货物是否装在运输组件内，它们之间的相互隔离必须严格按照有关危险货物的隔离要求进行隔离。

4. 当规则要求危险货物包件粘贴一张副危险标志时，如果次危险性比主要危险性要求更严格则应选择适合次危险性的隔离。

5. 与第1类副危险标志相应的隔离要求指第1类的第1.3小类。

6. 如包件贴有三个危险标志的危险货物的隔离要求应按《IMDG Code》中"危险货物一览表"的特殊要求隔离。如溴氯化物，第2.3类，UN 2901，副危险性为第5.1类和第8类，在危险货物一览表中特殊隔离要求为：按第5.1类隔离，并与第7类隔离。

7. 就隔离而言，在"危险货物一览表"中使用了例如"与某类远离"的术语，"某类"应当被认为是："某类"中的所有物质；和要求贴有"某类"副危险标志的所有物质。

8. 同类别相容货物可以不考虑次危险性的隔离要求而在一起积载。条件是这些物质不会相互发生危险反应和引起：

(1)燃烧和/或产生大量的热；

(2)产生易燃、有毒或令人窒息的气体；

(3)生成腐蚀性物质；或

(4)生成不稳定物质。

9. 就隔离不相容的危险货物而言，"舱室"或"货舱"两词系指由钢质舱壁或船壳板和钢质甲板围蔽起来的装货处所。该处所的接缝处应是防火防液的。

10. 在围蔽的中间甲板货物处所积载，不视为"舱面积载"。

五、隔离术语

《IMDG Code》中使用的隔离术语如下：

1. "远离"；

2. "隔离"；

3. "用一整个舱室或货舱隔离"；

4. "用一介于中间的整个舱室或货舱作纵向隔离"。

这些术语的含义随海上运输的不同形式，有不同的进一步解释。如，同样是"隔离"，但用于舱内积载的包装货物与集装箱船上装载的集装箱时，却有不同的进一步解释。

六、海上运输的不同形式的隔离要求

(一)包件的隔离

1. 适用范围

"包件的隔离"规定适用于下列情况的隔离：

(1)常规形式积载的危险货物包件；

(2)货物运输组件内的危险货物；和

(3)常规形式积载的危险货物与货物运输组件中所装危险货物。

2. 常规形式积载的危险货物包件的隔离

隔离代码和术语的定义如下(如图5-2所示)：

(1)——"远离"：

有效地隔离从而使互不相容的物质在万一发生意外时不致相互起危险性反应，但只要在水平垂直投影距离不少于3 m，仍可在同一舱室或货舱内或"舱面"上积载，见图5-2(a)所示。

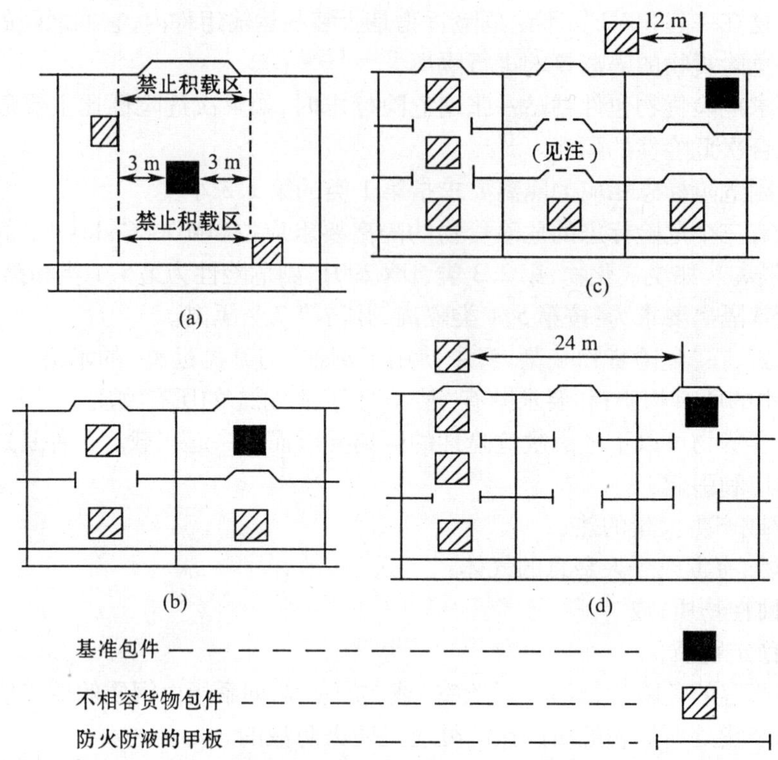

（注：两层甲板其中的一层必须是防火防液的）

图 5-2 包件的隔离代码和术语图例

(2)——“隔离”：

在“舱内”积载时，装在不同的舱室或货舱。如中间甲板是防火防液的，垂向隔离，即在不同的舱室积载，可以看成是同等效果的隔离。就舱面积载而言，这种隔离即不少于 6m 的水平距离，见图 5-2(b)所示。

(3)——“用一整个舱室或货舱隔离”：

垂向的或水平的隔离。如果中间甲板不是防火防液的，只能用一介于中间的整个舱室或货舱作纵向隔离。就“舱面”积载而言，这种隔离即不少于 12 m 的水平距离。如果一包件在“舱面”积载，而另一包件在最上层舱室积载，也要保持上述的同样距离，见图 5-2(c)所示。

(4) ——“用一介于中间的整个舱室或货舱作纵向隔离”：

单独的垂向隔离不符合这一要求。在舱内积载的包件与在“舱面”积载的另一包件之间的距离包括纵向的一整个舱室在内必须保持不少于 24 m。就“舱面”积载而言，这种隔离应不少于 24 m 的纵向距离，见图 5-2(d)所示。

3. 货物运输组件内危险货物的隔离

需相互隔离的危险货物不应在同一货物运输组件内装运。需相互“远离”的危险货物经主管机关批准，可以在同一运输组件内装运，但必须坚持等效的安全标准。

4. 常规形式积载的危险货物与货物运输组件中所装的危险货物的隔离

常规形式积载的危险货物与开敞式货物运输组件中所装的危险货物之间的隔离应按照上述 2 常规形式积载的危险货物包件的隔离进行。

常规形式积载的危险货物与封闭式货物运输组件中所装的危险货物之间的隔离，除下列情况外，应按照2 常规形式积载的危险货物包件的隔离进行：

(1)要求“远离”时，包件与封闭式货物运输组件之间无隔离要求；

(2)要求“隔离”时，包件与封闭式货物运输组件之间按照“远离”积载。

(二)集装箱船上货物运输组件间的隔离

1. 集装箱船上货物运输组件间隔离规定的适用范围和定义

适用于全集装箱船上所装货物运输组件的隔离；如果其他类型的船舶适当装备有能在运输中为集装箱提供永久积载的货物位置，那么，这些要求也适用于那些船舶的甲板、货舱和舱室内所积载集装箱的隔离。

2. 集装箱船上集装箱的隔离表见表 5-9 所示。

表 5-9　集装箱船上集装箱的隔离表

<table>
<tr><th>隔离要求</th><th colspan="3">垂直</th><th colspan="7">水平</th></tr>
<tr><th rowspan="2"></th><th rowspan="2">封闭式
与
封闭式</th><th rowspan="2">封闭式
与
开敞式</th><th rowspan="2">开敞式
与
开敞式</th><th rowspan="2"></th><th colspan="2">封闭式与封闭式</th><th colspan="2">封闭式与开敞式</th><th colspan="2">开敞式与开敞式</th></tr>
<tr><th>舱面</th><th>舱内</th><th>舱面</th><th>舱内</th><th>舱面</th><th>舱内</th></tr>
<tr><td rowspan="2">“远离”
1</td><td rowspan="2">允许一个装在另一上面</td><td rowspan="2">允许开敞式的装在封闭式的上面，否则按开敞式与开敞式的要求处理</td><td rowspan="2">–</td><td>首尾向</td><td>无限制</td><td>无限制</td><td>无限制</td><td>无限制</td><td>一个箱位</td><td>一个箱位或一个舱壁</td></tr>
<tr><td>横向</td><td>无限制</td><td>无限制</td><td>无限制</td><td>无限制</td><td>一个箱位</td><td>一个箱位</td></tr>
<tr><td rowspan="2">“隔离”
2</td><td rowspan="4">除非以一层甲板隔离，否则不许在同一垂直上</td><td rowspan="4">按开敞式与开敞式的要求处理</td><td rowspan="4">除非以一层甲板隔离，否则不许在同一垂直线上</td><td>首尾向</td><td>一个箱位</td><td>一个箱位或一个舱壁</td><td>一个箱位</td><td>一个箱位或一个舱壁</td><td>一个箱位</td><td>一个舱壁</td></tr>
<tr><td>横向</td><td>一个箱位</td><td>一个箱位</td><td>一个箱位</td><td>两个箱位</td><td>两个箱位</td><td>一个舱壁</td></tr>
<tr><td rowspan="2">“用一整个舱室或货舱隔离”
3</td><td>首尾向</td><td>一个箱位</td><td>一个舱壁</td><td>一个箱位</td><td>一个舱壁</td><td>两个箱位</td><td>两个舱壁</td></tr>
<tr><td>横向</td><td>两个箱位</td><td>一个舱壁</td><td>两个箱位</td><td>一个舱壁</td><td>三个箱位</td><td>两个舱壁</td></tr>
<tr><td rowspan="2">“用一介于中间的整个舱室或货舱作纵向隔离”
4</td><td colspan="3" rowspan="2">禁止</td><td>首尾向</td><td>最小水平距离 24 m</td><td>一个舱壁且最小水平距离不小于 24 m*</td><td>最小水平距离不小于 24 m</td><td>两个舱壁</td><td>最小水平距离 24 m</td><td>两个舱壁</td></tr>
<tr><td>横向</td><td>禁止</td><td>禁止</td><td>禁止</td><td>禁止</td><td>禁止</td><td>禁止</td></tr>
</table>

注：一个集装箱箱位指的是一个前后不少于 6 m、左右不少于 2.4 m 的空间。所有舱壁和甲板均应是防火和防液的。

* 集装箱距离中间舱壁不少于 6 m。

3. 对于无舱盖集装箱船上货物运输组件的隔离要求，它们适用于表 5-10 无舱盖集装箱船上货物运输组件的隔离表。

表 5-10 无舱盖集装箱船上货物运输组件的隔离表

<table>
<tr><td rowspan="3">隔离要求</td><td colspan="3">垂 直</td><td colspan="7">水 平</td></tr>
<tr><td rowspan="2">封闭式
与
封闭式</td><td rowspan="2">封闭式
与
开敞式</td><td rowspan="2">开敞式
与
开敞式</td><td rowspan="2"></td><td colspan="2">封闭式与封闭式</td><td colspan="2">封闭式与开敞式</td><td colspan="2">开敞式与开敞式</td></tr>
<tr><td>舱面</td><td>舱内</td><td>舱面</td><td>舱内</td><td>舱面</td><td>舱内</td></tr>
<tr><td rowspan="2">“远离”
1</td><td rowspan="2">允许一个装在另一个上面</td><td rowspan="2">允许开敞式的装在封闭式的上面，否则按开敞式与开敞式的要求办</td><td rowspan="6">不许在同一垂直线上</td><td>首尾向</td><td>无限制</td><td>无限制</td><td>无限制</td><td>无限制</td><td>一个箱位</td><td>一个箱位或一个舱壁</td></tr>
<tr><td>横向</td><td>无限制</td><td>无限制</td><td>无限制</td><td>无限制</td><td>一个箱位</td><td>一个箱位</td></tr>
<tr><td rowspan="2">“隔离”
2</td><td rowspan="4">不许在同一垂直线上</td><td rowspan="4">按开敞式与开敞式的要求办</td><td>首尾向</td><td>一个箱位</td><td>一个箱位或一个舱壁</td><td>一个箱位</td><td>一个箱位或一个舱壁</td><td>一个箱位且不能在同一货船上</td><td>一个舱壁</td></tr>
<tr><td>横向</td><td>一个箱位</td><td>一个箱位</td><td>一个箱位</td><td>两个箱位</td><td>两个箱位且不在同一货舱上</td><td>一个舱壁</td></tr>
<tr><td rowspan="2">“用一整个舵室或货舱隔离”
3</td><td>首尾向</td><td>一个箱位且不在同一货舱上</td><td>一个舱壁</td><td>一个箱位且不在同一货舱上</td><td>一个舱壁</td><td>两个箱位且不在同一货舱上</td><td>两个舱壁</td></tr>
<tr><td>横向</td><td>两个箱位且不在同一货舱上</td><td>一个舱壁</td><td>两个箱位且不在同一货舱上</td><td>一个舱壁</td><td>三个箱位且不在同一货舱上</td><td>两个舱壁</td></tr>
<tr><td rowspan="2">“用一介于中间的整个舱室或货舱作纵向隔离”
4</td><td colspan="3" rowspan="2">禁止</td><td>首尾向</td><td>最小水平距离 24 m 且不在同一货舱上</td><td>一个舱壁且最小水平距离 24 m*</td><td>最小水平距离 24 m 且不在同一货舱上</td><td>两个舱壁</td><td>最小水平距离 24 m 且不在同一货舱上</td><td>两个舱壁</td></tr>
<tr><td>横向</td><td>禁止</td><td>禁止</td><td>禁止</td><td>禁止</td><td>禁止</td><td>禁止</td></tr>
</table>

注:一个集装箱箱位指的是一个前后不少于 6 m、左右不少于 2.4 m 的空间。所有舱壁和甲板均应是防火和防液的。

* 集装箱距离中间舱壁不少于 6 m。

(三)滚装船上货物运输组件的隔离

1. 滚装船上货物运输组件隔离规定的适用范围

适用于装在滚装船上或滚装船货物处所的货物运输组件的隔离。

滚装货物运输组件的标准尺寸:长度为 12 m、宽度为 2.5 m。

2. 滚装船上货物运输组件隔离表见表 5-11 所示。

表 5-11　滚装船上货物运输组件的隔离表

隔离要求	水平						
		封闭式与封闭式		封闭式与开散式		开敞式与开散式	
		舱面	舱内	舱面	舱内	舱面	舱内
“远离” ．1	首尾向	无限制	无限制	无限制	无限制	距离不小于 3 m	距离不小于 3 m
	横向	无限制	无限制	无限制	无限制	距离不小于 3 m	距离不小于 3 m
“隔离” ．2	首尾向	距离不小于 6 m	距离不小于 6 m 或隔一个舱壁	距离不小于 6 m	距离不小于 6 m 或隔一个舱壁	距离不小于 6 m	距离不小于 12 m 或隔一个舱壁
	横向	距离不小于 3 m	距离不小于 3 m 或隔一个舱壁	距离不小于 3 m	距离不小于 6m 或隔一个舱壁	距离不小于 6 m	距离不小于 12 m 或隔一个舱壁
“用一整个舱室或货舱离” ．3	首尾向	距离不小于 12 m	距离不小于 24 m 并隔一层甲板	距离不小于 24 m	距离不小于 24 m 并隔一层甲板	距离不小于 36 m	隔两层甲板或两个舱壁
	横向	距离不小于 12 m	距离不小于 24 m 并隔一层甲板	距离不小于 24 m	距离不小于 24 m 并隔一层甲板	距离不小于 36 m	禁止
“用一介于中间的整个舱室或货舱做纵向隔离 ．4	首尾向	距离不小于 36 m	隔两个舱壁或距离不小于 36 m 并隔两层甲板	距离不小于 36 m	包括隔两个舱壁距离不小于 48 m	距离不小于 48 m	禁止
	横向	禁止	禁止	禁止	禁止	禁止	禁止

注：所有舱壁和甲板均应是防火和防液的。

(四)载驳船上船载驳之间的隔离

1. 适用范围

适用于专门设计和装备的载驳船上的装运危险货物的船载驳之间的隔离。

船载驳上装载的危险货物应按包装或散装危险货物的积载和隔离要求。

2. 隔离要求

(1)当船载驳上装有两种或两种以上隔离规定不同的物质时，船载驳之间应遵从较严的一种隔离规定。

(2)船载驳之间无“远离”和“隔离”的要求。

(3)隔离 3，“用一整个舱室或货舱隔离”，对于具有垂向货舱的载驳船，就是装在不同的货舱中；对于具有水平载驳层的载驳船，就是装在不同的水平载驳层上，但其不应在同一垂线上。

(4)隔离 4，“用一介于中间的整个舱室或货舱做纵向隔离”，对于具有垂向货舱的载驳船，就是用一介于中间的货舱或机舱隔离。对于具有水平载驳层的载驳船，就是装于不同的水平载驳层，但纵向距离应不少于两个船载驳的位置。

(五)具有化学危险的散装物质与包件的危险货物之间的隔离

1. 适用范围

具有化学危险性的散装货物是指《固体散装货物安全操作规则》(BC Code)中指明的危险货物第 4 至第 9 类中，可以用散装形式运输的危险货物和仅在散装时具有危险性的物质(MHB)。

2. 散装危险货物与包装危险货物之间的隔离表见表 5-12 所示。

表 5-12 化学危险性的散装物质与包件的危险货物之间的隔离表

散装物质(按危险货物分类)	类别	包件危险货物															
		1.1 1.2 1.5	1.3 1.6	1.4	2.1	2.2 2.3	3	4.1	4.2	4.3	5.1	5.2	6.1	6.2	7	8	9
易燃固体	4.1	4	3	2	2	2	2	X	1	X	1	2	X	3	2	1	X
易自燃物质	4.2	4	3	2	2	2	2	1	X	1	2	2	1	3	2	1	X
遇水时放出易燃气体的物质	4.3	4	4	2	1	X	2	X	1	X	2	2	X	2	2	1	X
氧化性物质(剂)	5.1	4	4	2	2	X	2	1	2	2	X	2	1	3	1	2	X
有毒物质	6.1	2	2	X	X	X	X	X	1	X	1	1	X	1	X	X	X
放射性物质	7	2	2	2	2	2	2	2	2	2	1	2	X	3	X	2	X
腐蚀品	8	4	2	2	1	X	1	1	1	1	2	2	X	3	2	X	X
杂类危险物质和物品	9	X	X	X	X	X	X	X	X	X	X	X	X	X	X	X	X
仅散装时具有危险性的物质(MHB)		X	X	X	X	X	X	X	X	X	X	X	X	3	X	X	X

"隔离表"中代码和符号的含义如下:

1 ——"远离";

2 ——"隔离";

3 ——"用一整个舱室或货舱隔离";

4 ——"用一介于中间的整个舱室或货舱做纵向隔离";

X —— 无一般隔离要求,如"危险货物一览表"或《固体散装货物安全操作规则》的条款中有要求则按要求隔离。

3. 隔离术语定义

1——远离:

有效地隔离从而使互不相容的物质在万一发生意外时不致相互起危险性反应,但只要水平垂直投影距离不少于 3 m,仍可在同一舱室或货舱内或上积载。

2——隔离:

在舱内积载时,装在不同的货舱。如中间甲板是防火防液的,垂向隔离,即在不同的舱室积载,可以看成是同等效果的隔离。

3——用一整个舱室或货舱隔离:

垂向的或水平的隔离。如果中间甲板不是防火防液的,只能用一介于中间的整个舱室或货舱做纵向隔离。

4——用一介于中间的整个舱室或货舱做纵向隔离:

单独的垂向隔离不符合这一要求。

七、特殊类别危险货物的隔离规定

(一)第 1 类爆炸品的隔离规定

1. 爆炸品之间的隔离

(1)第 1 类爆炸品之间的隔离要求见前面表 5-8 所示。除表 5-8 所指出的第 1 类货物可以积载在同一舱室、弹药箱、货物运输组件或车辆内外,在其他情况下,除"舱面隔离"外,应积载在单独的舱室。

(2)当需要不同积载方式的货物根据"允许混合积载的第1类货物表"装载于同一舱室、弹药箱、货物运输组件或车辆内时,相应的积载方法是采取整个货载中最严格的一个。

(3)凡不同分类货物在同一舱室、可移动弹药箱、货物运输组件或车辆内混合积载时,如果属于该危险类的话,整个货载应按顺序1.1(危险最大),1.5,1.2,1.3,1.6和1.4(危险最小)将其视为危险性较大的货物并应符合最严格的积载要求。积载方式应满足整个货载的最严格要求。

2. 第1类爆炸品与其他类别危险货物之间的隔离

(1)第5.1类的硝酸铵和硝酸钠可以与爆破炸药类(爆破炸药,C型,UN 0083除外)一起积载,但应将此组合体作为第1类的爆破炸药对待;

(2)不可与极其易燃的危险货物同船载运,这些物质包括:

第3类　UN 1131　二硫化碳
第6.1类　UN 1259　羰基镍
第4.2类　UN 1366　二乙基锌
第4.2类　UN 1370　二甲基锌
第4.2类　UN 2845　自燃液体,有机的,未另列明的
第4.2类　UN 3053　烷基镁
第4.2类　UN 3194　自燃液体,无机的,未另列明的
第4.2类　UN 3392　有机金属物质,液体,自燃的
第4.2类　UN 3394　有机金属物质,液体,自燃的,与水反应的

该限制不适用于下列情况:

第1.4类,配装类S的货物;或

在"危险货物一览表中"确定为用于救生的爆炸性物品,如每船此类物品的爆炸性物质的总净重不超过50 kg;或

每船爆炸性物质总净重不超过10 kg的配装类C、D和E的货物;或

每船爆炸性物质总净重不超过10 kg,除烟火和需特殊积载外的,配装类G的爆炸性物品。

(3)超出上述类别和数量限制的第1类危险货物,在得到主管机关的批准后,可以与极易燃的危险货物一起运输。

(4)船舶运输第1类货物和极易燃的危险货物时,应按《IMDG Code》的规定进行隔离,并注意将它们积载在船上彼此间尽可能远的部位。

(5)对第1类货物与具有化学危险性的固体散装物质的隔离,应按表5-12所示的规定。

3. 舱面隔离

当不同配装类货物在舱面装运时,除非按表5-8规定允许混合积载的,否则至少应隔开6米积载。

4. 单一货舱船的隔离

在没有其他危险货物的单一货舱船中载运第1类货物,除下列情况外,应按大船一样进行隔离:

(1)第1.1类或1.2类配装类B的货物可以像配装类D的物质一样同舱积载,只要配装类B货物的爆炸物质净重不超过50 kg;且装载这些货物的可移动钢质弹药箱至少积载在离配

装类D的货物6 m处。

(2)配装类B的1.4类货物可以像配装类D的物质一样同舱积载,但至少应离6米远或用钢隔舱分开。

5. 与非危险货物间的隔离

(1)一般说来,第1类货物不需要与无危险性的货物隔离。

(2)除了配装类S的第1类物质以外,邮件、行李、私人物品及家具什物不应与第1类货物同舱积载,也不应积载在装有上述货物货舱的上层或下层舱室内。

(3)当第1类货物紧靠于居间的舱壁积载时,在舱壁另一面的任何邮件应"远离"舱壁积载,最好在介于中间的舱位装载其他非危险货物。

(4)只要按表5-8规定这些货物可以在一起运输。载有不同的第1类货物的货物运输组件不需要相互隔离,如果不允许这样做,货物运输组件应相互隔离。

(二)第4.1类和第5.2类危险货物的隔离规定

对于贴有爆炸品副标志的第4.1类和第5.2类危险货物按爆炸品1.3类的隔离要求进行隔离。

(三)第7类放射性物质的隔离规定

1. 放射性物质应与船员和旅客充分地隔离。应用下列剂量值计算隔离距离和辐射剂量:

船员经常占用的工作区域,剂量为每年5 mSv;

旅客经常进入的区域,极限剂量为每年1 mSv。

2. 放射性物质应与未冲印的胶卷充分地隔离,为此而确定隔离距离的基准是:

未冲印的胶卷应运输放射性物质的受辐射量限于每件这样的胶卷托运货物0.1 mSv。

3. Ⅱ级 — 黄色标志或Ⅲ级 — 黄色标志的包件或集合包件不应在旅客占用的处所内运输,专门为授权跟随这些包件或集合包装的工作人员而预留的处所除外。

4. 内装在运输途中存放在任一存放区域内的裂变物质的包件、集合包件和集装箱的数量应予限制,使任意一组包件、集合包件或集装箱的临界安全指数的总和不超过50。这些包件、集合包件和集装箱组的存放应与其他这样的包件、集合包件或集装箱组维持至少6 m的间距。

5. 如果在某一运输工具上或某一集装箱内临界安全指数的总和超过50,而这按照《IMDG Code》中的规定又是允许的,其存放应使得与内装裂变物质的其他包件、集合包件或集装箱组或其他载运放射性物质的运输工具维持至少6 m的间距。

6. 任何对隔离规定的背离都应得到船旗国主管机关的批准,必要时还应得到每一挂靠港主管机关的批准。

7. 上述1中所述的隔离要求可以用下列两种方法之一来确定:

(1)对于生活区域或经常有人占用的处所,按隔离表5-13和表5-15进行隔离。表5-15包括适用性较广的综合性规定,表5-13所提供的简化资料仅适用于某些规格的船舶。或

(2)考虑到航程中货物的移动,证实对于下列受照射时间,经常有人占用的处所和生活区域直接测得的辐射水平小于:

对船员:

- 每年不超过700小时,0.0070 mSv/h,或
- 每年不超过2750小时,0.0018 mSv/h;

对旅客:

- 每年不超过 550 小时,0.0018 mSv/h,
- 在任何情况下,辐射水平的测量必须由适任人员进行并记录在案。

8. 未冲印的胶卷和底片的受照射量以每航次 0.1 mSv 为基准,其隔离应按隔离表 5-14 和表 5-15 之一的规定进行。表 5-15 包括适用性较广的综合性规定,表 5-14 所提供的资料仅适用于某些规格的航程的船舶。

表 5-13　第 7 类放射性物质人员的简化隔离表

<table>
<tr><td rowspan="3">运输指数(T1)总和</td><td colspan="4">放射性物质与旅客和船员的隔离距离</td></tr>
<tr><td colspan="2">杂货船①</td><td rowspan="2">渡船等②</td><td rowspan="2">近海补给船③</td></tr>
<tr><td>零担货集装箱船(m)</td><td>集装箱船(TEUs)④</td></tr>
<tr><td>10 以内</td><td>6</td><td>1</td><td>积载于离生活区和经常有人占用的工作地点较远的船首和船尾</td><td>积载于船尾或平台中部</td></tr>
<tr><td>大于 10 但不超过 20</td><td>8</td><td>1</td><td>同上</td><td>同上</td></tr>
<tr><td>大于 20 但不超过 50</td><td>13</td><td>2</td><td>同上</td><td>不适用</td></tr>
<tr><td>大于 50 但不超过 100</td><td>18</td><td>3</td><td>同上</td><td>不适用</td></tr>
<tr><td>大于 100 但不超过 200</td><td>26</td><td>4</td><td>同上</td><td>不适用</td></tr>
<tr><td>大于 200 但不超过 400</td><td>36</td><td>6</td><td>同上</td><td>不适用</td></tr>
</table>

注:①最小长度为 150 m 的杂货、零担货集装箱或滚装集装箱船。
②最小长度为 100 m 的渡船、海峡渡船、沿海航行或岛间航行船舶。
③最小长度为 50 m 的近海补给船(在这种情况下,实际装运的最大运输指数总和为 20)。
④TEU 系指“20 ft 相等单位”(相当于一只 6 m 正常长度的标准集装箱)。

表 5-14　第 7 类放射性物质胶卷和底片的简化隔离表

<table>
<tr><td rowspan="2">运输指数总和(TI)</td><td colspan="5">航程天数</td></tr>
<tr><td>1 天以内 [1,2]</td><td>1 天以上但不超过 4 天 [1,2]</td><td>4 天以上但不超过 10 天 [2]</td><td>10 天以上但不超过 30 天 [2]</td><td>30天以上但不超过 50 天 [2]</td></tr>
<tr><td>10 天以内</td><td colspan="3" rowspan="2">1 / 3 船长</td><td colspan="2"></td></tr>
<tr><td>大于 10 但不超过 20</td><td colspan="2">1 / 2 船长</td></tr>
<tr><td>大于 20 但不超过 50</td><td colspan="2"></td><td colspan="3" rowspan="2">1 / 3 船长(需要屏蔽防护)</td></tr>
<tr><td>大于 50 但不超过 400</td><td></td><td>3 / 4 船长</td></tr>
</table>

注:

1—最小长度为 100 米的渡船、海峡渡船、沿海航行或岛间航行船舶。

2—最小长度为 150 米的杂货、零担货集装箱或滚装集装箱船。

3—用货物隔离形式的屏蔽防护,即在胶卷和第 7 类包件之间装入一个完整的集装箱堆层或是至少 6 m 的货位。

表 5-15 用于人员及未冲洗胶卷和底片的安全距离隔离表(m)

	与生活区或经常有人占用的工作地点的最小距离		与未冲印胶卷和底片的最小距离																								
			1 天航程			2 天航程			4 天航程			10 天航程			20 天航程			30 天航程			40 天航程			50 天航程		
货物厚度(m)单位密度 / 运输指数之和(注 7)	无	1	无	1	2	无	1	2	无	1	2	无	1	2	无	1	2	无	1	2	无	1	2	无	1	2
0. 5	2	X	2	X	X	3	X	X	4	X	X	6	2	X	8	2	X	10	3	X	11	3	X	12	3	X
1	2	X	3	X	X	4	X	X	5	2	X	8	2	X	11	3	X	13	4	X	15	4	X	17	4	X
2	3	X	4	X	X	5	2	X	7	2	X	11	3	X	15	4	X	19	5	X	22	5	X	24	6	X
3	4	X	5	X	X	6	2	X	9	2	X	13	4	X	19	5	X	23	6	X	27	7	X	30	7	X
5	4	X	6	2	X	8	2	X	11	3	X	17	4	X	24	6	X	30	7	X	34	8	X	38	9	3
10	6	2	8	2	X	11	3	X	15	4	X	24	6	X	34	8	X	42	10	3	48	12	3	54	13	3
20	8	2	11	3	X	15	4	X	22	5	X	34	8	X	48	12	3	59	14	4	68	16	4	76	18	5
30	10	3	13	4	X	19	5	X	26	7	X	42	10	3	59	14	4	72	17	4	83	20	5	93	22	6
50	13	3	17	4	X	24	6	X	34	8	X	54	13	3	76	18	5	92	23	6	110	26	7	120	29	7
100	18	5	24	6	X	34	8	X	48	12	3	76	18	5	110	25	6	730	32	8	150	36	9	170	40	10
150	22	6	30	7	X	42	10	3	59	14	4	93	22	6	130	31	8	160	39	10	185	45	11	*	50	12
200	26	6	34	8	X	48	12	3	68	16	4	110	26	7	150	36	9	185	43	11	*	51	13	*	58	14
300	32	8	42	10	3	59	14	4	83	20	5	130	32	8	185	44	11	*	55	13	*	63	15	*	70	17
400	36	9	48	12	3	68	16	4	95	23	6	150	36	9	*	50	13	*	63	15	*	73	18	*	81	20

注:(1) X 表示屏蔽货物的厚度已足够而无须任何附加的隔离距离。

(2) 对人员、单位密度货物采用插入间距为 2 m,对胶卷和底片为 3 m 后,在表中所列明的任何长时间的航程内均不必要再防护距离。

(3) 使用一个钢质舱壁或甲板时,其隔离距离用上表乘以 0.8 求出,使用两个钢质舱壁或甲板时,其隔离距离用上表乘以 0.64 求出。

(4) 货物“单位密度”系指装载的货物的密度按 1 t/m³ 计算,当小于该密度时,则所确定的货物厚度必须按比例增加。

(5) “最小距离”系指距离最近包件的外表面的任何垂直或水平方向的最小距离。

(6) 按本规则相应条款允许运输指数超过 200 的情况下,安全距离必须采用双线以下的数据。

(7) 相应的包件、集合包装、集装箱和罐柜的运输指数。

* 除非用其他货物或舱壁作屏蔽后按另一栏处理,否则不能运输。

9. 作为使用表 5-14 和表 5-15 的替代办法,用诺谟图(见图 5-3)也可以估计出隔离距离。当积载因数(货物密度或货物厚度)与表 5-14 和表 5-15 所列数字有较大差别时,这时诺谟图特别有用。

10. 诺谟图的使用规则:

(1) 当在放射性物质与人员、未冲印胶卷或底片之间没有隔离用的货物时,其安全间距的计算如下:

①人员——使用 FG 标尺,在与 F 标尺上运输指数总和的刻度 N 相邻 G 标尺上读出的刻度(D_p)即为以米表示的安全隔离距离;和

航程天数
小时

距未冲印的胶卷或底片的最小距离 (m)

距人员的最小距离 (m)
运输指数总和

运输指数总和 (距外表面 1 m 处)

放射性衰减值
半衰减层数值
积载因数 (m³/t)(公制)

货物厚度 (m)

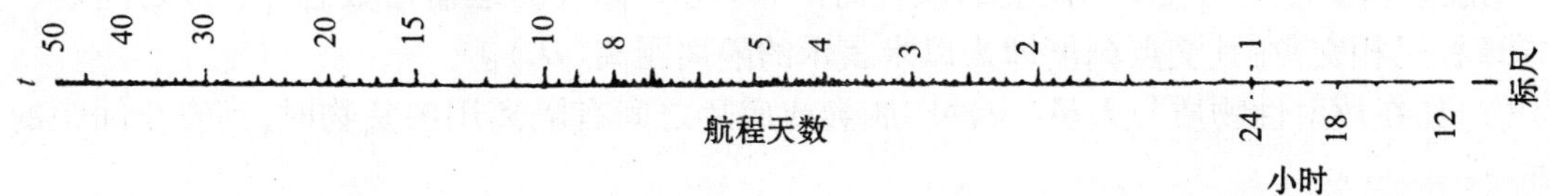

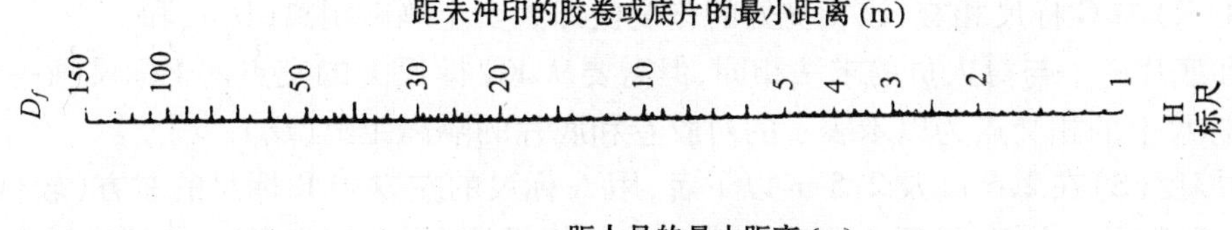

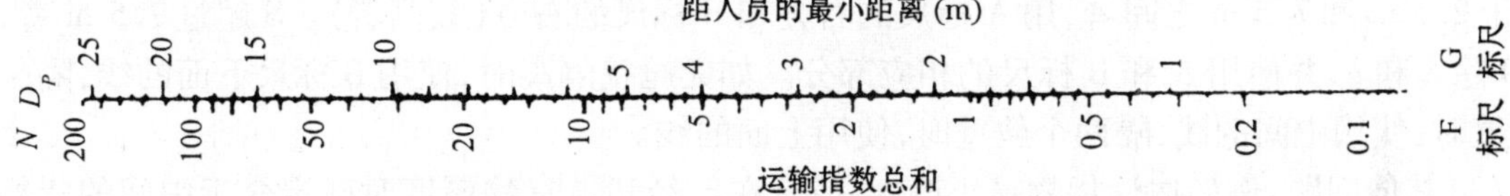

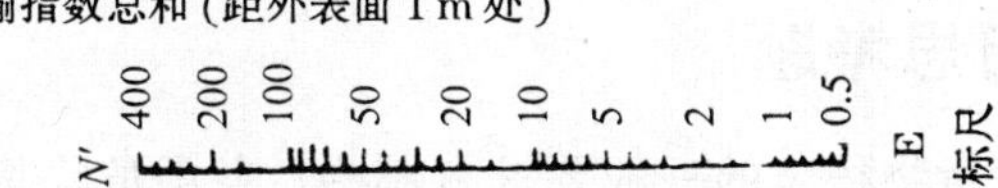

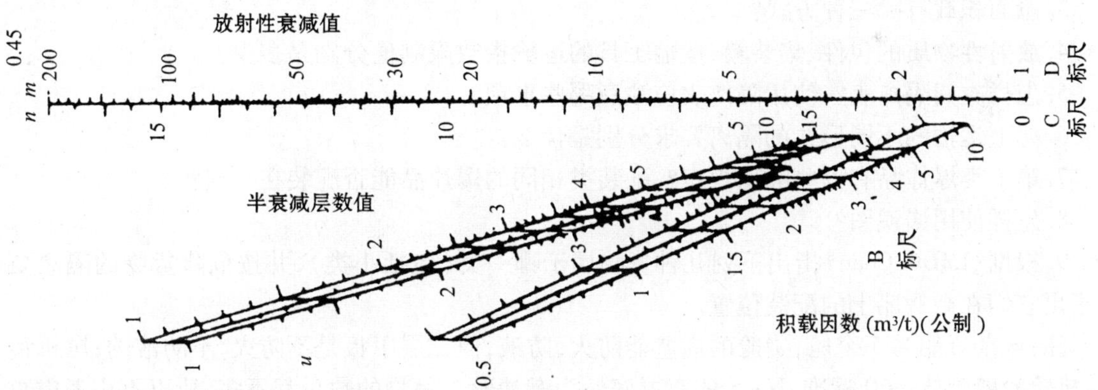

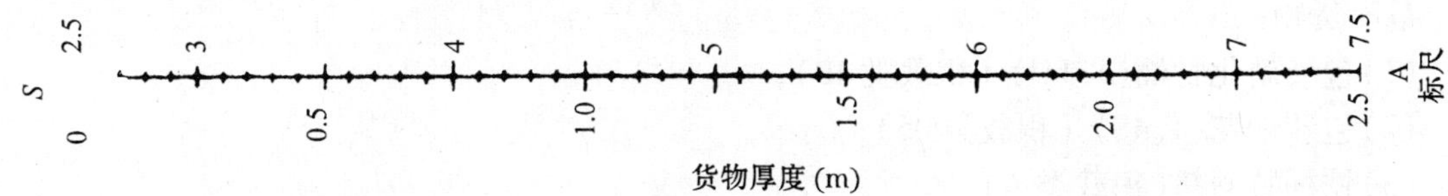

图 5-3　诺谟图

②胶卷和底片——在I标尺上的航程时间(t)与F标尺的运输指数总和(N)之间划一直线与H标尺相交,在其交点刻度即为以米表示的隔离距离(D_f)。

(2)如在放射性物质与人员、未冲印胶卷或底片之间有隔离用的货物时,其安全间距的计算如下:

①人员——穿过A标尺上以米表示的货物厚度值(S)和B标尺上的积载因数(u)即货物密度值划一直线与CD标尺相交,从这个交点再划一直线穿过E标尺上运输指数总和的值(如自外表面的1米)与G标尺相交,该相交处的刻度值即为安全隔离距离(D_p);和

②胶卷和底片——与对人员的求法相同,但需要从FG标尺上的交点向I标尺画一直线,这直线在H标尺上的相交点为以米表示的对胶卷和底片的隔离距离(D_f)。

注:货物厚度(S)在2.5 m及2.5 m以下者,用A标尺的左方和B标尺的右方(较低者)。S介于2.5 m和7.5 m之间者,用A标尺的右方和B标尺的右方(较高者)。S超过7.5 m者,以10除S和u,并使用A和B标尺的相应部分。如无舱壁隔离时,使用B标尺下面的线,隔一个舱壁时,使用中间的线,隔两个舱壁时,使用上面的线。

(3)其他问题,例如估计货物最小厚度,或者在已经知道货物厚度时确定介于中间的货物的积载因数,也可以用诺谟图解决。

复习思考题

1. 危险货物积载的一般要求有哪些?各类危险货物的积载要求是什么?
2. 危险货物的积载类别分为几类?其含义分别是什么?
3. 舱面积载有哪三种方式?
4. 放射性物质的包件、集装箱、运输工具的运输指数限制值分别是多少?
5. 怎样查阅隔离表?使用隔离表应注意哪些事项?
6. 海上运输的不同形式的隔离要求分别是什么?
7. 第1类爆炸品有哪些隔离规定?配装类相同的爆炸品能否配装在一起?
8. 怎样使用诺谟图?
9. 根据《IMDG Code》指出下列几种货物属于哪一类(包括小类),并按危险货物的隔离要求指出它们在杂货船上的配装位置。

注:该杂货船为5个舱,货舱的周壁能防火,防液,但二层甲板是不防火,不防液的;尾机型船,机舱舱壁为A—60标准;No.5的双层底舱为燃油舱。货物的数量都不多,所以不用考虑重量和体积的限制。

危险货物:

(1)包装硝化甘油(1.1D)(积载类10);

(2)包装烟花(1.4S)(积载类05);

(3)铁桶装酒精(积载类A);

(4)桶装黄磷(积载类E);

(5)塑料桶装冰醋酸(积载类A);

(6)袋装氰化钠(积载类B);

(7)桶装金属钠(积载类D);

(8)钢瓶装压缩二氧化碳(积载类A);

(9)桶装硫磺(积载类 B)。

10. 现有 20 个装有危险货物的 20 ft 封闭的集装箱,请按照隔离要求将它们配装在一艘集装箱船上,该船的前 20 行都可以配装危险货物。具体货物如下:

(1)桶装金属钠(积载类 D);

(2)桶装汽油(积载类 E);

(3)钢瓶装压缩氧气(积载类 A);

(4)钢瓶装压缩二氧化碳(积载类 A);

(5)塑料桶装冰醋酸(积载类 A)

(6)袋装种子饼(积载类 E);

(7)桶装三氧化二砷(积载类 A);

(8)桶装硫磺(积载类 B);

(9)桶装过氧化苯甲酰(积载类 D);

(10)桶装黄磷(积载类 E);

(11)铁桶装碳化钙(积载类 B);

(12)铁桶装酒精(积载类 A);

(13)桶装黄磷(积载类 E);

(14)桶装高锰酸钾(积载类 D);

(15)袋装氰化钠(积载类 B);

(16)包装烟花(1.4S)(积载类 05);

(17)硝化甘油(1.1D)(积载类 10);

(18)雷汞(1.1A)(积载类 12);

(19)桶装硫酸(积载类 C);

(20)二氧化碳,干冰(积载类 C)。

第六章　包装危险货物的运输与装卸

第一节　危险货物的运输

一、船舶装运危险货物的基本要求

1. 装运危险货物应选派技术条件良好的适载船舶。船舶的舱室应为钢质机构，电气设备、通风设备、避雷防护、消防设备等技术条件应符合要求，并持有有效的船舶检验证书。

500 总吨以下的船舶以及乡镇运输船舶、水泥船、木质船装运危险货物由当地主管机关批准并制定相应的安全措施。

2. 在国内航线上，客货船和客滚船载客时，原则上不得装运危险货物。确需装运时，船舶所有人（经营人）应根据船舶条件和危险货物的性能制定限额要求，部属航运企业报交通部备案，地方航运企业报省、自治区、直辖市交通主管部门和海事管理机构备案，并严格按限额要求装载。

3. 船舶装运危险货物前，承运人或其代理人向托运人收取有关单证。

4. 载运危险货物的船舶，在航行中要严格遵守避碰规则。停泊、装卸时应按规定白天悬挂国际通用语信号“B”字旗，或长方形红旗，夜间悬挂一盏红色环照灯。除指定地点外，严禁吸烟。

5. 装运爆炸品、一级易燃液体和有机过氧化物的船、驳，原则上不得与其他驳船混合编队、拖带。如必须混合编队、拖带时，船舶所有人（经营人）要制定切实可行的安全措施，经海事管理机构批准后，报交通部备案。

6. 装载易燃、易爆危险货物的船舶，不得进行明火、烧焊或易产生火花的修理作业。如有特殊情况，应采取相应的安全措施。在港时，应经海事管理机构批准并向港口公安消防监督机关备案；在航时应经船长批准。

7. 除客货船外，装运危险货物的船舶不准搭乘旅客和无关人员。若需搭乘押运人员时，需经海事管理机构批准。

8. 船舶装载危险货物应严格按照危规规定正确合理地积载与隔离。积载处所应清洁、阴凉、通风良好。积载要确保其安全和应急消防设备的正常使用及过道的畅通。

9. 发生危险货物落入水中或包装破损溢漏等事故时，船舶应立即采取有效措施并向就近的海事管理机构报告详情并做好记录。

10. 危险货物装船后，应编制危险货物清单，并在货物积载图上标明所装危险货物的品名、编号、分类、数量和积载位置。

11. 承运人及其代理人应按规定做好船舶的预、确报工作，并向港口经营人提供卸货所需的有关资料。

12. 船舶载运危险货物进、出港口，或者在港口过境停留，应当在进、出港口之前 24 h，直接或者通过代理人向海事管理机构办理申报手续，经海事管理机构批准后，方可进、出港口。

二、温度控制要求

如果某些物质（如有机过氧化物或自反应物质）的温度超过其以包装形式运输时的特定值时，就可能会自行加速分解，或许发生猛烈爆炸。为了防止这种分解的发生，在运输中必须控制这种物质的温度。其他无需为安全原因进行控温的物质也可因商业需要在控温状态下运输。

某些特定物质温度控制的规定是基于假定在运输过程中，货物周围的环境温度不超过55℃，而且仅仅是每 24 h 内相对短的时间内达到这一温度。如果一种通常不需进行温度控制的物质装船运输，其环境温度可能超过 55℃，就可能需要控制温度，在这种情况下，就须采取适当措施。

控制温度以物质的自行加速分解温度来确定，控制温度和应急温度的推算见表 6-1 所示。

自行加速分解温度（Self-accelerating Decomposition Temperature，简称 SADT）是指用于运输包件中的自反应物质或有机过氧化物可能发生自行加速分解的最低温度。

确定自行加速分解温度的方法是根据环境温度、分解动力学、包装尺寸及物质与包装的热传递性能诸多因素测定的。

控制温度（Control Temperature）是自反应物质和有机过氧化物可以安全运输的最高温度。

应急温度（Emergency Temperature）是对温度失去控制的自反应物质和有机过氧化物实施应急措施的最高温度。

表 6-1　控制温度和应急温度推算表

容器类别	SADT	控制温度	应急温度
单一包件和 中型散装容器 IBC_S	≤20℃ 20～35℃ >35℃	比 SADT 低 20℃ 比 SADT 低 15℃ 比 SADT 低 10℃	比 SADT 低 10℃ 比 SADT 低 10℃ 比 SADT 低 5℃
可移动罐柜	< 50℃	比 SADT 低 10℃	比 SADT 低 5℃

实际的运输温度可能比控制温度低一些，但这个温度选择须避免发生危险性的物相分离。

在运输过程中，须定期（至少每隔 4～6 h）监测温度并记录温度读数。如果在运输过程中超过了控制温度值，就须采取一系列的紧急措施，其中包括修理冷却机械或加强冷却能力（比如添加液态或固态的制冷剂）。如果还是无法恢复足够的制冷能力，就须采取紧急措施。

三、感染性物质的运输要求

1. 感染性物质的运输要求发货人、承运人和收货人相互协作，以保证货物的安全运输，以良好状态准时运至目的地。

2. 在发货人、承运人和收货人三方达成协议之前，并且在收货人已经同其国家主管机关确认该物质能合法入境并且到港交付货物不会出现任何耽误之前，感染性物质不得发货。

3. 托运 UN 2814 和 UN 2900 的物质，承运前必须经原产国、目的港国和过境国主管机关的批准。

4. 为了单证安全迅速地传送，发货应严格按照发送货物验收的管理规定，准备好所有的运输单证。如果物质是易腐烂的，应在运输单证上注明注意事项，如："保持冷藏 +2～ +4℃"或"保持冷冻"或"切勿结冰"。有关的运输单证上应标明收货人的详细地址、负责人姓名和联系电话。

5. 无论采用哪种运输方式，货物的载运应采用最直接的航线。如果必须转运，应采取防护措施来保证对货物的特别护理、快速装卸和转运过程中的货物监测。在转运中，运输单据上必须显示飞机的航班号、火车的列次、抵达各航空港或车站的日期和港名、站名。

6. 发货人应提前通知收货人货运细节，诸如运输方式和其他必要的运输信息，托运文件号码和预计到达目的港的时间和日期，以便货物迅速交接。这种通知应采用最快的通讯方式。

7. 对于 UN2814 和 UN2900，须将逐项列出的内容物清单封装于中层包装和外包装之间。当拟装运的感染性物质情况未知但怀疑符合 A 标准，并归类为 UN2814 或 UN2900 时，须在外包装内文件上的正确运输名称后面，用圆括号注明“疑似 A 类感染性物质”。

8. 承运人应完全了解所有关于感染性物质的包装、标志、载运和交付文件的现行规定。承运人应接受并按已生效的规定加快托运货物的运输，如果承运人发现标志和文件中有任何差错，应立即通知发货人或收货人，以便采取相应纠正措施。

9. 收货人应从主管机关取得感染性物质的进口许可证。收货人也必须向发货人提供其主管机关要求的进口许可证、认可文件或其他所需单证。一旦收到已知的或可疑的对人体或动物具有高度危险的感染性物质，收货人应立即采用最快的通讯方式通知发货人。

四、放射性物质的运输要求

（一）装船前的规定

1. 任何盛装放射性货物的包件首次装船前都应满足以下规定：

（1）如果盛装系统的设计压力超过 35 kPa（表压），应确保每一包件的盛装系统符合经批准的在此压力下能保持其完整性的设计规定；

（2）对于每一种 B（U）型、B（M）型、C 型包件和每一盛装易裂变物质的包件，应确保屏蔽和密封的有效性，必要时其密封系统的热传导性和其有效性也应处于适用的或经批准用于该货物的设计限度内；

（3）对于盛装易裂变物质的包件，当中子毒物作为该包件的组成部分时，应进行检查以确认中子毒物的存在和分布。

2. 任何盛装放射性货物的包件每次装运前都应满足以下规定：

（1）任何包件都应保证满足《IMDG Code》中所有相关规定；

（2）包件上的任何起吊装置和附件的设计应确保在其使用过程中不会发生损坏，能够承受其重量或者可拆卸，并应考虑到安全系数以便满足突然起吊的要求，否则应确保在运输过程中不被用于起吊；

（3）B（U）型、B（M）型、C 型包件和盛装易裂变物质的包件，应保证满足认可证书中列出的所有要求；

（4）B（U）型、B（M）型、C 型包件应维护原状，直到其已达到的平衡状态，足以证明满足了有关温度和压力的规定条款，除非这些规定的免除已经得到单方批准；

（5）B（U）型、B（M）型、C 型包件应通过检查和适当的试验确认放射性内装物可能外漏的盛装系统所有的封口、阀门和其他开口已被适当关闭，必要时应进行密封；

（6）对于特殊形式的放射性物质，应保证满足适用于该特殊形式条件下批准证书中的所有规定条款和《IMDG Code》中相关规定；

（7）对于盛装易裂变物质的包件，应对包件进行测定，以确认同位素成分的保守估计，对包件的密封性予以试验证明；

（8）对于每一低弥散放射性物质，应保证满足在该批准证书中的所有规定条款和《IMDG Code》中相关规定。

(二)装船批准和预先通知

1. 装船批准

除了对包件设计的批准外，在下列情况需多方批准，除非主管机关根据其设计批准中的特殊规定允许不经装运批准可运进或运经该国：

(1)在温度从 -40℃ ~ +70℃的变化范围内包装材料的强度有所降低或专门为允许控制间歇通风而设计的 B(M)型包件的装运；

(2)所装放射性物质的活度大于 $3000A_1$ 或 $3000A_2$(如适用)或 1000TBq(以较低者为准)的 B(M)型包件的装运；

(3)装有易裂变物质的包件的装运，如果各单个包件临界安全系数的总和超过 50；

(4)为专用船舶装运而拟定的辐射防护计划。

2. 特殊安排的装运批准

对不完全符合《IMDG Code》相关规定的托运，可按照主管机关批准的要求，以特殊安排方式运输。

3. 下列情况需要通知主管机关

(1)要求主管机关批准的任何包件在首次装运之前，发货人应确保把每一份适合于该包件设计的有关主管机关的证书副本，提交给托运货物要运经或抵达的每个国家的主管机关。发货人不需要等候这些主管机关的收妥通知，主管机关也没有必要对发货人的证书收妥给以回执。

(2)对于下面列出的每种装运，发货人应通知托运货物要运经或抵达国家的主管机关。通知应在启运之前且最好提前至少 7 天提交给主管机关。

①装有放射性活度大于 $3000A_1$ 或 $3000A_2$(如适用)，或 1000TBq 的放射性物质的 C 型包件，以较低者为准；

②装有放射性活度大于 $3000A_1$ 或 $3000A_2$(如适用)，或 1000TBq 的放射性物质的 B(U)型包件，以较低者为准；

③以 B(M)型包件；

④按特殊安排进行的运输。

(3)如所要求的资料都已包括在装运批准申请书中，则不要求发货人呈送一个单独的通知。

(4)托运货物的通知包括：

①识别包件的完备资料，其中包括全部有关的证书号码和识别标记；

②有关装运日期，预计到达日期及计划的运输路线方面的资料；

③放射性物质或放射性核素的名称；

④放射性物质的物理与化学形态的说明，或者说明是否为特殊形式放射性物质或低弥散性物质；

⑤所运输的放射性内装物的最大放射性活度以贝可勒尔(Bq)并冠以合适的 SI 词头为单位来表示。对于易裂变物质，可用以克(g)或以 g 的倍数为单位表示的质量数来代替放射性活度。

(三)主管机关颁发的批准证书

1. 下列情况要求具有主管机关颁发的批准证书：

(1)特殊形式放射性物质;

(2)低弥散性放射性物质;

(3)盛装 0.1 kg 或更多六氟化铀的包件;

(4)所有盛装易裂变物质的包件,除非按要求免除的包件;

(5)B(U)型和 B(M)型包件;

(6)C 型包件;

(7)特殊安排的和上述 2.(1)包件的装运。

批准证书应保证满足各种规定,对包件设计批准证书应指定一种设计标志。包件设计和装运的批准证书可合并成一个单独的证书。

2. 发货人应拥有各种证书副本和涉及包件合适封闭导则的副本及装运之前按证书项目做好装运准备工作指导性文件的副本。

3. 对于不需要批准的包件设计,为满足有关主管机关检查需要,发货人应能提供证明性文件,证明其包件设计符合所有适用的各项规定。

五、海洋污染物的运输要求

1. 包装有害物质(海洋污染物)应按《MARPOL 73/78》附则Ⅲ的规定进行运输。

2. 海洋污染物或严重海洋污染物如满足《IMDG Code》第 1 至 8 类的标准,应根据其特性在适当的条目下运输;如不满足《IMDG Code》第 1 至 8 类的标准,除非在第 9 类有专门条目,应在第 9 类按下列条目运输:

"对环境有害的物质,固体的,未另列明的,UN3077",或

"对环境有害的物质,液体的,未另列明的,UN3082"

3. 如怀疑某种物质、材料或物品具有《IMDG Code》所定义的海洋污染物或严重海洋污染物的特性,而又没有在"危险货物一览表"中列名,则可按《IMDG Code》海洋污染物或严重海洋污染物要求运输,所有有关数据在适当时应提交 GESAMP。

4. 如《IMDG Code》某种物质、材料或物品被主管机关认可指定为海洋污染物,但根据经修正的 GESAMP 危害示意表,它已不再符合海洋污染物或严重海洋污染物的判定标准,则无需执行海洋污染物的规定。

5. 装有海洋污染物的包件应耐久地标有海洋污染物(MARINE PLLUTANT)的标记。除非:

(1)内包装内装有液体海洋污染物小于等于 5 L 或固体海洋污染物小于等于 5 kg;

(2)内包装内装有液体严重海洋污染物小于等于 0.5 L 或固体严重海洋污染物小于等于 500 g。

6. 装有含海洋污染物包件的货物运输组件,即使包件本身不要求张贴海洋污染物标记,货物运输组件外也应清楚地显示"海洋污染物"标记。

7. 在运输单证上要注明"海洋污染物"字样。

8. 有海洋污染物标记的货物,如果允许在"舱面或舱内"积载,除非在露天甲板能提供等效的防护,否则应选择舱内积载;如果要求"只限舱面"积载,应选择在有良好防护的甲板或露天甲板遮蔽处所中积载。

9. 船舶无论在什么地方,一旦发生海洋污染物包件落入海中或可能落入海中,船长或船舶其他负责人必须立即以最迅速的通信手段,首先向最近的海岸国家报告。

六、废弃物运输

(一)定义

废弃物是指含有或被污染的一种或一种以上成分的物质、溶液、混合物或物品,不是直接使用的,但为倾倒、焚烧或其他方法处置目的而载运的。

含有放射性物质或受其污染的物质、溶液、混合物或物品应受第7类放射性物质有关适用条款的约束,不视为废弃物。

(二)废弃物的分类

1. 如果废弃物仅含有一种成分,该成分又是受《IMDG Code》管辖的危险物质,废弃物应作为该危险物质对待。如果废弃物所含成分的浓度使废弃物继续呈现该成分本身固有的危险,应按相适用类别的标准进行分类。

2. 如果废弃物含有两种或多种受《IMDG Code》管辖的危险物质成分,应根据其危险特性,按照下述3. 和4. 分类规定分为某一相应类别。

3. 根据危险特性分类应按下述方法进行:

(1)通过测量或计算确定其理化特性及生理特性,然后再按相适用的类别标准进行分类;或

(2)如果以上方法不可行,应按决定主要危险性的成分来分类。

4. 在确定主要危险性时,应考虑下列标准:

(1)如果所含有的一种或多种成分属于某一类别,并且该废弃物呈现这些成分所固有的危险性,该废弃物应列入该类别;或

(2)如果含有的几种成分属于两个以上的类别,该废弃物的分类应考虑具有多种危险物质的主要危险性顺序。

5. 仅对海洋环境有危害的废弃物应按第9类"对环境有害物质,液体的,未另列明的 UN 3082",或"对环境有害物质,固体的,未另列明的,UN 3077"条目运输,并加注"废弃物"字样。

6. 不属于《IMDG Code》的规定管辖,但属于《巴塞尔公约》的废弃物,可按第9类"对环境有害物质,液体的,未另列明的,UN 3082",或"对环境有害物质,固体的,未另列明的,UN 3077"条目运输。

(三)运输规定

1. 危险货物的废弃物应按照有关国际上的建议和国际公约的要求运输,涉及海上运输时,应符合《IMDG Code》的规定。

2.《巴塞尔公约》下的越境转移。

《巴塞尔公约》规定仅在下列条件下允许废弃物的过境转移:

(1)原产地国主管机关已向最终目的地国发出通知,或由生产者或出口者通过原产地国主管机关向最终目的地国发出通知;和

(2)原产地国主管机关已收到最终目的地国书面同意说明废弃物将被安全地进行焚烧或通过其他处置方法处理,已对该转移给予认可。

3. 如果是运输待处理或待加工处理的废弃危险货物(除放射性废弃物外),则在运输单证上的正确运输名称前应写明"废弃物"的字样,除非已包括在正确运输名称内。

4. 废弃物越境转移,除应具备危险货物运输所要求的单证外,还应具备一份废弃物转移单证,该单证应自越境转移的起始点到最终处理点随废弃物周转,并随时供有关主管机关及涉及

废弃物运输操作的管理人员查看。

5. 使用货物运输组件和公路车辆运输固体散装废弃物必须得到原产地国主管机关批准才允许运输。

6. 一旦盛装废弃物的包件和货物运输组件发生渗漏或溢漏，应立即通知原产地国和目的地国的主管机关并获得他们对所采取的行动的建议。

七、限量内免除的危险货物运输

限量内免除的危险货物运输是指对于危险性小、托运量较少的包装危险货物，在符合一定条件的情况下可以按限量免除条款进行运输。

按限量免除条款进行运输的危险货物在一定程度可免除或降低一些运输要求。

(一)限量范围

不是所有的危险货物都适合限量内免除运输的，在危险货物一览表第7栏中的单词"无"指的是该物质或物品不允许按限量运输。一般来说，危险性大的物质不适合限量内免除运输，概括起来主要有下列各类危险货物：

1. 第1类爆炸品；

2. 具有易燃、毒害、氧化或腐蚀性危险的第2类气体(联合国编号为1950的烟雾剂类除外)；

3. 第3类液态退敏爆炸品(除UN1204外)；

4. 第4.1类自反应物质以及退敏爆炸品；

5. 第4.2类易自燃物质；

6. 要求控制温度的第5.2类有机过氧化物；

7. 第6.2类感染性物质；

8. 第7类放射性物质；

9. 规定使用包装类Ⅰ的危险货物；

10. 第9类物质中，联合国编号为2212和2590的石棉、联合国编号为2315的多氯联苯类以及联合国编号为3151和3152的多卤联苯类和多卤三联苯类等。

在危险货物一览表第7栏中列出了可作为限量内免除运输的每种物质适用的内包装的具体限量数值。

海洋污染物的限量：

1. 内包装内装有液体海洋污染物小于等于5 L或固体海洋污染物小于等于5 kg。

2. 内包装内装有液体严重海洋污染物小于等于0.5 L或固体严重海洋污染物小于等于500 g。

(二)具体托运要求

1. 包装

(1)按照限量内要求运输的危险货物只能放入内包装，然后放在合适的、符合规定的外包装里。每一包件的总毛重不得超过30 kg。

(2)满足包装条件的可伸缩带覆盖的货盘可以作为物品的外包装或按照特殊规定盛装。

(3)危险货物的内包装，如果内包装易于破碎或穿孔，像玻璃、陶瓷、陶器、某种塑料等材料均不应采用这类包装运输。每一包件的总毛重不得超过20 kg。

2. 积载

尽管危险货物一览表中列出了积载规定，按限量内规定所载运的危险货物被指定为积载类A。

3. 隔离

(1)只要考虑到隔离规定，并且一旦有泄漏，货物之间不至于发生危险性反应，那么限量内运输的几种不同危险货物可以装于同一外包装之内。

(2)危险货物的一般隔离要求不适用于限量危险货物的包件隔离或限量危险货物与其他危险货物之间的隔离。

4. 标记和标志

按照限量内要求运输的危险货物的包装不需要加任何标志，也不必贴上"海洋污染物"标记；如无特殊规定，标上下面任何一项就可以：

(1)正确运输名称和联合国编号；或

(2)"第……类限量内运输危险货物"的字样，这样就可以被认为是正确运输名称，在这种情况下，联合国编号不必显示在包装之上。

装有限量内运输危险货物的货物运输组件不需加标牌，但是在其外表面必须适当标明"限量"字样。

5. 运输单证

(1)除了满足有关运输单证的具体规定以外，"限量"字样应当与运输说明一道包括在危险货物的申报单中，除非"第……类限量运输危险货物"的说明可以用在运输单证中代替危险货物一览表中的正确运输名称。所有有关物质的联合国编号和包装类必须与运输单证中要求的其他资料一起包括在内。

(2)不超过1000 cm^3 的烟雾剂(UN 1950)，没有确定分类，在危险货物单证中类别显示为"2"。

(3)托运人在危险货物安全适运申报时必须提供"限量危险货物证明"。

6. 免除

个人或家庭使用，便于分销商销售而包装和分发的限量运输危险货物，其包件可以免除正确运输名称和联合国编号。

第二节　危险货物的装卸

一、危险货物码头的基本要求

1. 从事危险货物作业的场所(码头、库场、储罐、锚地等)应当依法取得行政许可证。

2. 从事危险货物港口作业的港口经营人，应当向港口行政管理部门申请危险货物港口作业资质认定。港口行政管理部门对具备港口危险货物作业条件的企业颁发《危险货物港口作业认可证》，认定作业企业的危险货物作业场所、作业品种、作业方式、作业量以及作业船舶的吨级等等。只有具备了作业资质的港口作业企业，才能在认定的危险货物作业范围内从事港口危险货物作业。超出认定的作业资质范围，各港口行政管理部门根据地方实际状况作特殊处理(一次性、临时或专项审批)。

3. 危险货物作业场所应远离以下区域：居民区、商业中心、公园等人口密集区；学校、医院、影剧院、体育场等大型公共设施；供水水源、水厂及水源保护区；法律、行政法规规定予以保护的其他区域。

4. 在防火设计方面应按照国家及行业标准。如:《建筑设计防火规范》(GBJ16 - 2001)、《装卸油品码头防火设计规范》(JTJ237 - 1999)等。

5. 危险货物作业场所应安装明显的安全警示标志牌;灭火器材配备应符合《建筑灭火器配置设计规范》(GB50140 - 2005)的规定;配备必要的应急处理器材和防护用品;制定好码头污染应急计划和事故应急救援预案。

二、装卸注意事项

(一)一般装卸注意事项

(1)装卸危险货物的泊位以及危险货物的品种和数量,危险货物集装箱在港区内拆、装箱,均应经港口管理机构批准。未经同意,不得进行港口作业。港口作业部门根据危险货物装卸作业通知单安排作业。

(2)装卸危险货物应选派具有一定专业知识的装卸人员(班组)担任。管理人员、操作人员应按国家有关规定经培训取得相应的资格证书后,方可上岗。装卸前应详细了解所装危险货物的性质、危险程度、安全和医疗急救等措施,并严格按照有关操作规程作业。

(3)装卸危险货物,应根据货物性质选用合适的装卸机具。各种装卸机械、工属具用于危险货物的装卸其安全系数要比用于普通货物大1倍以上。装卸易燃、易爆货物,装卸机械应安装火星熄火装置,禁止使用非防爆型电气设备和会摩擦产生火星的工属具。装卸前应对装卸机械进行检查,装卸爆炸品、有机过氧化物、一级毒害品、放射性物品,装卸机械应按额定负荷降低25%使用。

(4)进行危险货物装卸作业时,现场应备有相应的消防、应急器材。必须严格遵守各类货物的装卸操作规程。轻装、轻卸、防止货物撞击、重压、倒置,严禁摔甩翻滚。使用的工属具不得沾有与所装货物性质相抵触的污染物,不得损伤货物包装。操作过程中,有关人员不得擅自离开岗位。按危险货物的危险性强弱,尽量做到最危险的货物最后装货、最先卸货。

(5)夜间装卸危险货物,应有良好的照明,装卸易燃、易爆货物应使用防爆型的安全照明设备。

(6)船方应向港口经营人提供安全的在船作业环境。如货舱受到污染,船方应说明情况。对已被毒害品、放射性物品污染的货舱,船方应申请卫生防疫部门检测,采取有效措施后方可作业。起卸包装破损的危险货物和能放出易燃、易爆气体的危险货物前,应对作业处所进行通风,必要时应进行检测。如船舶确实不具备作业环境,港口经营人有权停止作业,并书面通知海事管理机构。

(7)船舶装卸易燃易爆危险货物期间,不得进行加油、加水(岸上管道加水除外)、拷铲等作业;装卸爆炸品(第1.4类除外)时,不得使用和检修雷达、无线电电报发射机。所使用的通讯设备应符合有关规定。

(8)装卸易燃、易爆危险货物,距装卸地点50米范围内为禁火区。内河码头、泊位装卸上述货物应划定合适的禁火区,在确保安全的前提下,方可作业。作业人员不得携带火种或穿铁掌鞋进入作业现场,无关人员不得进入。

(9)没有危险货物库场的港口,一级危险货物原则上以直接换装方式作业。特殊情况,需经港口管理机构批准,采取妥善的安全防护措施并在批准的时间内装上船或提离港口。

(10)装卸危险货物时,遇有雷鸣、电闪或附近发生火灾,应立即停止作业,并将危险货物妥善处理。雨雪天气禁止装卸遇湿易燃物品。

(11)装卸危险货物,装卸人员应严格按照计划积载图装卸,不得随意变更。装卸时应稳拿轻放,严禁撞击、滑跌、摔落等不安全作业。堆码要整齐、稳固。桶盖、瓶口朝上,禁止倒放。包装破损、渗漏或受到污染的危险货物不得装船,理货部门应做好检查工作。

(12)爆炸品、有机过氧化物、一级易燃液体、一级毒害品、放射性物品,原则上应最后装最先卸。装有爆炸品的舱室内,在中途港不应加载其他货物,确需加载时,应经海事管理机构批准并按爆炸品的有关规定作业。

(13)对温度较为敏感的危险货物,在高温季节,港口应根据所在地区气候条件确定作业时间,并不得在阳光直射处存放。

(14)装卸可移动罐柜,应防止罐柜在搬运过程中因内装液体晃动而产生静电等不安全因素。

(二)各类危险货物装卸注意事项

(1)装卸爆炸品,应备好消防水龙,水带要有足够长度,总水管保持压力。对不能用水扑救的爆炸品应备好相应的消防器材,同时在货舱内备有便携式消防器材。在船—岸、船—船之间设置双层双幅安全网。装卸人员应穿戴相应的防护用品,搬运时应轻拿轻放,绝对禁止翻滚、肩扛、就地拖拉,避免摩擦,防止滑跌。装卸工属具应能防止产生静电和火花。照明装置应使用安全型或防爆式灯具。装卸对电磁辐射敏感的爆炸品,无线电和雷达发射机应断开电源总开关,并挂上标示牌。

(2)装卸气瓶,气瓶的防护帽必须齐全紧固。装卸气瓶不得肩扛、背负、冲击和溜坡滚动,钢瓶气阀应避免对准人身。开舱卸货时应进行通风,并进行气体含量的检测。装卸有毒气体时,应穿戴相应的防护用品,必要时使用自给式呼吸器。

(3)装卸易燃液体,装卸作业现场必须远离火种、热源,操作人员不准携带火种、穿着有铁钉的鞋和易产生静电的工作服。装卸时,不得撞击、摩擦、拖拉,封口向上,不得倒置。装卸工具应使用铜质或镀铜、镀锌等工属具,禁止使用铁质等易产生火花的工具,装卸机械设置火星熄灭器。

(4)装卸第4类货物时如有撒落,应及时清除,妥善处理,禁止在撒落物上堆存物品,以免摩擦起火。装卸应防止撞击、摩擦、翻滚、拖拉,不得使用易产生火花的工具,装卸机械设置火星熄灭器。雨雪天禁止装卸遇水反应的危险货物,茶水汤桶不得带入作业现场。

(5)装卸氧化物质时,应防止撞击、摩擦、翻滚、拖拉和包装破损,装卸过程中防止带入杂质。装卸工具应清洁,不得沾有其他物质,装卸机械设置火星熄灭器。装卸控温货物的集装箱应尽量缩短装卸时间,防止箱内温度升高发生危险。

(6)装卸毒害品,装货前应认真检查包装件,发现泄漏、破损拒绝装运。卸货前应开舱通风,排除有毒蒸气,必要时应进行检测。作业时应穿戴必要的防护用品,防止误食、吸入或皮肤接触而造成中毒。作业前不得饮酒,作业期间严禁吸烟和进食。作业量大、时间长时,应轮换或间隙作业。工作完毕后,应立即进行全身冲洗,穿过的工作服应及时洗刷。装卸时船—岸之间应挂安全网,并加油布或帆布。用过的工属具应单独保管。作业现场应备有必要的急救药品。禁止皮肤有破裂、伤口的人员参加作业。

(7)装卸放射性物品前,要先进行通风,装卸作业时,不得撞击、翻滚、摔落,严禁肩扛、背负或坐靠在包件上。作业时间应严格按照“放射性包件允许作业时间表”(见表6-2所示)的规定进行。装卸放射性矿石、矿砂时，作业场所应经常喷洒雾状水，防止粉尘飞扬，作业人员应穿戴防护服、口罩、手套等防护用品。装卸过程中严禁吸烟、饮水、进食。作业完毕后，应立即进行冲洗，换装后方可进食。受污染的工作服、手套等应单独保管和清洗，不得混用、混放。禁止皮肤有破裂、伤口的人员参加作业。

(8)装卸腐蚀性物品前，应认真检查包装件，发现有泄漏、破损应拒绝装运。卸货前应开舱通风，排除有毒蒸气，必要时应进行检测。作业时装卸人员应穿戴合适的防护用品，选用合适的工属具，工属具上不得沾有氧化剂、易燃物等性质相抵触的物质。现场应备有清水、苏打水或稀醋酸、食醋(中和用)等急救用品，严禁火种接近现场并备有相应的防火设备。

表 6-2　放射性包件允许作业时间表

包装件等级	包装件表面辐射水平(mSv/h)	运输指数TI	徒手操作(min)	简单工具(距包装件表面0.5 m)(min)	半机械化操作(距包装件表面1 m)(min)	机械化操作(距包装件表面1.5 m)(min)
Ⅰ级	≤0.005	—	480	—	—	—
Ⅱ级	0.01	—	420	460	—	—
	0.05	0.05	90	420	—	—
	0.1	0.1	50	360	—	—
	0.2	0.3	20	120	480	—
	0.3	0.6	15	90	420	—
	0.4	0.8	10	60	360	—
	0.5	1.0	7	50	340	—
Ⅲ级	0.6	1.5	6	45	300	420
	0.8	2.0	5	40	240	360
	1.0	3.0	4	35	150	300
	1.2	4.0	3	30	120	240
	1.4	5.0	2	24	90	180
	1.6	7.0	1	20	60	120
	2.0	10.0	不允许	12	30	60

复习思考题

1. 船舶装运危险货物的基本要求有哪些?
2. 什么样的物质运输时需要温度控制?
3. 什么是自行加速分解温度? 控制温度? 应急温度?
4. 感染性物质运输有哪些特别要求?
5. 放射性物质运输有哪些特别要求?
6. 海洋污染物运输有哪些特别要求?
7. 什么是废弃物? 废弃物运输有哪些特别要求?
8. 什么是限量内免除的危险货物? 任何危险货物都可以作为限量内免除运输吗? 限量内免除的危险货物的具体托运要求有哪些?
9. 装卸危险货物一般应注意哪些事项?
10. 各类危险货物装卸应注意哪些事项?

第七章　散装危险货物

散装危险货物系指不使用任何包装，直接装入货舱进行运输的各种形状的危险货物。包括散装油类、散装液体危险化学品、散装液化气和散装固体危险货物。

第一节　油　类

一、定义

原油(Crude Oil)是指从地下开采出来的一种(油状)黏稠液体，是未经炼制加工的石油。它是成分复杂的碳氢化合物的混合物。主要由甲烷族、环烷与多环烷族、芳香族等不同烃类所组成。此外，它还含有微量的氧化物、硫化物和灰分。

石油制品(Petroleum Products)是原油经炼制加工，如分馏、裂解、重整等方法获得的各种产品，又称为成品油(Product Oils)。

在海上运输中，油类是指 MARPOL73/78 公约附则 1 所列物质，包括原油、燃料油、油泥、油渣和炼制品在内的任何形式的石油。这些油类有的属于挥发性的(闪点低于 61℃)，有的属于非挥发性的(闪点高于 61℃)。凡属于挥发性的油类，包装或散装时，均视为易燃液体货物；凡属于非挥发性的油类，仅在散装运输时视为危险货物，这是因为油类对海洋环境具有污染危害性。

二、分类

(一)《MARPOL 73/78》附则 Ⅰ 中的分类

在《经 1978 年议定书修订的 1973 年防止船舶造成污染公约》(MARPOL 73/78)附则 Ⅰ 中列出了油轮可以载运的油类名单，共计 8 个小类 44 种油品：

1. 石脑油　Naphtha：
   溶剂　Solvent
   石油　Petroleum
   窄馏分油　Heartcut Distillate Oil
2. 喷气燃料类 Jet Fuels：
   JP—1(煤油)喷气燃料　JP—1(Kerosine)
   JP—3 喷气燃料　JP—3
   JP—4 喷气燃料　JP—4
   JP—5(重质煤油)　JP—5(Kerosine，Heavy)
   燃气轮机燃料　Turbo Fuel
   煤油　Kerosine
   矿物油溶剂　Mineral Spirit
3. 汽油类 Gasolines：
   天然汽油　Gasinghead(natural)

车用汽油 Automotive
航空汽油 Aviation
直馏汽油 Straight Run
1 号燃料油(煤油) Fuel Oil No. 1(Kerosene)
1— D 号燃料油 Fuel Oil No. 1—D
2 号燃料油 Fuel Oil No. 2
2—D 号燃料油 Fuel Oil No. 2—D

4. 汽油调和料类 Gasoline Blending Stocks:
烷基化燃料 Alkylates-fuel
重整油 Reformates
聚合物燃料 Polymer-fuel

5. 馏分油 Distellates:
直馏油 Straight Run
闪蒸原料 Flashed Feed Stocks

6. 瓦斯油 Gas Oil:
裂化瓦斯油 Cracked

7. 油类 Oils:
澄清油 Clarified
原油 Crude Oil
含原油的混合物 Mixtures containing Crude Oil
柴油 Diesel Oil
4 号燃料油 Fuel Oil No. 4
5 号燃料油 Fuel Oil No. 5
6 号燃料油 Fuel Oil No. 6
残渣燃料油 Residual Fuel Oil
铺路沥青 Road Oil
变压器油 Transformer Oil
芳烃油(不包括植物油)Aromatic Oil(excluding vegetable oil)
润滑油和调和油料 Lubricating Oils and Blending stocks
矿物油 Mineral Oil
马达油 Motor Oil
渗透润滑油 Penetrating Oil
锭子油 Spindle Oil
透平油 Turbine Oil

8. 沥青溶液 Asphalt Solutions:
调和油料 Blending Stocks
屋顶用柏油 Roofers Flux
直馏渣油 Straight Run Residue

(二)我国对油类的分类

目前国内对石油的分类,主要从其火灾危险性分为三级:

一级——闭杯闪点在28℃以下的石油,如汽油、石脑油等;

二级——闭杯闪点在28℃及以上,60℃以下的石油,如煤油等;

三级——闭杯闪点在60℃及以上的石油,如燃料油、重柴油等。

三、特性

(一)挥发性

大部分油类物质都含有易挥发的碳氢化合物,所以它们具有易挥发性。在"国际油船和油码头安全作业指南"(IOTTSG)一书中将闭杯闪点低于60℃的油品列为挥发性油品。油品的挥发不但会造成其数量减少,而且由于其挥发部分多是轻质馏分因而使其质量降低,同时为燃烧、爆炸提供了油气。挥发的快慢取决于温度的高低,压力的大小,表面积的大小,气流速度的快慢以及油品密度的大小。

(二)易燃性

油品具有遇火燃烧的特性。油品的燃烧是其蒸气的燃烧,所以越易挥发的油品越易引起燃烧。它可以用闪点的高低来衡量,闭杯闪点低于61℃的油品具有易燃的危险性。如汽油-40℃(c.c)、煤油45℃(c.c)都是易燃的。

(三)爆炸性

油品所挥发的油气与空气混合,在一定的浓度范围,遇有火花即能发生爆炸。油气混合气能发生爆炸的下限和上限的浓度称为爆炸极限。油气的爆炸下限较低,即油气浓度低的时候特别容易引起爆炸。如汽油的爆炸极限在1.2%~7.2%左右、煤油的爆炸极限在1.4%~7.5%左右。

(四)易感静电性

原油及其产品在管道内以一定速度流动或在容器(包括油舱)内动荡,会因与管壁或容器壁相摩擦而带电,带电较高时,静电荷能在绝缘装备和接地物体之间放电。这时如果接触到周围的油气与空气的混合气有可能引起燃烧或爆炸。

(五)黏结性

指原油及重油、柴油等不透明的石油产品在低温时,流动性减小而粘结成糊状或块状的性能。一般用凝固点和黏度来表示。

(六)毒害性

原油及其产品所挥发的气体对人体健康有害,尤其是含硫较多的石油气。某些产品如汽油含有四乙基铅,更具毒性。

(七)胀缩性

原油及其产品的体积随温度的变化而膨胀或收缩的性质,称为胀缩性。不同的品种和在不同的温度条件下其胀缩程度不一。可由石油的体积温度系数f决定。

(八)污染性

原油及其产品除大量挥发能造成空气污染外,液体的滴、漏及污水排放能造成水域、陆域环境的污染。

四、危害性

油类的危害性主要归纳为安全危害和对海洋的污染。

（一）安全危害性

安全危害包括：燃烧爆炸、易感静电和对人身健康的危害。

1. 燃烧爆炸

油类能够起火燃烧，但需在一定条件下才会发生。它与其他可燃物质一样，也需具备燃烧的三要素：

（1）可燃物——货油挥发出的石油气或烃气；

（2）助燃物——货油周围的空气；

（3）热源——足以点燃石油气的火焰、电火花或静电火花、热加工等。

若缺少其中任一个要素，就不可能引起燃烧，或燃烧的可能性不大。

如果可燃油气被点燃，火焰就很快扩展到整个混合气，将出现迅速膨胀，局部压力升高。在敞开的场所，膨胀的气体很容易消散。但是在封闭的空间里，如货油舱，膨胀的气体被限制住，致使压力继续升高，直到油舱的围壁崩裂，导致爆炸。

除非空气中所含的烃气浓度在可燃范围内，否则烃气和空气的混合气体是不会引起爆炸的。对于各种不同的纯烃气和不同的石油产品挥发出来的混合气体来说，它们的爆炸范围略有不同，在1% ~10%之间。我们只要把油气浓度控制在爆炸范围之外，可以达到一般的防患目的。

2. 易感静电

两种物质相互接触时，在它们的界面会产生双电层，使得两种物质的接触面各带上相反的电荷。如果这两种物质作相对运动和摩擦时，电荷现象更为明显。这种电荷称为静电。

要使物质产生静电危害，必须同时具备3个条件：

（1）电荷分离。两种互相接触的物质分离后，才会带上相反的电荷。

（2）电荷积聚。重质油因含有杂质，导电率较高，电荷容易流散，不能使电荷积聚。相反，轻质油的绝缘性好，则容易蓄积电荷。

（3）使静电放电。蓄积的电荷会有一定的电压，电压较低时，由于不具备足够的能量不会发生火花放电，当电场强度超过3000 kV/m时，或者当静电火花能高于可燃气体的最小着火能量值时，产生的静电火花就有可能使可燃气体着火燃烧。

在石油装卸、运输中，货油或含油污水在管道内流动与管壁做相对运动时；用压缩空气扫清管线内存油时；装货初期，货油与舱底水掺混时；用高容量洗舱机喷射舱壁时，都会使运动中的货油或含油污水等与相对静止物分离而带电。为防止静电造成火灾事故，在装货初期应控制流速（一般不大于1 m/s）；将管线通过主液货管或船壳进行接地，以疏导电荷。

3. 对人身健康的危害

石油及石油产品对人身健康造成的危害，主要是石油及石油气中的有毒成分。人员中毒几乎全是由于接触了各种石油和石油气而发生的。接触的主要途径有吞入、皮肤直接接触和吸入。

（1）吞入。一般情况下，吞入大量石油的情况是很少见的。吞入石油会引起剧烈的难受和恶心呕吐。在呕吐中，就有可能将液态石油带入肺脏，从而引起严重后果，特别是吞入汽油和煤油这类高挥发性石油产品时，情况则更为严重。

（2）皮肤直接接触。多种石油产品，尤其是挥发性较高的石油产品，对皮肤均有刺激性。它能脱去皮肤上必不可少的油脂，引起皮炎。长期、反复地与一些石油相接触能导致严重的皮肤病。石油对眼睛的刺激也很大。为了避免或减少与石油直接接触,应配备手套和护目镜等防护用品。

(3)油气的吸入。石油气对人体的主要中毒反应是恶心。其病症包括头痛、眼睛发炎,并有反应迟钝、像醉酒那样的头晕目眩。高浓度的石油气还能导致瘫痪、丧失知觉,甚至死亡。

石油气的毒性大小,主要取决于石油气中的成分。某些微量元素和芳香烃(如苯)和硫化氢的存在,能大幅度地提高其毒性。

需要强调的是,很多石油气的中毒临界值远远低于可燃下限值,如苯、硫化氢的中毒临界值(TLV)为 10 ppm,在进入货油舱之前,一定要彻底通风,要确保油气浓度低于中毒临界值,方可进入工作。

(二)对海洋的污染性

对海洋的污染包括:对海洋生物资源的危害、对海滨和海岸自然环境的危害和其他一些影响。

1. 对海洋生物资源的危害

进入海洋的石油,在氧化和溶解过程中能导致海水溶解氧含量急剧下降;二氧化碳和有机物含量增高;其他某些化学性质也产生一定的变化。大面积海洋污染导致严重缺氧,能对海洋生物造成严重危害。

油污染对海洋生物资源的危害可分为短期和长期两种。

所谓短期危害是指油污染事件发生后,短期内造成并能察觉到的危害。

(1)对海鸟的危害。海洋油污染对海鸟的危害最明显。海鸟的羽毛大都具有防水性能,但它却是亲油的。石油渗入或粘住海鸟的羽毛,能破坏羽毛的组织结构,使羽毛失去防水隔热性能,降低了浮力。受到严重油污染的海鸟,因体重增加而下沉。被油污染的海鸟,由于羽毛的保温性能大大降低,其耐寒性也会减弱。海鸟在用嘴整理羽毛时,随之吞入大量石油,轻者产生呕食,重者使海鸟引起肺炎、精神失常、丧失孵化能力、直到死亡。

(2)对鱼、虾的危害。海洋油污染对成鱼的危害并不明显,这是由于成鱼能迅速从油污染区游走。但毒性大的油料或化学品却能大量杀死鱼类。

油污染对幼鱼和鱼卵的危害最大。油膜和油块能粘住大量鱼卵和幼鱼,在油污染的海域中孵化出来的幼鱼大都是畸形的,其生命力很差。

海虾对海洋污染较为敏感。一项实验表明:1 L 海水中含 100 mg 的油,在 24 h 内可杀死 95% 以上的海虾幼体,这一浓度称为该种油品对海虾幼体的致死浓度。而这种油品的"半数致死浓度",即 24 h 杀死 50% 以上海虾幼体,为 1 L 海水中含 1 mg 油。

(3)对海藻的危害。海藻素有海洋中的绿色植物之称,大多数海藻很容易遭受油污染而死亡。石油能妨碍海藻的光合作用,抑制其生长。

(4)对经济贝类的危害。贝类因石油污染很容易染上油的臭味,并使其周围海水也产生臭味。贝类通过表面渗透将油吸进消化道,并侵入主体。这样就会严重影响贝类的经济价值和食用价值。

与短期危害相比,油污染对海洋生物造成的长期危害更为严重,往往需要几年乃至几十年后才能发现。

各种结构的烃一旦被某种海洋生物吸收,其性质变得十分稳定,在食物链中循环不再被分解。在海洋生物链中不仅可以储存烃,而且还能浓缩烃,直到具有非常有毒的程度。当这些海洋生物进入人体后,将会给人的健康带来危害。海洋生物中的贝类,如海红(淡菜)其储存、吸收石油成分中毒素的能力特别强,并在繁殖中也将其毒素遗传下去,所以,海洋贝类一旦被油污染,不仅仅是有油臭味,更重要的是具有毒性。经研究证明,食用被油污染过的贝类可引发癌症等疾病。

油污染对海洋生物最大的威胁,还在于它可能改变或破坏海洋中正常的生态平衡。当海面漂浮着大片油膜时,表层海水日照降低,这样会使浮游植物和微生物数量减少。浮游植物和微生物是海洋食物链中最低级的一环,它的数量减少,势必会引起海洋食物链中其他更高环节的生物数量相应减少,导致整个海洋生物群落的衰竭和死亡。

由于石油在海洋中分解或溶解以氧化吸收,需要耗掉海水中大量的氧成分,致使海洋出现恶性生态,这将对人类赖以生存的海洋食物带来重大的危害。

2. 对海滨和海岸自然环境的危害

气候宜人的海滨和海岸通常是娱乐和疗养的圣地,也是天然的浴场。然而发生油污染后,海洋上漂浮的油类在风浪潮的作用下,飘上海岸或海滩,令人产生厌恶感,或失去游乐的兴趣,从而降低海滨的使用价值,恶化海岸自然景观。

如果海洋植物遭受油污染侵害,则会使其枯死,造成海岸带侵蚀。

3. 其他影响

油类对海洋的污染还包括对海洋气候的影响和对海水利用及滩涂养殖的影响等。

(1)对海洋气候的影响。若海洋大面积污染后,油膜覆盖在海面,势必影响到大气和海洋的热量交换,改变海水对阳光的吸收和反射,对局部地区的气候产生影响。海面上的油膜还能减少海水吸收氧气的数量,从而降低了海洋的自净能力。

(2)对海水利用及滩涂养殖的影响。大量的油污通过风浪潮的作用后将会漂浮至海岸边,这使得滩涂养殖的鱼虾、贝类等因水质污染而减少和死亡。油污染还会对海滩盐业受到污染,除作为碱工业原料质量变差外,还有可能使食用盐受到污染。对以海水淡化为生命水源的地区来说,受污染的海水经过淡化后,也难免剩留某些有害物质,危及人的健康。

五、原油及其产品的运输

(一)油船

油船系指建造为或改造为在其装货处所主要装运散装油类的船舶,并包括全部或部分装运散装货油的兼装船,《MARPOL 73/78》公约附则 II 中所定义的任何“NLS 液货船”和经修订的《1974 SOLAS》第 II - 1/3.20 条中所定义的任何气体运输船。

1. 油船的种类

油船可分为原油油船和成品油油船,而在实际营运中受到诸多客观因素的影响,并没有严格地按原油油船和成品油油船划分,往往经常变换油种。如以载重吨来划分油船有以下几种类型:

(1)小型油船:载重吨在 6000 t 以下,以运载轻质油为主;

(2)中型油船:载重吨在 6000 ~ 35000 t,以运载成品油为主;

(3)大型油船:载重吨在 3.5 ~ 16 万吨,以运载原油为主,偶然运载重油;

(4)巨型(超级)油船:载重吨在 16 万吨以上,专用于运载原油。

2. 油船的构造及装备

(1)油船构造的基本特征。一般油船可分为三个主要部分:首部、货油舱区域和尾部。

首部包括:首尖舱、燃油泵舱和深舱。有些大型油船首部水线下还设有首推进器;单点系泊式油船的首甲板上还设有单点系泊用甲板机械。

货油舱区域:由纵舱壁分为中舱、边舱;由横舱壁分为若干数量的货油舱和专用压载舱(SBT)。货油舱区域由隔离舱和油船的首尾部分隔开来。隔离舱可以起到防止油类气体渗透和防火防爆作用。有些油船,隔离舱兼作货油泵舱。

尾部包括:桥楼、船员居住舱室、机炉舱、燃料舱、淡水舱和尾尖舱。

油船构造的基本特征如下:

①货舱内设置多个纵向及横向油密的舱壁。货油舱除由横隔壁分隔外,还由纵向隔壁分隔(隔壁均达油密要求)。小型油船用一个中央纵向隔壁分成左右均等的油舱,大型油船则至少有两列纵向隔壁使船宽范围形成三个油舱,其中中央油舱容量较大,两舷侧油舱容量较小。这种纵向分舱的目的是为了减小自由液面对船舶稳性的影响。某些油船设有膨胀围壁或设置夏季油舱,也是为了减小自由液面的影响。

②普遍采用尾机型(也可在首部另设驾驶楼)。尾机型除节省主轴长度外,还节省油密工程,且纵隔壁不被机舱中断有利于增强船体纵向强度,特别是机舱在尾部可避免烟囱火星对安全的威胁。此外,使船舶在压载航行时有较适当的吃水差。但是它具有一定的缺陷,如空载时(首部压载)有中拱变形,满载时有中垂变形。

③设有安全隔舱。在船舶纵向货油舱的最前部和最后部有专门的隔舱,与其他舱室分隔,为防止油气进入到其他舱室,以保安全。

④甲板强度和水密性较高。它无需在甲板上设置大尺度的舱口,而仅需在各舱设置足够大的入孔,所以舱口的水密性较好,且全通甲板不因具有开口而影响强度。

⑤栈桥式舱面。因为油船舱面水密性能较好,所以干舷相对较小。航行中舱面上浪情况严重,为了便于正常作业,在舱面沿纵向中央设置栈桥。油舱各种管道均布置在栈桥边缘或下方。

⑥有单层单壳型、双层底型和双层双壳型。从承载油液而言,货舱无需平坦的内底和竖向分舱,但从防污染角度考虑,它具有相当的缺陷。如万一船体某一部位发生损伤,油品外流即会造成水域严重污染;缺乏专门用于压载的舱室,只能利用货油舱压载,所排放的压载水也会造成水域污染等。根据《MARPOL 73/78》规定,油船须设置专用压载水舱,在船体易发生撞擦损坏的舭部和尾部构成双层底结构。为防止或减少油船一旦破损对海洋环境的严重污染,国际海事组织及某些国家将要求新造油船或改建油船必须具备双层底双层壳结构,并对各货油舱容量加以限制。在1992年的《MARPOL 73/78》的修正案中确定了双壳船的要求,并对现有的单壳船、双层底船的最后使用年限做了规定。国际海事组织原定于2015年为单壳油船最后使用期限,但目前国际海事组织加快了步伐,各类单壳油轮的淘汰时限有可能比原先规定大为提前。

(2)油船的基本装备:

①机泵设施与泵间。货油的卸载、洗舱油或水及压载水的抽卸均须利用机泵及相应的管道(管道形成网络,沟通各货油舱,有阀门控制管路)。大型油船除在货舱尾部设置主泵间外,在船中部另设有前部泵间。这样有利于提高卸载效率或提供同时卸出不同油品的能力。管路输出(入)口可与岸上可弯曲的蛇形软管或自动输油臂相接。

②货油舱装卸及加温管系。装卸油液使用同一管道,该管道口安置在舱内最低部位。为

使流动性较差的油品顺利泵出，以保证和提高卸油效率，在舱尾部安置蛇形加温（利用蒸汽）盘管。

③消防装备与管系。油船除配置蒸汽灭火装备外，尚配备更有效的惰性气体灭火装备。整个消防系统由管道在舱面伸入油舱舱口。此外，舱面还配备可与灭火系统相接的装置和手提式灭火机具。

④"呼吸"调压装置。由于油品极易挥发，受热时液面蒸汽压力较大，各货油舱装有调压阀，可控制舱内油气的压力，当舱内油温降低，液面压力过低时，也可通过调压阀使外界空气进入舱内。

⑤降温装置。用水喷洒甲板以降低温度，能减少油气逸出损失量，所以油船一般均有此装备。

⑥洗舱装备。以往油船只利用蒸汽及水洗舱，现按规定还可采用原油洗舱。洗舱有专门的机具（具有高压喷射性能，原油洗舱有固定装置及原油循环系统）、强力鼓风、防静电危害等装备。此外，为清除管道内的残油，有专门的扫线泵。

⑦检测设备。包括测量油温、油品密度，检测油舱液面高度、舱内混合气体状态等设备。

（3）船舶证书。油船在载运油类时必须持有的证书和文书有：

①《船舶安全结构证书》（注明船舶允许载运的油类品种）；

②《国际防止油污证书》（IOPP 证书）或《防止油污证书》；

③《油污损害民事责任保险或其他财务保证证书》；

④《原油洗舱操作与设备手册》；

⑤《油类记录簿》。

（二）油品的装卸

油船运输中，油品的装卸是在专用码头上进行的。由于油品利用管道输送，码头只需有足够的系靠船舶的墩装置（包括工作平台）和架设管道的栈桥，以及其他作业所需的（包括安全方面）装备，所以它可以伸向深水水域，以适应大型油船作业。现在多点系泊、固定单点系泊和浮筒单点系泊等设施已得到广泛采用。

油船的装卸作业须通过软管或自动输油臂使船岸连接后才能进行。装油时使用岸上的动力，将油品泵到油船各舱。如果岸上油库设在较高的位置，有时可利用重力直接装船。卸油时使用船上的动力，将油品泵到岸上油罐或其他储油设施。如输油距离较远，岸上须另行增设动力。油品装卸在船上要涉及极为复杂的阀系统操作管理，以保证不同的油品通过管路注入计划装载的货油舱，各舱的油按计划顺序被泵出，特别要防止混油。

装卸前船岸应填写 IMO 推荐的"船岸安全检查表"中 A 部分的内容（见本章后表 7-6 所示），同时双方商定装卸速度、数量、压力、联系方法等，防止产生操作性事故。

1. 装油

油船船长、大副应充分了解合同所载油品的规格、数量、特性，以及装卸港的要求，并由大副拟制作业计划。装油计划除应保证船舶稳性外，尚须注意船舶纵向强度。当装载量较少时，应避免集中装载于首、尾舱，或过多集中在中部货油舱，而可以间隔地留出空舱。当装载多种油品时，应对管路利用结合装载舱室作妥善考虑。同时对备舱时装载应提出液面空位的控制数。该空位数由当时的油温、密度及航行中可能达到的最高温度等因素决定。空档舱容 ΔV 可用下式求得：

$$\Delta V = Vch \times f \times \Delta t/(1 + f\Delta t) \quad (m^3)$$

式中：Vch—— 油舱（或油轮全船）的舱容（m^3）；

Δt—— 航次中货油可能的温升（℃）；

f—— 货油的体积温度系数（1/℃）。

装油须按计划顺序进行。由于给油速度较高（500～1000 t/h），船方事先应充分了解岸上泵油速度，在作业时应与岸上保持联系，以便及时调节速度或停止泵油。装油时油舱内的气体除由呼吸通风管道逸出外，也常将油舱口的舱盖螺扣旋开，以利于排气。

装油过程中，万一发生溢油事故，不应急促地关闭阀门，而应打开那些能使油通往其他有较多油面空间的油舱阀门，这样能及时分流，防止因阀门关闭（岸上仍以较高的泵压泵油）而造成软管破裂、喷油的危险。在此同时，迅速通知岸上停止输油。已出现的溢油应尽速处理。一般不应使油品流向舷外，如已造成海面污染，要努力缩小污染损害，同时要注意防止引起火灾危害。

在装货的后期，值班船员应密切注意各舱应留出的空档。通常在大副制定的装载计划中会明确地标明。在即将进行收尾作业之前，首先通知岸方降低装油速率，并关闭其他油舱阀门留待收尾，然后逐一油舱进行收尾作业。在一个货舱即将到达规定的空档高度时，先打开下一个预定要进行平舱作业的油舱的阀门，然后再关闭到了空档高度的满舱油舱的阀门。在装载两种以上货油的情况下，应避免出现几种货油同时满舱而来不及处理的局面。在收尾作业阶段应尽可能把装载的油舱数降低到最小个数，并适当增加人力，以免发生油污事故。

装货结束时，配合岸上做好扫线工作。大副或指派一名船员检查所有的货油阀门，确认其全部处于关闭状态。然后同商检人员一起进行空档和油温的测量工作。测量工作，应在装载完成后 30 min 进行，并做好防止静电的措施。

2. 卸油

如装运的油品凝固点较高（约 10℃），则船舶进港卸油前应对该油品进行加温，将蒸气通到舱底的加热管，对油品加热以使油品能顺利泵出。

油船卸油也应事前拟出卸油计划，以保证各舱卸抽不致出现船舶纵向受力不良的情况，同时应合理使用管路，不发生不同油品的混杂。货油舱卸油时原则上也由通气管输入空气，以维持舱内的正常压力。由于卸油时舱内空间留存有大量油品蒸气，它与空气的混合比在不断变化，与装油时石油混合气体相比，具有较大的危险性。此外，卸油使用船舶机泵，在此过程中泵房内极易因泵或阀等渗漏油品而滞留油气，有相当的危险，所以应始终保持良好的通风。

在卸油后期，使船体有一适当的横倾或纵倾角度，有利于卸空舱内的油品。但在卸油的起始阶段应避免这种倾斜，以防油品从舱口启开的测油孔溢出。卸油过程中，同样应避免发生任何溢油、漏油而造成水域污染的事故。

油船卸油后应进行扫线、拆除软管等工作。在油船卸油后，接续的是压载航次，所以须向专用压载水舱注入压载水，或直接注入经水洗后的货油舱或未经水洗的货油舱。现对压载水的排放已有严格的限制。

（二）油品的交接

在油品的交接中主要是质量交接和数量交接。

（1）质量交接：质量交接主要采用选样封存。船舶装油时以适当的方法选取货油样品加以封存，船舶抵达目的港卸油以前，同样要选取货油样品，并进行化验。经过化验以后，收货人对货油质量没有异议时才能开始卸油，如果收货人对货油质量提出异议，可以开启装船时封存的油样再次进行化验，以判别船方是否在航行中尽到了保管责任。

（2）数量交接：数量交接主要是装油量的计算。石油及其产品的计量方法有多种，在大宗油运中采用的是“体积密度法”（以体积和密度计算重量）。

（三）油船的压载及洗舱

1. 油船压载

油船空船航行时必须压载以保持船舶稳性，根据航行的区域和天气条件决定压载水的数量。一般好的天气空载的沿海油船所需压载水量为总载油量的20% ~25%，远洋油船为35% ~40%，恶劣天气为40% ~50%，特殊情况下高达50% ~60%。

（1）专用压载舱（SBT）。专用压载舱SBT（Segregated Ballast Tank），系指在油船上专用于压载的舱室，并有独立的管系，与货油舱和燃油舱完全隔开。在正常情况下，其量保证能满足压载航行的要求，可以不使用货油舱装压载水，其水清洁，任何地方都可以排放。《MARPOL 73/78》附则I规定：在1982年6月1日以后交船的载重量为20 000吨及以上的原油油船及载重量为30 000吨及以上的成品油油船，均应设置专用压载舱。

（2）专用压载舱的保护位置（SBT/PL）。专用压载舱的保护位置SBT/PL（Protective Location of the SBT），系指专用压载舱合理布置在船舶易损部位，当油船发生碰撞、搁浅、触礁事故，以最大限度地防止和减少油类外流。要求专用压载舱有一定的保护面积，并有安排位置的推荐方案，它同专用压载舱是一个整体，即SBT/PL能有效地代替双层底。

（3）清洁压载舱（CBT）。清洁压载舱CBT（Clean Ballast Tank），是对在《MARPOL 73/78》附则I生效后的2至4年内现有油船采用的一种替代措施，指在营运中根据船型、货舱结构、航区特点、吃水要求等，将部分货油舱经过清洗，改为专门用于装载压载水，成为临时的SBT。但对船舶结构、泵、管路等方面不作改动，即泵、管路仍与货油为同一个系统，只不过降低了货油的装载容积，操作程序变得复杂，但并不能保证压载水一定符合标准。因此，必须增设油水分离器和排油监控装置。

如果油船利用货油舱装载压载水，这种压载水含有油污，需专门处理。根据《MARPOL 73/78》附则I规定，不能任意地将污水排放到船外水域（规定正在航行中油船油量瞬间排放率不得超过30升/海里，排放总量新油船不得超过载油总量的1/30000，现有船不得超过油总量的1/15000）。

2. 油船洗舱

洗舱的目的是除去油渣、油垢和沉淀物，以便能装运清洁的压载水或改换其他油品，同时它也是彻底清除舱内易燃、易爆性混合气体，以便能安全地进行货舱结构、设备检修，乃至整船检修所必需的。

洗舱设备有移动式和固定式两种。利用水洗舱的洗舱机是移动式的，采用原油洗舱时有固定的洗舱设备。用水洗舱是装载清洁压载水或人员下舱进行检修等作业所必需的，除此以外的情况下，就可广泛运用原油洗舱。

（1）水洗舱。用水洗舱的移动式洗舱机的作业过程基本如下，根据洗舱位置，把洗舱机放入舱内所要求的高度，由软管中的水压带动洗舱机转动，依靠水流，冲刷舱壁等船舱内结构上所有的残油，使其流到舱底，过后再将油与水的混合液从油舱泵到相应的含油洗舱水接收柜。在第一位置冲刷后（时间视所载油品而定），将洗舱机往下放到第二位置，逐次下降到符合清洗要求为止。洗舱的水是经加热的，以往加热温度达66℃（150 ℉），现建议不得超过49℃（120 ℉），因为试验证明高压喷出的水流会产生很高的静电电位。

（2）原油洗舱（COW）。《MARPOL 73/78》附则Ⅰ规定新船必须备有原油洗舱/惰性气体系统（COW/IGS）。原油洗舱COW（Crude Oil Washing），系指用固定式洗舱机将正在向岸上排放的一部分货油送回到正在卸空的油舱，并用喷出的原油射流使液面舱壁等结构得到冲洗。用于冲洗的油及构件上的残油均汇集到正在排放的货油之中，被不断泵往陆地。为防止回收的油性残留物进入循环，洗舱油应从渣滓少的其他油舱泵取。为有效地冲洗，应保持洗舱油有一定的压力（大约为1.029 MPa）。原油洗舱，如油品不含水分，则作业产生静电的电位甚低，然而原油夹带较多水分时，产生的电荷比纯水洗舱时还严重，其程度视原油含水分多少而异，所以污油水舱中的油不能供作洗舱用油。

采用原油洗舱对于防止水域油污染和提高船舶营运经济效益有如下好处：

（i）减少船舶残油量，增加卸油量；

（ii）减少油舱压载水的含油量，处理与排放压载水较易满足防污染的规定；

（iii）减少（水洗舱）油水残油量，既有利于增加船舶装载量，又有利于缩小港口污水处理工程；

（iv）舱内油脚能随货油一起卸出，可减少进一步用水洗舱的工作量（只需两天即可达到进坞检修作业的要求，比全部用水洗舱可节约5～6天时间）；

（v）减少水洗造成的油舱腐蚀等等。

它的缺点是在不同程度上增加了卸油作业的时间，同时船舶必需配备惰性气体系统（IGS）。

3. 洗舱时舱内油气状态

油船洗舱作业具有危险性，其危险程度由油舱内实际存在的气体组成状态所决定。一般把这些状态分为四类：A——不加控制的；B——油气过稀；C——惰性；D——油气过浓。

A——油舱状态不加控制时，舱内气体可处于油气过稀、过浓或可燃爆状态。不论洗舱作业开始时处于何类状态，在作业过程的任何时候，其状态都会发生变化，所以这种不加控制是非常不安全的（任何时候都可能出现最危险状态）。为了安全，如在不加控制的状态洗舱，必须集中注意于彻底防止在作业货油舱所及范围内可能出现的任何火种（包括火星）。

B——油气过稀状态是指舱内油气含量低于爆炸极限的下限（油气与空气混合所形成的气体，在爆炸极限的上下限范围内遇有任何火星即能发生爆炸）。它是由注入新鲜空气来实现的。油舱卸油后，舱内油气量随所卸货油油蒸气压力和当时的环境温度，以及卸油速度而定。为使舱内气体组成变化为油气过稀状态，典型的做法是卸油后打开油舱盖，用驱气风机（在舱口处）将空气吹入油舱，此时舱内混合气体中油气的浓度急剧发生变化，包括被新鲜空气气流驱出的油气，将可能处于可燃爆范围，因而这一时期油船及其周围环境存在着潜在的危险，应严格控制火种。在空气吹入油舱的整个过程，必须利用仪器监测气体的浓度，当油气浓度达到爆炸极限下限的40%时，方可停止驱气作业，进行洗舱作业。洗舱过程中，由于残油被冲刷，以及温度的影响，舱内的油气会有所增加，所以仍须对气体状态进行监测，当发现油气含量达到可燃爆下限的60%时，应停止洗舱作业，继续让油舱透气，直至油气含量下降到下限的40%。

C——惰性状态是指舱内含氧量低于11%（即无法助燃，为安全起见SOLAS公约规定含氧量小于8%)的状态。它是目前最安全的油舱控制方式。为获得这种状态,船舶必须配置惰性气体系统(Inert Gas System)。可以利用专门的惰性气体发生装置制取惰性气体,或利用贮藏在高压气瓶内的氮气。但船上实际上最常用的利用锅炉烟道气(含氮量77%,含二氧化碳13.5%,含氧4.2%)。由于锅炉烟道气是灼热的,而且含有腐蚀性的二氧化硫,所以使用前须经冷却和净化处理。经处理后的烟道气由鼓风机输送到与各货油舱连接的惰性气体总管。洗舱作业应在舱内含氧量低于8%的条件下进行,为此应不断向油舱供应惰性气体,并使舱内压力稍大于舱外,以防外界空气进入。当舱内已能维持正当的惰性状态时,洗舱作业不受可能产生火星的限制。出于在油船作业中尚无法完全控制静电的产生,以及由此而产生火星,所以油船使用惰性气体装置是非常重要的。

D——油气过浓状态是指舱内油气含量始终保持在高于爆炸极限上限的状态,它实际上是一种难于达到的状态。为达到这种状态,必须人为地通过喷射系统将货油循环到油舱,以提高油气浓度。采用这种状态下洗舱,其作业程序相当复杂。

(四)污水及溢油处理

1. 污水处理

油船的正常操作排放包括压载水、洗舱水和机舱舱底水的排放。含油污水的排放是船舶造成海洋油污染的主要原因之一。

防止油船正常操作排放的方法主要有:一是将污油留在船上或待船舶靠岸后排入岸上接收设施;另一种途径则是控制所排放的含油污水的数量。

目前油船均设污油水舱,用于处理压载水和洗舱水,它可由1~3个舱组成。单级分离只用一个舱,它在洗舱开始前被灌水到与船外水平面相平处,洗舱后将含油污水泵入该舱,经一段时间后,自舱底排放污水,而让残油留在船上。其缺点是容量较小,为等待油水分离常使洗舱作业停顿,且仍存在将油带出船外的危险。双级式污油水舱由两个舱组成,其中一个为主分离舱,另一舱有利于进一步分离偶然流入的油分,使排放的水只含较少的油分。三级式污油水舱由中央主分离舱和两个边舱组成,其油水分离效果甚佳,是现代油船采用的有效处理污水方式。

不论是单级还是多级分离处理都应该让污油水舱中的油水混合物以尽可能长的时间进行沉淀,以便油水分离。舱内所排放的水应以轻微的作业排放到船外水域,所以排放泵应以尽可能低的速度运转,而且污水排放应在白天进行,排放管应在水线以上,以便观察。

在严格控制船舶排放含油污水的情况下,一些油船不得不在港口处理含油污水,为此港口应有相应的油水分离设施。

按照《中华人民共和国防止船舶污染海域管理条例》规定,到港船舶的压舱、洗舱等含油污水,不得任意排放,应由港口油污水处理设施接收处理,港口无接收处理条件船舶油污水又确需排放时,应事先向海事局提出书面报告,经批准后,按规定条件和指定区域排放。

经批准的船舶排放含油污水,必须符合以下各项规定(条例第20条):

“(一)一般情况

1. 在批准的区域内;

2. 在航行中,瞬时排放率不大于60公升/海里;

(注:现在按《MARPOL 73/78》附则Ⅰ规定,应是30公升/海里)

3. 污水的含油量不大于15毫克/升;

4. 船上油水分离设备、过滤系统和排油监控装置，处于正常工作状态；

5. 在退潮时。

（二）150 吨以上的油船和 400 总吨以上的非油船机舱油污水的排放，除满足上述（一）项之 1、2、4、5，外，还应满足：

1. 距最近陆地 12 n mile 之外；

2. 污水含油量不大于 100 mg/L。

（三）150 t 以上油船的压舱水、洗舱水的排放，除满足上项（一）项之 2、4 外，还应满足：

1. 距最近陆地 50 n mile 之外；

2. 每压载航次排油总量，现有船舶不得超过装油总量的 1/15000，新油船不超过装油总量的 1/30000。"

2. 溢油处理

《MARPOL 73/78》附则 Ⅰ 规定，每艘 150 总吨及以上的油船和每艘 400 总吨及以上的非油船应备有主管机关认可的《船上油污应急计划》。

油类污染海洋的原因除了含油污水的排放外，装卸作业时意外的溢油和碰撞等海事事故产生的溢油是一个主要的原因，而且危害严重。

按溢油的数量多少分少量和大量分别介绍处理方法：

（1）少量溢油。发现溢油应尽快组织船员利用船上一切可以利用的设备和物质阻止继续溢油，并对流入水中的油类进行处理，其一般原则是：

①吸附和打捞。若溢油的黏度较低时，可用吸油材料或用吸油材料制成的围油栏等吸油后，再将其打捞上来；若溢油的黏度较高（在水面上结块）时，也可利用撮子、水桶和扫帚等清扫工具直接打捞。

②散布油处理剂。经吸附和打捞仍无法回收的溢油，使用喷洒散布油处理剂，并进行适当地搅拌，使油分散。但是，油处理剂大多含有强烈毒性，它的使用会对油污染的水域造成二次污染，因此，一般不希望大量使用，若使用也必须征得所在港口或海域的主管机关同意。

③使用围油栏。在溢油量略多而且又有风和水流时，首先利用围油栏将溢油围起来，然后吸附和打捞溢油，最后向油污染的水域散布油处理剂。

（2）大量溢油。失事船舶的溢油量很大时，应尽最大努力迅速地与有关当局联系，并报告下列情况：溢油的时间和地点、溢油的数量和特征、溢油源、溢油地点气象与海况条件、油面漂移情况及在溢油地点采取行动的可能后果，使有关当局能采取有效措施及早救援，回收处理溢油，将船舶海损事故造成的油污染降至最低限度。

在溢油量大而黏度比较低时，油的扩散相当迅速，故应尽快采用围油栏将跑油围起来，然后利用油回收船或油水吸引器、油水分离器、吸油材料等物理方法进行回收。再将回收的油作为锅炉的燃料或送入废油焚烧装置烧掉；对水面残余的溢油散布油处理剂等化学方法或者化学方法与生物方法相结合，消除或减少油污染的损失及危害。

（五）相关的法规

与油类运输有关的法规除了前面第一章所提到的《经 1978 年议定书修正的 1973 年国际防止船舶造成污染公约》（MARPOL 73/78）附则 Ⅰ——防止油污规则、《中华人民共和国海洋环境保护法》和《中华人民共和国防止船舶污染海域管理条例》等外，还有：

1.《船舶载运散装油类安全与防污染监督管理办法》

这是为保障油船和油码头安全，防止水域污染，依据《中华人民共和国海上交通安全法》、《中华人民共和国海洋环境保护法》、《中华人民共和国水污染防治法》、《中华人民共和国内河交通安全管理条例》等国家法律、法规和我国加入的国际公约的规定，由中华人民共和国海事局制定的。于 1999 年 7 月 1 日起施行。

该规定共八章 36 条。第一章总则；第二章油船公司和油船；第三章油码头和装卸设施；第四章安全作业；第五章洗（清）舱作业及船舶修理；第六章油污应急反应；第七章监督管理；第八章法律责任。

2.《油船安全生产管理规则》

该规则由交通部于 1983 年颁布实施。该规则共四章，包括总则；防火防爆；防污染；保护职工船员安全健康。

3.《油船、油码头防油气中毒规定》

该规定由交通部、劳动部于 1991 年颁布实施。该规定共五章，包括总则；工程建设；防治措施；组织管理措施；附则。

国家标准局颁布了《液体石油产品静电安全规程》（GB13348 - 1992）、《石油与石油设施雷电安全规范》（GB15599 - 1995）、《油码头安全技术基本要求》（GB16994 - 1997）、《散装石油、液体化工产品港口储存通则》（GB17379 - 1998）、《油船油码头安全作业规程》（GB18434 - 2001）等国家标准；交通部颁布了《油船作业安全技术要求》（JT2019 - 90）、《油船洗舱作业安全技术要求》（JT154 - 94）和《油船静电安全技术要求》（JT197 - 95）等行业标准。

国际上还制定了一些操作指南，对油船的安全操作具有很好的指导意义。如：

1.《油船安全手册》

本手册是由 IMO 推荐的油船培训示范课程中介绍油船安全常识的一个小册子，它具有普遍的指导意义，其中向人们介绍了油船上危险性的一些知识，并解释了危险是如何产生的，又如何去避免它。主要内容有：油船上的生活常识和要求；船上使用工具、物料的常识和要求；船上的静电常识和对策；石油毒性的常识和防护；石油气的特性和防范；货油污染常识。最后，介绍了救援人员的应急程序和注意事项，并告诫救援人员不要成为第二个受害者。

2.《国际油船和油码头安全作业指南》

该指南是由国际航运公会（ICS）出版的《油船安全指南》和石油公司国际海事论坛（OCIMF）出版的《国际油船及码头安全手册》两书综合而成。为了确保它能反映出现代实践和法规，由上述两个组织会同国际港口协会（IAPH）对该指南作了复审。为了避免可能出现的误解，由国际海事组织就本指南所用的技术术语作了评论和注释。

该指南的目的是提供操作指导，以帮助直接从事油船和油码头作业的工作人员。强调了船上操作人员应立足于为负责船上日常工作的船长提供有效的支持、信息和建议，而码头的管理部门应保证它对实施安全操作的关注使码头工作人员所知晓。明确该指南的建议应服从于任何国家或地区和码头的现行规定。

该指南分为两大部分：第一部分（一至十三章）包括了操作程序和关于安全操作的策划；第二部分（十五章至二十四章）包含了较详细的技术资料，阐明了第一部分所介绍的许多措施和理由。全部指南共有二十四章，八个附录。

（六）安全操作注意事项

根据石油及其产品的特性，油运存在一定的危险。为确保安全，对于油运的各个方面均制订有详尽的规章和作业规程，有关人员应严格执行。

油运安全的主要矛盾是油气可燃，油气与空气混合，在一定的浓度范围(1% ~10%)可引起爆炸，特别是在运输环境中存在各种各样的火种。其中前者是发生危险事故的内因，后者是外因。为防止油船发生燃爆事故，最关键的是控制各类火种(包括任何火星)，其次是控制油气与空气混合的状态。此外，某些石油气具有毒性，也应有防范措施。

油船及油码头作业场区严禁一切火种，包括能产生火星的一切机具。电气设备在危险所及范围都应禁止使用，能产生火星的任何作业都不得进行。同时，船岸应配备足够有效的消防设备，目前广泛使用的灭火剂是各类卤化烃(如1211等)。一旦遇有电暴，应停止一切作业，且不论停止作业的时间长短，都必须将所有油舱开口和透气桅管的旁通管全部关闭。油船遇雷击最易引起透气桅管口(油气从各舱透出的总排出口)被点燃的危险，此时应保持继续作业，让油气不断透出，使火焰被阻留在桅管顶部，而绝对不应停止透气，否则火焰将沿桅管蔓延到各舱，会发生严重的燃爆事故。在透气桅管口被雷击点燃后，应将透气桅管底部的蒸汽进口阀打开，利用蒸汽扑灭火焰，或直接向该桅顶喷水灭火(此时喷泡沫是无效的)。油运中产生静电是由油品在舱内与舱壁摩擦，在管道内与管壁摩擦，以及含油污水与舱壁、管壁发生摩擦而引起的，当静电电荷蓄积到一定程度，就有放电产生火花的危险。因此，装卸油及洗舱作业应控制单位时间流程(初期流量以1 m/s为宜)和洗舱水(或油)的温度及喷射状态。由于油舱中蓄积的静电荷在洗舱后可能要维持五个小时才会逐渐衰减，因此这段时间内切忌将任何金属探测用具插入油舱，因为这类“金属探头”能发生或接收足够多的静电荷，一旦插入油舱会发生放电现象，足以使舱内混合气体燃爆。为防止静电造成危害，在可能产生静电的部位均应有导线接地。

油船的油舱以及船体周围的气体状态有可能出现正处于爆炸极限范围之内，此时，任何火星都足以酿成灾难。除严防火种外，控制气体状态也是确保安全的重要方面，所以必须经常对气体状态进行监测，并确实按规定在油气浓度为一定限度时才进行有关的作业。油船作业时，气体状态不加控制是危险的，而能提供惰性状态则可基本控制危险。油船作业过程中逸出油气，会在船体周围形成可燃爆混合气体(一般有过稀、过浓和可燃爆三种混合状态，其中油气过浓状态随着气体扩散运动会转变为可燃爆状态)。如果环境风速很低，在2.25 m/s以下时，可燃爆混合气体不易扩散，具有较大的潜在危险。即使空气流通较好，但船舶舱面存在某些封闭或半封闭处所，可能集聚可燃爆气体，甚至在风速较大时，舱面某些背风处所会由于气旋而集聚可燃爆气体，这些情况都潜伏着可能引起燃爆的危险，应严加注意。

油船泵舱内的气体状态也是带有危险性的。因为油气可从甲板进入该舱，同时机泵作业过程中，也会有油液渗出，挥发成油气，它们与空气混合都有燃爆的可能。为了保证有效地通风换气，以策安全，现代油船的泵舱通风系统具有在一小时内能使舱内气体完全置换20次的能力。

油气有毒，人体吸入少量油气会产生酒醉样的反应迟钝、头晕目眩，甚至头痛、两眼发炎等现象，吸入过多时则可致命，所以对于长期从事油运的人员应防止中毒事故，特别是须深入油舱作各种紧急检修时，一定要有足够的防毒措施。

在油运安全方面，防止水域油污已成为一个专门的问题。油船作业过程溢油、排放含油量超过标准的污水，以及油船发生海事(触礁、搁浅或碰撞)大量溢油等等，不单会造成水域严重污染，而且将使船东在经济上蒙受重大的损失，所以，整个油运过程必须严格遵守国际和国内各种法规的规定,各单位编制溢油应急计划,并报当地主管部门审批。

第二节 散装液体化学品

一、散装液体化学品的定义

所谓散装液体化学品,是指除石油和类似易燃品外的液态的、散装的危险化学品。包括具有重大火灾危险性的货品,其危险性超过石油和石油产品及类似的易燃品;还包括具有易燃性外,另有重大危险性的货品;或非易燃性的具有如毒性、反应性等重大危险性的货品。

具体地说,散装液体化学品是指温度为37.8℃,其蒸汽压不超过0.28 MPa的液体石油化工品和人工合成化学品,并经过对火灾危险性、健康危险性、水污染危险性、空气污染危险性和反应危险性评价列入《国际散装运输危险化学品船舶构造和设备规则》(IBC Code)第十七章的液体物质和按有毒液体物质的分类准则进行污染危害评估列入《MARPOL 73/78》附则Ⅱ中的物质。凡经审查决定不列入《国际散装运输危险化学品船舶构造和设备规则》第十七章的货品,则列入该规则的第十八章。

二、分类

(一)按对海洋污染程度分

在《MARPOL 73/78》附则Ⅱ“控制散装有毒液体物质污染规则”中,根据物质对海洋的危害程度和应采用的相应防污措施,将有毒液体物质分为4类:

(1)X类——这类有毒液体物质,如从洗舱或除压载的作业中排放入海,将被认为会对海洋资源或人类健康产生重大危害,因而应严禁向海洋环境排放该类物质。

(2)Y类——这类有毒液体物质,如从洗舱或除压载的作业中排放入海,将被认为会对海洋资源或人类健康产生危害,或对海上的休憩环境或其他合法利用造成损害,因而对排放入海的该类物质的质和量应采取限制措施。

(3)Z类——这类有毒液体物质,如从洗舱或除压载的作业中排放入海,将被认为会对海洋资源或人类健康产生较小的危害,因而对排放入海的该列物质应采取较为宽松的限制措施。

(4)其他物质——以OS(其他物质)形式被列入《国际散装化学品规则》第十八章污染类别栏目中的物质,并经评定认为不被列入X、Y或Z类物质之内,因为目前认为当这些物质从洗舱或除压载的作业中排放入海时,对海洋资源、人类健康、海上休憩环境或其他合法的利用并无危害。排放仅含有被列为“其他物质”的物质的舱底水或压载水或其他残余物或混合物,不应受本附则任何要求的约束。

对有毒液体物质进行分类的导则列于《MARPOL 73/78》附则Ⅱ的附录1中。

(二)按反应程度分

散化船的运输常常装载很多不同品种的货物,货物除了本身固有的危险性外,货物之间的反应也会对安全运输造成极大的威胁。美国海岸警卫队(USCG)根据反应性程度将货物分为5类:

(1)0类——几乎不起反应的化学品,但在某种情况下,能与4类化学品反应,如饱和烃;

(2)1类——仅与第4类物质反应的化学品,如芳香烃、烯烃、醚、酯等;

(3)2类——不能与0类或1类化学品反应,或本类化学品不能互相反应的化学品,但能与3类和4类化学品反应,如醇、酮、聚合物等;

(4)3 类——能与 2 类和 4 类化学品反应,且本类化学品能相互反应的化学品,如有机酸、液氨、环氧衍生物等;

(5)4 类——可以相互反应,并能与所有其他化学品反应的化学品,如浓无机酸、强酸、磷、硫等。

(三)按相容性分

由于上述分类不能满足安全运输中积载和隔离的要求,因此,美国海岸警卫队将货物分为 1－22,30－43 共 36 类,并将 1－22 列为反应类,表明反应类与货物之间不相容和可以相邻装载的情况,并用字母 A－I 注明不相容的特殊情况。USCG 制订的货物相容性表(又称货物配装表)(见表 7-1)被世界各国广泛应用于积载和隔离散装化学品,这对保证散装液体化学品的安全运输起了重要作用。

表 7-1　货物相容性表

反应组 货物分类	1 非氧化性无机酸	2 硫酸	3 硝酸	4 有机酸	5 苛性碱	6 氨	7 脂肪胺	8 醇胺	9 芳香胺	10 酰胺	11 有机酸酐	12 异氰酸盐	13 醋酸乙烯酯	14 丙烯酸盐	15 烯丙基类取代物	16 烷撑氧化物	17 表氯代醇	18 酮	19 醛	20 醇,乙二醇	21 酚,甲酚	22 已内酰胺溶液
1. 非氧化性无机酸		×			×	×	×	×	×	×	×	×	×			×	×		A	E		
2. 硫酸	×		×	×	×	×	×	×	×	×	×	×	×	×	×	×	×	×	×	×	×	×
3. 硝酸		×			×	×	×	×	×	×	×	×	×	×	×	×	×	×	×	×	×	
4. 有机酸		×			×	×	×	×	C			×				×	×			F		
5. 苛性碱	×	×	×	×							×	×				×	×		×	×	×	×
6. 氨	×	×	×	×						×	×	×	×			×	×		×			
7. 脂肪胺	×	×	×	×							×	×	×	×	×	×	×	×	×	×	×	×
8. 醇胺	×	×	×	×							×	×	×	×	×	×	×	B	×			
9. 芳香胺	×	×	×	C							×	×							×			
10. 酰胺	×	×	×			×						×									×	
11. 有机酸酐	×	×	×		×	×	×	×	×													
12. 异氰酸盐	×	×	×	×	×	×	×	×	×	×					D					×		×
13. 醋酸乙烯酯	×	×	×			×	×	×														
14. 丙烯酸盐		×	×				×	×														
15. 烯丙基类取代物		×	×				×	×				D										
16. 烷撑氧化物	×	×	×	×	×	×	×	×														
17. 表氯代醇	×	×	×	×	×	×	×	×														
18. 酮		×	×				×	B														
19. 醛	A	×	×		×	×	×	×	×													
20. 醇,乙二醇	E	×	×	F	×		×					×										
21. 酚,甲酚		×	×		×		×			×												
22. 已内酰胺溶液		×			×		×					×										
⋮																						
30. 烯烃		×	×																			
31. 链烷烃																						
32. 芳香烃			×																			
33. 其他烃类混合物			×																			
34. 酯		×	×																			
35. 卤代乙烯			×																			

续上表

36.卤代烃		G	×		H		I															
37.腈		×																				
38.二硫化碳							×	×														
39.硫醚,二硫化物																						
40.乙二醇醚		×										×										
41.醚		×	×																			
42.硝基化合物					×	×	×	×	×													
43.其他水溶液		×										×										

注:"×"为两者不相容;

空格为两者可以相邻装载;

以下为反应性有偏差的注解:

A—丙烯醛(19)、丁烯醛(19)和2-乙基-3-丙基丙烯醛(19)与第1类非氧化性无机酸不相容;

B—异佛尔酮(18)和甲基异丁烯基酮(18)与第8类胺醇不相容;

C—丙烯酸(4)与第9类芳香胺不相容:

D—烯丙基醇(20)与第12类异腈酸酯不相容;

E—呋喃甲醇(20)与第1类非氧化性无机酸不相容;

F—呋喃甲醇(20)与第4类有机酸不相容;

G—二氯乙醚(36)与第2类硫酸不相容;

H—三氯乙烯(36)与第5类苛性碱不相容;

I—乙二胺(7)与二氯乙烯(36)不相容。

三、散装液体化学品的特性及危害性

(一)散装液体化学品的主要特性

(1)密度范围大,有的比水轻,有的比水重2~3倍。如:丁烷的密度为0.5990;硫酸的密度为1.84。

(2)蒸气的相对密度大,高达2.4。

(3)黏度大,流动性能差,装卸时需要加热。如润滑油、动植物油脂等。

(4)腐蚀性强。酸、碱类中的很多货物,不仅对皮肤接触会造成严重损伤,而且对货舱的结构、材料和仪器、仪表也会有严重的腐蚀。

(5)毒性大。化学品液体和蒸气一般都具有刺激性。液体接触皮肤会造成刺激和脱脂等作用,如醋酸异丁酯会刺激皮肤,并具有强烈的脱脂作用;石脑油不仅会强烈脱脂,还会穿透皮层。蒸气吸入情况更严重,如氨、二丁胺、邻二氯苯多有强烈的刺激作用;四氯化碳、二硫化碳、甲苯二异氰酸盐等多是剧毒物质,能致人于死地;氯乙烯、三氯甲烷有麻醉性;乙醚、氯乙烷等能使人麻醉,甚至丧失知觉。

(6)容易燃烧。很多货物闪点低于23℃,爆炸范围大于20%,属于易燃液体,且比一般石油产品具有更大的易燃性。例如:乙醚的闪点为-40℃,爆炸极限为1.85~36.5%;环氧乙烷的闪点为-20℃,爆炸极限为3~100%。有些货物的自燃点很低,低于200℃,对这些货物应采取特殊要求。

(7)反应性。有些货物与货物之间会发生化学反应;有些货物与水或空气会发生反应。因此,采取隔离措施是至关重要的。

(8)自身反应性。有些货物会发生分解、结晶、自偶氧化还原和聚合反应。自身反应常常与温度条件密切相关,因此,必须对这些货物的温度严加控制,或加阻聚剂防止发生聚合反应。

(9)蒸气压高、沸点低。一般液体定义为在37.8℃时的蒸气压不大于0.28 MPa,而有些化学品的表压可达0.06～0.098 MPa,可看作为“半气体”,它们的挥发性强,沸点低,如环氧丙烷、异戊二烯、乙醚的沸点都在34℃左右,海上运输时必须采取冷却降温措施。

(10)热敏感性。有些石油化学品因受热会发生氧化、老化等反应而遭受破坏,如干性油、鱼油等。

(11)对杂质极其敏感。液体化学品根据使用要求对纯度有严格的规定,一旦被杂质沾污,就会丧失使用价值。例如:润滑油、食用动植物油脂、碱溶液、特制化学品以及大多数石油化学品都具有对杂质的敏感性。

(12)对海洋的污染性。散装化学品运输对海洋的污染源有:从舱内排出的压载水和洗舱水;舱底水井内积聚的舱底水;用于清除船上漏渗的各种材料(锯末、擦布);货物的应急排放等。

散装液体化学品具有上述的一项或几项特性。这些特性对化学品专用船的设计制造,以及安全运输和装卸都十分重要。需要时,必须对此了解得十分清楚。

(二)危害性

在《国际散装运输危险化学品船舶构造和设备规则》(IBC Code)中涉及此类物质的危害性包括下列四个方面:

1. 火灾危险性

化学品的火灾危险性,可由其闪点、燃点、自燃点和爆炸范围来表示和确定。

2. 健康危害性

对健康的危害性,是通过对皮肤或器官的刺激、吸收或摄入的有毒作用来确定的。有下述三种途径:

(1)有毒气体或蒸气对皮肤、眼、鼻、喉和肺的粘膜产生刺激或有毒作用;

(2)有毒液体物质对皮肤的刺激腐蚀作用;

(3)通过呼吸道吸入、皮肤吸收或口腔摄入,常用半致死量(LD_{50})或半致死浓度(LC_{50})来确定。

3. 反应危险性

反应危险性是指它与水反应、与空气反应、与其他化学品反应、以及包括聚合、分解、结晶、自身氧化还原等自身反应来确定的。

4. 海洋污染危害性

海洋污染危害性由下述情况所确定:

(1)生物积聚;

(2)缺乏生物易降解性;

(3)对水生物有剧毒性作用;

(4)对水生物有慢性毒性作用;

(5)对人类健康的长期影响;及

(6)引起货物漂浮或下沉从而对海洋生物有负面影响的物理特性。

四、散装液体化学品的运输

(一)散装液体化学品船

散装液体化学品船系指建造或改建用来装运各种散装有毒的、易燃的或有腐蚀性的液体化学品物质的船舶。这些物质是散化规则第六章或国际散化规则第十七章所列出的,必须满足它们最低要求的物质。

最初运输散装液体化学品的船舶是由普通油轮改造的。到了20世纪60年代，为了能装载更多品种的化学品，将一些成品油轮改造成化学品船。随着货运量和货物品种的不断增加，对货舱结构材料提出了更高的要求，为了保证货物的质量和运输的安全，到了20世纪70年代，专门设计建造了化学品专用船。这种船在结构、管系和设备上满足了更高的要求，并大量地采用了不锈钢材料，一般有1/3到1/2的中央货舱用不锈钢建造，所使用的泵和管线全部采用不锈钢，扩大了使用范围；这种船设有双层底舱，可作压载之用；一般不设泵房，采用一舱一泵体系，使装卸操作更加灵活方便。目前，散装化学品船已发展成为更复杂、更先进，一般设有40个货舱，最多达58个；载重量为35 000 ~ 58 000 t；货舱采用了70%的不锈钢材料；这种现代化的散化船设有先进的控制系统、加热系统、透气系统、检测系统、警报系统以及惰性气体系统。

1. 散装液体化学品船的分类

散装化学品船是液货船的一种。液货船的分类比较复杂，它包括，油船、成品油船、散装化学品船、散装液化气船等。其中散装化学品船常分为下面几种：

(1)多隔舱化学品船。这类船可以运载很大范围的化学品。它有20 ~ 30个舱，有的有40 ~ 50个舱，一次可载运包括15种危险化学品在内的40多种液体化学品货物，属于1、2、3型船舶。

(2)混合式化学品船。或称成品/化学品船，运载有限的化学品及石油产品和原油的2、3型船。

(3)兼用化学品船。这种船用来装运化学品和糖浆类货物。为适应糖浆等黏度较大的货物运输，船上的管线和泵设有加热系统，大多数采用主管线系统。

(4)专用化学品船。是专门设计用来运输一种类型散装化学品的船舶，如专门运输防爆汽油的船舶。

2. 散装液体化学品船的结构特点

散装液体危险化学品具有很多危险性。从船舶安全和防止散装有毒液体物质污染这两个方面考虑，散装化学品船在结构和设备上，必须满足《BCH Code》、《IBC Code》和《MARPOL 73/78》附则Ⅱ——控制散装有毒液体物质污染规则的要求。按照《BCH Code》和《IBC Code》制造的船舶，在破舱稳性、危险性控制、构造材料、船舱布置、电气设备、透气系统、防火、测量等方面都有严格的要求，并在船舶构造和设备方面保证了安全性和防污染能力。

(1)船型。按货物的危险程度规定了船舶遇海损残存时的复原要求，也就是说，货舱位置(距外板的距离)及货舱系统有一定的防海损能力及受损后的抗沉性能。《IBC Code》为此建立了船型理论，这种理论是以实践和科学的假设为基础的，它规定了三种船型(见图7-1所示)，货舱要求取决于危险品逸漏后造成的危险性。

①1型船。液舱必须设在离舷边船壳至少 $B/5$ 或11.5 m(取小者)，并离船底板 $B/15$ 或6 m(取小者)，但离船体外壳的任何距离都不得小于760 mm的位置上。

它适合于装运具有严重毒性、高度易燃、极易与水反应、产生大量毒气或腐蚀性气体，或同时具有以上几种危险，影响范围广的货物。要用最大限度的防护措施来保证其安全。

②2型船。液舱必须设在离舷边船壳至少760 mm，并离船底板 $B/15$ 或6 m(取小者)的位置上。它适合于装运具有较大毒性、易燃、易与水反应，或上述几种危险性同时具有的货物，

但要采取有效的防护措施来保证其安全。

③3 型船。对液货舱位置无特殊要求,装运危险性较小的散装液体化学品物质。

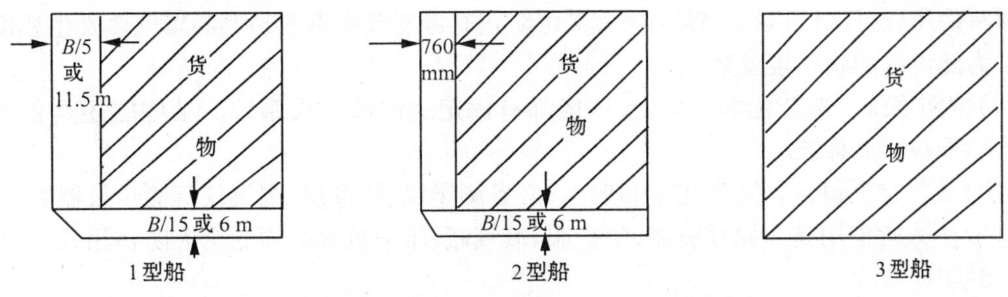

图 7-1 散装液体化学品船三种船型的货舱结构

由于船舶的碰撞、搁浅或其他情况的损伤而引起的化学品的泄漏所造成的后果是无法估计的。因此,对此类船舶的船舷、船底(将提供防止内部破损而引起货物泄漏的能力)和液舱以及船舶破损时保持浮力的能力,均有相应要求。以上三种类型的船舶,必须满足一定的稳性要求和破损性标准。

为适应有关液舱布置和船舶稳性的标准,有必要定义一个假想的损伤程度、抗沉条件和货物的舱容。如果一艘船舶在船损发生后,仍能保持一定浮力,达到稳定平衡,并且满足规定的稳性标准,则可以认为该船舶经受住了对船舶类型的稳定损害的情况。

(2)舱型

①独立式货舱。货舱壁与船体部分在结构上是独立的,这种货舱在船体遭到碰撞、搁浅时,对货舱的影响较小。通常用 1 来表示。

②整体式货舱。货舱是船体的一部分。当船体受到外力作用时,货舱破损的危险性较大。通常用 2 来表示。

③重力式货舱。舱顶设计压力不大于 70 kPa 的液舱,可以是独立式或整体式的。通常用 G 来表示重力式液舱。

④压力式货舱。舱顶设计表压大于 70 kPa 的液舱,仅为独立式。通常用 P 来表示压力式液舱。

对绝大多数的货物都可以用整体重力式液舱(2G)运载;为数不多的货物,如盐酸、二硫化碳、硝酸铵溶液等,要求用独立重力液舱(1G)运载。独立压力液舱一般在 LPG 船或 LNG 船上使用。

3. 散装液体化学品船的主要设备

(1)泵系及管道系统。包括装卸泵和管系、扫舱泵及管系、压载泵及管系等。

(2)舱室通风系统。为防止压力过大和控制舱室真空度,所设置的通风系统的出口高度有一定的要求。这是为了防止有毒气体或易燃易爆气体在舱面甲板区的聚集而产生危险。

(3)液面测量报警系统。是控制装载高度或测定舱内液面高度的测量装置。

(4)温度测量、控制和报警系统。根据货物特性,有的要冷却,有的要加热,所以要进行温度测量、控制及超标后的报警,为此要设置此系统。

(5)货物放置系统。是指根据货物性质决定用什么样的舱,或者说舱型及结构材料必须符合装载货物的要求。

(6)液舱的溢流控制装置。即指液舱发生溢流时的防止装置。

(7)液舱环境控制系统。即配备惰性气体系统。

(8)蒸气回收连接装置。将从通风系统排出的货物的蒸气回收后,送到岸上处理或在船上作燃料使用,这样既可减少货物损失,又可防止有毒蒸气中毒或易燃易爆气体发生燃烧爆炸事故。为此设置回收连接装置。

(9)消防系统。散装化学品船上,一般都有固定式泡沫灭火系统。某些船还具备水雾灭火系统和干粉灭火系统。

(10)蒸气检测设备。散装化学品船上,必备测爆仪、测毒仪、测氧仪等测量仪器。

(11)个人防护用具。如呼吸器、防护服、氧气瓶、压缩机等必须的个人防护用具。

4. 船舶证书

散装液体化学品船舶除了需要一般货船的证书外还需要如下证书:

(1)《国际防止散装运输有毒液体物质污染证书》(NLS 证书);

(2)《国际散装运输危险化学品适装证书》或《散装运输危险化学品适装证书》(COF 证书);

(3)《排放有毒液体物质的程序和布置手册》(P&A 手册);

(4)《散装运输有毒液体物质船舶货物记录簿》(CRB)。

其中 NLS 证书和 COF 证书由船舶检验局签发,COF 证书有效期不得超过 5 年,除了初次检验外还有定期检验、中间检验、强制性年度检验、附加检验;P&A 手册和 CRB 由海事局批准和签发;由海事局对上述文件进行监督检查。

(二)散装液体化学品的装运

1. 运输、装卸前的准备

(1)船岸联系。货物作业前船岸之间应做好联络、交换信息资料。船方在抵达装卸港前,应将有关事项通告港方,如:

①船舶抵港时的吃水和纵倾状况;

②是否需要拖轮协助靠泊;

③船岸连接用的软管和法兰的尺寸;

④船体、舱壁、阀门和管线是否有泄漏现象;

⑤是否有设备需要修理而要延迟装卸作业等情况。

港方也应将有关情况通告船方,如:

①拖轮和系缆艇的有关情况;

②突堤码头泊位或系泊浮筒应特别注意的情况;

③泊位水深和港口气象资料;

④装货港待装货物和卸货港贮罐的详细情况等。

装卸前,船岸双方应填写 IMO 推荐的"船岸安全检查表"的 A 部分和 B 部分的内容(见本章后表 7-6),并商定装卸的流速、流量及停止作业的信号等。

(2)货物资料。货物承运前,货主应提供所托运货物的完整资料,包括货物的正确技术名称、理化特性说明书、医疗急救和消防措施等内容,对于易于分解的货物应提供稳定剂的内容,对于易放出无法察觉的剧毒蒸气的货物应加入能察觉的添加剂,否则应拒绝装运。

(3)装载计划。船舶装运货物前必须制定装载计划,制定装载计划首先应考虑船舶的强度、稳性和吃水差。在现代的船舶上有计算机控制程序,进行自动调节和控制。

同时，要根据货物的特性选择适用的液货舱，一般比重大、腐蚀性强的货物要选择强度较大的不锈钢液舱，或考虑相适应的涂层液舱；对于易氧化或易燃货物，应考虑液舱需要充填氮气的要求等；对于热敏感的货物，必须进行温度控制，并要考虑相邻货舱的影响；对于各种易挥发或能产生有毒蒸气的货物，必须考虑透气系统的独立性，以免损及货物质量，甚至造成危险反应。

另外，也是最重要的，应考虑多品种货物之间的反应性和相容性，对货物作适当的隔离。具体可根据前面"货物相容性表"（表 7-1），对不相容的货物不可以相邻装载。隔离的目的除了防止货物之间引起危险反应外，还包括有害的货物危及船员生命、船舶设备以及在意外的情况下对环境的危害。

2. 运输、装卸作业

（1）装货。装货前对货舱应做好清舱准备，并根据"船岸安全检查表"的内容进行检查和做好准备。装货时严格按照装载计划程序进行。与岸方随时保持联络，并要由专职人员负责监装。船岸双方必须步调一致。建立检查制度，使操作绝对不发生失误。出于对安全和货物质量的考虑，装货前应对液货舱进行环境控制，其方法有：惰化法、干燥法、隔绝法、通风法。各种货物对液货舱环境控制的具体要求可查阅《IBC Code》的第十七章或《BCH Code》第六章，其在液货舱环境控制栏目中 Inert 表示惰性法、Pad 表示隔绝法（充填法）、Dry 表示干燥法、Vent 表示通风法。

（2）航行中。装货完毕后，船舶在航行中应定期检查货物的温度，以及液舱空挡的压力控制情况。对吸湿性和反应性货物，应检查充填的干燥空气或氮气的压力，防止因货舱温度下降时，湿气和空气进入货舱。应定时对管路接头、阀门、货舱开口等有代表性的地点进行蒸气检测，防止燃烧和中毒事故的隐患。对加稳定剂、抑制剂的货物，若货主提供检测箱，应定期进行检测，必要时应采取措施进行调节。

（3）卸货。卸货工作只能在确定了卸货量，并在检查确认货物取样中无任何异常后方可进行，货泵及有关阀门应根据卸货计划和收货方的指示进行操作，卸货中船方和码头应保持密切联系。货泵应以低速启动，同时应密切注意其出口压力表，经检查确认货物已驳至码头方贮罐且泵、液货管路和软管内无异常后，方可逐渐加大卸货量至规定压力。卸货过程应注意泵和管路上有否化学品渗漏现象和轴封有否发热，特别是应使用检测仪器检查泵舱内气体浓度，以保安全。卸货进行到一定程度（液位降至 30 ~ 50 cm）时，应开始扫舱作业，使用有效扫舱系统将残余货卸到满足《MARPOL 73/78》附则Ⅱ的要求。

（三）计量和取样

散装液体化学品的计量和取样方法与油品的方法基本相同。

（四）压载水

现代化学品船大多数不具备足够容积的专用压载舱，多数只是满载排水量的 12% ~ 15%，所以船舶在卸货离港之前需要对货舱注入压载水。

为了保护海洋环境，应遵守《MARPOL 73/78》附则Ⅱ对船舶卸货、扫舱、预洗操作控制的要求，使货舱残余物质的数量满足公约允许的范围后方可注入压载水。除特别许可和专用压载舱的压载水可直接排舷外，其他形式的压载水都需排入岸上接收装置。在向岸上排卸之前，必须取得港方同意，并且港方应明确表示岸上系统为接收压载水已做好一切准备。

(五)扫舱及污水排放要求

在《MARPOL 73/78》附则Ⅱ中,装运有毒液体物质货舱的扫舱,对有毒液体物质的残余物、洗舱水等的排放作了明确的规定。

禁止把X、Y或Z类物质的残余物、或临时分类的类似残余物或压载水、洗舱水或含有此类物质的其他混合物排放入海,除非此类排放完全符合附则中适用的操作要求。

1. 扫舱要求

在最新的《MARPOL 73/78》附则Ⅱ中规定的不同船型的扫舱量要求见表7-2所示。

表7-2 不同船型的扫舱量要求

船型	污染类别	扫舱量
2007年1月1日或以后建造的NLS化学品船	X,Y和Z类	75L
现有IBC船	X,Y类	100 L+50 L①
	Z类	300 L+50 L①
BCH船	X,Y类	300 L+50 L①
	Z类	900 L+50 L①

注:①用水试验允许50L的偏差。

对2007年1月1日以前建造的非化学品船,其不能满足载运Z类物质的管路布置要求的,上述扫舱量的要求不适用。

2. 污水排放要求

(1)X类残余物排放:液货舱卸完货后,离港前必须强制预洗,残余物浓度不超过0.1%或者按照经批准的预洗程序预洗而后按下述排放标准排放。

(2)Y和Z类残余物排放:若不是按照P&A手册卸货,应预洗;高黏度或凝固性物质Y类,必须预洗。其他按下述排放标准排放。

高黏度物质系指在卸载温度下黏度等于或高于50 mPa. s的有毒液体物质。

(3)经预洗后的液货舱内装入的压舱水,按常规排放标准排放;当液货舱洗舱后装入压载水,如果其中含有上次装载物浓度小于1 ppm,则这种压载水的排放可以不考虑排放率、船速和排放口位置要求,在不小于12 n miles和25 m的情况下排放。

(4)对1994年7月1日前建造的船,用洗舱机完成一个完整循环的洗舱或用计算机所得的一定水量进行洗舱。

(5)最新《MARPOL 73/78》附则Ⅱ不再区分特殊区域内和特殊区域外排放标准。仅规定在"南极区域"禁止任何有毒液体物质的排放。

(6)如果符合适用的操作要求规定允许把X、Y或Z类物质的残余物或临时分类的此类物质或压载水、洗舱水或含有此类物质的其他混合物排放入海,则应符合下列排放标准:

①船舶在海上航行,如果是自航船,其速度至少在7 kn,或如果是非自航船,其速度至少在4 kn;

②在水线以下通过水下排放口进行排放时不应超过水下排放口的最高设计速率;和

③排放时距离最近陆地不少于12 n mile,水深不少于25 m。

凡于2007年1月1日之前建造的船舶,对于把Z类物质或临时分类为此类物质的残余物或压载水、洗舱水或水线以下含有此类物质的其他混合物排放入海是非强制性的。对于Z类物质的排放,主管机关可免除离最近陆地不少于12 n mile的要求。

（六）相关的法规

与散装液体化学品运输有关的法规主要有前面第一章所提到的《经1978年议定书修正的1973年国际防止船舶造成污染公约》（MARPOL 73/78）附则Ⅱ——控制散装有毒液体物质污染规则、《国际散装运输危险化学品船舶构造和设备规则》（IBC Code）、《散装运输危险化学品船舶构造和设备规则》（BCH Code）、《中华人民共和国海洋环境保护法》和《中华人民共和国防止船舶污染海域管理条例》等，还有前面油类中提到的一些相关规定和标准。

（七）安全操作注意事项

1. 危险性的防止

（1）防燃、爆：主要控制火种和采用惰性气体系统等。

（2）防止货物间的危险性反应：利用货物相容性表，正确地积载和隔离。

（3）防止与水反应：采用双层舱结构，与水隔离。

（4）防止货物自身的自动反应：利用控制温度或加入抑制剂的方法。

（5）防止与空气反应：用惰性气体覆盖或用惰性气体取代法卸货。

2. 安全操作

它包括装卸货物、航行中的管理、洗舱、排气、船舶及设备维修等，都必须严格遵守有关的操作规定。

3. 防止散装有毒液体物质污染

包括防止有毒液体物质对水和空气的污染，为防止水污染，散装化学品船舶在营运时必须遵守《MARPOL 73/78》附则Ⅱ的规定；为防止对空气的污染，对某些蒸气毒性很大的物质，船、岸必须设置蒸气回收处理装置。

五、几种散装液体化学品

（一）乙二醇

英文名：(Mono) Ethylene Glycol

分子式：$HOCH_2CH_2OH$

污染类别：Y

闪点：111.1℃（c.c）

爆炸极限：3.2%～53%

TLV：50 ppm。

船型：3

舱型：2G

（二）二氯乙烯单体

英文名：Dichloroethylene

分子式：$C_2H_2Cl_2$

污染类别：Y

闪点：6℃（c.c）

爆炸极限：5.6%～16%

船型：2

舱型：2G

运输时一定要加阻聚剂。

第三节 散装液化气

一、散装液化气的定义

通常,液化气是指一类在常温下是气体,经降温或在临界温度以下被加压成为液体的物质。国际海事组织制定的《国际散装运输液化气体船舶构造和设备规则》(IGC Code)将液化气定义为:温度在37.8℃,蒸气绝对压力超过0.28 MPa的液体及理化性质与这些液化气体相近的货品。

目前在《IGC Code》第十九章最低要求一览表中共列出32种常见的液化气,见下表7-3。其中打 * 的货品也包括在《IBC Code》内,当这些货品在海上运输时必须同时遵守这两个规则。

表7-3 《IGC Code》中列出的散装液化气

货品名称	联合国编号	船型	要求C型独立液舱	液货舱内空气的控制
乙醛	1089	2G/2PG	—	惰化
氨-无水的	1005	2G/2PG	—	—
丁二烯	010	2G/2PG	—	—
丁烷	1011	2G/2PG	—	—
丁烷/丙烷混合物	1011/1978	2G/2PG	—	—
丁烯	1012	2G/2PG	—	—
氯	1017	1G	是	干燥
乙醚*	1155	2G/2PG	—	惰化
二甲基胺	1032	2G/2PG	—	—
乙烷	1961	2G	—	—
氯乙烷	1037	2G/2PG	—	—
乙烯	1038	2G	—	—
环氧乙烷	1040	1G	是	惰化
环氧乙烷/氧化丙烯混合物,但环氧乙烷含量按重量计超过30% *	2983	2G/2PG	—	惰化
异戊间二烯*	1218	2G/2PG	—	—
异丙胺*	1221	2G/2PG	—	—
甲烷	1972	2G	—	—
甲基乙炔/丙二烯混合物	1060	2G/2PG	—	—
溴甲烷	1062	1G	是	—
氯甲烷	1063	2G/2PG	—	—
乙胺*	1036	2G/2PG	—	—
氮	2040	3G	—	—
戊烷(所有异构体)*	1265	2G/2PG	—	—
戊烯(所有异构体)*	1265	2G/2PG	—	—
丙烷	1978	2G/2PG	—	—
丙烯	1077	2G/2PG	—	—
氧化丙烯*	1280	2G/2PG	—	惰化
制冷气体(R12/R22)	1028/1018	3G	—	—

续上表

二氧化硫	1079	1G	是	干燥
氯乙烯	1086	2G/2PG	—	—
乙氧基乙烯*	1302	2G/2PG	—	惰化
亚乙烯基氯*	1303	2G/2PG	—	惰化

二、散装液化气的分类

在气体规则和国际气体规则中，列出的散装液化气货品均未作出分类。目前从不同的角度，大致有以下几种分类方法。

（一）从液化气运量上分

海上运输的液化气，从运量上看，主要是液化石油气和液化天然气，逐渐发展用液化的办法运载其他的气态化学品，如出现乙烯专用船。因此，很自然地将海上运输的液化气分成三类，即液化石油气、液化天然气和液化化学品气。

（1）液化石油气（Liquefied Petroleum Gas）简称 LPG，主要成分是丙烷，还包括丙烯、正丁烯、异丁烯和丁二烯在内的含 3 至 4 个碳原子烃类化合物。

（2）液化天然气（Liquefied Natural Gas）简称 LNG，主要成分是甲烷，并含有少量氮气和其他烃类（如乙烷、丙烷、丁烷等）的化合物。

（3）液化化学品气（Liquefied Chemical Gas）简称 LCG，是指除上述两类液化气外，凡是在常温下为气态，经冷冻或加压的方法，以液态形式进行运输的化学物质，包括无机化合物或单质以及各类有机化合物。

（二）从组成和性质上分

（1）烃类液化气：包括甲烷、乙烷、丙烷、丁烷，以及丙烯和丁烯。这样分类的目的是为了兼顾石油气和天然气，它们都是混合气体，而在液化气运输中占首要地位。

（2）卤代烷：主要有氯甲烷 CH_3Cl、溴甲烷 CH_3Br、氯乙烷和制冷剂气体——氟氯烷（俗称氟利昂）。

（3）烯烃类：除了石油气中的丙烯和丁烯外，所有带双键的化合物归为此类，包括乙烯、丁二烯（1,3）$CH_2=CH—CH=CH_2$、异戊二烯 $CH2=CH—C(CH_3)=CH_2$、丙炔 $CH_3C\equiv CH$、氯乙烯 $CH_2=CHCl$、偏氯乙烯 $CH_2=C(Cl)_2$、乙烯基乙醚 $CH_2=CH—O—C_2H_5$。

（4）含氧化合物：这类物质含氧，但不带双键，如环氧乙烷 C_2H_4O、环氧丙烷 C_3H_6O、乙醛 CH_3CHO 和乙醚 $C_2H_5OC_2H_5$。

（5）胺类：包括三种胺，即乙胺 $C_2H_5NH_2$、双甲基胺 $(CH_3)_2NH_2$ 和异丙胺 $(CH_3)_2CHNH_2$。

（6）无机物：有单质氯 Cl_2、氮 N_2 和化合物氨 NH_3 和二氧化硫 SO_2 四种。

三、散装液化气的特性及危害性

（一）散装液化气的基本特性

1. 液化和气化

物质有三种状态，即固态、液态和气态。这三种状态可以通过某些物理条件的变化而相互转化的。绝大多数液化气在常温常压下都是气体，需加压或降温使其液化后再运输贮存。如液化了的气体吸收热量温度升高时，液化气会大量气化，如液化了的气体压力降低，液化气也会大量气化。因此，当液化气货品泄漏时，由于外界压力低于它在容器内的饱和蒸气压力，或者外界环境温度高于它原来的温度，泄漏出来的液化气马上蒸发气化。

2. 外观和气味

除了氯和二氧化硫等少数货物外,其他绝大多数液化气货物都是无色的。氯是淡黄色的液体,蒸气是绿色或黄色;二氧化硫则是淡棕色透明液体。

纯净的甲烷、乙烷、丙烷、丁烷、丁烯、戊烯、氮和制冷剂气体等液化气货物是无色无味的,为了便于察觉泄漏,对于民用燃料 LNG、LPG 需增添加臭剂。

3. 比重和相对密度

除了氯、溴甲烷、二氧化硫、二氯乙烯外,《IGC Code》所列的其他液化气货物液体的比重均小于1,比水轻,一旦泄漏,在它们气化前会漂浮起来。对比水轻的液化气液体在地面或甲板面流淌着火时,不能用水柱直接喷向着火液体,以免水将着火液化气液体托起向四周蔓延。

绝大多数的液化气货物的蒸气都比空气重,只有甲烷和氨的蒸气比空气轻,乙烯和液氮等的蒸气虽然也比空气轻但密度接近空气。因此,绝大多数的液化气货物泄漏时,易沉积在处所的底部或低洼地带,不易扩散,容易使人吸入中毒窒息或发生可燃气体爆炸事故,当发生火灾时蔓延迅速,较难扑救,并且火焰集中底部,对人员的伤害要比轻的可燃气体严重。

4. 水溶性和水合物

在液化气货物中,乙醛、氨和环氧乙烷是全溶于水的,二甲基胺和氧化丙烯易溶于水,氯、乙醚、异丙胺、溴甲烷、氯甲烷、二氧化硫和氯乙烷是可溶或微溶于水,其他货物都不溶于水。

一些烃类化合物在一定温度压力下会与水结合生成结晶状水合物,水合物类似碎冰或半溶状的雪,它会卡住货泵,破坏轴承或密封,影响阀门、滤网、仪表和管路,所以应小心防止生成水合物,尽可能不让货物含有水分。如货物含有水分,可加入少量防冻剂(甲醇、乙醇等),但应注意防冻剂对货物质量的影响和对人的危害。

5. 自身聚合反应

自身聚合反应是同一种物质分子(单体)间相互反应结合形成同分子聚合物。聚合过程通常是放热的,热会促使聚合反应加速进行。货物在整个聚合过程中,会变得更加黏稠,直到变成坚硬的聚合物为止。聚合反应使货物损坏,还会破坏设备,引起危险。在液化气货物中,有丁二烯、异戊二烯、氧乙烯、氯乙烯单体、二氯乙烯等在运输条件下可能会发生自身聚合反应。

凡是可能发生聚合反应的货物,应在运输前加入适当的抑制剂。

6. 与空气反应

有些液化气货物会与空气生成不稳定的过氧化物,并会导致爆炸。这些过氧化物不稳定,会引起货物自身聚合反应。为了避免过氧化物的生成,必须利用抗氧化剂等对这些货物进行抑制,或在惰性气体覆盖下载运。另外,只要过氧化物是潮湿的,它们就不会爆炸,因此,在修理其中可能存在过氧化物的货物系统前应进行冲水,装货运营时为避免形成过氧化物,应对货物系统高度除氧和清除氧化物。会与空气发生反应的液化气货物主要是非饱和的碳氢化合物,它们包括乙醛、丁二烯、乙醚、环氧乙烷、异戊间二烯、氯乙烯和乙氧基乙烯等货物。

7. 化学相容性

某些货物之间会发生剧烈的危险反应,因此,不能将不相容的货物混装。如果同时要载运两种或多种不相容的货物,每种货物必须分别采用独立的管系、液货舱、再液化设备和透气系统等。对于常见的液化气货物,如甲烷、乙烷、丙烷、丁烷、乙烯、丁二烯、异戊间二烯、氨、氯乙烯单体等,它们之间是化学相容的货物,互相之间在运输条件下不会起化学反应,但上述货物都与氯(干燥的)不相容,会有危险反应。另外氨与氧乙烯、氧丙烯、二氧化硫等液化气货物化学不相容。

8. 与材料及其他物质的相容性

必须小心确保货物系统使用的材料与所载运货物在化学上是相容的。对于甲烷、乙烷、丙烷、丁烷、乙烯、丁烯等常见的液化气货物,与一般常规的金属材料及常见物质在化学上是相容的,只是与聚乙烯不相容(乙烯、丙烯与聚乙烯相容)。另外,甲烷和乙烯对软钢是不相容的。另丁二烯、异戊间二烯与镁、汞、铜、铝不相容,氨与汞、锌、铜、氯、聚四氟乙烯、聚氯乙烯等不相容。氯乙烯与氯不相容。此外,氨会与惰性气体中的二氧化碳起反应,压缩机润滑油也会和某些货物起反应造成堵塞和损坏。

9. 与水反应及其腐蚀性

除了部分液化气会与水起反应生成水合物或导致结冰外,大多数液化气货物都不会与水有危险反应,但是以下这些液化气货物会与水起反应,如氨、氯、氯甲烷、氯乙烷、二氧化硫等,还有些液化气货物有腐蚀性,但在干燥时腐蚀性不大,只是与水接触后,会明显增加腐蚀性。应确保装载上述这些货物的货物系统无湿气和水分。装货前货物应干燥,惰化用的惰性气体或货舱内的空气必须具有较低的露点。氨与水反应生成氢氧化铵并发热;氯与水或水蒸气反应生成有毒并有高度腐蚀性的酸溶液或酸烟气;氯甲烷与湿气接触会分解;氯乙烷会慢慢水解形成有毒和有腐蚀性的氯化氢气体;二氧化硫与水化合生成亚硫酸和硫酸等腐蚀性酸,并产生危险的烟雾。

10. 易燃性

在《IGC Code》所列的32种液化气货物中,氯、氮、二氧化硫和制冷剂气体(R-12、R-22等)等是完全不可燃物质,溴甲烷的引燃能量比甲烷高100~1000倍,实际上可看作是不可燃的,除此之外,其他都是可燃的物质,泄漏出的液化气蒸气与空气混合后,在爆炸极限浓度范围内遇到火源或热源都会引起燃烧和爆炸。

11. 毒性

在《IGC Code》所列的32种液化气货物中,有17种是有毒的。常见且运输量较大的LNG、LPG、丙烯、丁二烯等是无毒的,氯乙烯和氨是有毒的。

(二)危害性

散装液化气的危害性主要有下列七个方面:

1. 火灾的危害性

液化气的火灾危险性,可由其闪点、燃点、自燃点和爆炸范围来表示和确定。

着火源可来自各个方面,如明火作业、锤击、铲凿、动力工具、在生锈的钢铁上去污渍引起的诱导火花、船岸连接、自燃、或由蒸汽和 CO_2 喷入可燃气氛中产生的静电等。一旦发生火灾,有效的灭火方法有:割断液体来源;驱除空气,及时惰性化;冷却周围环境,除去热源;用化学干粉抑制燃烧等。

2. 对人体健康的危害性

对人体健康的危害涉及毒性、窒息、麻醉、冻伤和化学灼伤。短期或长期危及健康会导致组织损坏、刺激、甚至丧失能力。

(1)毒性作用是由组织接触、吸入、消化和吸收造成的;

(2)窒息是由于缺氧造成的;

(3)麻醉是由某些蒸气如环氧乙烷对神经系统的作用造成的;

(4)冻伤是由于低温货物顺着非绝热的管线和设备流动与人体接触时所造成的;

(5)化学灼伤是一些腐蚀性液化气与人体皮肤与组织接触时所造成的。

3. 反应危险性

包括与水反应、自身反应(聚合)、与空气反应、与其他货物反应和与其他材料的反应。

4. 腐蚀性

某些货物和抑制剂具有腐蚀性,除了对人体的腐蚀外,还有对其他材料的腐蚀,因此用于货物系统的材料必须具有防腐蚀作用。

5. 蒸气特性

少量液体可以产生大量的蒸气,尽可能不要排放蒸气,因为大多数地方当局禁止排放易燃或有毒蒸气。

6. 低温效应

液化气经常在低温下载运,低温无论对人还是对设备和系统都会带来一系列危害,因此,必须要有灵敏的温度测量仪器,并且要精心维护,正确校正。

7. 压力

某些液化气,如环氧乙烷,是用充氮气的方法维持一定的舱压,防止蒸气排出。在加压式液化气船上,货舱适应于蒸发状况,但是在全冷冻式或半冷冻式液化气船上则是用再液化装置使蒸气凝结流回舱室。在液化天然气船上是将蒸气在主机中燃烧或排入大气中来控制压力的。

如果沸腾液体上压力增加,表面蒸发就减慢;相反,压力减小蒸发必将加快。压力过高或过低都会损坏系统。因此,对系统中每一部件的压力限制都应心中有数。液体不要漏入密闭系统,如速闭阀之间,因为冷的液体会受热蒸发,使压力升高,相反,热的蒸气(特别是丁烷和丁二烯)会冷凝,使压力降低。压力忽高忽低,即发生压力波动,会损坏软管或管线,应予以注意。有些自动阀由于故障或动力不足会发生延滞、锁闭现象,必须加以正常的维护和调整。

四、散装液化气的运输

(一)散装液化气船

散装液化气船是指建造或改建成用来散装运输任何液化气体或《国际气体运输规则》第十九章最低要求一览表中所列其他货品的货船。这些所装运的货物,具有易燃和/或有毒的高度危险性。

1. 散装液化气船的结构特点

散装液化气的运输,由于必须在加压或低温的条件下进行,是海上运输最复杂的一种形式,船舶的结构方面也比较特殊。

(1)船型。为保证在船体结构发生一定程度破损的情况下,液货不至于泄漏出来,所有液化气船的液舱壁均与船体外壳保持一定的距离。这个距离的大小及船体破损后的船舶残存能力,根据船型的不同而异。

根据船舶设计装运的货物的危险程度不同,以及船舶尺度的差异(大型船舶出现事故所造成的后果较小型船舶严重),将船舶分为下述几种船型(下述船型的定义所涉及的货品系指《IGC Code》第十九章所列货品):

①1G 型船舶是用于载运要求采取最严格防漏保护措施的货品的液化气船;

②2G 型船舶是用于载运要求采取相当严格防漏保护措施的货品的液化气船；

③2PG 型船舶系指长度为 150 m 及以下载运采取相当严格防漏保护措施的货品的液化气船，且这些货品要求装载于 MARVS（释放阀最大允许调定值）至少为 0.7 MPa（表压力）及货物围护系统设计温度为 -55℃或以上的 C 型独立液舱内；

④3G 型船舶是用于载运要求采取中等防漏保护措施的货品的液化气船。

从上述船型分类可以看出，1G 型船舶是用于载运具有最大综合危险性货品的船舶，2G/2PG、3G 型船舶所载运货品的危险性依次减少。2PG 型与 2G 型船舶相比，其主要差异在于船舶的长度。

1G、2G/2PG 和 3G 型船舶，其液货舱的位置如表 7-4 所示。

表 7-4　液货舱的位置

液货舱位置 \ 船型	1G	2G/2PG、3G
距侧外板的横向距离	≥$B/5$，最大取 11.5 m	≥760 mm
距船底板的垂向距离	≥$\frac{b}{15}$，最大取 2 米	
其他任何部位距外板的距离	≥760 mm	

（2）舱型。散装液化气船的液货舱根据构造的不同分为以下五种类型：

①整体液舱。整体液舱构成船体结构的一部分，并且受到与船体结构相同方式相同载荷的应力影响。

整体液舱的设计蒸气压力通常不超过 0.025 MPa，适用于装载沸点不低于 -10℃的货物。

②薄膜液舱。薄膜液舱系非自身支持的液货舱，由邻接的船体结构通过绝热层支持的一层薄膜所组成。薄膜的设计应使热膨胀和其他膨胀（或收缩）得到补偿，以免薄膜受到过大的应力。薄膜围护系统要求有一个完整的次屏壁，以保障当主屏壁万一泄漏时货物围护系统的整体完整性。薄膜的材料，可以是金属的，也可以是非金属的，厚度一般不超过 10 mm。

薄膜液舱的设计蒸气压力，通常不超过 0.025 MPa。

③半薄膜液舱。半薄膜液舱系装载状态下非自身支持的液舱，它由一个薄层组成，其各部分由相邻船体结构通过绝热层来支持，而该薄层与上述各支持部分相连接的圆形部分也设计成能承受热膨胀和其他膨胀（或收缩）。

半薄膜液舱的概念是由薄膜液舱演化而来的。它的主屏壁比薄膜液舱的要厚得多。它的液舱在空载时是自持的，但在装载情况下是非自持的，作用在主屏壁上的压力经绝热层传递给船体内壳。

半薄膜液舱的设计蒸气压力一般不超过 0.025 MPa。

④内部绝热液舱。内部绝热液舱为非自身支持，由适合于货物围护系统的绝热材料所组成，并受到邻接的内层船体结构或独立液舱的支持。绝热层的内表面与货物直接接触。

内部绝热液舱采用绝热材料固定于船体内壳板上或独立液舱的承载表面以围护和绝热液货。

内部绝热液舱的设计蒸气压力一般不超过 0.025 MPa（内部绝热液舱如受到独立液舱结构的支持，则设计蒸气压力可达到独立液舱所允许的最大设计蒸气压力），它能以 -10℃以下的温度装载深度冷冻的液货。

(5)独立液舱。独立液舱系自身支持的液舱,它不构成船体结构的一部分,对船体强度不是必需的。

独立液舱共有3种形式:

A型独立液舱:其设计主要应用公认的船舶结构分析程序。如果这种液舱主要由平面组成(重力液舱),则其设计蒸气压力不得超过0.07 MPa。为了在万一液货渗漏时能确保安全,A型独立液舱,需要设有次屏壁以保护船体免受低温损伤。这种液舱通常应用于全冷式船舶,液舱形状常为棱柱形。

B型独立液舱:其设计应用模型试验、精确分析手段和分析方法来确定应力大小、疲劳寿命和裂纹扩展特性。如果这类液舱主要由平面构成(重力液舱),则其设计蒸气压力不应超过0.07 MPa。一般的,B型独立液舱大多为"球形"液货舱,这种舱的渗漏危险是很小的,它仅要求部分次屏壁,通常由一个滴盘和一个防溅屏壁组成。一个保护钢罩封住了甲板以上的主屏壁,主屏壁的外壁敷有绝热材料。"球型"B型独立液舱主要应用于LNG船上。

C型独立液舱:C型独立液舱(也称压力容器),它是符合压力容器标准的液舱,一般为圆筒形结构。

2. 散装液化气船的分类

气体液化最常用的方式为:降温或者加压,或者两者同时进行。

根据船舶装运的货物以及装载条件的不同,将液化气船分为以下几种主要类型。

(1)全压式液化气船。全压式液化气船装载的货物,是货物气体在常温下被加压至其饱和蒸气压力以上而液化。货品采用压力方式装运。

这类船舶未设绝热层或再液化装置,货物可用货泵或货物压缩机卸货。

由于这类船舶的液货舱的设计压力较高,一般为1.8 MPa,故液货舱很笨重,这就决定了这类船舶的小型化。

全压式液化气船主要用来装载LPG、氨和丁二烯等货物,适宜短途及近海的小宗货物运输。

(2)半压/半冷式液化气船。装载于半压/半冷式液化气船的货物,经冷却降低了饱和蒸气压力,同时加压至货物的饱和蒸气压力以上使其液化。货品采用低温压力方式装运。

由于降低了液货舱的设计压力。液货舱的壁厚可以减薄,从而减轻了船舶自重,载货容量较大,最大载货容量可达7500~10000 m^3。但这类船舶须配有制冷装置并敷设绝热材料。

这类船舶大多为多用途船,主要用于运输供作化工原料的液化气。

(3)半压/全冷式液化气船。这类船舶须配有制冷装置。液货舱及货物管系须敷设绝热材料。液货舱用耐低温和耐压力的特殊材料制成,装载的液货温度可比半压/半冷式液化气船低得多,载货容积一般在1500~30000 m^3 之间。根据需要货品可采用低温压力式或低温常压式装运,适用性很强。

这类船舶大多为多用途船,大多用于运输供作化工原料的液化气,如乙烯、丙烯、丁二烯、氯乙烯、氨,并可用于装运LPG等货品。

(4)全冷式LPG船。货品采用低温常压式下的沸点温度,一般取-48℃,液货舱的最大工作压力不超过0.07 MPa。设有液化装置和绝热保温材料,以控制液货舱内货品的温度和压力。

由于液货舱不承受压力,单个液货舱容积不受限制,适宜建造大型船舶,载货容积在5000~100000 m^3 之间。

这类船舶一般用于大规模载运 LPG 以及氨。

(5)乙烯船。乙烯船是为运输乙烯这种货品建造的船舶。它的载货容积在 1000 ~ 30000 m^3 之间。乙烯在大气压下沸点为 -104℃,通常以全冷式运载。这类船舶须配有绝热材料以及大容量的再液化装置。

由于乙烯的沸点比除 LNG 外其他液化气货品低,液化原理都相同,所以乙烯船也可以载运除 LNG 外其他所有常见的液化气货品,兼运较多的是 LPG。

(6)LNG 船。LNG 船是为运输液化天然气(LNG)而建造的船舶。标准船型载货容积在 120000 ~ 130000 m^3 之间。LNG 在大气压下沸点为 -162℃,LNG 在常压下装在特殊耐低温的全冷式货舱内。所有的货舱处所需要进行持续的气体泄漏监测。

3. 船舶证书

散装液化气船舶除了需要一般货船的证书外还需要《国际散装运输液化气体适装证书》或《散装运输液化气体适装证书》。证书由船舶检验局签发,有效期不得超过 5 年,除了初次检验外还有定期检验、中间检验、强制性年度检验、附加检验。

(二)液化气的装运

装卸前,船岸双方应填写 IMO 推荐的“船岸安全检查表”的 A 部分和 C 部分的内容(见本章后表 7-6),并商定装卸的流速、流量及停止作业的信号等。

1. 装货

装货前应获得货主提供的托运货物的完整资料;制定装载计划;对货舱进行气体环境控制,如干燥处理、惰性化、除气、和预冷等;大副亲自指挥,按预定装货计划执行;一开始进液舱流速控制在不超过 1 m/s,并巡视检查,检查正常后可通知岸方提高装货速率;在基准温度下,任何货舱的装货数量不得超过液货舱容积的 98% 并考虑管系内的残液。

2. 卸货

液化气船卸货方法取决于船舶类型、货物种类和岸上贮罐要求等,常见有 3 种基本方法:

(1)用货物压缩机卸货(仅适用于压力式货舱);

(2)用货舱内的深井泵或潜水泵卸货(现代大型液化气船普遍采用此种方法);

(3)用货物压缩机与甲板上的增压泵联合卸货。

刚开始卸货时,岸方应请求船舶用低速卸货,一切正常后再提高卸货速度。在卸货结束阶段,应注意关小货泵排出阀,减少货泵排量,从而最大限度地卸完货舱内的液货。对于压力式液化气船,卸货时一般是将所有的液货都卸完,货物系统内只剩货物蒸气。对于全冷式液化气船,如果下航次装载同类货物,通常在卸货后保留部分液货在液货舱内以维持货舱在适装的低温状态。

卸货完毕后,必须进行扫线作业,即将甲板管路、岸上管路和装卸软管或装卸臂中的液货用货物蒸气吹入岸罐。

3. 航行中

在航行中,应对船舱空间的气体进行不断地检测,万一货舱发生些微泄漏,应利用排气装置,使气体的浓度控制在爆炸下限以下。冷冻式液化气船使再液化装置处于运行之中,以便保持一定的压力和温度。必须按规定记录货物的温度、压力和液面,如发现异常情况,应立即调查原因,妥善处理。

4. 压载

液化气船的液货舱是不准作压载舱的，船舶设有专用的压载水舱。

（三）相关的法规

与散装运输液化气体有关的法规主要有前面第一章所提到的《散装运输液化气体船舶构造和设备规则》（GC Code）、《国际散装运输液化气体船舶构造和设备规则》（IGC Code）和前面两节中提到的一些相关规定和标准。另外还有《液化气体船水上过驳作业安全准则》（GB17422－1998）、《液化气体船舶安全作业规程》（GB18434－2001）和《液化气码头安全技术要求》（JT416－2000）等。

（四）安全运输注意事项

散装液化气有七大危险特性，从安全运输角度考虑，除了遵守有关的规则，主要注意以下3个方面的安全。

1. 防火、防爆

严格控制船上火源，对预防火灾、爆炸是非常重要的。常见的船舶火源有明火、电火花、静电放电火花、雷电、机械撞击火花及自燃等。

2. 防止对人体健康的危害

液化气船载运的液化气体大都具有刺激性、腐蚀性、麻醉性、毒性和窒息性。它们可对人体造成各种不同的危害，轻则危害人体健康，重则使人丧失生命。液化气体主要通过与皮肤接触和被人吸入的途径对人体造成危害。液化气体对人体健康的危害可以分为化学烧伤、冻伤和中毒。

3. 防止对环境的污染

液化气船在操作排放或意外泄漏时，对环境造成的污染主要是大气污染和海洋污染，在载运有毒货物时尤其严重。船舶应设置气体回收处理装置。

第四节　散装固体危险货物

一、定义

散装固体货物系指除了液体和气体外，由粉末、颗粒、晶体或较大块状物质组成的混合物，其组成成分基本均匀，并且不用任何包装容器直接装船运输的货物。

《BC Code》中将散装固体货物分为3类，即：

A类：易流态化物质；

B类：具有化学危险性的物质；

C类：既不流态化又不具有化学危险性的物质。

散装固体危险货物指具有化学危险性的物质，包括《IMDG Code》中的第4.1、4.2、4.3、5.1、6.1、6.2、7、8、9类中的部分固体物质和仅在散装运输时有危险的物质（MHB）。

二、分类

根据《BC Code》，散装固体危险货物分为以下几类：

（一）属于《IMDG Code》中列明的物质

1. 第4.1类：易燃固体

这些物质具有易被火花和火焰等外部火源点燃、易于燃烧或受摩擦时易引起或助燃等特性。

在《BC Code》附录1各固体散装货物明细表中列出的这类物质有：硫磺（块及粗颗粒）UN1350。

2.第4.2类：易自燃的物质

这些物质具有易自热并易点燃的共同特性。

在《BC Code》附录1各固体散装货物明细表中列出的这类物质有：椰子肉（干的）UN1363、黑色金属屑UN2793、废氧化铁或废海绵铁UN1376、种子饼，含植物油的UN1386、种子饼，含油量低于1.5%且水分含量不超过11% UN2217。

3.第4.3类：遇水放出可燃气体的物质

这些物质具有遇水产生可燃气体的共同特性。在某些情况下，这些气体易于自燃。

在《BC Code》附录1各固体散装货物明细表中列出的这类物质有：硅铝铁粉末UN1395、无保护层的铝硅粉UN1398、铝熔炼副产品或铝再熔炼副产品UN3170、硅铁（含硅30%～90%）UN1408、锌粉UN1435。

4.第5.1类：具有氧化性的物质（氧化剂）

尽管这些物质本身不一定可燃，但与其他物质接触时，通过产生氧气或发生类似反应会增加其他物质燃烧的危险和烈度。

在《BC Code》附录1各固体散装货物明细表中列出的这类物质有：硝酸铝UN1438、硝酸铵UN1942、硝酸铵基化肥UN2067、硝酸铵基化肥UN2071、硝酸钡UN1446、硝酸钙UN1454、硝酸铅UN1469、硝酸镁UN1474、硝酸钾UN1486、硝酸钠UN1498、硝酸钠和硝酸钾混合物UN1499。

5.第6.1类：有毒物质

这些物质如被吞咽、被吸入或与皮肤接触易于造成死亡或严重损伤，或危害人身健康。

6.第6.2类：感染性物质

这些物质中含有能引起动物或人体发病的活体微生物或毒素。

7.第7类：放射性物质

这些物质能自行放出大量射线。其具体放射性比度大于70 kBq/kg（0.002μCi/g）。

在《BC Code》附录1各固体散装货物明细表中列出的这类物质有：低放射比度的（LSA-1）放射性物质，非裂变的或预计裂变的UN2912、表面受到放射性物质污染的物品（SCO-1），非裂变的或预计裂变的UN2913。

8.第8类：腐蚀性物质

这些物质在其本来形态下具有在某种程度上严重损伤活体组织的共同特性。

9.第9类：杂类危险物质和物品

这些物质具有其他类别未包括的危险。

在《BC Code》附录1各固体散装货物明细表中列出的这类物质有：蓖麻籽或蓖麻饼或蓖麻油渣或蓖麻片UN2969、鱼粉（鱼渣），稳定的UN2216。

（二）仅在散装运输时有危险的物质（MHB）

这些物质在散装运输时构成很大危险需要采取特别措施。例如，能减少舱内含氧量的物质、易自燃物质或在潮湿时会产生危险的物质等均属此类。

MHB物质当使用包装形式运输时并不具有明显的危险性，不作为危险货物管理。

在《BC Code》附录1各固体散装货物明细表中列出的这类物质有：褐煤砖、木炭、煤、直接还原铁、磷铁合金、硅铁(含硅25%～30%或大于等于90%)、氟石、石灰(未熟化的)、氧化镁(未熟化的)、硫化金属精矿粉、草泥、石油焦炭、沥青球、黄铁矿，煅烧的、锯屑、硅锰合金(低碳)(含硅量25%或上)、动物下脚肥料(或饲料)、钒矿、木片、木球团、木浆球团。

三、特性

散装固体危险货物不仅具有散装固体货物所具有的危险性，而且还具有包装危险货物的危险性，这些特性将对运输安全造成很大的影响。

(一)散装固体货物的一般危险性

在《BC Code》中指出固体散装货物与运输有关的一般危险性归为以下几种：

1. 由于货物分布不当而造成船舶结构损坏

由于某些散装固体货物的密度大，积载因数小，在货舱中装载时，不合理的重量分布可能会使承载货物的局部结构或整个船体受力过大，造成船舶结构上的损坏。

2. 航行中稳性丧失或减少

(1)由于未充分平舱或货物分布不当而在恶劣天气中出现货物移动。

(2)由于船舶在航行中的震动和摇摆而使货物流态化，并滑向或流向货舱一舷。

货物在航行中出现移动或流态化将使船舶稳性减少或丧失，可能会使船舶倾覆。

3. 化学反应

有些货物在散装运输时会自行生热，由于散货堆积通风不良而积热不散，当达到货物自燃点时自燃着火的危险，如种子饼、鱼粉、黑色金属屑等；有些散装货物会放出有毒或易燃易爆气体，如煤、硅铁等；有些会造成强烈腐蚀，如煅烧的黄铁矿、石灰等；有些会造成缺氧，如木片、鱼粉、锯屑、草泥等。

(二)散装固体危险货物的危险特性

散装固体危险货物除了《IMDG Code》中所列明的化学危险性和上述散装固体货物的一般特性之外，在散装运输时(包括MHB物质)特别具有以下几个明显的危险特性：

1. 中毒、腐蚀和窒息性

有些货物易于氧化，从而造成缺氧、散发毒气及自热，人员进入封闭处所可能造成缺氧窒息或通过呼吸系统吸入，经皮肤、眼睛吸收或消化道摄入途径使有毒物质进入人体引起中毒。也有一些货物不易氧化，但能散发毒性气体，尤其是在潮湿时对皮肤、眼睛、黏膜或对船舶结构具有腐蚀性。

2. 货物粉尘对健康的危害

很多粉末状或颗粒状货物，在散装运输的装卸过程中产生大量的粉尘，人员吸入会损害健康，同时对皮肤、眼睛、黏膜也有刺激性。

3. 易产生可燃混合气体

某些货物产生的粉尘会形成爆炸危险，有些货物会产生足以形成爆炸危险的可燃气体。

如煤可产生可燃甲烷气体，当甲烷和空气混合一定比例时，可形成可爆气体。

四、安全适运条件

危险货物安全适运是保证危险货物安全运输的基本条件之一。对于散装固体危险货物而言，托运人在装船前应保证货物已达到《BC Code》所要求的运输条件，并向主管机关和承运人提供有关货物的详细资料。同时，船舶也应符合一定的条件。

(一)识别

在《BC Code》中的货物均被指定了一个散货运输名称(BCSN),一些货物还指定了一个联合国编号(UN)。如果某散货经海上运输,应在其运输单证上用这个散货运输名称予以识别。如果有指定的联合国编号,还应以联合国编号加以补充。

(二)提供信息

在装载前,托运人应向承运人提供装运货物的详细信息,以便船方能够采取必要的措施对货物进行妥善积载和安全运输。这些信息应以书面形式通过适当的运输单证予以确认,还应附加一份声明。货物信息包括以下内容:

(1)散货运输名称。

(2)B组(类)危险货物的国际海事组织危险货物分类,仅在散装运输时有危险的物质(MHB)除外。

(3)B组(类)危险货物的联合国编号,编号前加字母UN。

(4)交运货物的总量。

(5)关于积载因数的信息。

(6)平舱程序。

(7)移动的可能性,包括静止角(如果适用)。

(8)以证书形式提供的关于货物水分含量及精矿或其他货物可能流态化的适运水分限制的附加信息。

(9)液体基础的形成和货物运输。

(10)其他相关的安全信息,如:

①货物没有按《IMDG Code》的规定予以分类,但具有能够造成潜在危害的化学性质;

②货物可能产生的有毒或易燃气体;

③货物的易燃性、毒性、腐蚀性以及耗氧倾向;

④货物的自热性,以及平舱需要(如果适用)等。

(11)如果运输垃圾货物的目的是处理或处理加工,货物名称前应标有字母"垃圾"。

(12)主管机关认为必要的其他信息资料。

(三)试验证书

为获得上述所要求的信息,托运人应安排货物妥善取样和试验。在装载港口向船方提供试验证书。

货物适运水分限制的证书应包括或另附托运人声明,说明证书中的含水量是货物装船时的平均含水量。如果货物拟装入一个以上货舱,则含水量证书中应分别说明装入各舱中的每一种细颗粒货物的含水量。如果按《BC Code》进行采样,并且证明货物的含水量是均匀的,则允许对所有货舱提交一份含水量证书。

如果具有化学危险的货物条目要求提交的证书,该证书应包括或另附托运人声明,说明就他所知,船舶装货当时货物的化学性质即为证书中所列的性质。

(四)采样程序

(1)货样应是装货前货物的真实样本。

(2)试样的采集应由熟悉货物特性、采样方法和采样步骤的人员进行。

(3)采集试样前,应对货物进行检查,对看上去受到污染或性质明显不同或含水量明显不同的部分应分别采样和分析。根据测定结果,对不适于运输的那部分货物应拒绝装运。

(4)试样的采集应考虑以下因素:

①货物的种类;

②颗粒大小的分布;

③货物的组成成分及其差异;

④货物的储存方式;

⑤化学危险(毒性、腐蚀性等);

⑥需测定的特性:含水量、流动水分点、货物密度/积载因数、静止角等;

⑦由于天气和自然排水条件等,在整批货物中水分分布的差异,如水分向货堆或容器底部的渗移或其他形式的移动;

⑧因货物冻结而产生的差异。

(5)在采样过程中,必须特别注意防止品质和特性的变化。采样后,试样应立即存放在合适的密封容器中,并妥善作出标记。

(6)取样方法必须是国际或国家认可的方法。在《BC Code》中列出了精矿货堆的采样程序和一些国际标准化采样程序。

(五)测试方法

1. 静止角的测试方法

静止角是指非黏性(即自由流动)颗粒状物质的最大斜坡角,它是该物质的锥体斜面与水平面的夹角。货物静止角的大小与货物颗粒形状、表面状态、含水量、夹杂物等因素有关。货物静止角的大小反映货物散落性的大小,静止角大,表示散落性小;反之则散落性大。

静止角的测试方法有多种,下列两种为常用的方法:

(1)倾箱法。这是实验室测试方法,适合颗粒度不大于10mm的非黏性粒状物质,对黏性物质(所有潮湿散货和某些干散货)不适用。

(2)船上测定法。这是一种在没有倾箱测量仪时的测定近似静止角的替代方法。

这两种测试方法的具体内容和所使用的设备见《BC Code》附录2实验室测试程序、相关仪器和标准中的2。

2. 易流态化货物的测试方法

易流态化货物是指至少含有一部分细颗粒和湿度(通常为水)的物质。这类货物在装载时可能呈干燥的颗粒状,但却可能含有相当的水分,由于航行中出现的沉积和震动作用使之流态化。

在运输中,如果这些货物的水分含量超过其适运水分限制,会流态化。适运水分极限即公认为安全运输的最大含水量。目前,测定适运水分极限有3种方法:

(1)流盘试验;

(2)沉降试验;

(3)葡氏/樊氏试验。

这3种测试方法各有优点,应按实际情况或由主管机关选择的测试方法。3种测试方法的具体内容和所使用的设备见《BC Code》附录2实验室测试程序、相关仪器和标准中的1。

如果船方根据货物的外表状况怀疑其安全适运性,则可以在船上或岸边利用下述辅助方法近似测定货物的流动可能性:

(1)取一圆筒或类似容器(0.5 至 1 L),将物质的试样盛到容器的一半。

(2)用一只手提起容器,从高度约 0.2 m 处砸向一硬表面,如硬桌面。以 1 ~2 s 为间隔,重复 25 次。

(3)观察货样表面是否出现游离水分或流动状态。如果出现游离水分或流动状态,则在装货前必须进行实验室试验。

3. 含硝酸盐化肥自续放热分解试验

能自续分解的化肥系指在其中局部开始的分解将扩散至其全部化肥。

用专门设计的试验槽试验可以测定化肥发生自续放热分解的倾向。试验中,将拟交付运输的化肥盛入水平试验槽中,使分解从局部开始,然后移去热源后,测出其分解的扩散速度。具体内容和所使用的设备见《BC Code》附录 2 实验室测试程序、相关仪器和标准中的 4。

4. 抗爆性试验

对硝酸铵化肥还进行抗爆性试验,以满足起运国主管机关的要求。

将试样装入钢管,以经受住爆药的爆炸震动。试验期间,钢管平置在铅柱上,以铅柱受到挤压的程度来确定爆炸的蔓延度。具体内容和所使用的设备见《BC Code》附录 2 实验室测试程序、相关仪器和标准中的 5。

5. 木炭自热试验

只有属于 MHB 的木炭才能散装运输,所以,对木炭应按《BC Code》附录 2 实验室测试程序、相关仪器和标准中的 6 进行自热试验,证明其不属于第 4.2 类。

另外,在《BC Code》中还介绍了固体散装货物的密度测量规范和货煤气体的监测程序等。

(六)载运 B 组货物(MHB 除外)的船上要求持有的文件

(1)每艘载运 B 组货物(MHB 除外)的船舶应有一份符合《SOLAS 公约》第Ⅶ/7 -2 条的清单或舱单,列明危险货物及其位置。

(2)对于 B 组货物(MHB 除外),船上应有对危险货物事故或事件作出应急反应的适当信息。

(3)需满足《SOLAS 公约》第Ⅱ -2/19.4 条(或第Ⅱ -2/54.3 条)的 1984 年 9 月 1 日或以后建造的 500 总吨以上的货船和 1992 年 2 月 1 日或以后建造的 500 总吨以下的货船,在运输《IMDG Code》所定义的散装危险货物(第 6.2 类和第 7 类除外)时,应有《符合证书》。

五、装运要求

由前面所描述的特性我们已经知道散装固体危险货物既具有散装固体货物所具有的危险性,又具有包装危险货物的危险性。因此,散装固体危险货物的安全运输不仅要达到散装固体货物的运输要求,而且还要满足危险货物的安全运输要求。

(一)货物重量合理分配

为了避免船体结构受力过度,船舶具有适度的稳性,散装货物在全船的重量合理分配是非常重要的。为此,托运人必须向船方提供有关货物的积载因数、以往货物发生移动的记录以及特别注意事项等详细资料。

1. 防止船体结构受力过度

一般情况下,普通杂货船的设计和构造在满舱满载时适于装载积载因数为 1.39 m^3/t 至 1.67 m^3/t 的货物。因为某些货物的密度较大,积载因数较小,不合理的重量分布可能会使承载货物的局部结构或整个船体的受力过大,所以当装载积载因数为 0.56 m^3/t 或以下的高密度散货时，应特别注意货物重量的合理分布，以避免船体产生过度的应力。船长应依照稳性资料手册中提供的装载信息和使用配载计算机所取得的结果（如果有）来进行配载。

若无法获得有关高密度散货的详细信息，建议采取下列预防措施：

（1）货物重量的纵向分布不应与正常合理的杂货分布相差太大；

（2）任何一舱中的货物最大吨数不应超过 0.9LBD(t)，其中 L 为货舱长度(m)，B 为货舱平均宽度(m)，D 为夏季满载吃水(m)；

（3）如果货物未经平舱或只经过部分平舱，从货物处所底部算起的相应堆尖高度不应超过 1.1D × 积载因数(m)，其中积载因数以 m^3/t 为单位；

（4）若货物经完全平舱，则任何底舱所装货物的最大吨数可由上述（2）中公式计算出的结果增加 20%，但必须符合（1）的要求；

（5）由于船舶底轴隧的加强作用，在机舱后部的底舱货物处所的装载量可超过（2）、（3）、（4）所规定数值 10%，但必须符合（1）的要求。

2. 保证船舶具有适度的稳性

根据经修正的《SOLAS 1974》第Ⅱ－1/22.1 条的规定，在受公约约束的所有船舶上必须配备稳性资料手册。装载《BC Code》列明的，有特别装载和操作要求的货物时，船长应根据托运人提供的资料，计算出航程中最不利状态下及离港时的稳性，计算结果应表明稳性足够。

高密度货物应装载在底舱而不是二层舱中。如果需要将高密度货物装载在二层舱或较高的货物处所时，应注意保证其下的甲板不得超负荷，并且稳性减小后不得低于船舶稳性报告书中的最小允许值。在运输高密度散货时，应特别注意估计 *GM* 值，以免 *GM* 过高而引起船舶在大风浪中剧烈摇摆。

当将有可能产生移动的散货装载在二层舱中或未将货舱装满时，则应设置具有足够强度的止移板或漏斗。

（二）货物装卸要求

（1）在装货前应检查货舱，使其适于装载的货物。

（2）船舶应保证污水沟管系、测深管系及舱内的其他管系处于良好状态。考虑到高密度散货装入货舱时具有较大的冲击力，装舱时应注意采取必要措施以防货舱设备受到损坏。在装货结束后，最好再次测量舱内污水沟的污水深度。

（3）应特别注意保持污水井和滤板畅通无阻。

（4）应采取措施，尽可能减少粉尘与甲板机械及助航仪器的接触。

（5）若可能，在装卸期间应关闭或遮盖通风系统，以减少粉尘进入船舶生活区或其他舱室。

（三）平舱措施

平舱系指在货舱内对部分货物或全部货物进行平整。对货物进行平舱可减少货物移动的可能性，并能最大限度地减少可能导致自热的空气进入货物。平舱可利用装货滑槽、装货筒、便携机器、设备或人力进行。

（1）货物处所应尽量装满，但不超过底舱或二层甲板强度。货物应尽可能合理地平整到货物处所边界。

（2）所需平舱程度根据货物的特性决定。托运人在装货前以书面形式提供所有有关货物平舱资料。

(3)通过平舱有效减少货物移动的措施,对于船长100 m及以下的船舶尤其重要。

(4)对于多层甲板的船舶,如果货物仅装入底舱,则应进行充分平舱以使货物重量均匀分布在舱底板上,如在二层舱中装载货物时,货物资料载明敞开二层盖会使舱底结构的应力超负荷,则应关闭二层舱盖。货物应予以合理平舱并将货面平至两舷或者利用具有足够强度的纵向隔板进行稳定,同时应注意二层甲板的安全载荷能力,保证甲板不超载。

(5)对于黏性货物按上述要求进行平舱。

(6)对于非黏性货物的平舱应根据静止角的大小进行。

①静止角小于或等于30°的非黏性货物会像谷物一样自由流动,应按谷物积载规定进行运输,并且应考虑货物的密度以确定隔板和漏斗边壁的尺寸和稳定性,以及自由货面对稳性的影响。

②静止角大于30°但小于等于35°的非黏性货物的平舱应满足:货物表面的不平整程度即货物表面最高点与最低点间的垂直距离(Δh)应不超过$B/10$,其中B为船宽(m),Δh的最大允许值为1.5 m。Δh不能测量时,如果装货中使用了主管机关认可的平舱设备,则装载亦可接受。

③静止角大于35°的非黏性货物,装载中应特别注意使货物均匀,避免在货物平整表面外部和舱壁之间形成宽而陡的空挡。货物表面的倾角应平整到远小于静止角。

(四)积载与隔离要求

由于散装固体危险货物没有包装保护,因此较同种包装危险货物的积载隔离要求更为严格,而且散装货物大多数都是整船装运,因此对积载处所的要求也更严。

1. 一般要求

(1)对于具有化学危险性的散装固体货物,在装载时必须将性质不相容的物质隔离。隔离还应考虑已经识别的任何副危险性。

(2)除了各类物质之间的一般隔离要求外,可能还需要与增加其危险性的其他物质隔离。就与易燃物质的隔离而言,不包括包装材料、天花板和垫舱材料,但应减少垫舱物料的使用。

(3)为了隔离不相容的物质,“货舱”和“舱室”系指由钢质舱壁或船壳板和钢质甲板围蔽起来的装货处所。这类处所的围壁应为防火和防液的。

(4)当散装运输两种或两种以上不相容物质时,它们之间的隔离要求应至少与“隔离表”(见表7-5所示)的要求等效。

(5)如果同一货舱中装有不同隔离等级的货物,则应按各等级中最严格的隔离要求对所有货物进行隔离。

(6)当固体散货与包装危险货物同船运输时,它们之间的隔离应至少符合“散装固体危险货物与包装危险货物之间的隔离表”(见第五章表5-12所示)的要求。

(7)不相容货物不应同时装卸,特别要避免对食品的污染。在这种情况下,当一种货物装卸完毕、下一种货物装卸之前,应关闭每个货物处所的舱盖并清除甲板上的残留物。

(8)为防止污染,标志为有毒的货物应与一切食品“隔离”。

(9)可能产生的毒气足以危害健康的物质,不得装载在能使毒气渗入起居处所、工作区或通风系统的货舱中。

(10)腐蚀强度足以损害人体组织或船舶结构的物质,只有采取了充分的预防措施和保护措施之后方可装船。

(11)卸出有毒物质后,必须对用于运输这些物质的货物处所的污染状况进行检查。在用于装载其他货物特别是食品之前,必须对受到污染的货舱进行彻底清洗和检查。

(12)卸货后必须对船舶进行仔细检查,以便在载运其他货物之前将残余物清除。在运输了具有腐蚀性的物质后,此项检查尤为重要。

(13)对于在紧急情况下应将舱盖打开的货物,货舱的舱盖应保持随时能够打开的状态。

2. 特殊要求

(1)第4类物质

这类物质应尽可能保持凉爽和干燥,并在远离一切热源和火源的处所积载。

电器设备和电缆应处于良好状态,并要妥善的保护,避免短路和产生电火花。如果要求舱壁适合于用作隔离的条件,则穿过甲板和舱壁的电缆及导管处应作密封处理,以防有害气体和蒸气通过。

散发出的气体能与空气形成可爆混合物的货物,应在有机械通风的处所积载。

应严格禁止在危险区内吸烟,并应显著标示"严禁吸烟"字样。

(2)第5.1类物质

这类货物必须尽可能保持凉爽和干燥,并在远离一切热源和火源的处所积载。这些货物还应与其他可燃物质"隔离"积载。

装载此类货物之前,应特别注意保证货舱清洁。尽可能使用不燃的固定和防护材料,最小限度地使用干燥垫舱木。

应采取防护措施,防止氧化性物质渗入其他货物处所或舱底等处。

(3)第7类物质

用于载运低比度放射性物质(LSA - I)和表面污染体(SCO - I)的货物处所,不得用于装载其他货物,除非经过合格人员消除了放射性污染,使任何表面上非固定污染平均每300 cm^2不超过下述水平:

4Bq/cm^2 (10^{-4} $\mu Ci/cm^2$)	β和γ放射源和低毒性的α放射源;天然铀;天然钍;铀-235或铀-238;钍-228和钍-230的矿石、物理或化学精矿;半衰期低于10天的放射性核素;以及
0.4B q/cm^2 (10^{-5} $\mu Ci/cm^2$)	所有其他α放射源。

(4)第8类物质或具有类似性质的物质

这类物质应尽可能保持干燥。在装载此类货物之前,应注意保证货舱的清洁和干燥。应防止此类货物漏入其他货物处所、污水沟、污水井及舱壁护板间的缝隙。

卸货后应特别注意货物处所的清扫,因为这类货物的残渣可能对船体结构具有极强的腐蚀性。最好用水冲洗后再进行干燥处理。

3. 具有化学危险性的散装固体货物之间的隔离要求见表7-5所示。

表 7-5 散装固体危险货物之间的隔离表

	类别	4.1	4.2	4.3	5.1	6.1	7	8	9	MHB
易燃固体	4.1	×								
易自燃物质	4.2	2	×							
遇水放出易燃气体的物质	4.3	3	3	×						
氧化性物质(氧化剂)	5.1	3	3	3	×					
有毒物质	6.1	×	×	×	2	×				
放射性物质	7	2	2	2	2	2	×			
腐蚀性物质	8	2	2	2	2	×	2	×		
杂类危险物质和物品	9	×	×	×	×	×	2	×	×	
仅在散装时有危险的物质	MHB	×	×	×	×	×	×	×	×	×

表中代码和符号的含义如下：

2 —— 隔离：

在舱内积载时，装在不同的货舱中。只有中间甲板是防火防液的，才可接受垂向隔离(即在不同的舱室中积载)为等效隔离。

3 —— 用一个整个舱室或货舱隔离：

垂直或水平分隔。如果中间甲板不是防火防液的，只能用一介于中间的整个舱室或货舱做纵向隔离。

×—— 无一般隔离要求，应查阅《固体散装货物安全操作规则》的条目和《国际海运危险货物规则》中的“危险货物一览表”。

（五）通风措施

如果所载运的货物可以释放有毒、腐蚀、窒息或易燃的气体，货物处所应提供有效的通风。通风系指从货物处所外向内交换空气，使处所内积聚的易燃气体或蒸气降低到爆炸下限以下，或使有毒气体、蒸气或粉尘含量保持在安全水平，或使含氧量恢复到正常水平。

在运输这些货物时，应配备可测量货物处所内气体或氧气浓度的适当仪器。未经检测确认安全不允许人员进入封闭处所。紧急情况下进入货物处所必须佩带自给式呼吸器和穿防护服，在负责高级船员的监督下由经过训练的人员进行。

根据《BC Code》的条目或托运人提供的信息，选择合适的通风方法。可选择的通风方法有：

1. 自然通风

即指不需要动力进行的通风。通过管道和(或)其他适当设计开口提供空气流通。

2. 表面通风

即指仅在货物上方舱位进行的通风。

3. 机械通风

即指通过动力进行的通风。

4. 持续通风

即指一直持续不断地进行通风。

表 7-6 船岸安全检查表

船名______________________________

泊位______________港口__________

抵港时间__________________靠泊时间__________

填写说明

作业船岸双方须按表内所列项目逐项进行检查，对符合要求者使用√符号表示。所有问题都必须作出肯定回答，如果不能作肯定回答，应说明原因，船岸双方须采取等效防范措施，达成协议，布置落实并在备注栏内予以注明。

□这个符号出现在“船舶”和“岸站”栏表示须由该方检查。

在“符号”栏上打上字母“A”和“P”的意义如下：

“A”表示该项目所述工作程序及协议以书面形式并经双方签字。

“P”表示该项目所述要求如果是否定答复，未经主管机关批准，该项作业不得进行。

A 部分——通用 适用于所有液货船舶	船舶	岸站	符号	备注
A1 船舶是否系泊妥当？	□	□		
A2 应急拖缆是否配置在位？	□	□		
A3 船岸之间有无安全通道？	□	□		
A4 船舶能否随时自航移泊？	□	P		
A5 船上是否安排有效的甲板值班？船岸双方是否配备足够的值班人员？	□	□		
A6 船岸商定的通讯联络系统是否处于有效的工作状态？	□	□	A	
A7 货物、燃料和压载的装卸程序是否取得了一致协议？	□	□	A	
A8 应急关闭程序是否取得了一致协议？	□	□	A	
A9 船岸消防皮龙和灭火装置是否准备就绪，并保证立即可用？	□	□		
A10 货物、燃料的装卸软管/硬臂是否正常？是否配置就绪？必要时是否检验了证书？	□	□		
A11 船岸的排水口是否堵塞妥当？滴油盘是否在位？	□	□		
A12 不用的货物、燃料接头，包括艉卸载管（如有的话）是否已装妥盲板？	□	□		
A13 海底阀和舷外排水阀，当不用时，是否已关闭和绑妥？	□	□		
A14 所有货舱和燃料舱盖是否已关闭？	□	□		
A15 商定的货舱透气系统是否正在使用？	□	□	A	
A16 手电筒是否是认可型的？	□	□		
A17 手提 VHF/UHF 对讲机是否为认可型的？	□	□		
A18 船上主发报机天线是否接地？雷达是否关闭？	□			
A19 便携式电气装置电缆是否与电源断开？	□	□		
A20 船中居住处所所有外部门窗及开口是否都已关闭？	□	□		
A21 艉居住处所面向或通往货舱甲板的所有外部门窗及开口是否都已关闭？	□	□		
A22 可能吸入货物蒸气的空调进气口是否关闭？	□	□		
A23 窗式空调机是否停用？	□	□		
A24 吸烟规则是否得到遵守？	□	□		
A25 厨房和炊具使用规定是否得到遵守？	□	□		
A26 明火规定是否得到遵守？	□	□		
A27 对可能发生的紧急撤离是否作出了规定？	□	□		
A28 船岸双方是否留有足够人员应付处理紧急情况？	□	□		
A29 船岸连接处是否配备了有效的绝缘器材？	□	□		

表 7-6 续

项目	船舶	岸站	符号	备注
A30 是否采取了措施以确保泵舱的充分通风?	□			
B 部分——附加检查 适用于散装液态化学品装卸	船舶	岸站	符号	备注
B1 是否持有货物安全操作所必需的数据资料? 包括必要时生产厂家出具的货物抑制状态证书?	□	□		
B2 有无足够的合适保护装置(包括自给式呼吸器)和防护服,并保证立即可用?	□	□		
B3 是否已商定人员意外接触到货物的防范救护措施?	□	□		
B4 货物装卸率是否与所使用的自动关闭系统(如使用的话)相适应?	□	□	A	
B5 货物系统的仪表和警报是否正确调定并状态良好?	□	□		
B6 有无可携式气体检测器准备检测所装卸的货物?	□	□		
B7 有无交换关于消防方法和程序的资料?	□	□		
B8 输送软管的材料是否与货物性质相适应?	□	□		
B9 货物装卸是否使用常设的管路系统?	□	□	P	
C 部分——附加检查 适用于散装液化气货品装卸	船舶	岸站	符号	备注
C1 是否持有货物安全操作所必需的数据资料? 包括必要时生产厂家出具的货物抑制状态证书?	□	□		
C2 水雾系统是否备好待用?	□	□		
C3 有无足够的合适保护装置(包括自给式呼吸器)和防护服,并保备好待用?	□	□		
C4 要求填充惰性气体的货舱空位是否已适当灌充惰性气体?	□			
C5 是否所有遥控阀都处于可使用状态?	□	□		
C6 货舱的压力释放阀是否连接至船舶的透气系统? 旁路是否被关闭?	□			
C7 所需货泵和压缩机是否良好? 并且船岸以商定最大工作压力?	□	□	A	
C8 再液化设备或蒸气控制装置是否良好?	□			
C9 气体检测器是否针对货物调定、校准并且良好?	□	□		
C10 货物系统的仪表和警报是否正确调定并状态良好?	□	□		
C11 应急切断系统是否工作正常?	□	□		
C12 岸站是否知道船舶应急截止阀的关闭速度? 船舶是否知道岸站装置的类似情况?	□	□	A	
C13 船岸是否已交换关于货物系统的最低工作温度?	□	□	A	

	船舶	岸站
船舶停靠岸站期间是否计划洗舱? 如果是的话,有无通知港口当局和岸站码头?	是/否* 是/否*	是/否*

* 按实情划去是或否

声明:

该检查表中凡须共同检查的项目,我们均已核查,并确信,就我们的知识而言,我们所填写的内容是正确的,对必须进行复查的项目也已作了安排。

船舶	岸站
姓名	姓名
职务	职务
签字	签字

时间＿＿＿＿＿＿＿＿

日期＿＿＿＿＿＿＿＿

复习思考题

1. 名词解释:静止角、易流态化货物、适运水分极限、平舱。

2. 原油及其产品的主要特性有哪些？危害性有哪些？

3. 油品在装卸中应注意哪些事项？

4. 油船作业中,油气所处的状态可能有哪几种情况,各有什么特点？在洗舱中采用哪种情况是最安全的？

5. 油污水及溢油处理方法有哪些？

6. 与油船安全运输有关的法规主要有哪些？

7. 油船在载运油类时必须持有哪些证书和文书？

8. 什么是散装液体化学品？散装液体化学品按对海洋污染程度分为几类？其污水排放有什么要求？

9. 散装液体化学品的主要特性有哪些？危害性有哪些？

10. 与散装液体化学品运输有关的国际公约和规则有哪些？

11. 散装液体化学品船舶的船型有几种？舱型有几种？散装液体化学品船舶必须持有哪些证书？

12. 在散装液体化学品的运输、装卸操作过程中应注意哪些事项？

13. 液化气从运输上分为哪几类？

14. 液化气的主要特性有哪些？危害性有哪些？

15. 与液化气运输相关的国际规则有哪些？

16. 液化气船舶主要分为哪几种？液化气船舶的船型有哪几种？舱型有哪几种？

17. 液化气运输中应注意哪些事项？

18. 什么是散装固体危险货物？散装固体危险货物具有哪些危险特性？

19. 散装固体危险货物运输时托运人应向承运人提供哪些详细信息？

20. 散装固体危险货物的装运要求有哪些？

21. 散装固体危险货物装运中的平舱有什么作用？通风有哪些作用？

22. 简述散装固体危险货物积载隔离的一般要求。

第八章　危险货物仓储

危险货物储存是危险货物流通过程中非常重要的一个环节,如果处理不当,就会造成事故。如深圳清水河危险品仓库爆炸事故,给国家财产和人民生命造成了巨大损失。

为了加强对危险货物储存的管理,国家制定了一系列法规和标准,对危险货物仓库的技术条件、审批制度、安全储存都提出了具体要求。

第一节　危险货物的仓库

收发和储存危险货物的仓库称为危险货物仓库。危险货物仓库有大型的专业性储备、中转仓库,中型的厂矿企业单位的生产附属仓库和小型的一般使用性质的储藏仓库。由于危险货物仓库储存的货物种类繁多,性质不尽相同。如果库址选择不当、布局不合理,建筑不符合要求,管理不当,就容易引起燃烧、爆炸或中毒等事故。

一、对危险货物仓库的基本要求

储存危险货物的库房在建造时,其建筑设计必须符合《建筑设计防火规范》(GBJ16－2001)、《仓库防火安全管理规则》(1990 年 3 月 23 日公安部第 6 号令)、《爆炸和火灾环境电力装置设计规范》(GB50058－1992)、《建筑物防雷设计规范》(GB50057－1994)、《石油化工企业设计防火规范》(GB50160－1992)和《危险化学品经营企业开业条件和技术要求》(GB18265－2000)等法规和国家标准的规定。其结构应符合所储货物的要求,并根据所储物品的性状、火灾危险性、养护和灭火措施等特点建造。对仓库的要求主要有如下几点:

1. 储存危险货物建筑不得有地下室或其他地下建筑,其耐火等级、层数、占地面积、安全疏散和防火间距,应符合国家有关规定。

2. 储存危险货物的建筑物、场所的消防用电设备应能充分满足消防用电的需要,储存区域或建筑内的输配电线路、灯具应符合国家规范的安全要求。

3. 储存易燃易爆化学物品的建筑、装置必须安装避雷设备和必要的静电导除装置。

4. 储存场所的通风管道应采用非燃材料,并应设有静电导除装置;建筑内需采暖时,热媒温度不应过高,热水采暖温度不应超过 80℃,且不得使用蒸气采暖和机械采暖。

5. 储存危险货物的仓库,必须配置相应的消防设备、设施和灭火药剂。

6. 储存易燃易爆化学物品的建筑内,严禁附设员工集体宿舍。

二、库址选择的基本要求

根据《危险化学品经营企业开业条件和技术要求》(GB18265－2000),危险化学品仓库按其使用性质和经营规模分为三种类型:大型仓库(库房或货场总面大于 9000 m^2);中型仓库(库房或货场总面积在 550 m^2 ~9000 m^2 之间);小型仓库(库房或货场总面积小于 550 m^2)。

大中型危险化学品仓库应选址在远离市区和居民区的当在主导风向的下风向和河流下游的地域;大中型危险化学品仓库应与周围公共建筑物、交通干线(公路、铁路、水路)、工矿企业等距离至少保持 1000 m;大中型危险化学品仓库内应设库区和生活区,两区之间应有 2 m 以上的实体围墙，围墙与库区内建筑的距离不宜小于 5 m，并应满足围墙建筑物之间的防火距离要求。

厂矿企业的生产附属性仓库，不应设在城市的居民生活区和公共建筑区。小型仓库选址时应视单位的具体情况而定。

三、库房建筑设施基本要求

危险品仓库建筑设施的要求可具体表现为：

（一）地面

储存易燃危险品的库房应为易冲洗、不燃烧、撞击不生火花的地面。

（二）屋顶和屋面

库房的屋顶应采取隔热降温的双层通风式屋顶。屋面应为不燃、光滑、不沾分层的墙面。

（三）墙

库房的墙应建造隔热的外墙，在墙脚应设通风洞，以配合库房通风。为了防止各危险品库房之间一旦发生火灾时相互造成蔓延，库房之间的墙应建造防火墙。防火墙是为了减小或避免建筑物、货物、设备遭受热辐射危害和防止火灾蔓延扩大而设置的竖向耐火分隔体。根据设置位置，防火墙有内防火墙、外防火墙和室外独立建造的防火墙几种类型。

（四）门窗

1. 门

危险品库房防火墙间的门不应少于 2 个，但占地面积不超过 100 m^2 的可设一个。一座多层库房的占地面积如不超过 300 m^2 时，可设一个疏散楼梯。门的宽度不应小于 2 m，并应向外开启或靠墙的外侧推拉，但甲类危险品库房不应采用侧拉门。库房的门外宜加设门斗（即在建筑物出入口设置的起分隔、挡风、御寒等作用的建筑过渡空间），并宜为两道门：第一道门为防火门；第二道门为钉纱的通风门。

2. 窗

危险品库房的窗户应采用高窗，窗的外面应设遮阳板或雨搭，以防阳光直射和雨水溅入库内。窗上应安装防护铁栅，并加设铁丝网。窗户上的玻璃应采用毛玻璃或为涂白色漆的普通玻璃，以防因阳光的透射和玻璃上的疵点聚集引起着火事故。

（五）电气照明和防雷设备

1. 照明灯

甲类危险品库房一般不宜安装电气照明，如必须夜间作业时，亦应安装符合所储物品防爆等级的照明灯。不准使用碘钨灯、日光灯和功率 60 W 以上的灯泡。不准安装不符合要求的任何照明。如安装防爆灯亮度不够或困难时，可在库房外安装与窗户相对的投光照明灯，或采用在墙身内设壁龛，内墙面用固定钢化玻璃隔封，电线设在库房外。

2. 电器线路

库房的电线都应当加设在库房外，引进库房的电线必须装置在金属或塑料套管内，电器线路和灯头应当安装在库房通道的上方，与堆垛保持安全距离。严禁在库房闷顶内架设线路和在库房内架设临时电线。如在库区内需加设临时电线时，必须要经仓库防火负责人批准，且临时用线的时间不准超过半个月，到期及时拆除。

3. 开关、保险

库区的电源应当设总闸和分闸，每个库房应当单独安装开关箱，开关箱应设在库房外的墙上，并安装防雨、防潮等保护设施。

4. 防雷

大型的危险品仓库，必须安装避雷装置。宜采用独立避雷针，或在库房两端的防火墙上安装避雷针，高度要经过计算，接地要求良好，要保证库房在避雷针的保护范围以内。

以上提到的甲类危险品，即为《建筑设计防火规范》(GBJ16—2001)中根据危险品本身火灾危险性的大小，由大到小将各种物品按甲乙丙丁戊分为5个等级，其中甲类物品火灾危险性最大。属于甲类危险品的有：(1)闪点<28℃的液体；(2)爆炸下限<10%的气体，以及受到水、火、空气中水蒸气的作用能产生爆炸下限小于10%的气体的固体物质；(3)常温下能自行分解或在空气中氧化即能导致迅速自燃或爆炸的物质；(4)常温下受到水或空气中水蒸气的作用，能产生可燃气体并引起燃烧或爆炸的物质；(5)遇酸、受热、撞击、摩擦以及遇有机物或硫磺等易燃的无机物，极易引起燃烧或爆炸的强氧化剂；(6)受撞击、摩擦或与氧化剂、有机物接触时能引起燃烧或爆炸的物质。

四、专项危险货物库房要求

(一)爆炸品库房

储存爆炸品最好采用半地下库，三分之二于地下，地面库壁用45度，斜坡培土，库顶用轻质不燃材料，库外四周修建排水沟。如系地上库，应与四周保持足够的安全距离，并在周围筑堤(堤基离库墙1～3 m，堤顶宽度不小于1 m，且高出屋檐1.5 m以上)，采用轻质隔热库顶。库房面积不宜过大，每幢建筑面积在100 m^2以内，通风良好并保持干燥，四壁做防水层，地坪用沥青抹平。

(二)气瓶库房

压缩气体和液化气体的气瓶宜专库储存。库房结构应耐火、不燃，库房墙壁应紧固并有隔绝热源的能力。库顶应使用轻质不燃材料，库内高度不宜低于3.25 m。对存储氢气等相对密度小于1的气体的气瓶库房，库顶应当设有可以通风的窗口；对储存丙烷、丁烷、混合液化石油气等相对密度大于1的气体的气瓶库房，应当在库房底部的墙体上设置一定数量和面积的可供通风散气的洞口，以保证库内气体能够对流通风，防止逸散的气体聚集形成爆炸性混合气。

(三)易燃液体库房

易燃液体库房不应建在建筑物的地下室或半地下室。库房的地面应为易冲洗、不燃烧、撞击不发火花的地面。为防止液体流淌，应在库房门外设水泥斜坡，坡顶高出室内地坪15～20 cm，离地面1 m的内墙面应用水泥粉刷，以防液体溢渗墙内。

(四)易燃固体、易自燃物品和遇湿易燃物品库房

不论是易燃固体、自燃物品还是遇湿易燃物品，其库房的建造，都必须满足其特性要求。对温度、湿度要求特别高的易燃固体、自燃物品库房应当建造能够严格控制温度、湿度的专用危险品库房；对温度、湿度要求不太高的火柴库房、丙类易燃固体库房按通用危险品库房建造即可。

对有积热自燃危险性的易燃固体、桐油配料制品和硝酸纤维废胶片等自燃物品库房的室内地坪，应高出室外地坪不小于40 cm，地面应为三油两毡，油毡上再涂上一层沥青油，反复进行，最后在上面加上一层水泥地坪。

(五)氧化剂库房

储存氧化剂的库房应采取隔热和降温措施，并保持干燥。库顶宜用绝热材料，库内需加顶

棚,地坪宜用空心砖砌筑。门窗要严实,既便于密闭,又方便开启通风。

(六)毒害品库房

毒害品可存于普通砖木结构库房,地坪要抹光,门窗要严密、遮光,能分解散发毒性气体,要专库独立隔离储存,通风良好,并设毒气净化装置。有条件的库房可安装机械通风排毒设备,以保持库内空气清洁。

(七)放射性物品库房

储存放射性物品,应建特型库,不应在一般库房或简易货棚内储存。库房建筑宜采用混凝土结构,耐火等级不应低于1级,墙壁厚度应不少于50 cm,内壁和天花板应用拌有重晶石粉的混凝土抹平。地面光滑无缝隙,便于清扫和冲洗,并应耐火不燃、撞击不发火花。库内应有下水道和专用渗井,防止放射性物品扩散。门窗应有铝板覆盖,门应设套间,库房要远离生活区。库房之间的间距,以及与其他物品之间的防火间距,除应符合射线防护的要求外,不应低于甲类物品的防火要求。

(八)腐蚀性物品库房

储存腐蚀性物品的库房建筑,其耐火等级、最大允许占地面积、层数和防火间距的要求,应按同类型的可燃液体、可燃固体和氧化剂的防火要求确定。对有遇水易燃性的甲基肼、甲醇钠等还应符合遇湿易燃物品库房的要求。此外,根据其腐蚀性的特点,提出要求如下:

(1)屋顶最好是水泥的平顶结构,里表面涂耐酸漆,以防腐蚀。对于木结构的屋架、门窗和各个结构的金属附件,都应涂上耐酸漆或比较耐酸的油漆。库房内不宜安装电器照明,因其易受腐蚀。可在库房外设投光灯或封密严实的壁龛灯照明。

(2)对易燃、易挥发的甲酸、丙酰氯和易受冻结冰的冰醋酸,受冻易聚合沉淀的甲醛、三氯乙醛等以及低沸点的溴素、乙酰氯等,均须储存于冬暖夏凉的库房。

(3)对遇水分解、发烟的卤化物和遇水易燃的甲基肼、甲醇钠等物品的库房,必须干燥和通风良好,防雨、防潮。其他的如硝酸、硫酸、盐酸等,可储存在一般库房或货棚内。工业用坛装硫酸、盐酸,可露天存放,但须在坛盖上加盖瓦钵,防止雨水浸入。对冬季过于寒冷和夏季过于炎热的地区,在冬夏两季,最好移入库内存放。化学试剂的硫酸、盐酸不宜露天存放。

第二节　包装危险货物的储存

危险货物仓储作业大致可以表示为以下流程(见图8-1所示):

根据其作业流程,在此重点分析其中出入库、装卸、及存储作业及其要求。

一、出入库要求

(一)入库验收

入库验收是分清责任落实仓库管理重要环节,可以分清运输部门、发货单位和仓库之间的责任,防止品名不符、质量和包装不良的危险物品进入仓库。

对性质不明或出口货物包装、标志不符合规定的有权拒收;进口的货物包装破损、撒漏、外包装有异状、受潮或沾污其他货物的危险货物应单独存放,及时妥善处理。入库验收的内容主要包括以下几项:

(1)校对品名、来源、生产厂、规格、批号、数量、危险品标志等,对进口危险货物还要核对唛头;

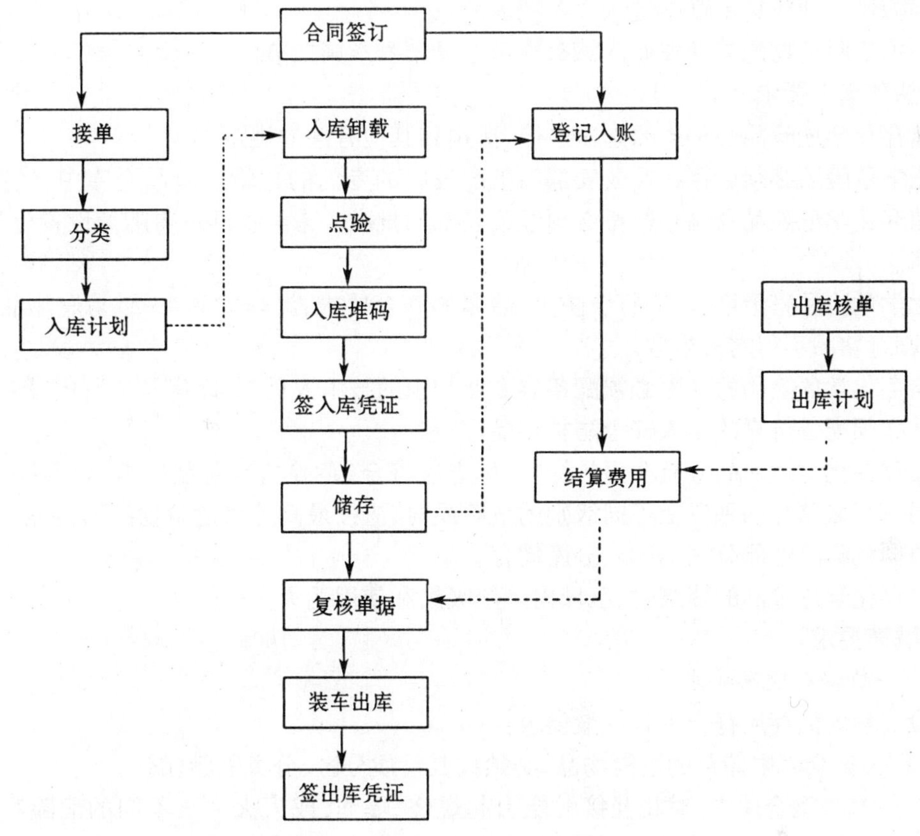

注：实线表示货物流，虚线表示信息流。

图 8-1　危险货物仓储作业流程图

(2)检查包装是否有残破、锈蚀、渗漏、封口不密、钢瓶漏气、包装不固、包装外表粘附杂质、油污和遭受水湿、雨淋等情况；

(3)对需加稳定剂的危险品查验稳定剂是否充足；

(4)对压缩、液化气体和溶解气体的钢瓶，校验其使用期限是否符合要求等。

(二)出库复核

出库复核是危险物品储存工作的最后一道关。把好出库复核关，主要是认真做好发货检查工作，防止发生差错和包装不良或有隐患的危险品出库。

二、装卸作业要求

1. 装卸、搬运危险货物时应按有关规定进行，做到轻装、轻卸。严禁摔、碰、撞、击、拖拉、倾倒和滚动。

2. 装卸对人身有毒害及腐蚀性的物品时，操作人员应根据危险性，穿戴相应的防护用品。

3. 修补、换装、清扫、装卸易燃、易爆物料时，应使用不产生火花的铜制、合金制或其他工具。

4. 在装卸危险货物过程中，如遇有闪电、雷击、雨雪天或附近发生火灾时，应立即停止作业。某些对温度较为敏感的危险品，于高温季节不宜每日 8 ~ 18 时作业，并避免阳光直射。

5. 起卸易燃易爆危险品时，应划定禁火区，距装卸点 50 m 以内无关人员不得接近。作业人员不得携带火种或穿带钉鞋进入作业现场。

每一项危险货物的装卸作业注意事项可参见第六章第二节。

三、储存基本要求

1. 储存化学危险品必须遵照国家法律、法规和其他有关的规定。

2. 化学危险品必须储存在经公安部门批准设置的专门的化学危险品仓库中，经销部门自管仓库储存化学危险品及储存数量必须经公安部门批准。未经批准不得随意设置化学危险品储存仓库。

3. 化学危险品露天堆放，应符合防火、防爆的安全要求，爆炸物品、一级易燃物品、遇湿燃烧物品、剧毒物品不得露天堆放。

4. 储存化学危险品的仓库必须配备有专业知识的技术人员，其库房及场所应设专人管理，管理人员必须配备可靠的个人安全防护用品。

5. 储存的化学危险品应有明显的标志，标志应符合《危险货物包装标志》(GB190 - 90)的规定。同一区域储存两种以上不同级别的危险品时，应按最高等级危险物品的性能标志。

6. 根据危险品性能分区、分类、分库储存。

7. 储存化学危险品的建筑物、区域内严禁吸烟和使用明火。

四、隔离要求

(一)一般储存隔离要求

危险货物的储存应符合下列一般要求：

(1)在大型仓库中储存的危险物品，必须按其性质分区、分类隔距保管。

(2)在中、小型仓库中，对相互接触能引起燃烧、爆炸，或灭火方法不同的危险物品，不得同库储存，如：强氧化剂(氯酸钾、氯酸钠、过氧化钠、硝酸钠等)与易燃物品，强酸性腐蚀物品不能存放在一起；氧气与易燃物品、油脂，氢化物与酸性腐蚀物品不能存放在一起。

(3)在铁路、交通部门等短期储存的单位，如条件确有困难又必须同库储存时，则应保持一定的安全距离隔离存放。

(二)《常用化学危险品贮存通则》中的储存隔离要求

根据《常用化学危险品贮存通则》(GB15603 - 1995)要求，进行危险货物的储存安排时，首先应考虑它们之间的禁配关系。对互为禁忌的危险货物通常采用隔离层或隔开一段距离，或在不同的房间内存放。各类危险品不得与禁忌物料混合储存，禁忌物料配置见表 8-1(《常用化学危险品贮存通则》中的附录 A)。

禁忌物料(inco mpatible materials)是指化学性质相抵触或灭火方法不同的化学物料。

危险品储存隔离方式分为如下 3 种：

(1)隔离储存(segregated storage)：在同一房间或同一区域内，不同的物料之间分开一定距离，非禁忌物料间用通道保持空间的储存方式。

(2)隔开储存(cut-off storage)：在同一建筑或同一区域内，用隔板或墙，将其与禁忌物料分离开的储存方式。

(3)分离储存(detached storage)：在不同的建筑物或远离所有建筑的外部区域内的储存方式。

表8-1 常用化学危险品储存禁忌物配置表

危险化学品种类和名称				配存编号	1	2	3	4	5	6	7	8	9	10	11	12	13	14	15	16	17	18	19	20	21	22
危险化学品	爆炸品		点火器材	1	1																					
			起爆器材	2	×	2																				
			炸药及爆炸性药品（不同品名的不得在同一库内配存）	3	×	×	3																			
			其他爆炸品	4	△	×	×	4																		
	氧化剂		有机氧化剂	5	×	×	×	×	5																	
			亚硝酸盐[2]、亚氯酸盐[2]、次亚氯酸盐[2]	6	△	△	△	△	×	6																
			其他无机氧化剂	7	△	△	△	△	×	×	7															
	压缩气体、液化气体		剧毒（液氯与液氨不能在同一库内配存）	8		×	×	×	×	×	×	8														
			易燃	9	△	×	×	△	×	△	△		9													
			助燃（氧及氧空钢瓶不得与油脂在同一库内配存）	10	△	×	×	△					△	10												
			不燃	11		×	×								11											
	自燃物品		一级	12	△	×	×	×	×	△	△	×	×	×		12										
			二级	13		×	×	△				×	△	△			13									
	遇水燃烧物品（不得与含水液体货物在同一库内配存）			14		×	×	×	△	△	△	△	△	△		×		14								
	易燃液体			15	△	×	×	×	×	△	×	×		×		×	△		15							
	易燃固体（H发孔剂不可与酸性腐蚀品及有毒和易燃酯类危险化学品配存）			16		×	×	△	×	△	△	×		×		×				16						
	毒害品		氰化物	17		△	△														17					
			其他毒害品	18		△	△															18				
	腐蚀品	酸性腐蚀品	溴	19	△	×	×	×	×				△			×	△	△	△		×	△	19			
			过氧化氢	20	△	×	×	△	△							△	△	×	△		×	△		20		
			硝酸、发烟硝酸、硫酸、发烟硫酸、氯磺酸	21	△	×	×	×	×	×	1）	×	×	△	△	×	×	△	△	△	×	△	△	△	21	
			其他酸性腐蚀品	22	△	×	×	△	△	△	△	△	△			△		△			×	△		△	△	22
		碱性及其他腐蚀品	生石灰、漂白粉	23		△	△	△		△	△								△					△	×	△
			其他（无水肼、水合肼、氨水不得与氧化剂配存）	24														△							×	

表注：1.无配存符号表示可以配存。

2.△表示可以配存堆放时至少隔离 2 m。

3.×表示不可以配存。

4.有注释时按注释规定办理。

1）除硝酸盐（如硝酸钠、硝酸钾、硝酸铵等）与硝酸、发烟硝酸可以配存外，其他情况均不得配存。

2）无机氧化剂不得与松软的粉状可燃物（如煤粉、焦粉、糖、淀粉、锯末等）配存。

（三）《易燃易爆性商品储藏养护技术条件》中的储存隔离要求

各类危险货物在仓库中的储存隔离要求也可以依据《易燃易爆性商品储藏养护技术条件》（GB 17914－1999）中的化学危险物品混存性能互抵表，见表8-2。

表8-2 化学危险物品混存性能互抵表

化学危险物品分类	小类	爆炸性物品				氧化剂				压缩气体和液化气体				自燃物品		遇水燃烧物品		易燃液体		易燃固体		毒害性物品				腐蚀性物品 酸性		腐蚀性物品 碱性		放射性物品
		点火器材	起爆器材	爆炸及爆炸性药品	其他爆炸品	一级无机	一级有机	二级无机	二级有机	剧毒	易燃	助燃	不燃	一级	二级	一级	二级	一级	二级	一级	二级	剧毒无机	剧毒有机	有毒无机	有毒有机	无机	有机	无机	有机	
爆炸性物品	点火器材	○																												
爆炸性物品	起爆器材	○	○																											
爆炸性物品	爆炸及爆炸性药品	○	×																											
爆炸性物品	其他爆炸品	○	×	○	○																									
氧化剂	一级无机	×	×	×	×	①																								
氧化剂	一级有机	×	×	×	×	×	○																							
氧化剂	二级无机	×	×	×	×	○	×	②																						
氧化剂	二级有机	×	×	×	×	×	○	×	○																					
压缩气体和液化气体	剧毒（液氨和液氯有抵触）	×	×	×	×	×	×	×	×	○																				
压缩气体和液化气体	易燃	×	×	×	×	×	×	×	×	×	○																			
压缩气体和液化气体	助燃	×	×	×	×	×	×	分	×	○	×	○																		
压缩气体和液化气体	不燃	×	×	×	×	分	消	分	分	○	○	○	○																	
自燃物品	一级	×	×	×	×	×	×	×	×	×	×	×	×	○																
自燃物品	二级	×	×	×	×	×	×	×	×	×	×	×	×	×	○															
遇水燃烧物品	一级	×	×	×		×	×	×	×	×	×	×	×	×	×	○														
遇水燃烧物品	二级	×	×	×	×	×	×	×	×	消	×	×	消	×	消	×	○													
易燃液体	一级	×	×	×	×	×	×	×	×	×	×	×	×	×	×	×	×	○												
易燃液体	二级	×	×	×	×	×	×	×	×	×	×	×	×	×	×	×	×	○	○											
易燃固体	一级	×	×	×	×	×	×	×	×	×	×	×	×	×	×	×	×	消	消	○										
易燃固体	二级	×	×	×	×	×	×	×	×	×	×	×	×	×	×	×	×	消	消	○	○									
毒害性物品	剧毒无机	×	×	×	×	分	×	分	消	分	分	分	分	×	分	消	消	消	消	分	分	○								
毒害性物品	剧毒有机	×	×	×	×	×	×	×	×	×	×	×	×	×	×	×	×	×	×	×	×	○	○							
毒害性物品	有毒无机	×	×	×	×	分	×	分	分	分	分	分	分	×	分	消	消	消	消	分	分	○	○	○						
毒害性物品	有毒有机	×	×	×	×	×	×	×	×	×	×	×	×	×	×	×	×	分	分	消	消	○	○	○	○					
腐蚀性物品 酸性	无机	×	×	×	×	×	×	×	×	×	×	×	×	×	×	×	×	×	×	×	×	×	×	×	×	○				
腐蚀性物品 酸性	有机	×	×	×	×	×	×	×	×	×	×	×	×	×	×	×	×	消	消	×	×	×	×	×	×	×	○			
腐蚀性物品 碱性	无机	×	×	×	×	分	消	分	消	分	分	分	分	分	分	消	消	消	消	分	分	×	×	×	×	×	×	○		
腐蚀性物品 碱性	有机	×	×	×	×	×	×	×	×	×	×	×	×	×	×	×	×	消	消	消	消	×	×	×	×	×	×	○	○	
放射性物品		×	×	×	×	×	×	×	×	×	×	×	×	×	×	×	×	×	×	×	×	×	×	×	×	×	×	×	×	○

表注：“○”符号表示可以混存；

“×”符号表示不可以混存；

"分"指应按化学危险品的分类进行分区分类贮存。如果物品不多或仓位不够时,因其性能并不互相抵触,也可以混存;

"消"指两种物品性能并不互相抵触,但消防施救方法不同,条件许可时最好分存;

①说明过氧化钠等过氧化物不宜和无机氧化剂混存;

②说明具有还原性的亚硝酸钠等亚硝酸盐类,不宜和其他无机氧化剂混存。

凡混存物品,货垛与货垛之间,必须留有 1 m 以上的距离,并要求包装容器完整,不使两种物品发生接触。

(四)《水路危险货物运输规则》中的储存隔离要求

各类危险货物在港口库场堆存隔离具体要求可根据《水路危险货物运输规则》,先查"危险货物隔离表"(本书第五章表 5-7),查到隔离代码,然后再根据表 8-3 进行隔离。

表 8-3　港口储存危险货物隔离表

隔离代码	仓库内	场地上
1	相距 3 m	相距 3 m
2	分库房	相距 10 m
3	中间隔一个库房	相距 30 m

(五)各类危险货物的具体隔离要求

1. 爆炸品

爆炸品要专库专柜储存保管,并应实行双人双锁管理。

2. 压缩气体和液化气体

(1)气体钢瓶,应专库专储,性能相互抵触的不能在同一库房内混放,如氢气和乙炔不能与具有助燃性能的氧或氯混储,必须分库存放。氯和氨同是有毒气体,但性能相互抵触,如果接触,会发生爆炸反应,必须隔离储存。

(2)压缩、液化气体与可燃、遇湿易燃等易燃物品之间,甲类易自燃物质在空气中能自行燃烧,如遇易燃或氧化性气体能加剧燃烧,同时燃烧的高温会造成钢瓶爆裂,扩大事故。因此,剧毒、可燃、氧化性气体均不得与包装类Ⅰ、Ⅱ易自燃物质同库储存;与遇水放出易燃气体的物质因灭火方法不同,应隔离存放和配载;剧毒气体、氧化性气体不得与易燃液体、易燃固体同库储存。

(3)剧毒气体、可燃气体不得与硝酸、硫酸等强酸同库储存;氧化性气体、不燃气体与硫酸等强酸应隔离储存和配载。因为这些酸类有较强的氧化作用,不仅遇到某些剧毒和易燃气体能发生化学反应,而且由于这些酸有较强的腐蚀性,能腐蚀钢瓶使瓶体损坏。

(4)氧气瓶与氧气空瓶不得与油脂及含油物质、易燃物同库储存。因为氧气有较强的氧化性,当与易被氧化和易燃的油脂(除动植物油外)接触时,能使油脂被氧化而产生热量,致使油脂易自燃着火,产生的高热反过来可造成氧气钢瓶的爆炸。

3. 易燃液体

易燃液体,不仅本身易燃,而且大都具有一定的毒性。如甲醇、苯、二硫化碳等,原则上应单独存放。但因各种条件限制,不得不与其他种类的危险品同储时,应遵守以下原则:

(1)与包装类Ⅰ、Ⅱ易自燃物质不能同库储存,与包装类Ⅲ易自燃物质也应隔离储存。因为易自燃物质可自行燃烧。

(2)与腐蚀品溴、过氧化氢、硝酸等强酸不可同库储存,如量甚少时,也应隔离储存,并保持 2 m 以上的防火间距。因为溴、过氧化氢、硝酸等强酸都有较强的氧化性。

(3)含水的易燃液体和需要加水存放的易燃液体，不得与具有遇湿易燃性的易自燃物质、遇水放出易燃气体的物质同库储存。如二硫化碳本身虽不含水，但包装时必须要有不少于1/4的水层覆盖液面，所以不能和遇水放出易燃气体的物质同储。

4. 易燃固体、易自燃物质和遇水放出易燃气体的物质

易燃固体、易自燃物质和遇水放出易燃气体的物质虽均属第4类危险货物，但它们引起燃烧的条件各不相同。因此，少量的可分堆隔离储存，数量较大的应分库储存。具体又可分为：

(1)易燃固体：

①与包装类Ⅰ、Ⅱ易自燃物质不能同库储存，与包装类Ⅲ易自燃物质亦应隔离储存。因为包装类Ⅰ、Ⅱ易自燃物质性质不稳定，可以自行氧化燃烧。

②与遇水放出易燃气体的物质不能同库储存。因为和遇水放出易燃气体的物质灭火方法不同，且有的性质相互抵触。

③与氧化剂不能同库储存。因为易燃固体都有很强的还原性，与氧化剂接触或混合就成了爆炸物，有引起着火爆炸的危险。

④与溴、过氧化氢、硝酸等具有氧化性的腐蚀品不可同库储存。与其他酸性腐蚀品可同库隔离存放。但发孔剂H(4101)与某些酸作用能引起燃烧，所以不宜同库存放。

⑤金属氨基化合物类、金属粉末、磷的化合物类等与其他易燃固体不宜同库储存。因为他们的灭火方法和储存保养措施不同；硝化棉、赤磷、赛璐珞、火柴等均宜专库储存。樟脑、萘、赛璐珞制品，虽属乙类易燃固体，但挥发出来的蒸气和空气可形成爆炸性的混合气体，遇着火源容易引起爆炸。储存条件高，宜专库储存。

(2)易自燃物质：

①包装类Ⅰ、Ⅱ易自燃物质，不得与爆炸品、氧化剂、氧化性气体、易燃液体、易燃固体同库储存。

②黄磷、651除氧催化剂，不得与遇水放出易燃气体的物质同库存放。硼、锌、铝、锑氢化合物等易自燃物质与遇水放出易燃气体的物质可隔离储存。

③硼、锌、铝、锑氢化合物类易自燃物质与黄磷、651除氧催化剂不得同库储存；其他包装类Ⅰ、Ⅱ易自燃物质与包装类Ⅲ易自燃物质应隔离储存。

④易自燃物质与溴、硝酸、过氧化氢（$<40\%$的双氧水）等具有较强氧化性的腐蚀品不可同库存放；与盐酸、甲酸、醋酸和碱性腐蚀品，亦不准同库存放或隔离存放。

(3)遇水放出易燃气体的物质：

①遇水放出易燃气体的物质不得与易自燃物质同库存放。因为易自燃物质危险性大，见空气即着火，且黄磷、651除氧催化剂等，包装用水作稳定剂，一旦包装破损或渗透都有引起着火的危险。

②遇水放出易燃气体的物质与氧化剂不可同库存放。因为遇水放出易燃气体的物质是还原剂，遇氧化剂会剧烈反应，发生着火和爆炸。

③遇湿易燃物品与腐蚀品之间。因为溴、过氧化氢、硝酸、硫酸等强酸等都具有较强的氧化性，与遇水燃烧物品接触会立即着火或爆炸。且过氧化氢还含有水，也会引起着火爆炸，所以不得同库存放。与盐酸、甲酸、醋酸和含水碱性腐蚀品如液碱等，亦应隔离储存。

④遇水放出易燃气体的物质与含水的或稳定剂是水的易燃液体，如乙酸、二硫化碳等，不得同库储存。

⑤遇水放出易燃气体的物质之间。活泼金属及其氢化物可同库存放；电石受潮后产生大量乙炔气，其包装容易发生爆炸，应单独存放；磷化钙、硫化钠、硅化镁等受潮后能产生大量易燃的和易自燃的毒气，因此，亦单独存放。

5. 氧化剂和有机过氧化物

氧化剂和有机过氧化物均属第 5 类危险货物，但不可同库混储，而且都不可与易燃气体、易燃液体、易燃固体、易自燃物质、遇水放出易燃气体的物质、强酸性腐蚀品混放在一起。

(1)氧化剂和有机过氧化物。甲类无机氧化剂与有机氧化剂特别是有机过氧化物不能同库储存。因为绝大多数的甲类无机氧化剂都具有容易分解放出氧的特性。如过氧化钠在空气中吸收二氧化碳能放出氧，氯酸钾、硝酸钠等受热后也会分解而放出氧，而有机氧化剂特别是有机过氧化物对热、震动特别敏感而且易燃，遇到氧能加强其燃烧，甚至引起爆炸。

漂白粉及无机氧化剂的亚硝酸盐、亚氯酸盐(漂粉精)不得与其他氧化剂和有机过氧化物同库储存。这是因为上述氧化剂本身含有中间价态的原子，除具有氧化性外，当遇到比起氧化性更强的氧化剂时，即表现出还原性。如亚硝酸钾与高锰酸钾在酸性条件下能发生反应。

(2)氧化剂与压缩气体和液化气体。甲类氧化剂与易燃或剧毒气体不可同库储存，因为甲类氧化剂的氧化能力强，与剧毒气体或易燃气体接触容易引起着火或钢瓶爆炸。特别是剧毒易燃气体钢瓶爆炸后放出毒气，施救困难，会造成大批人员中毒。

对无酸性的乙类氧化剂与压缩和液化气体可隔离储存，并保持 2 m 以上的间距，与惰性气体可同库储存。

(3)氧化剂与易自燃、易燃、遇水放出易燃气体的物质。氧化剂与易自燃、易燃、遇水放出易燃气体的物质一般不可同库储存，因为易自燃物质燃烧时，能从氧化剂中得到氧，从而加剧燃烧；遇湿易燃物品，都有较强的还原性，遇氧化剂不仅会起火，甚至爆炸，而且有些遇水放出易燃气体的物质盛装在矿物油中，有可能渗漏，同时灭火方法也不同；易燃液体遇氧化剂会燃烧；易燃固体中的部分物品与氧化剂混合能成为爆炸性混合物，受热、撞击、摩擦能起火或爆炸，如硫磺遇到过氧化钠，稍许轻微触动，会立即起火或爆炸。

(4) 氧化剂和毒害品。无机氧化剂与毒害品应隔离储存，有机氧化剂与毒害品可以同库隔离储存，但与有可燃性的毒害品不可同库储存，因为毒害品大多是有机物，与无机氧化剂接触能引起燃烧；有些有机农药，遇无机氧化剂能引起化学反应，破坏农药结构而失效；有些无机剧毒品易被氧化，氧化后有爆炸性，或者变成剧毒物质，如氰化钠、氰化钾及其他氰化物，与氯酸盐或硝酸盐混合后能发生爆炸。

(5)氧化剂与腐蚀品。有机过氧化物不得与溴和硫酸等有氧化性腐蚀品同库储存。因为这些物品相互接触能发生剧烈反应，尤其是溴及各种强酸的反应更为突出，如过氧化苯甲酰与硫酸相遇即会燃烧。

硝酸盐与硝酸、发烟硝酸可同库储存，但不得与硫酸、发烟硫酸、氯硝酸同库储存；其他无机氧化剂与硝酸、硫酸、发烟硫酸、氯磺酸等均不得同库储存。因硝酸(或发烟硝酸)和硝酸盐含有共同的组成部分——硝酸根，因而他们之间不能进行化学反应，故二者可以同库储存。其他无机氧化剂与硝酸、硫酸、氯磺酸等强酸接触能发生剧烈反应，所以无机氧化剂与上述各酸不得同库储存。

(6)无机氧化剂与固体粉状物。无机氧化剂不得与煤粉、焦粉、炭黑、糖淀粉、锯末等松软的粉状物同库储存。因为无机氧化剂若撒漏与这些物品混合，遇热或稍经摩擦，即能起火或爆炸。

6. 毒害品

毒害品,根据我国国情,分为剧毒品和有毒品两项,其中剧毒品要专库专柜储存,实行“五双”管理,即双人管理、双锁、双人收发、双人运输、双人使用(或双本账)。毒害品中的氰化物不可与酸性腐蚀品混放。有机毒害品不可与氧化剂、有机过氧化物混储,其他一般毒害品可以分堆储存在一个库房内。具体隔离要求为:

(1)无机毒害品与有机氧化剂之间和有机毒害品的固体与硝酸的有机衍生物之间应隔离储存。

(2)无机毒害品与氧化性气体应隔离储存,与不燃气体可同库储存;有机毒害品与不燃气体应隔离储存。

(3)液体的有机毒害品与易燃液体可隔离储存。

(4)有机毒害品的固体与乙类易燃固体可同储,但与甲类易燃固体应隔离储存,无机毒害品与乙类易燃固体可隔离储存。

(5)有机毒害品的固体与液体之间,以及与无机毒害品之间均应隔离储存;无机的剧毒品与有毒品之间均可同库储存。

7. 放射性物品

放射性物品不可与其他危险物品、特别是易燃易爆化学物品储存在同一库房内。属于Ⅰ、Ⅱ级包装的放射性物品应专库专柜储存,并应采取屏蔽措施。Ⅰ级包装的放射性物品储存数量较少的,也可以在非危险品库房内隔离分堆或设专柜储存。

放射性物品应专柜储存,不准与其他任何种类的物品混存,并应根据放射剂量、成品、半成品、原料等分别储存。对强氧化性和无机氧化性的可燃性放射品、可燃性液体与可燃性固体或气体放射品等放射性物品之间,均应专库储存,以便于防火安全管理和防护。

8. 腐蚀品

腐蚀品中应将其中兼有氧化剂性质的无机含氧酸如硝酸、高氯酸、氯磺酸、硫酸等另行分库或分堆隔离储存,且不宜与有机酸性腐蚀品混存。

腐蚀品一般与其他种类的物品之间和腐蚀品中的有机和无机腐蚀品之间,酸性和碱性物品之间,可燃液体与可燃固体之间,都应单独仓间存放,不可混储。

(1)腐蚀品之间。无机碱类腐蚀品与有机碱类腐蚀品之间,其他无机腐蚀品与其他有机腐蚀品之间可隔离储存,其理由是:

① 溴与硝酸、硫酸等混合,能加强其腐蚀性或燃烧,应隔离后储存;

② 过氧化氢易与硝酸起反应放出大量气体,遇三氯化磷能脱水作用,产生高温,甚至发生爆炸,遇其他酸性腐蚀物品,也能起化学反应,产生氯或氯化氢气体,所以,过氧化氢和酸性腐蚀品应隔离储存;

③ 硝酸、硫酸等强酸和其他酸性腐蚀物品接触,能发生氧化或脱水作用而引起燃烧,因此,应隔离储存;

④ 漂白粉、生石灰遇硝酸等强酸能发生分解,产生高温,甚至发生爆炸,所以不能同库储存。

(2)腐蚀品与可燃液体之间。有机酸性腐蚀品与乙类可燃液体之间可隔离储存,有机碱性腐蚀品与可燃液体之间可同库储存,但堆垛须间隔 2 m 以上。

(3)腐蚀品与可燃固体之间。无机碱性腐蚀品与乙类可燃固体之间可隔离储存。

五、储存管理要求

为进库的危险品安排了具体的位置之后,就可以对其进行具体的堆存管理。危险品堆垛、衬垫的好坏,是直接影响其储存安全的重要因素,如堆垛过高而不固,易倒塌造成事故,尤其是对震动、摩擦较为敏感的物品,很容易造成爆炸或起火事故;如堆垛过大或衬垫不好时,会使危险品受潮发生危险或积热不散而自燃造成火灾等。

在存储期间,危险品随着条件的改变、气候变化和冷、热、潮湿等外界环境因素的影响,也会引起物理和化学性质上的变化,如升华、分解、化合等,甚至引起火灾或爆炸事故。因此,在危险品储存期间,要严格控制温度、湿度的变化范围。

此外,还应制订相关的消防措施,加强对废弃物的管理和加强工作人员的培训。

(一)堆垛

危险货物堆码要整齐,稳固,垛顶距灯不少于1.5 m;垛距墙不少于0.5 m、垛距不少于1 m;性质不相容的危险货物、消防方法不同的危险货物不得同库场存放,确需存放时应符合危规的隔离要求。消防器材、配电箱周围1.5 m内禁止存放任何物品。堆场内消防通道不少于6 m。

危险货物的堆垛应根据分类储存的原则,按不同品种、规格、批次、牌号以及不同货主分开堆码,不得混放混堆。堆垛不可过高、过大。其堆码的高度和物品的危险性质和包装的好坏有关。对撞击、震动敏感性高的危险品的堆码高度应有限制,而对包装材质较好和强度较高、物品性质较稳定的危险品则可高一些。如雷管要求垛高不应大于1.8 m,而棉花可码垛5 m高,对一般的化学危险品垛高以不大于2 m为宜。

(二)衬垫

危险品的码垛必须要有衬垫,以防止潮气的侵蚀影响物品的质量和储存安全。仓房、料棚内的堆垛,下垫高度应为15~30 cm,露天料场存放的物品,还须相应垫高防潮,一般可达40~50 cm。垫高的设备一般采用仓木、仓板、水泥条、块石等,但对爆炸品、甲类易燃品和甲类氧化剂等危险品,不得使用水泥条、块石等垫高设备,以防摩擦产生火花而引起火灾。下垫设备应专物专用,不得互相挪用代替,若必须使用时,应经过清洗,以防止设备上沾有的物质相互接触而引起火灾。

(三)温度控制

温度的变化对危险品的安全储存有着显著的影响,要严格控制温度,切实加强季节性的养护管理工作,并采取可行的防冻、防热、防潮措施保证储存安全。

控制仓温的方法通常有以下几种:

(1)通风降温或通风增温。

(2)建造低温库。对闪点在0℃以下,沸点在60℃以上的甲类易燃液体、燃点在180℃以下的甲类固体、有机过氧化物以及压缩和液化气体等化学易燃危险品均宜建造低温库储存。

(3)加冰降温。即在库房内加冰降温。对没有条件建低温库,而所储物品既不怕潮,又没有遇湿易燃危险时,如压缩和液化气体气瓶、非水溶性易燃液体等。

(4)喷水降温。指在库房顶部喷洒冷水,以降低库内温度的一种方法,但此法应注意库内湿度。

(5)涂白降温。在没有条件建专门低温库房时,可在普通库房的外表用白灰刷白,在门、窗玻璃上涂上白漆，利用白色的反射作用，减少库房外壁对阳光辐射热的吸收。

(6)低温保暖。由于有些危险品对低温特别敏感，所以冬季应采取有效的保暖措施。保暖措施一般是采用装有保暖设备的库房或建造寒气侵袭不了的地堡库。当无此条件时，也可采取密封库房、货垛，防止冷空气的侵袭。

(四)湿度控制

潮湿对危险品储存安全的影响也是很大的。尤其是夏季高温多雨，秋季阴雨绵绵，这两个季节的空气湿度最大，这对湿度特别敏感的危险品来说都有很大的影响。加强对危险品储存的湿度控制十分重要，通常的方法有：密封包装、仓库、货垛，施放干燥剂吸潮和通风降潮三种。

(1)密封。就是尽可能严密地将盛装或存放怕潮危险品的包装、仓室、货垛密封起来，以减弱外界潮气的侵袭。

(2)用吸潮剂吸潮。这是降低库房内湿度的一种有效方法。尤其是梅雨季节或阴雨天，库内湿度高、库外湿度更高，不宜用通风降潮，只能用吸潮剂降湿。另外，在密封库内或货架内也需要用吸潮剂配合吸潮，以提高密封效果。吸潮剂通常有生石灰、氯化钙和硅胶等。

(3)通风降潮。是在库外空气湿度小于库内时，利用自然通风的方式来降低库内湿度的一种安全措施。

为了有效地控制库房的温度、湿度，在每个储存危险品的库房、料棚、料场，都应设置温度计和干湿计，以加强对危险品库房温度湿度的监测和控制。

(五)消防措施

(1)根据危险品特性和仓库条件，必须配置相应的消防设备、设施和灭火药剂。在仓库堆垛设立明显的防火等级标志，出入口和通向消防设施的道路应保持畅通。并配备经过培训的兼职和专职的消防人员。

(2)储存危险品建筑物内应根据仓库条件安装自动监测和火灾报警系统。

(3)储存危险品的建筑物内，如条件允许，应安装灭火喷淋系统(遇水燃烧危险品，不可用水扑救的火灾除外)，其喷淋强度和供水时间如下：喷淋强度 15 L/(min · m^2)；持续时间 90 min。

(4)危险品仓管部门根据物品的危险性，为保管员配备必要的防护用品、器具。

(六)废弃物处理

(1)禁止在危险品贮存区域内堆积可燃废弃物品。

(2)泄漏或渗漏危险品的包装容器应迅速移至安全区域。

(3)按危险品特性，用化学的或物理的方法处理废弃物品，不得任意抛弃、污染环境。

(七)人员培训

(1)仓库工作人员应进行培训，经考核合格后持证上岗。

(2)对化学危险品的装卸人员进行必要的教育，使其按照有关规定进行操作。

(3)仓库的消防人员除了具有一般消防知识之外，还应进行在危险品库工作的专门培训，使其熟悉各区域储存的化学危险品种类、特性、储存地点、事故的处理程序及方法。

六、各类危险货物的储存要求

(一)爆炸品

(1)仓库和场地应设置必要的通风、降温、防汛、避雷、消防等安全措施，并采取有效的防火隔离措施，所使用的电器和机械均应是防爆型的。

(2)本类货物必须单独存放在专用仓库内,最好是设在地下,且附近无居住区,起爆和点火器材不得与猛炸药同库存放。

(3)本类货物禁止与氧化剂、酸、碱、盐类以及易燃物和金属粉末等同库存放。必须单独隔离限量储存。

(4)堆放本类货物应有合适的铺垫,堆码整齐稳固,堆垛不宜过宽过高。垛与墙之间距离应保持 1 m 以上。

(5)库内应保持清洁,不得留有易自燃、酸类、硫磺、油脂等残留物。对撒落地脚应洒水润湿后扫集,交托运人或公安消防部门妥善处理。

(6)本类货物在库、场保管期间一般不得打开包装件检查,确需检查时,应严格遵守各项安全操作规程。

(7)存放本类货物的仓库,必须加强库温的控制,每日定时观测,做好记录。根据需要还应做好降温、防冻工作。如:普通硝化甘油的存放温度不得低于 10℃,耐冻硝化甘油不得低于 -20℃。

(二)气体

(1)本类货物存放场所应远离火源、热源,库场应保持阴凉通风,防止日光暴晒。仓库照明,应采用绝缘良好的防爆型灯具。

(2)本类货物不能与爆炸品、氧化剂、易燃物品、自燃物品、腐蚀品同库存放。性质相抵触的货物,如易燃气体和助燃气体、液氯和液氨、氧气和油脂不得同库存放。容器应平放,加楔垫以防滚动,如采用框架,也可立放,但不得倒置,且需保持容器的稳固。

(3)本类货物在保管期间,除定时检查外,应随时查看有无漏气和堆垛不稳的情况。

(4)气瓶堆码应有专用木架。木架可根据气瓶设计,必须保证气瓶能够放置稳固。气瓶在堆码时应当直放,切勿倒置。如无木架时亦可平放,但瓶口必须朝向一个方向。平放时高压气瓶不应超过 5 层,对乙炔气瓶必须直立放置,并应有防止倾倒的措施。

(5)气瓶在储存过程中最怕气温过高,储存气瓶的仓温不宜高于 28℃,对特殊气体的气瓶的温度还应再低。

(三)易燃液体

(1)本类货物应存放在阴凉、通风良好的处所,避免日晒,隔绝热源和火种。库场照明设备应采用防爆型灯具。高温季节采取降温措施。

(2)本类货物不得与氧化剂、强酸或自燃物品同库存放。

(3)桶(瓶)装易燃液体的堆垛、衬垫,要根据库房的大小和高低,结合易燃液体的危险特性和包装的牢固程度确定堆码垛形,并使用与液体性质相适应的衬垫物料。各种桶装易燃液体的堆放层数,应根据所装液体火灾危险的大小和机械化程度而定。

(4)易燃液体储存温度控制的范围,根据沸点的不同有所变化,一般要求:

①沸点在 50℃以下,闪点在 0℃以下的易燃液体库房,温度应控制在 26℃以下;

②沸点在 51℃以下,闪点在 1℃以上的易燃液体库房,温度应控制在 30℃以下;

③乙类易燃液体库房,温度可在 32℃上下,但最高不得超过 35℃;

④有的易燃液体受冻后,容易造成变质或容器破裂,冬季应注意防冻。

(四)易燃固体、易自燃物质及遇水放出易燃气体的物质

(1)本类货物应存放在阴凉、通风、干燥处所。禁止与酸类、氧化剂同库存放。遇水发生

反应的货物,禁止露天存放。

(2)易产生热量的货物堆码不宜过高,垛底应用清洁干燥的木板铺垫,以利通风散热。

(3)对温度有控制要求的货物,库温应始终保持在规定的温度之内。

(4)遇水放出易燃气体的物质衬垫要选用干燥的枕木或垫板,不可用沾有酸、碱、氧化剂及其他性质有抵触的物质作垫料。

(5)储存本类物品的库房,温度一般不应高于30℃,相对湿度保持在75%以下。

(五)氧化物质和有机过氧化物

(1)本类货物应存放在阴凉、通风良好的处所,防止日晒、受潮,不得与酸类和可燃物质同库存放,注意通风散热。

(2)破损的包件禁止入库。撒漏的地脚应及时使用合适材料收集,妥善处理,不得在库内或库房附近处理破损的包件。

(3)堆垛要堆防潮垛,因为有些氧化剂遇潮易吸湿溶化。下垫设备一般采用仓木、仓板,不得使用水泥条、板石等,使用的垫木、垫板等应专用,不得与易燃物品混合。

(4)氧化剂对温、湿度的影响十分敏感,特别是有机过氧化物,受热后不仅容易挥发和膨胀,同时还能加速分解作用,发生着火和爆炸;硝酸锰等低熔点氧化剂和有结晶水的硝酸盐类,受热后能溶于本身的结晶水中,若封闭不严又极易吸潮溶化,所以库温必须保持在28℃以下。

(六)有毒的物质

(1)本类货物应专库堆存,专人保管。存放处所应阴凉、通风良好,并备有相应的防护用品和急救药品。

(2)货物地脚应及时清扫,随货交托运人或收货人处理。

(3)货物的衬垫物料应专用,不得与其他物品,特别是食用化工品所用的衬垫物料混合使用。

(4)剧毒品要专库专柜储存,实行"五双"管理。毒害品中的氰化物不可与酸性腐蚀品混放。有机毒害品不可与氧化剂、有机过氧化物混储,其他一般毒害品可以分堆储存在一个库房内。

(5)毒害品中有很多是有机易挥发液体,如库温过高能加速蒸发,不仅使该库内毒气浓度增大,影响人身健康,而且增加了火灾危害。另外,有些毒品受潮后易结块,分解出易燃有毒的气体。一般库温以不超过30℃为宜,相对湿度应控制在80%以下,对个别易挥发和怕潮物品,温度和湿度还应降低。

(七)放射性物质

(1)本类货物应专库存放。特殊情况也可选择干燥通风的普通仓库暂存,但应划定专用货位,远离其他危险货物,派专人看管,禁止无关人员接近,严防失窃。

(2)包件要合理摆放,辐射水平低的包装件应摆放在辐射水平高的包装件周围。

(3)存放低比活度放射性物质或表面污染物体,以及Ⅰ级——白色标志包件的数量可以不受限制。存放Ⅱ、Ⅲ级——黄色标志的包件或罐柜或货物集装箱的数量,一间库房应视同船舶的一个货舱,其运输指数不得超过50,整个仓库总运输指数不得超过200。

(4)堆码放射性物品时,工作人员应穿戴防护用具,宜用机械操作。要求技术熟练、操作迅速,以减少放射性物品与人员接触的机会。

（八）腐蚀性物质

（1）本类货物应存放在清洁、通风、阴凉、干燥的处所，防止日晒、雨淋。堆放处所不得留有稻草、木屑、油脂等有机物或可燃物。

（2）不得与有机物、氧化剂、金属粉末等同库存放。

（3）本类货物中性质相抵触的货物，不得同库存放。其中兼有氧化剂性质的无机含氧酸如硝酸、氯磺酸、硫酸等另行分库或分堆隔离储存，且不宜与有机酸性腐蚀品混存。

（4）本类货物对库内温、湿度无特殊要求，主要应防止物品受潮后损坏包装。在库存期间，除必要的检查和收发业务外，工作人员应尽量减少进入库房次数。

七、危险货物集装箱堆放要求

1. 根据《危险货物集装箱港口作业安全规程》规定，危险货物集装箱应在专门区域内存放。其中 1.1 项、1.2 项爆炸品和硝酸铵类物质的危险货物集装箱，应实行直装直取，不准在港内存放；除 1.1 项、1.2 项以外的爆炸品、第 2 类气体和第 7 类放射性物质的危险货物集装箱的堆场存放，应经具有资质的中介机构安全评价和港口行政管理部门批准后，可以限时限量存放。

2. 危险货物集装箱堆场作业，应在装卸管理人员的现场指挥下进行。

3. 危险货物集装箱堆场，应严格划分各类危险货物的堆存区域，按危险货物的性质和类别要求堆码。

4. 易燃易爆危险货物集装箱，最高只许堆码二层，其他危险货物集装箱不超过三层，并根据不同性质的危险货物，做好有效的隔离，隔离要求见表 8-3 所示。

5. 装有遇潮湿易产生易燃气体的 4.3 类货物的集装箱和需敞门运输的易产生易燃气体的集装箱，宜在最上层堆码。

6. 液化天然气罐式集装箱相互不得叠放，与其他非易燃易爆危险货物集装箱叠放时，应放置在最上层。

7. 装有毒性物质中包装类别 I 的危险货物集装箱应箱门对箱门，集中堆放。

8. 熏蒸作业不得在危险货物堆场进行。

第三节　储罐及散装危险货物的储存

危险货物除了在仓库进行储存外，有些还可以用储罐进行储存。少量的气体、易燃液体，可以用气瓶等包装后堆存于仓库；大量散装气体、散装液体，主要用储罐进行储存。储罐储存是将气体（液化气体）或液体储存在特制的容器中的一种散装储存方式，在实际中主要就是指石油类产品及其他各种液体化学品和液化气体，由于它们性质和特性的不同，选用的储罐会有一定的差异。

一、储罐的基本知识

（一）储罐的概念

储罐是储存油品和各种液体化学品的一种容器或设备，是石油化工装置和储运系统设施的重要组成部分。按容量来说，有几百立方米到几万立方米，一般容积大于 10000 m^3 以上的习惯上称为大型储罐。自 1927 年采用钢制焊接储罐后，其容量逐步扩大，目前最大容量已达到 24×10^4 m^3。

(二)储罐的分类

(1)按温度划分,可分为低温储罐、常温储罐(<90℃)和高温储罐(90~250 ℃);

(2)按压力划分,可分为接近常压储罐、低压储罐和高压储罐;

(3)按制造储罐的材料又可分为非金属储罐、塑料储罐和金属储罐;

(4)按储罐所在位置和达到某种目的分,可分为地上储罐、地下储罐、半地下储罐、山洞储罐、海中储罐等;

(5)按储罐形状和结构特征分,可分为立式罐、卧式罐和球型罐,其中立式罐又有拱顶罐、浮顶罐和内浮顶罐三种。

选用储罐的基本原则是按储存物料的性质及质量要求选择储罐,同时考虑技术、经济、环保等因素。近几十年来,发展了各种形式的储罐,但最常用的还是地上立式圆筒形储罐。

(三)储罐的标准

储罐的设计和建造标准对储罐的发展起了很大的推动作用,目前储罐的主要标准如下:

1. 国外标准

美国石油学会标准《钢制焊接油罐》API650;

日本工业标准《钢制焊接油罐结构》JISB8501;

英国标准《石油工业立式钢制焊接油罐》BS2654;

英国石油学会标准《大型焊接低压储罐设计和建造推荐规定》API620,

2. 中国标准

《立式圆筒形钢制焊接油罐设计规范》GB50341-2003;

《钢制球形储罐》GB12337—1998;

《钢制焊接常压容器》JB/T4735-1997。

二、油罐

油罐是储存石油及其产品的容器,是储运系统的主体设施之一。油罐种类繁多,形态不一,结构较复杂。

(一)石油储罐布置的原则要求

(1)要考虑当地的气象和地质条件。一般储油罐应位于常年主导风向的下风侧,宜设于平坦地带。如为丘陵地带,容量大的油罐应设于低洼的地方;容量小的油罐设于高丘的地方;若是在山区要防止山洪和窝风。

(2)要充分考虑防止石油流淌的措施。地上油罐应设置较好的防火堤,绝对保证事故时的油品不向外流淌;同时,从输灌油的经济上考虑,可将油罐设在石油库区域的较高处,生产作业区布置在石油库区域的较低处,以便于实现油的自流。

(3)要有一定的防火间距。在各级油库中,储油罐区及其储区内油罐的布置,必须符合国家有关消防安全的技术,保证罐区内外的防火间距。

(4)要保证必要的消防车活动场所。

(二)常见的几种石油储罐

1. 立式固定顶金属油罐

为了防止因罐体强度上的缺陷而引起油品在储存过程中产生事故,立式金属油罐对罐体板材有较严格的要求。

(1)储罐底板。储罐底板如果渗漏,不但易流出油品,导致火灾,并且修换罐底板进行焊割施工也十分不便,是非常危险的作业。由于罐底下表面接触罐基容易受潮,而上表面又经常受到所储油品中沉积水分和杂质的影响,容易腐蚀。所以罐底钢板的厚度应不小于4～6 mm;对容积超过50000 m^3 的油罐,底板厚度至少要在8 mm以上,同时罐底四周与身板连接处的受力较为复杂,要求采用较厚的钢板做底板外缘的边板。

(2)油罐身板。有关的罐壁是油罐的主要受力构件。油品压力是随液位高度的增加而增加的,下部的环向拉力大于上部,因此,罐壁下部钢板的厚度要求大一些。

(3)储罐顶板。立式圆柱形储罐的罐顶有拱形顶、浮顶等形式。拱顶油罐的顶板为球面形。拱顶本身是承重结构,能承受较高内压,这样就减少了罐内液体蒸气向外散逸,降低了液体的蒸发损耗,减少了大气中的蒸气含量,有利于防火安全。但是容积很大的拱顶储罐,由于拱顶距液面的空间体积过大,反而会加速液体的蒸发量,既不经济,也不安全,故拱顶储罐容积不宜超过10000 m^3。为防止在拱脚处产生的压力破坏储罐,所以储罐的装液高度必须控制在拱顶与罐壁连接处的加强环以下,拱顶内不得储油,每个储罐的安全装储高度都应经过计算核定。

2. 浮顶油罐

浮顶油罐是金属油罐的一种,与固定顶油罐的不同点主要是罐体内增加了一个可以封闭液面的浮盘。在浮盘与罐壁之间有密封装置,其作用是为了防止浮盘与罐壁之间环形空间内的油品大量蒸发。浮顶油罐按其有无顶盖分为外浮顶油罐和内浮顶油罐两种。

(1)外浮顶油罐。外浮顶油罐的浮顶直接暴露于大气,储存的油品很容易被雨雪、灰尘沾污,故多用来储存原油。外浮顶油罐的特点是,不仅可以降低蒸发损耗,而且特别适宜建造大容积油罐。

(2)内浮顶油罐。内浮顶油罐基本是在拱顶罐内安装内浮盘,并在罐壁顶部加开通气孔后制成的。由于内浮顶罐兼有外浮顶罐和拱顶罐的优点,故多用于储存汽油等蒸发性强、质量要求高的成品油。但是由于内浮顶在罐内,一般不易直接检查,一旦发生浮盘沉没等问题,可能在很长时间内发现不了,这就大大增加了油品的蒸发损耗和油罐破坏的危险性。

3. 卧式金属油罐

卧式圆柱形钢制油罐,一般简称卧式罐。其优点是能承受较高的压力,有利于减少油品蒸发损失,适用于作液化气低沸点油品的储罐及工艺罐。通常用于小型分配油库、城市加油站、部队野战油库或企业附属油库等处,在大、中型油库内也常作为防空罐、计量罐、灌装罐等附属油罐使用。对于品种较多而数量又较少的润滑油储存,也都是用这类小容积的储罐。因此,应用较为广泛。

(三)石油储罐的基本附件和安全附件

为了保证油罐的安全使用和便于油品收发、储存,在油罐上必须装设符合设计规定及安装技术要求的各种附件和设置。油罐附件的安装是根据所盛装油品的性质确定的。

1. 梯子和栏杆

梯子和栏杆是为操作人员上罐顶量油、取样,维修人员维修等设置的。储罐最常见的梯子是沿着罐壁做的盘梯。梯子自上而下沿着罐壁做顺时针方向盘旋,梯子外侧做1米高的栏杆作为扶手。应在罐顶周圈上做0.8～1.0 m高的栏杆,或至少在量油孔、呼吸阀、安全阀旁的罐顶四周做局部栏杆。

2. 测量孔(量油孔)

测量孔是测量罐内油面高度和吊取油样的专门附件。每个储罐顶上设置一个,大都在靠近罐梯平台处以便操作。

油罐火灾往往发生在测量孔口部位,因为在测量作业时,孔盖开启,罐内油气冲出,稍有不慎就易引燃油气着火。为了防止关闭测量孔盖时,铁器撞击发火,在孔盖的下面密封槽内应嵌有耐油胶垫或软金属(铜或铝);由于测量用的钢卷尺接触孔口容易摩擦出火,故孔管的内侧镶有铜(或铝合金)套,或在固定的量深点处装设不会发生火花的金属导向槽。

3. 防胀管

防胀管是一种防止输油管被管道气胀裂,保证管路和阀门安全的装置。设置在储罐附近管路上。

4. 机械呼吸阀

机械呼吸阀设在液体储罐的顶板上,是调节储罐内外压力,保护储罐储油安全的重要附件。其作用是,在一般情况下能保持储罐的密封性,而在必要时又能自动通气平衡压力。

5. 阻火器

阻火器是为防止呼吸阀排出的油气遇明火可能发生燃烧和爆炸或"回火"引起罐内燃烧,阻止火焰向罐内未燃爆混合气体传播的装置。石油储罐上的阻火器一般安装在位于罐顶上机械呼吸阀的下部,外形类似箱盒,里面装有一定孔径的铜、铝(或其他耐热金属)制成的多层丝网或波纹板。当灌顶火焰自呼吸阀窜入通过阻火器时,金属丝网或波纹板会迅速吸收火焰的热量,使火焰熄灭,防止火焰进入罐内。

6. 安全阀

安全阀是装设在油罐顶上,保护储罐安全的另一个重要附件。安全阀的作用是防止管路或装置中的介质压力超过规定数值,从而达到安全保护的目的。当机械呼吸阀发生故障失灵时,安全阀代替机械呼吸阀进行排气或吸气。在储罐上既安装机械呼吸阀,又安装安全阀就更加安全。

7. 爆破片

爆破片又称防爆膜、泄压膜,是一种断裂型的安全泄压装置。爆破片是在固定顶储罐罐顶盖上预留的以泄放爆炸能量的孔口形薄弱部分。为了防止油罐着火时将整个顶盖炸飞或掀掉,所以在固定顶油罐顶盖上预留出一孔口形薄弱部分,以泄放掉爆炸能量,保全油罐的顶盖和罐顶上的灭火设施。

8. 喷淋降温装置

喷淋降温装置是由钢管、胶管、喷头组成,安装于汽油罐等沸点在85℃以下的挥发性强的油品储罐顶部,用于夏季喷水降温。

9. 通气阀

通气阀也叫透气孔,常装在挥发性能差的油(如重油、润滑油)储罐顶中央,使储罐直接与大气相通,作为储罐进行收、发作业时的呼吸通道。在通气管截面上应装有铜丝网或其他金属丝网,以防止外来火种侵入,起到阻火作用。

10. 弹簧式呼吸阀

卧式储罐储存轻油时应采用弹簧式呼吸阀。

11. 防雷和防静电接地

金属储罐本身虽是导体,但其底部涂有防腐层,并且又是设置在沥青、砂基上面,影响了储罐静电荷的泄漏。因此，石油储罐应设有防雷防静电接地线。防雷防静电接地线应装在金属储罐的下边缘处，其作用除了用于防雷接地外，还兼有导除静电的作用，防止静电引起火灾。

12. 泡沫发生器

泡沫发生器又称空气泡沫室，是装在石油储罐最上层圈板的罐壁上，供油罐火灾时喷射泡沫用的灭火装置。

13. 进出油接合管、保险活门

进出油接合管安装在储罐最下层圈板上，其外侧与进出油管相连接，内侧与保险活门或起落管相连接。保险活门是安装在进出油管内一侧的安全启闭装置，其作用是防止储罐控制阀破损或检修时货品流出。

14. 放水管、清扫孔和排污孔

放水管为排放罐底水而设置的；清扫孔为清扫罐底沉积物而设置的；排污孔为排出沉积在罐底的废污物而设置的。

（四）油罐储存管理

油罐区的操作包括：收发油、测温计量、油品调和、油罐加温、脱水、输转等。正确操作油罐最重要的就是必须认真遵守操作规程，严格执行各种规章制度。任何工作粗心大意或违章操作都可能造成跑油、窜油、中毒、设备损坏甚至引起火灾、爆炸事故，给人们生命和国家财产带来损失。正确操作油罐主要应做到：

（1）罐区作业都应认真执行调度作业计划、工艺卡片或主管领导指令。作业操作前应对收付油管线、油罐号、罐内油量、质量、油高、密度、油温、含水等情况，做到了如指掌。

（2）罐区操作人员应按巡检路线、部位、内容，定时、逐点检查，发现问题及时处理。

（3）油罐收、付油前要坚持脱水检查。油罐脱水不得离人，脱完水不要忘记关阀门。油罐脱水时，操作人员要严守岗位，以免发生跑油事故。冬季，对裸露在外的脱水管和脱水阀一定要妥善保温，以免阀门冻裂大量跑油。从油罐脱出来的积水和污物，要及时从下水道排走，不得在地面漫流，影响罐区环境。

（4）收、付油过程要掌握好流速。进油速度太快，易产生静电且增大罐内压力；而进油慢，黏油易冻凝管线。

（5）油罐收、付油作业，应做到装油不要超过安全高度，发油时要保持一定罐底量而不抽空。

（6）罐区动态油罐必须每一到两个小时检查一次，静态油罐执行周期性检查。检查取样后，要盖严孔盖，做到油罐严密不漏。重油加温，做到不超温，不浪费蒸气，特别注意检查重油罐底有无积水，防止因加温而突然沸腾。

（五）油罐维护

要使油罐能长期、安稳使用，平时除加强检查、做好日常保养外，还应定期、定项目、定内容进行维护和检修。

1. 做好油罐防腐工作

油罐腐蚀是影响油罐使用寿命的大问题。油罐使用久了，罐外壁会受雨、雪、霜、雾、潮湿空气以及大气中化学气体侵蚀。储存含硫油品其罐顶与内壁和油气接触，罐底和水、杂质接触，都会发生电化学腐蚀或氧化腐蚀，使钢板漆膜脱落，腐蚀变薄，甚至穿孔造成漏油。因此，油罐表面应定期防腐刷漆，罐壁定期测厚。发现油罐有腐蚀穿孔和严重泄漏现象，应及时将油料排空、清罐修补。

2. 油罐安全附件定期检查与维护

油罐上装设的机械呼吸阀、安全阀、阻火器、消防泡沫室等油罐安全设施，要使它们灵活好用，起到应有效果，必须做到日巡回检查，季全面检查。

3. 油罐保温设施完好无损

油罐外壁保温层多用保温砖或岩棉制品，由于热胀冷缩再加上雨水侵蚀，负重加大，常有部分保温材料从罐壁脱落，加大了油罐热损失，使油罐保温状况不良。油罐加热器由于腐蚀或水击常引起焊口断裂而漏气，凝结水渗出混入油中会使油品变质或致使重油罐加温突沸。另外，加热器表面沉积的杂质或油垢又会使传热效率降低，油温升不上去，而加大蒸气压力和流量又会造成蒸气浪费，能耗提高。因此，油罐外壁保温设施必须完好无损，加热器不得有损坏与泄漏，发现问题及时处理。

4. 油罐应定期清洗

油罐长期使用，罐底总要积存一部分水杂和锈渣等污物，特别是原油罐、油浆罐、蜡油罐、渣油罐等。罐底积存的水、油砂、胶质、沥青质、蜡、催化剂等沉积物很多，如不定期清理，将影响油品质量，减少油罐有效容积，并降低油罐加热效率，造成能源浪费。因此，油罐应定期清洗，并且油罐清洗标准应按有关要求进行。

油罐清洗时一定要注意安全。清洗后的油罐应经质量检查部门检查验收，合格后签字确认，封罐后及时进油。

油罐清洗同时，一般也为油罐重新标定、油罐主要附件拆卸检查、堵漏刷漆创造了条件。

5. 其他

油罐上还有各种阀门和设施。由于阀门开关操作比较频繁，填料之处常常发生渗漏，阀门内也常有油垢、锈渣积存，有时会造成阀门打不开或关不严。为使阀门开关灵活，严而不漏，就必须做到：螺栓紧固，防锈上油，更换填料，阀门防腐刷漆等。除此之外，平时阀门开关不可过度，不可用力过猛。

进入冬季，重质油管线一定要保温良好，各排气点要畅通好用，不浪费蒸气。油罐喷淋水线应放净存水，切断电源，防止冻坏管线或阀门。

(六)石油储罐的主要安全隐患——静电

石油及其产品都是带电能力很强的液体，在储运中非常容易产生静电荷。而石油及其产品油的易燃性在有静电荷大量存在的条件下，极易因静电的放电而发生爆炸或着火。储油罐的防雷接地装置，可兼作静电接地装置。防静电的措施主要有以下几种：

1. 减少静电的产生

(1)限制流速；

(2)采用罐底注油；

(3)减少过滤器、阀门和弯头；

(4)防止油罐内进入水、杂质或不同的油相混；

(5)限制使用绝缘材料制成的容器和管线，因为在相同条件下，用绝缘材料比用金属材料制成的容器和管线产生的静电荷多；

(6)物料进入储罐的管径应适当放大。

2. 加速电荷的泄漏，不使其积聚

(1)设静电接头;

(2)添加抗静电剂;

(3)设置缓冲器;在油品入罐前的管道上加设一个缓冲罐或缓冲管,可使带电油品到此流速减慢,使油品有一个相对停留时间,以保证大部分电荷逸散掉。

3. 中和静电荷

(1)设置静电消除器;

(2)选用异性材质的管道。

三、液体化学品储罐

世界各国关于储罐设计建造标准都是根据石油类产品制定的,但是自从20世纪70年代以来,液体化学品储罐也发展很快,其性质的多样性和特殊性使得储罐的设计参数、容量、材质、结构形式(如罐底结构)和附件的设计选用都不同于石油类储罐。

就目前来说,液体化学品储罐的设计在参照石油类产品储罐设计建造标准的基础上,充分考虑液体化学品的特殊要求和储存功能进行有针对性地设计。以下是液体化学品储罐相比较于石油储罐一些需要特别注意的地方。

(一)液体化学品储存的性质和特点

液体化学品(包括原料、半成品或中间产品、成品等)的储存性质和特性与石油类产品有些不同。这些差异决定了储罐的形式、结构和储罐附件的特定要求。归纳起来,液体化学品储存性质和特点如下:

(1)液体化学品的品种繁多,如醇类、酮类、苯类、液态烃以及酸、碱类,其性质各异;

(2)液体化学品的需要量不如石油类产品多,因此单罐的容量也较小。一般来说其吨位从几十吨到几千吨不等;

(3)液体化学品在工业上使用要有一定的成分组成,因而对其纯度有较严格的要求,杂质的存在,不但影响其质量也会降低其销售价格;

(4)某些液体化学品除了具有石油类产品的可燃性或易燃性外,还会对大气环境和人体健康产生巨大的危害;

(5)某些液体化学品本身具有很强的腐蚀性或具有可燃性、毒性;

(6)某些液体化学品在常温(或在冬季)黏度较大或凝固点较低,需在保温情况下加热并在较高温度下储存;

(7)某些液体化学品在储存过程中与空气接触会发生氧化反应,甚至变质,为此往往需要采用惰性气体(如氮气)保护进行储存;

(8)某些液体化学品,如苯乙烯、甲苯丙烯酸甲酯单体在常温或在夏季储存过程中会发生聚合反应,为此需要采取冷却降温措施;

(9)某些液体化学品在储运过程中和石油类产品一样会发生静电聚集,消除静电危害避免发生火灾事故是必须考虑的重要安全问题。

(二)安全附件及其他附属装置

液体化学品储罐除具备前面所述油罐的基本附件和安全附件外,还需要有一些特殊附件及装置,主要有:

1. 低压安全阀

因某些液体化学品要在低压环境中储存,如液化气体。

2. 搅拌器

容积较小的液体化学品储罐(如1000 m^3 以下),往往为了使罐内物料的混合、调和、均质、加热或冷却均匀的需要,罐内设计多层搅拌装置。目前,罐内设置搅拌装置的不多。

3. 气体回收处理装置

对有剧毒或对人体健康及环境造成严重危害的物料储罐(如苯酚、苯等),从通气管排出的气体必须经过回收系统的处理。

4. 氮系统装置

对在储存过程中易与空气产生氧化反应引起变质或降低其质量的液体化学品,需采用惰性气体保护进行储存,此时罐内的气相压力由氮气控制,需增设制氮系统装置以供给储罐在呼吸过程中氮的损耗。

5. 温度控制系统

储存凝固点较低或在冬季期间黏度较大易凝固物料,储罐需保温加热,储罐的加热除使用罐内盘管加热外,还可采用罐体(包括罐底、罐壁、罐顶)间接加热。同样对温度较高(如夏季)会引起聚合的物料(如苯乙烯、甲基丙烯酸甲酯单体),往往在罐内或罐体外面采取冷却(冷冻)措施。

6. 温度测量装置

通常使用热电偶温度计,通过遥测,可在中央电脑控制室反映出来。

7. 液位报警装置

目前储罐上使用的液位计有多种,其中雷达液位计是常用的一种。这类液位计有液位指示和高低液位报警两个功能。低液位指示和报警常设在罐容量的5%处,其作用是防止泵抽空,引起事故;高液位指示和报警常设在安全高度上或85%的罐容处,其作用是防止液位超过安全高度,引起溢罐事故。

(三)国家标准对散化储罐的要求

国家标准《散装液体化工产品港口装卸技术要求》(GB/T15626 - 1995)中对散化储罐提出以下要求:

(1)应根据液体化工品的易燃性、毒性、腐蚀性以及其他特性选择不同种类的材质的金属储罐及储罐附件。

(2)苯类、醇类、醚类及其他易挥发有毒的液体化工产品宜采用钢质浮顶罐或拱顶罐。拱顶罐宜采用有气体回收装置或氮气封顶设施。

(3)液碱、冰醋酸、煤焦油、硫酸、乙烯焦油等宜采用钢质拱顶罐。

(4)储存散装液体化工品的容器,应采用地上立式或卧式金属罐,对于储存介质需要采用不锈钢的,但不具备该条件时,可采用碳素钢罐,罐内壁必须进行净装或内衬等处理。

(5)液体化工产品的储罐应配备液位检测、温度控制、液位报警等仪表设备。

(6)根据气候条件,部分液体化工产品的储罐应设有喷淋装置。

(7)作业现场及罐区应具备可靠的避雷装置,储罐及管线应具备良好的静电接地装置。

在国家标准《散装液体石油、散装化工产品港口储存通则》(GB17379 - 1998)中也有类似的规定。

(四)储罐区安全管理措施

(1)储罐区应在进出口醒目位置设置储罐分布图,以利指导安全生产和应急反应。

(2)储罐区必须建立严格的出入管理制度,进入储罐区的机动车辆必须配备经公安消防部门检验的尾气火花熄灭装置,遵守罐区限定的车速,严禁超速行驶,进入罐区的人员必须采取防火措施,不得携带火种和易燃易爆品入内。

(3)必须制定相应的罐区安全技术及管理规定。

(4)必须制定严格的货物进出罐操作运行工艺规程。

(5)必须制定健全的罐区巡回检查制度,对巡回检查的范围、检查内容和检查时间作出明确规定,值班人员巡回检查设备和管线时,发现异常情况要及时处理、汇报,并做好原始记录。

(6)必须建立严格的储罐区值班制度和交接班制度,交接班人员应按规定时间和规定内容在现场对口进行交接。

(7)必须建立严格的防冻、防凝和保温管理制度。

(8)散装液货更换产品品种进出罐时应采用惰性气体或其他安全介质将罐区管线内液货扫尽,扫线介质应控制在一定的流速和设计规定的压力之内。

(9)必须有完善的计量技术手段和建立严格的计量管理制度。

(10)储罐区应建立消防设施和器材管理规定,制定储罐区灭火预案,并定期对消防设施和器材进行检查与组织消防演练。

(五)出入库管理

(1)必须建立严格的货物出入库管理制度。

(2)散装液货入库前必须按合同进行检查验收和登记。经核对后方可入库、出库,当货物性质不明时不准入库。

(3)港口装卸作业前应由港口有关部门根据货物的性质和作业环境制定安全防护措施,并向作业部门下达安全注意事项通知书,在未落实之前,不得安排作业。

(4)进入易燃液体储存区的铁路罐(槽)车和铁路钢轨,应连接成电气通路,并采用符合要求的导静电橡胶拖地带,予以静电接地。

(5)在各罐区入口处应设置人体静电消除栓,进入库区前必须进行人体静电消除。

(6)进入装卸现场的人员必须穿符合要求的防静电工作服、防静电工作鞋,作业时禁止穿脱衣服、帽子或其他类似物品。

(7)装卸腐蚀品货物时,操作人员应根据危险性穿戴防护用品。作业必须符合炼油化工企业施工安全规程。

(8)装卸有毒物品时,应注意保持通风,避免吸入蒸气,并佩戴必要的防护用具,如通风条件有困难或含有大量溢出的封闭空间,应使用压缩空气呼吸面罩。

(9)在装卸易燃易爆散装液货的作业现场,禁止使用无防爆装置的无线电话机及其他通讯器材。

四、气体储罐

气体储罐按其内部压力分为高压气体储罐和低压气体储罐。在气体企业法实施规则中,把压力低于1 MPa的储罐定为低压,把压力在1 MPa以上的储罐定为中高压,这是气体储罐在安全方面的标准。

低压气体储罐有湿式气体储罐和干式气体储罐。

湿式气体储罐是一种很早以前就普遍使用的气体储罐。它的构造是在圆筒形外筒上盖上碗状顶板,外筒中装入同样的圆筒形内筒,气体装进内筒,外筒装入液体,依靠在内外筒之间的液体形成气密封。内筒可沿着垂直的基柱,以导向轮导向作上下移动。外筒除铁制的以外,也有以混凝土制成的。密封用液体要根据气体的性质来选择,一般是用水,但如罐内的气体溶解于水则不可用水来密封。湿式气体储罐造成气体泄漏的原因主要是密封液减少,尤其是水封可能因水蒸发而减少引起气体泄漏,因此,应注意经常检查。

干式气体储罐储存的气体是水溶性或者是不能混入水分的气体。其形式大致为活塞式和气球式。活塞式气体储罐具备随储罐气体的多少而上下移动的活塞,活塞与储罐主体之间用柏油或者润滑油等润滑剂密封,适用压力为 3920 Pa 的低压储存。气球式气体储罐有球形和袋形之分。有的球形储罐沿上、下半球的直径平面安装有可塑膜,这种膜可根据气体的进出量自由地扩大到球形容量的最大极限,又可降低到气体容量为零,这一类型储罐主要用于纯度不高的气体或用于易挥发性液体的储存。还有的球形气体储罐将球形下半部改成圆筒形的,即圆顶式气体储罐。这些属于最安全的低压式气体储罐。袋形气体储罐是把气体装入密封式的袋中,制作、使用较为简便,材料是橡胶或塑料,存在着老化、抗燃性、抗热性问题。

高压气体储罐有球形储罐和圆筒形储罐。液化气体的储罐与液体储罐相似,有圆筒形储罐、球形或类球形储罐以及低温储罐。

球形储罐适用于液化天然气等液化气体的储存,也可用于城市煤气等气体和氨的储存。在高压下使用时要遵守高压气体管制法或压力容器安全规则的规定。球形储罐与圆筒形储罐相比,如果两者的储罐压力和储罐直径都相同,那么球形储罐的壁厚可减少一半。球形储罐的支脚垂直竖立于地基上,各支脚边一般用拉杆连接,用于储存易燃气体的储罐支脚,为了防火,根据高压气体管制法规定,必须用混凝土和耐火材料等包裹好。由于球形储罐储存气体中不可避免地存在水分凝结,因此,要在罐下部安装排水阀,适时地除去凝结水。

圆筒形储罐广泛用于常压或高压气体的储存,有卧式或立式之分。与前面所述的液体储罐外观上是相同的。

低温储罐适宜于储存液化气体等常压低温条件下储存的物质。储藏温度为内储气体的沸点温度,由于温度极低,对储罐材料的材质、种类等的选用和设计必须十分慎重,尤其是对于脆性破坏方面的力学性质,要有足够的强度。所使用的材料有:铝镇静钢,使用温度可达 -46℃左右,低于 -46℃的场合使用 2.5% 和 3.5% 镍钢,温度再低则使用 9% 的镍钢(温度低达 -196℃)或不锈钢和铝来制作。低温储罐中随着隔热方式的不同,有单壳储罐和双壳储罐两类。单壳储罐是用绝热材料包裹储罐主体隔热,往往存在由于从大气中吸湿而使绝热性能劣化或者使防火性能不好的缺点。双壳储罐内部有用低温材料制造的储罐主体(内桶),在内桶外部再用普通钢做外壳桶,内外桶之间装填珍珠岩等绝热材料,根据需要,可增大内外桶之间的空间,以提高隔热效果。另外,可在此空间中充入干燥的氮气等气体,防止绝热材料吸湿,即使可燃性气体由内桶漏出,亦可防止形成爆炸性混合气体。储罐底部用珍珠岩轻质混凝土之类的具有绝热性能、并且耐压强度大的材料进行隔热,与此同时,储罐的混凝土基础空气的流通要良好,或在基础中装入电热加热器,或装入温度控制的非冷冻液体循环管,作为底部加热设备等,以防止储罐内部的低温直传至地基,使土中的水分冻结引起储罐鼓起或者由于温差造成储罐的混凝土基础弯曲破坏。再者,内部所发生的蒸汽靠压缩机和热交换器并用的冷冻循环系统回收、液化。在工作之前,要用氮气进行气体清扫,在储罐内桶,不允许有空气残存。普通的设计压力为 0.05 ~0.12 MPa,然而,内桶底部和壁周要受到来自罐内气体压力所产生的向上的力的作用,为此设有锚杆。即使低温储罐万一发生破坏,其压力也几乎接近于大气的压力，所以没有爆炸的危险，流出的溶液亦是低温，在大量流出的情况下，由于气化的缘故，必定从周围摄取大量的热量，因此，难以向更大范围扩散。如果设置防液堤，能防止危险的进一步扩大，即使发生最坏的情况，在严格的管制下，亦可在防液堤内点火而使之燃烧，最大限度地控制灾害范围。

复习思考题

1. 危险货物仓库的基本要求有哪些？
2. 简述各类危险货物库房的要求。
3. 简述危险品出入库的要求。
4. 港口库场堆存危险货物应怎样隔离？
5. 危险货物堆码有哪些具体要求？
6. 简述各类危险货物的储存要求。
7. 储罐按形状和结构特征分为哪几种？
8. 石油储罐的基本附件和安全附件有哪些？液体化学品储罐的安全附件及附属装置又有哪些？
9. 简述油罐储存管理注意事项。
10. 液体化学品储存的性质和特点有哪些？
11. 储存液化气体的储罐主要有哪些类型？

第九章 应急措施和医疗急救

第一节 应急措施

在危险货物的运输、装卸、储存保管过程中,虽然采取了一系列安全防范措施,但仍不可避免地会发生一些燃烧、爆炸、泄漏、中毒、污染等事故。一旦发生事故,如何采取及时、有序、有效的应急措施来控制事态的发展,使事故造成的危害降低至最低程度。为此,每一个从事危险货物运输和作业的船舶、企业和地区都必须建立一套应急方案,制定事故应急计划,建立应急队伍,配备应急器材,一旦发生事故可以迅速按应急计划采取应急行动,才能使危害和损失降低到最小的程度。

一、应急计划概述

(一)制订应急计划的必要性

在危险货物的运输和作业中,由于货物包装破损、人员操作不当或设备故障等造成的任何危险货物的溢漏和渗漏,都会由于其特性而引起各种危险事故。危险不仅会发生在溢漏和渗漏处,有时还会发生在相当远的地方,对这些危害都要作好事先的预测。还有更重要的是,由于危险货物事故所带来的后果发展很快,时间紧迫,要在第一时间采取正确有效的措施,使危害降低至最低程度,必须预先作好计划。

(二)制订应急计划的指导思想

应急计划要对发生事故的可能结果作出预先估计,计划应能反映出干预效果,措施应事先计划好,并与当时情况相适应。指挥中心决策应迅速,确保从得到事故第一个信息到开始采取行动之间间隔的时间尽可能短。

(三)制订应急计划的基本要求

资料应充分,步骤明确,结果应能判定,提供广泛的产品范围,便于执行。

(四)应急计划的主要内容

1. 船上应急计划的主要内容

应急计划主要包括报警、联络和采取行动。

事故一旦发生,需要立即报警。报警信号应该简单明了,人人皆知,使全体船员一听到报警后,能立即知道事故的类型,按照责任分工立即到位。

事故地点的负责人应以最快的速度向指挥中心的船长或值班驾驶员报告出事地点和情况,并保持联络,接受统一指挥,采取行动。

由此可见,应急计划应包括:

(1) 报警信号;

(2) 责任区域的划分和分工,负责人名单;

(3) 组织指挥的机构和通讯联络方法;

(4) 事故性质和应采取的行动细则。

2. 港区应急计划的主要内容

(1)发生事故或紧急情况时,向港区内外的适当应急机构报告的程序。

(2)发生事故或紧急情况时,向港区的岸上和水上使用者发出通报的程序。

(3)提供有关危险情况下适用的应急设备。

(4)装设适用的警报器和应急控制器。

(5)组成地方应急队,以在发生重大紧急情况时协调行动,并处理诸如危险品渗漏或外溢等一般较小的紧急情况。

(6)为在出现紧急情况时使有关船舶离开而做出的协调安排。

(7)保证通道时刻畅通的安排。

(五)船上油类和/或有毒液体物质海上污染应急计划导则

IMO 海上环保会第 44 届会议,于 2001 年 3 月 13 日以 MEPC. 85(44)号决议通过了《制定船上油类和/或有毒液体物质海上污染应急计划的导则》,该导则主要内容包括:

1. 绪言

《MARPOL 73/78》附则Ⅰ第 26 条要求 150 总吨及以上的所有油轮和所有 400 总吨以上的非油轮船舶都应在船上备有经主管机关批准的《船上油污应急计划》。该公约附则Ⅱ第 16 条要求所有 150 总吨以上经核准散装运输有毒液体物质的船舶在船上备有经主管机关批准的《船上有毒液体物质海洋污染应急计划》。《船上油污应急计划》与《船上有毒液体物质海洋污染应急计划》合并,因为它们的大部分内容是相同的,且在应急情况发生时船上只有一个合并的计划要比两个分开的计划要实用。在这种情况下,合并后的计划的标题应为《船上海洋污染应急计划》,以便其区别于《船上油污应急计划》和《船上有毒液体物质海洋污染应急计划》。附则 I 第 26 条和附则 II 第 16 条都要求这种计划应符合海事组织制定的导则。

2. 强制性规定

《MARPOL73/78》附则 I 第 26 条和附则 II 第 16 条规定,应急计划至少要包括以下内容:

(1)《MARPOL73/78》公约议定书 I 第 8 条所要求的,建立在 IMO 制定的导则基础上,船长或其他对船舶负责的人员须遵守的报告油类或有毒液体物质污染事故的程序;

(2)在发生油类和有毒液体物质污染事故时要联系的当局或人员名单;

(3)对船上人员在事故发生后要立即采取的减少和控制油污或有毒液体物质外泄行动的详细描述;及

(4)船上用于与国家或地方当局协调船上抗御油类或有毒液体物质污染活动的程序和联络点。

3. 非强制性规定

除公约附则 I 第 26 条和/或附则Ⅱ第 16 条要求提供的指导外,当地的要求、保险公司或船舶所有人/经营人的方针等,可能要求在计划中提供其他指导。这些内容可能包括:提供草图和图纸、船舶携带的反应设备、公共事务、保持记录、对具体产品进行反应的信息(对于经核准载运 NLS 的船舶)和参考资料。

4. 附录 1,其他参考资料。

5. 附录 2,应急计划格式范本。内容包括:

(1) 前言

应包括对计划的目的和使用方法的解释,并注明船上的应急计划如何与其岸上基地(即沿海国家)的应急计划(即国家应急计划)相关联。

(2) 报告要求

①何时报告;②所要求的信息;③与谁联系。何时报告和报告所需资料一般是按固定表格形式填写即可,而与谁联系则需看发生事故的地点而定。所以要求本计划在其附录中给出沿岸国家联系人、港口联系人、有关船舶重要的联系人。

(3) 控制排放的步骤

①操作性溢漏。应列出船舶对操作性溢漏应采取的特殊应急措施的资料。应包括控制管系泄漏、货舱满溢和船壳破裂引起的溢漏及减至最低限度的程度;

②事故性溢漏。应列出船上和公司为控制由下列海事,如搁浅、火灾/爆炸、碰撞船体破损,严重横倾等导致溢漏减至最低限度所采取特殊措施的资料。

(4) 与国家和地方协调

应列出沿岸国或地区政府或其他有关部门协助船长采取初始措施的国家和地区的协作。假如沿岸国家的组织反应行动,这部分也应指导和协助船长组织反应行动。对于特殊区域的详细资料可列入本计划的附录中。

(5) 其他信息(非强制性)

船东可自行决定补充认为有必要的资料。有时并非公约附则Ⅰ第26条和附则Ⅱ第16条规定,可能是船舶停靠港口当局所要求的。将这样资料列入本计划也是为了帮助船长处理应急状况而提供有益的资料。包括有:计划检查程序、培训和演习程序、记录和保管程序、船东和经营人的公关政策和其他有关方面的资料。

(六)港区应急计划指南

1. 总则

(1)目的。建立港区危险货物火灾、爆炸、泄漏灾害事故应急组织指挥系统和应急反应系统,一旦发生上述灾害性事故,可迅速有效地作出反应,把事故控制在局部范围内,尽可能减少事故对人员、财产和环境的有害影响。

(2)适用范围。应急计划应明确港区范围及相关的水域,并应在相应的图表上标明。

(3)编制的法律依据。

(4)灾害事故类型。应急计划应根据各种类型设备设施故障、作业错误以及雷电等自然灾害所产生的火灾、爆炸与泄漏事故,采取相应的措施。

(5)灾害事故等级。应急计划所针对的灾害事故应划分等级,采取相应的应急反应。

①一般事故;②重大事故;③特大灾害事故。

(6)制定与发布

本应急计划由主管机关制定发布,并报相关部门备案。

2. 应急组织指挥与协作

(1)应急组织指挥和协作系统。建立港区火灾、爆炸、泄漏事故应急组织指挥协作系统,统一组织指挥和协调上述灾害事故的应急反应。

(2)灾害事故应急指挥部和指挥人员。根据不同等级灾害事故组织相应的应急指挥部和指挥人员。

(3)事故应急组织各部门职责:

①指挥中心成员及其职责;

②应急指挥中心下各应急小组的职责：

火场指挥组：负责现场灭火指挥工作。

泄漏现场指挥组：负责泄漏事故现场指挥工作。

通讯联络组：负责与上级、港内外各部门之间的通信联络。

现场保卫和人员疏散组：负责维护事故现场秩序，划定警戒区域，实行交通管制，疏散无关人员和车辆撤出警戒区，根据应急指挥中心命令组织警戒区内人员安全撤离。

现场物资疏散与电气运行控制组：负责重要设备设施紧急关闭、停止运行、危险区域船舶疏散离泊、及时疏散受火灾爆炸威胁的邻近可燃物品，实施事故应急供电或切除部分电气运行指挥。

事故风险预测组：负责事故风险预测，通过计算机模拟技术，预测事故规模与影响范围。

后勤保障组：负责灭火器材、药剂的补充，黄沙、麻袋、铲车、交通工具、个体防护用品等物资设备的调用。

医疗救护组：负责抢救、治疗事故受伤中毒人员。

环境监测组：负责事故现场及周围地区污染物扩散检测。

泄漏化学品回收与处理：负责事故引起的泄漏油品的回收与处理。

事故原因取证与调查：负责事故原因调查、取证与记录，为下一步灾后评估与事故处理提供资料。

新闻发布：负责统一对外新闻发布。

③应急指挥人员职责

应急总指挥职责；应急副总指挥职责；现场指挥职责；应急指挥部成员部门主要领导职责。

3. 应急指挥中心与装备

(1)通信联络装备：电话机、对讲机、联络电话本(关键作业人员地址、电话；市、区、周边协作单位主要人员名单、电话；企业内部应急指挥相关部门、单位、主要人员地址、电话)。

(2)计算机与事故预测软件、化工区域地理信息系统软件。

(3)现场监视系统终端显示装置。

(4)各类应急地图。

(5)报警装置。

(6)风向、风速仪。

(7)消防服装与防毒面具。

(8)办公用具。

4. 应急队伍的建设

(1)建立一支相对固定的应急队伍。应急指挥中心的领导、临时替代者、专业消防队员、兼职应急救援人员、后备力量等应有确切的名单。

(2)加强对应急指挥和管理人员的培训，提高应急指挥中心在组织、指挥、协调和管理应急队伍方面的能力及水平。

(3)企业均应组建一支能适应不同作业班次的事故救援抢险队伍，应加强对救援抢险队员的培训、演习，在发生事故时，能作为主要救援抢险人员迅速、有序投入应急行动。

5. 应急救援设备、器材配备

(1)现有急救和救护器材。

（2）应配置急救和救护器材。

（3）应急救援设备、器材管理：

①所有应急设备、器材应有专人管理，保证完好、有效、随时可用。

②建立应急设备、器材清单，清单中不仅有设备、器材名称、数量、所在位置，还应有管理人员姓名、联系电话、替代人员姓、联系电话等。

③随时更换失效、过期的药品、器材，并有相应的跟踪检查制度、措施。

④及时补充所需要的个体防护用品、急救药品、器材，并有相应的跟踪检查制度、措施。

6. 事故应急反应

（1）事故报警：

①事故报警。事故一经发现及时报警，对于抑制事故事态的发展具有极其重要的作用。下列情况之一必须立即报警：港区内任何人一旦发现火灾、泄漏事故；监视系统一旦发现火灾事故；作业人员发现有泄漏、火灾的可能，采取措施后未能抑制泄漏、火灾事故发生时。

②报警内容。事故发生地点、位置；事故性质（火灾、泄漏、爆炸）；事故规模。

③报警方式。采用现场报警系统报警或就近利用电话用 119 报警，事故应急中心接到报警后，必须认真记录，并按事故性质与规模及时开启紧急通知系统，向公司与港务局及有关部门发出事故报警通知，及时组成相应的事故应急指挥部，做应急反应工作，为减少事故损失赢得时间。

④事故报警流程图。

（2）事故应急通信联络。

（3）现场监视监测。

（4）事故初步评估。事故一旦发生，应立即对事故进行初步评估，事故初步评估内容如下：

①事故的性质（泄漏、火灾、爆炸）；

②介质状态与泄漏量；

③持续泄漏、火灾爆炸的可能性；

④事故对周围人员是否构成危险；

⑤事故对周围设备设施的影响范围；

⑥泄漏物是否会污染河口与港湾海域。

（5）事故风险评估。确定事故性质与泄漏量后，根据现场气象状况（风速、风向、温湿度、气压）立即进行事故风险评估，以便应急指挥部及时掌握事故可能的发展势态。

（6）事故预防与初期现场应急处理。

（7）灾害事故应急反应具体行动。

①消防力量增援；

②实施应急通信联络；

③实施现场物资紧急疏散与电器运行控制；

④实施靠泊船舶紧急离泊；

⑤实施后勤保障应急行动；

⑥现场保卫、人员疏散应急行动；

⑦现场医疗救助应急行动；

⑧实施现场环境监测和事故风险预测；

⑨事故调查、取证和记录；

⑩泄漏物品回收与处理；

⑪新闻发布；

⑫应急反应结束：事故发生的原因与教训；事故初期处理经验与教训；事故应急计划执行情况，经验与存在的问题；对应急计划和应急反应系统建设和管理的改进意见；对事故防范的建设性意见。

7. 人员培训与演习

(1)人员培训。人员培训的目的是使应急反应人员具备系统、扎实的应急理论知识和应急反应行动的能力，确保发生事故时应急反应决策和行动的正确合理及有效实施。

①培训组织；

②培训学员范围；

③培训师资要求；

④培训内容；

⑤培训考核与记录。

(2)定期演习：

①演习规模。应定期组织相关人员进行应急救援预案演习，演习规模可分为两种：一是全面、系统的演习，以检验整个应急反应系统各环节的有效性；二是针对应急反应系统中某个环节进行演习，以进一步完善应急反应预案，也可增加应急反应人员熟悉应急反应行动的机会。

②演习组织。

③演习目的。使参与应急反应的各部门熟悉、掌握各自在应急反应行动中的职责；保证应急反应各有关环节快速、协调、有效地运作；考核各级应急反应人员对所需理论与操作技能熟练掌握的程度；及时发现应急反应计划和应急反应系统存在的问题与不足之处，以便予以改进和完善。

④演习的各级应急部门应对演习情况予以记录，并报应急指挥中心备案。

8. 应急计划的审查与监督管理

(1)应急计划的监督：

①相关部门应监督检查应急计划执行情况，以避免应急计划成为一纸空纸。

②应急计划的制订、修订、审查情况也应由相关部门备案。

③应急反应培训及应急反应行动演习的情况也应报相关部门备案。

(2)应急计划的管理：

①各级应急计划的制订、修订、审查均应按本计划规定的程序执行。

②应急计划的所有版本均要存档，每次修订的原因、修订的主要内容及说明也要存档。

③各级应急计划的最新版本应及时送至有关人员手中，并同时将失效版本收回，并做好记录。

④应有各级应急计划发放清单，并有收领人签字，清单应保存。

9. 公众参与

(1)应将事故报警程序向全体员工通报，以便一切单位和个人一旦发现港区内有泄漏、火灾、爆炸等事故可立即向本应急计划所指定的部门报告。

(2)有关人员应根据本应急计划的要求接受相关培训和演习。

(3)有关单位和个人均应在应急指挥中心的统一指挥下参与应急反应行动。

(4)凡在事故现场的非应急队伍成员一切均应在应急指挥中心的统一指挥下或按照要求撤离现场,或按指挥中心的部署参与应急反应行动,不得擅自行动。

二、《船舶载运危险货物事故应急措施》(EmS)

在《IMDG Code》补充本中附有《船舶载运危险货物事故应急措施》(EmS),对在《IMDG Code》中所列货物的火灾和溢漏事故应急提供建议。

EmS 指南的英文全名为"The EmS Guide——Emergency Procedures for Ships Carrying Dangerous Goods"。指南依据《国际安全管理规则》(ISM CODE)的要求,所有船舶和负责船舶运行的公司,应建立一套船舶安全管理体系(SMS),在这个体系里应对船上潜在的紧急情况的反应措施。指南的意图是为船舶所有人、船舶经营人和其他有关方面制定应急反应措施提供帮助,并将这种措施有机地与船舶应急计划结合起来。

在发生火灾和溢漏事故时,首先要按船舶应急计划采取措施。由危险货物引起的事故,应依据本指南针对具体的危险货物对不同的船型、数量、包装形式和积载位置(舱内还是舱面)采取具体的措施。

该指南为处理船舶装运《IMDG Code》所列的危险货物发生火灾和溢漏事故应急提供指导。对岸上发生火灾和溢漏事故的应急同样具有指导意义。

(一)指南的结构

1.应急措施简解

应在任何紧急事故发生之前通晓、并结合进船舶的培训计划中。

(1)在火灾应急措施简解中包括以下内容:

①准备;

②发生事故危险货物的确认;

③冷却和窒息;

④寻求建议;

⑤疏散;

⑥灭火剂;

⑦对暴露到火中的危险货物的处置;

⑧人员防护;

⑨火灾后的急救和措施;

⑩各类危险货物的特别注意事项。

(2)在溢漏应急措施简解中包括以下内容:

①准备;

②人员防护;

③总体反应;

④发生事故危险货物的确认和识别;

⑤救助;

⑥隔离;

⑦应急反应;

⑧寻求建议；

⑨使用的材料；

⑩溢漏处理后的措施；

⑪急救；

⑫对各类危险货物注意要点。

2. 总体建议

在发生包装危险货物事故时，首先参阅总体建议的内容。

（1）消防总体建议的内容有：

①考虑安全第一；

②避免接触危险物质；

③远离火种、禁止吸烟、远离烟雾和有毒气体；

④拉起火警警报，启动消防程序；

⑤尽可能使驾驶台和生活区在上风处；

⑥确定燃烧或冒烟货物的积载位置；

⑦确认货物；

⑧获取发生事故危险货物的联合国编号和火灾应急措施；

⑨考虑哪些防火措施可行并遵照执行；

⑩检查其他危险货物是否有潜在卷入火灾的可能，并确认相关的火灾应急措施；

⑪穿戴合适的防护服和自给式呼吸器；

⑫准备使用《医疗急救指南》（MFAG）；

⑬与船公司负责船舶营运的指定人员或救助协调中心保持联系，以获得有关危险货物应急反应措施的专家意见。

（2）防溢漏总体建议的内容有：

①安全第一；

②避免与任何危险物质接触，不要进入溢漏液体或尘埃（固体）区域；

③远离蒸气和气体；

④拉响警报；

⑤尽可能保持驾驶台和生活区处于上风处；

⑥佩戴全套防化服和自给式呼吸器防止化学品的侵袭；

⑦确定溢漏货物的积载位置；

⑧识别货物；

⑨获取溢漏危险货物的联合国编号及溢漏应急措施表号；

⑩准备使用《医疗急救指南》（MFAG）；

⑪联系公司负责船舶营运的指定人员以获取专家关于危险货物应急反应措施的指导。

3. 应急措施表

要获得具体危险货物的详细资料，查阅相关货物的应急措施表。

（1）在 EmS 中一共列出 10 张火灾应急措施表：

①F－A：火灾应急措施总体建议；

②F－B：爆炸性物质和物品；

③F－C:非易燃气体;

④F－D:易燃气体;

⑤F－E:非遇水反应的易燃液体;

⑥F－F:控温的自反应物质和有机过氧化物;

⑦F－G:遇水反应物质;

⑧F－H:具有潜在爆炸危险的氧化物质;

⑨F－I:放射性物质;

⑩F－J:非控温的自反应物质和有机过氧化物。

(2)在 EmS 中一共列出 26 张溢漏应急措施表:

①S－A:有毒物质;

②S－B:腐蚀性物质;

③S－C:易燃、腐蚀性液体;

④S－D:易燃液体;

⑤S－E:易燃液体、浮于水面;

⑥S－F:水溶性海洋污染物;

⑦S－G:易燃固体和自反应物质;

⑧S－H:易燃固体(熔融的物质);

⑨S－I:易燃固体(可能重新包装);

⑩S－J:浸湿的爆炸品和某些自热物质;

⑪S－K:控温的自反应物质;

⑫S－L:自燃、与水反应物质;

⑬S－M:引火性自燃物质;

⑭S－N:与水剧烈反应的物质;

⑮S－O:遇湿危险的物质(不可收集的物品);

⑯S－P:遇湿危险的物质(可收集的物品);

⑰S－Q:氧化物质;

⑱S－R:有机过氧化物;

⑲S－S:放射性物质;

⑳S－T:有生物危害的危险物质;

㉑S－U:气体(易燃、有毒或腐蚀性的);

㉒S－V:气体(非易燃、无毒的);

㉓S－W:氧化性气体;

㉔S－X:爆炸性物品;

㉕S－Y:爆炸性化学品;

㉖S－Z:有毒的爆炸品。

(二)应急措施表的使用

在该指南的最后设有 EmS 指南－索引:按每个现有的联合国编号顺序排列分别给出火灾应急措施表和溢漏应急措施表。

也可在《IMDG CODE》的“危险货物一览表”第 15 栏“EmS No”中查到该物质的火灾应急

措施表和溢漏应急措施表。

在“EmS No”中第一个 EmS 代码系指火灾(Fire)应急表号，以 F 打头，例如：“F－A”为一般火灾应急表；第二个 EmS 代码系指溢漏(Spillage)应急表号，以 S 打头，例如：“S－A”为毒性物质溢漏应急表；EmS 代码下有下划线(特殊情况)表示一个物质、材料或物品在应急反应措施中给出附加指示。对于未另列明的或其他通用条目的危险货物，最适当的应急措施表可能由于危险成分的不同而不同。因此，托运人可根据自己的知识声明从本规则表示的不同表号中选择的是最恰当的。

(三)火灾应急

1. 灭火的基本原理

物质的燃烧不是随时都可以发生的，它必须具备三个条件，即可燃物、助燃物、热量。我们可以把这三个条件作为一个燃烧三角形。三角形中的三条边分别代表三个条件，可清楚地知道组成三角形的三条边不能缺少其中任何一条边，如少了一条边，三角形就不存在，因此，燃烧三角形中缺少一条三角形的边，燃烧三角形就不成立，那么燃烧也就不成立。从这一道理出发，就可得出灭火的原理：也就是破坏燃烧三角形的任一条边使燃烧三角形不复存在，这样就达到了灭火的目的。另外也可利用中断化学反应链，使其达到灭火的目的。

2. 灭火的基本方法

(1)冷却法：降低燃烧物质的温度于燃点之下，可从燃烧三角形中抽去热量一条边，达到灭火的目的。

(2)窒息法：隔绝空气或氧气，可从燃烧三角形中抽去助燃物质这一条边，达到灭火目的。

(3)隔绝法：使可燃物质与火脱离接触，不使燃烧蔓延。这样也可从燃烧三角形中抽去可燃物质这一条边，达到灭火的目的。

(4)化学中断法：又叫抑制法，是用含氟、氯、溴的卤代烷灭火剂喷向火焰，让灭火剂参与到燃烧反应的历程中去，把反应过程中产生的活性物质(游离基)去掉，使燃烧反应链中断，达到灭火的目的。

3. 常用的灭火剂

(1)水：具有很好的降温、稀释效果，对比重比水大的液体也有覆盖作用。

(2)雾状水：通过喷雾装置，将水流分散成粗细不同的水雾，对于扑救火灾比密集水流具有更多的优越性。它喷射面广，吸热量大。可扑救可燃气体、粉状易燃固体和无机氧化剂等的火灾。

(3)化学泡沫：它是酸性物质(硫酸铝)和碱性物质(碳酸氢钠)与泡沫稳定剂(空气泡沫液或甘草萃液)相互作用而形成的膜状气泡群。泡沫的比重为0.15～0.25。它是扑救油类火灾最有效的灭火剂。

(4)空气机械泡沫：它是由一定比例量的泡沫液水和空气，经过水流机械作用相互混合组成。泡沫液的成分是动物或植物蛋白质类物质(如牛角、豆饼经水解制成)。泡沫的比重为0.11～0.16。它可以有效地扑救易燃和可燃液体的火灾。

(5)二氧化碳：二氧化碳的比重为1.53，较空气重，灭火用的二氧化碳一般是以液态灌装在钢瓶内，在20℃时，钢瓶内的压力为60个大气压。二氧化碳灭火剂是靠液态二氧化碳的蒸发作用，喷射出固体雪花状的二氧化碳(又称干冰)。干冰的温度为－78.5℃，能够冷却燃烧物和冲淡燃烧区空气中氧的含量，使燃烧停止。它最适合扑救电气火灾、着火范围不大的油类火灾、忌水物质和气体的燃烧。

(6)四氯化碳:四氯化碳遇热蒸发成气体,能降低燃烧物质的反应热量和隔绝空气,使燃烧停止。四氯化碳的沸点为76.8℃,1 kg四氯化碳可以气化成为145L蒸气,四氯化碳的蒸气比空气重,约为空气的5.5倍。在空气中含有7.5%的四氯化碳,即可熄灭汽油和丙酮的燃烧,但扑灭火灾的范围较小。四氯化碳不导电,主要用于扑灭电气火灾。

(7)固体灭火物质:有干粉、砂土等。化学干粉灭火机的药剂是由碳酸氢钠加硬脂酸铝、云母粉、石英粉或滑石粉等制成。它依靠压缩气体的压力作用,将干粉喷射到燃烧区灭火。由于干粉浓度密集、颗粒微细,在燃烧区内能隔绝火焰的辐射热,并散出不燃气体,冲淡空气中氧的含量,从而扑灭燃烧。化学干粉适宜扑灭范围不大的易燃液体的火灾、电气火灾及某些忌水的物质火灾。对于金属钾、钠、镁、钛和铝镁合金等轻金属火灾,要使用氯化钠(钾)、碳酸钠、石墨、黄砂等干粉状物质灭火。扑灭金属粉末的火灾,干粉喷射压力不宜过大,以免粉尘飞扬引起爆炸。

(8)卤代烷灭火剂:碳氢化物中的氢原子被卤素原子取代,会使化学性质和物理性质起很大变化。一般来说,氟原子的存在能增加惰性和稳定性,氯原子、溴原子的存在能增加灭火效能。目前使用的卤代烷灭火剂主要有氯溴甲烷(1011)、二氟一氯一溴甲烷(1211)、二氟二溴甲烷(1202)、三氟一溴甲烷(1301)、四氟二溴乙烷(2402)等。卤代烷的代号命名法是碳、氟、氯、溴、碘五种元素的原子数所组成,但末尾的零可略。

"1211"灭火剂灭火,主要是它与燃烧物接触后,受热产生溴离子,并立即与燃烧中产生的氢游离基化合,使燃烧连锁反应迅速中止,将火扑灭,同时也有一定的冷却和窒息作用。这种灭火剂是无色、无刺激味的气体,加压后可以变为液态,绝缘性能良好,毒性比四氯化碳小得多,对金属的腐蚀性也极小,干燥的"1211"可以贮于钢、铝、铜等容器里不会变质。"1211"特别适用于扑灭油类、有机溶剂、精密仪器、文物档案等火灾,灭火效率比二氧化碳高四倍多,灭火后不留痕迹。在具有爆炸性气体存在的船舱(库内)里,只要充灌"1211"到该爆炸气体容积的6.75%,就能够起到抑制爆炸的作用。

4. 扑灭危险货物火灾应注意的事项

施救危险货物火灾时,首先要弄清楚是什么种类物质燃烧,然后根据危险物质的理化性质采取相应的灭火方法和灭火剂。具体可根据该货物申报时提供的应急措施要求和查阅《IMDG Code》补充本中的"EmS指南"。一般来说,水是最有效、最方便(特别在船上)的灭火剂,但对某些危险物质则会加剧火势,因此在扑灭火灾时应注意如下事项:

(1)禁止用水扑救的危险货物:遇水能生成可燃气体或有毒气体的物质,如钾、钠、钙、镁、钛、铝、碳化钙、三乙基铝等;遇水会放出大量热量的物质,如硫酸、氯磺酸、三氧化硫等;比水轻的易燃液体,如汽油、乙醚、丙酮等;没有切断电源的火灾现场,因水能导电,用水灭火时易造成触电等意外事故。

(2)禁用泡沫、酸碱灭火剂扑救的危险货物:这两类灭火剂内既含有酸性物质又含有水分,毒害品中的氰化钠、氰化钾以及其他氰化物,遇酸能生成剧毒、易燃的氰化氢气体,故禁用酸碱灭火剂;对遇水能产生反应的物质也不能使用,并不能扑救带电设备的火灾。

(3)禁用二氧化碳灭火剂扑救的危险货物:遇水燃烧的物质,如金属锂、钠、钠汞齐等,因为这些金属性质十分活泼,在高温条件下能夺取二氧化碳中的氧而继续燃烧;过氧化钠、过氧化钾等与二氧化碳反应放出氧气,也不能用二氧化碳灭火。

(4)禁用四氯化碳灭火剂扑救的危险货物:活泼的金属钾、钠、铝等,能在四氯化碳气体中继续燃烧,四氯化碳有毒,也不能扑救二硫化碳等一些有毒物质的火灾,以免增大空气的毒害作用。

(5)禁用“1211”灭火剂扑救的危险货物:活泼的金属,如钾、钠、镁等;本身是氧化剂的可燃物,如硝化纤维等。

(6)砂土不能用来扑救爆炸物质的火灾,否则会带来更大的危险。

(7)扑灭气体危险货物:堵塞气体来源是最主要的扑救方法,并用雾状水或二氧化碳喷射,切断火焰与喷出气体的接触,火焰即可扑灭,同时,应迅速将未着火的钢瓶移到安全地。

(8)虽然氧化剂与水会产生反应,但是使用大量的水是控制氧化剂火灾的最有效的方法。

5. 各类危险货物火灾应急注意事项

(1)爆炸品的火灾无论是切断空气还是用窒息材料隔绝都是无效的,用水灭火是最有效的方法。在最短的时间里尽可能用最大量的水是试图防止温度上升的唯一途径,而温度的上升能影响爆炸品的化学稳定性。

如可行,清除或抛弃可能着火的包件,如包件没有直接卷入火灾,尽最大努力防止包件着火,在尽可能远的安全地方用水喷射使货物保持潮湿;如果货物着火了,消防人员应撤离至安全地区继续灭火。如可行,将暴露于火灾的物品与没有暴露于火灾的物品分开,保持潮湿,并在安全距离地方监视。

爆炸品发生火灾都应在坚实的掩蔽物后面进行灭火。如果危险性太大,消防人员可以将皮龙绑在围栏或固定物体上而不用人工操作。

很多爆炸品都会燃烧至爆炸点,因此要特别注意是否具有整体爆炸的危险,这种爆炸会损坏船体。第 1.1 类或第 1.5 类货物存在发生整体爆炸的危险,从火势蔓延至发生整体爆炸的时间是从几秒钟到几分钟。船长应判明卷入火灾中的爆炸品的数量。几公斤的爆炸品可能不会使船舶沉没,但超过这个数量就应考虑对船员安全和船舶的稳性所造成的危险。

(2)气体容器受热是最危险的,因为可能会破裂、急速飞升或爆炸,所以在火灾中尽可能使用多个水龙喷水,尽可能保持装有气体的瓶子冷却。如可行,清除或抛弃可能着火的包件,否则用水冷却几小时。

乙炔具有潜在爆炸的危险,任何粗暴的操作或局部发热都可能导致过后发生爆炸,用水冷却几小时,不要挪动容器,对于经过任何粗暴的操作或局部发热的容器应抛弃。

易燃气体从容器中溢漏,虽然没有燃烧但会与空气组成爆炸性混合物,如果由溢漏气体引发的火灾在阻止溢漏之前于货舱内被扑灭的话,货舱内会聚集气体。这样会导致形成爆炸性混合物或有毒窒息性气体。对于这种情况应查阅溢漏应急措施。

(3)比水轻又不溶于水的易燃液体发生火灾时,可选用泡沫或干粉灭火。能溶于水或部分溶于水的易燃液体发生火灾时,可用雾状水、抗溶性泡沫、干粉或大量的水(不能使用水射流)进行扑救。遇水或受潮时有危险反应的易燃液体发生火灾时,禁止用水或泡沫扑救。

易燃液体着火时,直接向货物喷水是危险的,因为很多易燃液体漂浮在水面,如果喷水会扩散液体而导致更大的危险。封闭的容器遇火会导致内压加大而使容器破裂。

受热的易燃液体会释放出蒸气,该蒸气会迅速爆燃,因此消防人员应站在有良好防护的位置向着火区域使用水喷雾以降低液体和空气与蒸气混合物的温度。

(4)第 4 类货物要根据货物不同性质选用不同的灭火剂来灭火。浸湿的爆炸品具有第 1

类的性质,应查阅第1类爆炸品的特别注释和相关的火灾应急措施表,严禁使用砂土。易自燃物质和遇湿危险物质首选用干的惰性粉末物质窒息灭火。遇湿危险的物质严禁使用水、酸碱式灭火剂、泡沫灭火剂、二氧化碳灭火剂。粉状物品不得使用水射流。

需要温度控制的自反应物质如果超过了控制温度,须检查冷藏设备。如果温度无法恢复则需尽快咨询厂商。发生冒烟也需请教厂商。此时该货物需监管。

(5)扑灭第5类氧化物质的火灾一般使用多个水龙喷雾。在船上扑灭这类物质着火是比较困难的,因为船上的消防设备可能不起作用,能做的是尽可能防止火蔓延到装有这类危险货物的容器。但一旦火势蔓延到这类货物,人员需立即撤至有良好防护的位置。

需要温度控制的有机过氧化物如温度无法恢复,即使停止排烟,也应立即与厂商联系。在一个确认受到保护的地方用雾状水灭火,当火灾扑灭后,应当保持对其监视,周围需隔离,因为液态物质有可能从泄放装置里喷射出来。

(6)接触和吸入有毒物质会中毒,所以在处理有毒物质事故时佩戴自给式呼吸器和穿戴消防服很重要。感染性物质的病原体可在火灾中生存,所以要使用自给式呼吸器。

(7)放射性物质着火有选择地使用水雾和水射流,保持邻近容器的冷却,如有可能转移可能卷入火中的容器。

很多放射性物质以包装形式运输,其包装的设计能保持其对内装物的限制和屏蔽的功效。在严重火灾中,内装物的限制或屏蔽失效或出现关键的安全性能受到影响将会对人员产生极大的危害性。应避免任何装有第7类物质的包件长期暴露在高热的环境中,在紧急情况下尽可能用大量水喷淋保持冷却。如果放射性物质包件遭遇大火,应立即咨询专家。怀疑安全性能受损的包件和消防设备应尽快移走。装有放射性监测设备的船舶建议检测放射性程度。

(8)腐蚀性物质着火有选择地使用水雾和水射流,保持邻近容器的冷却,如有可能转移可能卷入火中的容器。

这类货物燃烧会产生强烈的腐蚀性气体,需佩戴自给式呼吸器。

(9)第9类货物一旦发生火灾则根据其危险性参见相应的火灾应急措施。

(四)溢漏应急

1. 溢漏应急注意事项

(1)船舶在港区、河流、湖泊和沿海水域发生危险货物泄漏事故,应立即向海事管理部门报告,并尽可能将泄漏物收集起来,清除到岸上的接受设备中去,不得任意倾倒。

(2)船舶在航行中,为保护船舶和人命安全,不得不将泄漏物倾倒或将冲洗水排放到水中时,应尽快向就近的海事管理部门报告。

(3)泄漏货物处理后,对受污染处所应进行清洗,消除危害。船舶发生强腐蚀性货物泄漏,应仔细检查是否对船舶造成结构上的损坏,必要时应申请船舶检验部门检验。

(4)有关防污染要求,应符合有关环境保护法规的规定。

2. 各类危险货物溢漏应急注意事项

各类危险货物溢漏应急措施的详细内容可根据该货物申报时提供的应急措施要求和查阅《IMDG Code》补充本中的“EmS 指南”。处理各类危险货物溢漏时应注意以下事项:

(1)一般来讲,保持爆炸品湿润将减少爆炸的危险,所以爆炸品溢漏应用水将其湿润,再收集起来或用大量水冲洗(对水域无污染的)。但某些爆炸混合物是稳定的,而水可以将爆炸品与稳定剂分开,可能会产生更大的危险,这类遇湿的爆炸物品应予以抛弃,清除到船外。

(2)在处理易燃气体溢漏时,让其蒸发或飘逸,远离所有火源,喷水雾可降低气体被点燃的潜在危险。有毒气体发生溢漏,应迅速将溢漏容器转移到安全处所,戴上防毒面具,在上风处进行处置,拧紧钢瓶气嘴,易燃气体溢漏时,必须严禁火种。船舶在航行中若怀疑货舱内有气体溢漏,在采取有效防范措施前,不允许进入货舱或其他封闭处所,在紧急情况下需要进入时,应由受过训练的人员,戴上自给式呼吸器去处理,必要时,还应穿戴防护服,在整个过程中,应始终在值班驾驶人员监督下进行。在航船舶,舱面积载的容器发生溢漏时,应调整航向使溢漏的气体从下风向消散。若风向有利于气体的安全消散,可按正常的方法处置。

若不能迅速制止漏气现象,应立即将钢瓶浸入水中,最好浸入石灰水中(液氨钢瓶不宜浸入石灰水中),以防止事故的扩大和剧毒气体的蔓延扩散。将漏气的钢瓶浸入水中,不仅可以降低钢瓶的温度、减小瓶内的压力,从而减弱或制止漏气现象,而且可以防止剧毒气体扩散到空气中去,因多数的剧毒气体能溶解于水,有的甚至能大量地溶解于水中,浸过剧毒气体的水,应撒入过量的石灰进行消毒。

(3)易燃液体包件发生溢漏时,应及时将溢漏部位向上,移至安全通风处,溢漏物可用砂土覆盖后扫净,也可用不与其发生反应的吸收材料加以吸收,或用大量的水冲洗(对水域无污染的),但不得将水直接喷到溢漏物上。喷水雾可降低其蒸气被点燃的潜在危险。很多易燃液体在高浓度状态下具有麻醉或中毒效应,建议使用自给式呼吸器。

(4)第4类货物中在干燥状态下为爆炸品的物质以及黄磷溢漏时,应迅速用水浸湿,然后收集在封闭的容器中妥善处理;接触空气即能燃烧的货物溢漏时,应立即用干燥的惰性材料(如硅藻土等)覆盖,并用安全的方法清除;与水发生反应的货物溢漏时,禁止用水进行处理,收集后剩余的少量残留物可用大量水进行冲洗,但必须注意周围不得有任何火种。

(5)氧化剂和有机过氧化物溢漏时应小心地用惰性材料将溢漏物收集起来,然后用大量的水冲洗残留物,严禁使用木屑、棉纱等可燃物作为吸收材料,严禁将收集起来的溢漏物重新装到完好的包装内,以免杂质混入而引起危险。

(6)毒害品发生溢漏时,应谨慎地将溢漏物收集起来,撒漏处应及时洗刷消毒,并注意防止扩大污染。如在封闭处所发生溢漏,应注意通风,处理人员应穿戴防护用品、并有人监护。被污染的衣服、用具等应统一处理。清洗污水不得随意倾倒或排放。毒害品落水,应立即组织打捞。

(7)感染性物质发生溢漏时应立即阻止溢漏,将溢漏物收集、隔离并覆盖,用类似漂白剂的产品彻底清洁被污染区域。立即通知有关卫生防疫部门及收货人、发货人。

(8)发现放射性包件破损时,应由辐射防护人员进行检测,当内容物未溢漏时,操作人员应对包装件进行修复;当内容物溢漏而造成污染或环境辐射水平增高时,应立即划定区域并作出标记,尽快进行处理。

(9)腐蚀品溢漏时,可用惰性吸收材料将溢漏物收集起来,并用大量的水冲洗溢漏处所。大量溢漏时,酸性物质可用碱性稀溶液中和,碱性物质可用酸性稀溶液中和。处理人员应穿戴防护用品,防止溢漏物飞溅到眼睛或皮肤上。

(10)海洋污染物发生溢漏事故时,任何被冲至海里的海洋污染物都会污染海洋,所以应根据报告程序的规定,用最快的通讯手段向最近沿岸国报告。无论怎样,保护船员的生命和满载船舶的安全比防止污染海洋更重要。

第二节 医疗急救

国际海事组织(IMO)/世界卫生组织(WHO)/国际劳工组织(ILO)组织编写的《危险货物事故医疗急救指南》(MFAG),是世界卫生组织出版的《国际船用医疗指南》(IMGS)的化学品增补本,附在《IMDG Code》补充本中。它是针对《IMDG CODE》所列的物质、材料和物品,以及《BC Code》中B类具有化学危险性的物质在发生事故时,可能造成人员伤害时,对化学品中毒的初步治疗和利用海上有限的有效设备进行诊断提供必要的建议,而与化学中毒无明显关系的一般性疾病的治疗则参照《国际船用医疗指南》(IMGS)。

此建议虽然是针对危险货物海上运输中事故对人体造成的影响的医疗急救,但对岸上的医疗急救也有重要的借鉴作用。

发生危险货物事故造成人员伤害时,现场发现人员应及时通报并根据伤员的实际情况,积极开展救治活动,争取宝贵的急救时间。

一、危险货物事故医疗急救指南的结构

该指南首先介绍如何使用本指南;然后列出急救指南表;最后是附录。

(一)如何使用本指南

当发现和怀疑有人中毒时,首先应作出诊断,确定此人产生的病症是化学品引起的中毒症状还是其他疾病引起的症状,然后才能采取相应的治疗措施。

先根据指南中的框图(见图9-1和图9-2)进行检查诊断,并参照相应的急救表进行初步治疗,如表中的治疗方法效果不大,还要进一步查找图中所列的与急救表对应的附录得到更详细的资料和诊断治疗方法。

(二)急救指南表

急救指南表中给出特殊情况的简要指导,共20张。

(1)表1——抢救;

(2)表2——CPR(心肺复苏);

(3)表3——输氧与控制通风;

(4)表4——化学品引起的意识障碍;

(5)表5——化学品引起的惊厥(癫痫、痉挛);

(6)表6——中毒性精神错乱;

(7)表7——眼睛接触化学品;

(8)表8——皮肤接触化学品;

(9)表9——吸入化学品;

(10)表10——摄入化学品;

(11)表11——休克;

(12)表12——急性肾衰竭;

(13)表13——镇痛;

(14)表14——化学品引起的出血;

(15)表15——化学品引起的黄疸;

(16)表16——氢氟酸和氟化氢;

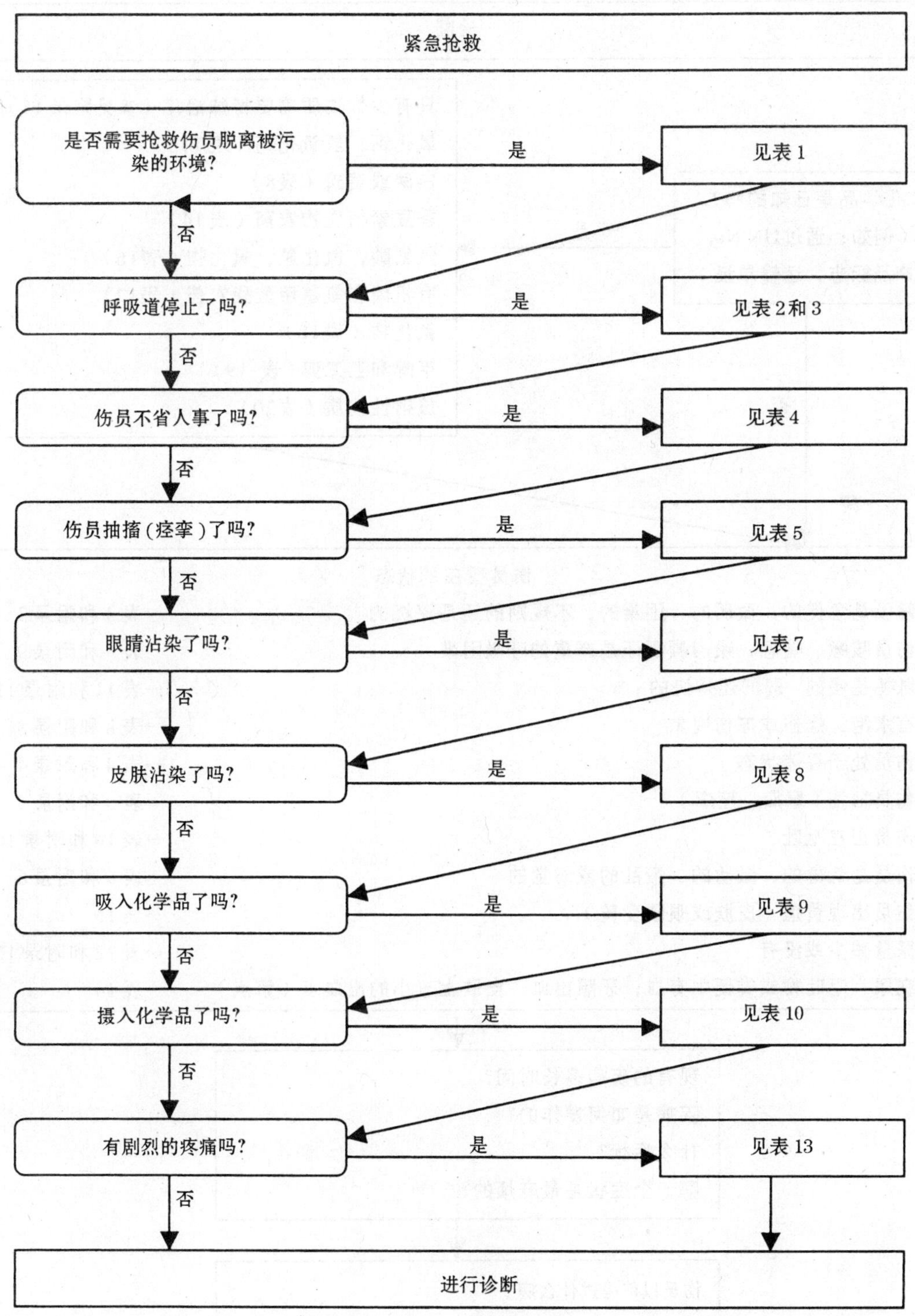
紧急抢救
是否需要抢救伤员脱离被污染的环境?
是
见表1
否
呼吸道停止了吗?
是
见表2和3
否
伤员不省人事了吗?
是
见表4
否
伤员抽搐(痉挛)了吗?
是
见表5
否
眼睛沾染了吗?
是
见表7
否
皮肤沾染了吗?
是
见表8
否
吸入化学品了吗?
是
见表9
否
摄入化学品了吗?
是
见表10
否
有剧烈的疼痛吗?
是
见表13
否
进行诊断

图9-1　紧急抢救图

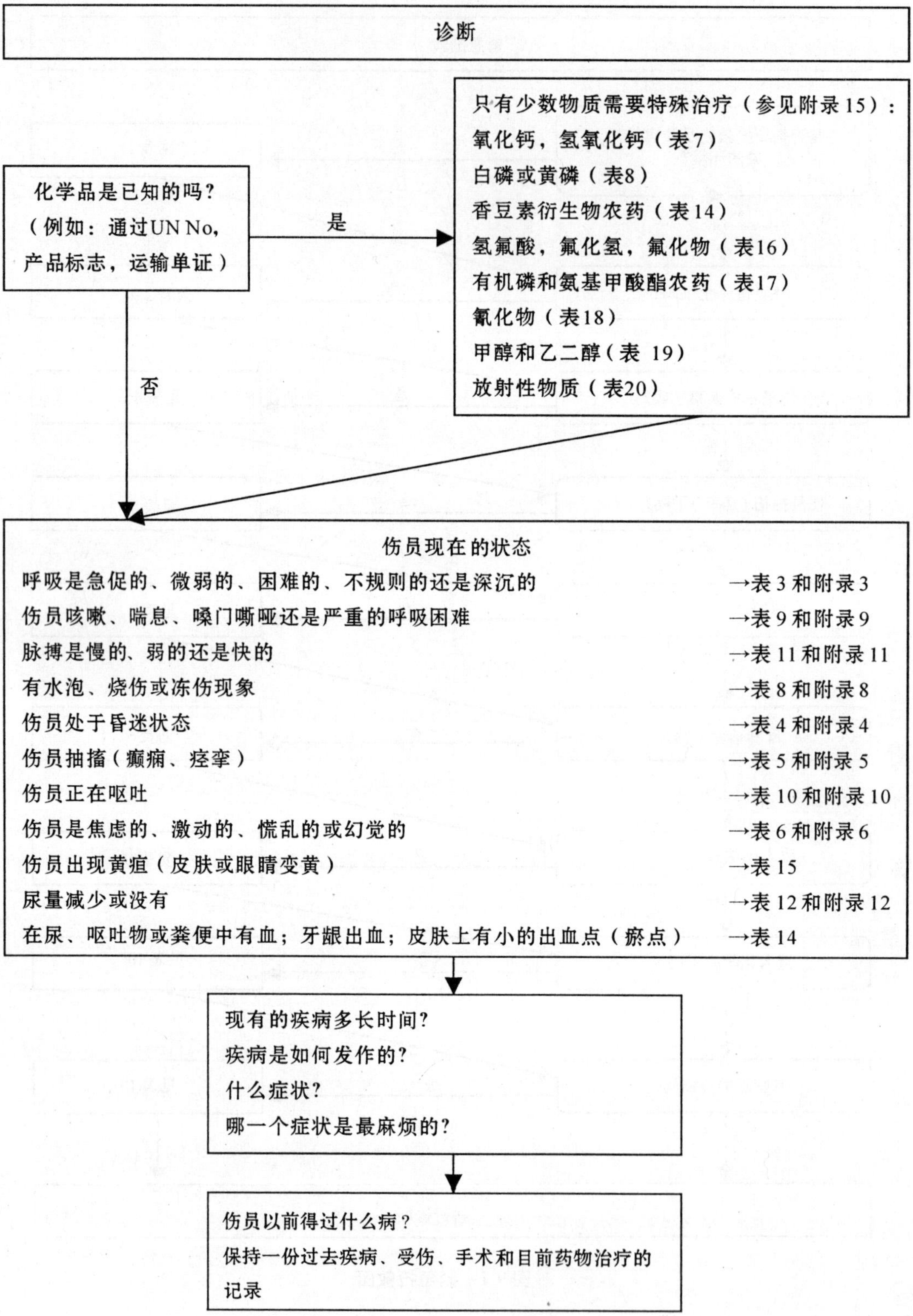

诊断

化学品是已知的吗？
（例如：通过UN No，
产品标志，运输单证）

是

只有少数物质需要特殊治疗（参见附录15）：
氧化钙，氢氧化钙（表7）
白磷或黄磷（表8）
香豆素衍生物农药（表14）
氢氟酸，氟化氢，氟化物（表16）
有机磷和氨基甲酸酯农药（表17）
氰化物（表18）
甲醇和乙二醇（表 19）
放射性物质（表20）

否

伤员现在的状态

呼吸是急促的、微弱的、困难的、不规则的还是深沉的	→表 3 和附录 3
伤员咳嗽、喘息、嗓门嘶哑还是严重的呼吸困难	→表 9 和附录 9
脉搏是慢的、弱的还是快的	→表 11 和附录 11
有水泡、烧伤或冻伤现象	→表 8 和附录 8
伤员处于昏迷状态	→表 4 和附录 4
伤员抽搐（癫痫、痉挛）	→表 5 和附录 5
伤员正在呕吐	→表 10 和附录 10
伤员是焦虑的、激动的、慌乱的或幻觉的	→表 6 和附录 6
伤员出现黄疸（皮肤或眼睛变黄）	→表 15
尿量减少或没有	→表 12 和附录 12
在尿、呕吐物或粪便中有血；牙龈出血；皮肤上有小的出血点（瘀点）	→表 14

现有的疾病多长时间？
疾病是如何发作的？
什么症状？
哪一个症状是最麻烦的？

伤员以前得过什么病？
保持一份过去疾病、受伤、手术和目前药物治疗的记录

图 9-2　诊断急救图

(17)表 17——有机磷和氨基甲酸酯类农药;
(18)表 18——氰化物;
(19)表 19——甲醇和乙二醇;
(20)表 20——放射性物质。

(三)附录

共给出 15 个附录,前 12 个附录与前 12 个表一一对应,提供更详细资料和诊断治疗方法。

1. 附录 13——补充液体

(1)口服液体;
(2)静脉注射液体;
(3)直肠液体。

2. 附录 14——药品和设备清单

(1)A 栏列出如果伤员不能在 24 h 内送到岸上医院,建议船方配备的药品和设备的最低要求。

(2)B 栏列出如果伤员可在 24 h 内送到岸上医院,建议船方配备的药品和设备的最低要求。

(3)C 栏列出如果伤员可在 2 h 内送到岸上医院,建议船方配备的药品和设备的最低要求。

3. 附录 15——物质清单

被指定需做特定治疗的化学品物质清单,按联合国编号顺序在附录 15 给出。

二、抢救及注意事项

(一)应急反应计划

成功处理化学品事故的一个共性是具有完备的应急反应计划。该计划需要所有可能被召集参加反应和急救伤员的人员加入。该计划包括以下内容:

(1) 经过训练能够对暴露事故作出反应进行急救的人员名单。
(2) 专门针对特殊船的应急反应做法和程序,包括给伤员清污的程序和设备。
(3) 存放个人防护设备(PPE)和运输装备的位置。
(4) 培训和演习的内容和频率。
(5) 存放物质安全技术卡(MSDS)及其他有助于识别事故的化学品的文字材料的位置。

(二)到达现场

许多抢救人员习惯于立即护理伤员,而忽视可能发生于自身的危险。如果不做适当保护,进入污染区域的抢救人员会冒着暴露和变成伤员的危险。尽管抢救伤员很重要,但只有在确认抢救人员已做了使自身不受伤害的防护后,才能采取行动。当某个化学品未被识别时,必须对其毒性作最坏的假设。抢救人员到达现场后,应对情况作初步检查并确定事故的规模。不得有以下行为:

(1)进入污染区域时,没有佩戴依靠压力的自给式呼吸器和穿好全套防护衣;
(2)进入封闭处所,除非他们是抢救队的受训队员并按照正确的程序;
(3)踩过任何溢漏的物质;
(4)使设备受到不必要的污染;
(5)试图从污染区域拿回运输文件或货物清单,除非已做了充分保护;

(6)接近有潜在危险的区域时没有防护；

(7)试图抢救，除非经过培训并佩戴适当的个人防护设备和适合当时情况的防护衣。

(三)划定禁区或危险区

到现场的第一名抢救人员应划出禁区或危险区，该区域包括所有的受污染区域。但做此事时应注意个人防护。不佩戴自给式呼吸器和穿好全套防护衣的人员不得进入该区域。

(四)对伤员进行检查、清污和初步治疗

发生危害性物质的事故时急救人员的主要目标包括终止伤员的暴露；转移伤员，使其免于危险；以及治疗伤员；与其同时不危及急救人员的安全。

终止伤员的暴露的最好方法是将伤员远离暴露区域并从伤员身上除掉污染物。如果伤员已经没有再度暴露或遭受其他危险的可能性并且伤员不再被污染，对急救人员的保护程度可降低以方便其给伤员提供照顾。

在禁区由于存在对伤员和急救人员再度受伤害的潜在危险，禁止进行除最基本的维护生命以外的任何治疗。在禁区或危险区由火灾、爆炸导致危害物质进一步释放，及因个人防护设备使活动受到限制造成其接触危害性物质的可能比试图在该区域内照顾伤员、节省时间更重要。

急救优先顺序依次为呼吸道、呼吸、循环系统(A－B－C，见急救指南表2—心肺复苏或下面三、(一))。有生命危险的问题一经解决，急救人员可将注意力转到对症状程度次之的伤员检查上。切记，急救人员必须佩戴个人防护设备、穿好防护衣直至再度暴露的威胁不再发生。因此，伤员一经清污，急救人员就可以减少防护措施或降低防护程度。

在最初的伤员稳定期，应同时进行整体清污。剪掉或除去所有怀疑被污染的衣服，包括珠宝和手表；刷掉或擦去一切明显的污染。应小心保护未经包扎的伤口不受污染。急救人员应尽量避免接触有潜在危害性的物质。

1.清污

清污包括减少外部污染和防止潜在的危险物质蔓延。换句话说，除掉你能除掉的，抑制你不能除掉的。

除少数例外，通常情况下，完整皮肤对危害的吸收能力比损伤肌肤、黏膜或眼睛差。因此，清污从伤员的头部开始向下进行，首先处理受污染的眼睛和伤口。伤口清洗后，应小心不要让其再受污染，可用防水敷料覆盖伤口。对于有些化学品，如强碱，应长时间用水或常规生理盐水冲洗受暴露的眼部。

外部清污应使用最不刺激的方法，应限制对皮肤的机械或化学刺激以扩大渗透：对受污染的部位应一边用水轻轻喷洒，一边用柔软的医用棉球、纱布和不含有害物质的皂液(如洗碗液)仔细清洗；应使用温水(勿用热水)；清污程度则完全取决于污染物的性质、形式、伤员本身状况、环境状况和可用资源。

抢救人员应尽量回收清污过程产生的废水(物)并做适当处理。应将伤员与该环境隔离以防止残余污染物的传播。所有有潜在污染可能的伤员衣服和所有物应脱去并装入贴有适当标签的袋子。

急救指南表7—眼睛接触化学品和急救指南表8—皮肤接触化学品提供了清污的详细指导。

2.对治疗伤员的考虑

受污染的伤员同其他伤员一样，可同样接受治疗，除了救援人员必须保护自身和其他人员免受污染危险外，救援人员必须首先解决威胁生命安全的问题，然后清污和实施援助措施。完成初步检查的同时可进行清污，如果条件允许还可进行其他治疗。从运输文件和标志中获得的具体的化学品信息应纳入适当的治疗程序中。

如果伤员不止一个，应执行适当的治疗类选程序。

(1)如果只有一名伤员不省人事（不管伤员总数是多少），立即对不省人事伤员进行治疗，并请求援助。

(2)如果不省人事伤员不止一个，请求援助，并按下列优先次序给最严重的伤员进行适当的治疗，其顺序一般为：

①停止呼吸或没有脉搏的伤员（参见急救指南表2—心肺复苏或下面三、(一)）；

②不省人事的伤员（参见急救指南表4—化学品引起的意识障碍）。

(3)不省人事但有呼吸的伤员。如果伤员不省人事或有紫绀的（皮肤呈浅蓝色）但有呼吸，接上便携式输氧器。

然后，当条件允许时，对出现的症状可作适当治疗。伤员一经清污，即可按“正常”伤员治疗。如果不是在威胁生命安全的情况下，预防疾病侵入的措施，如静脉注射，只能在完全去掉污染区域内条件且允许时使用。因为这些措施能造成使危害性物质进入人体的直接途径。

输氧应使用带有储存装置（再呼吸器）的袋阀面罩。如果可能，受污染的空气不要与氧气混合。

要经常检查伤员，因为很多危害性物质具有潜伏性生理作用。尽管有些情况下需用解毒剂治疗，但大多数情况可根据症状进行治疗。

(五)伤员的运送

如要将伤员运送到救护中心或船上医务室，在运送前要尽可能将伤员清洗干净，应避免其再次接触污染物。要特别小心，防止抬担架的人和随后将与伤员接触的其他人受到污染。救援人员要穿戴适当防护衣。如果不能充分清污，救援人员要尽量防止污染的散播并且至少要脱掉伤员的衣服，用毯子将伤员包起来，接着使用人体袋或用塑料、橡胶做的床单减少对设备和其他人污染的可能性。还要注意减少鞋子带来的污染。

如果伤员能行走，带领他们走出污染区域。如果伤员不能行走，将其平放在平板或担架上将其抬走。建议使用玻璃纤维平板和一次性使用的床单。如果使用木制平板，应在其上面覆盖一次性的床单或用后丢弃。

伤员接触过的设备应将其隔离以做处理或清污。

如果没有其他可用的搬运工具，小心运送或拖动伤员到安全地方。

(六)对伤员进一步治疗

如果伤员的受伤途径已知，应查询相关急救指南表作指导。如果该化学品有特殊治疗程序，参见MFAG附录15，查询该急救指南表。如果伤员出现症状，应查询相关急救指南表。

三、常见的几种急救方法

下面介绍几种常见的急救方法，仅限在现场急救范围，不涉及详细的治疗方案。急救人员应将事故和急救情况告之专家和医务人员，以便他们采取正确、及时的后续治疗方案。

(一)CPR（心肺复苏）

基本的生命支持是针对以下3种情况：

A——气道阻塞;

B——呼吸(呼吸系统)受阻;

C——循环系统或心脏受阻。

任何呼吸或循环不足或停止必须立即确定。

1. 检查呼吸

(1) 用一只手将头尽量向后仰,另一只手把颈部抬高以便缓解受阻碍的呼吸。

(2) 将舌头向前拉。

(3) 吸出或擦洗掉过量的分泌物。

(4) 清除嘴中和喉部后部的呕吐物。将松动的假牙除去。

(5) 因为在气道阻塞不通气的情况下,胸腔和腹部会鼓动,所以应倾听和感觉是否有气流。抢救人员的面部应靠近伤员的鼻子和嘴以便在面颊上能感觉到呼出的空气。还可以检查胸部的起伏以及倾听呼出的气。

(6) 看、听、感觉 5 s 再确定已没有呼吸。

2. 检查心脏功能

测脉搏。发生紧急情况时最容易摸找的脉搏是颈动脉。摸找 5 s 再确定已无脉搏。如摸找不到或微弱,说明循环不良。

3. 相关症状和治疗方法

(1) 有呼吸、心脏跳动、不省人事。将伤员放在恢复的抢救姿势。除去松动的假牙,清除口中和喉部后部的呕吐物,一旦形成清洁畅通的气道,插入气道插管(格德尔导管)。

(2) 没有呼吸但有心跳。开始人工呼吸:口对口或口对鼻呼吸。

快速呼吸 4 次且按每分钟吹气 12 次的速度连续进行。胸部应会起伏,如果没有,应检查以确保伤员的呼吸道保持清洁畅通。

如果伤员受到了氰化物、有机磷酸酯或辐射污染,为防止抢救人员被污染,不能采用口对口呼吸。同时,安装袋阀面罩和供氧装置用于连续改善通气。提供氧气,除非有火灾和爆炸的危险。

(3) 有呼吸但心跳停止。立即进行心肺复苏。如有可能,用两名抢救人员,不要延误。一名抢救人员也可完成该任务。

找到压力点(胸骨的下半部分,距离胸骨顶部约 4 cm 处)。压下胸骨 3 cm,每分钟 80 到 100 次。

一名抢救人员:15 次心脏按压和快速向肺部吹气两次。

两名抢救人员:5 次心脏按压和向肺部吹气一次。

(二)缺氧和控制通风

氧气对生命是必须的。某些中毒可能会妨碍血液或组织中正常的供氧。尤其是对吸入烟和其他有毒气体的伤员,氧气能救命但需全速提供。需要进行输氧的基本培训。

1. 缺氧的诊断

(1)呼吸困难。开始时呼吸频率加快(每分钟超过 30 次),后来可能会减慢并停止。

(2)脉搏很快,通常每分钟超过 100 次。

(3)皮肤呈蓝色,嘴唇和舌头呈紫色。

(4)伤员开始时可能烦躁不安,以后变得感觉迟钝,同时肌肉软弱无力,继而神志不清。

(5)眼睛的瞳孔开始会对光有反应。如果瞳孔放大,对亮光反应消失,则有生命危险。

2. 一般治疗方法

(1)用面罩提供氧气,可辅助或控制通风。与其让伤员虚弱地自主呼吸,不如对其进行良好的人工给氧呼吸。

(2)用面罩将口、鼻罩上。面罩必须紧贴脸上以防止泄漏。

(3)检查一下供氧设备是否已按厂商说明书正确组装并且钢瓶中是否有足够的氧气(容积为 2.5 升的钢瓶,在 200 bar 压力下灌满,能输氧 500 L)。

(4)船上需要医疗帮助的最常见的紧急情况是在火灾或特定有毒气体的环境中吸入有毒气体。船上着火会释放大量的一氧化碳和氰化氢。在这种情况下,应以 8 L/min 的流速供氧。

(5)在有生命危险的情况下,如肺水肿或循环系统衰竭,也应以每分钟 8 升的流速供氧。

警告:由于有着火的危险,输氧时在同一房间里不允许吸烟、有裸灯或明火。

3. 相关症状和治疗方法

(1)没有呼吸但有心跳。确保形成畅通的气道。应插入气道插管(格德尔导管),如果不能插入气道,在供氧的整个过程中下巴应向前拉。如果由于缺氧伤员出现痉挛,供氧会很困难但很重要。

按厂商说明书使用正压力手控氧气恢复器。以 8 L/min 的流速供氧。氧气袋应平稳有力地挤压,以每分钟 12 次的频率释放。

保持规律性地检查颈部的脉搏。脉搏消失表明需要每吹气两次,进行胸部按压 15 次。

如果发生阻塞,清除呼吸道异物。

只要伤员自然呼吸,让其处于恢复姿势。

(2)呼吸困难。确定呼吸困难不是因为气道阻塞。

应通过把一个简单的可调试面罩(非流量计型)罩在脸上将伤员连接到供氧装置。以每分钟 6 ~ 8 L 的流速供氧。氧气应保持使用直到伤员呼吸不再困难并呈现正常健康脸色为止。

(三)化学品引起的意识障碍

无论是吸入、吞咽或经皮肤吸收,化学品都能抑制或兴奋大脑。严重中毒时,伤员不仅是不省人事,还可能呼吸减弱或消失。所幸多数情况下,将伤员远离被污染环境后症状会迅速减轻。由化学品引起的意识障碍的相关症状和治疗方法如下:

1. 呆滞但呼吸正常

(1)将伤员远离被污染环境后,如有必要应采取眼部和皮肤清污。

(2)清污后,伤员应在安全地方观察至少 8 h。通常不需要特殊治疗。

2. 逐渐失去意识但呼吸正常

(1)将伤员放置恢复的姿势。

(2)除去松动的假牙。清除口中和喉部后部的呕吐物。

(3)将伤员面部向下,头侧向一边,头部下面不应用枕头。

(4)一旦发生呕吐,清除口中呕吐物。

(5)身边不能无人照看,以防伤员呕吐、痉挛或从床铺摔下来。

(6)每隔 3 h 将伤员轻轻翻身,从一侧到另一侧平稳地滚动。

(7)翻转时头部必须保持在下巴上抬的姿势,绝对不能头向里弯,下巴压陷。

(8)如果可能,插入气道插管(格德尔导管)。

(9)所有情况下都要电询医嘱。

3. 神志不清,并且每分钟正常深度的呼吸不到 8 次

(1)将伤员背部向下平放。

(2)用一只手将头部用力向后倾斜,用另一只手抬起颈部以缓解阻碍的呼吸。

(3)一旦形成畅通的气道,插入气道插管(格德尔导管)。

(4)进行控制通风。

(5)检查脉搏。紧急情况时最容易摸找的脉搏是颈动脉。感觉 5 s,然后确定是否存在,如果感觉不到或微弱,说明循环不良。

(6)人工呼吸第一分钟后应摸找脉搏,之后每 2 min 检查一次。

(7)所有情况下都要电询医嘱。

4. 长时间昏迷,有/无呼吸困难

(1)定时检查呼吸是否正常。如果伤员呼吸不正常,以 8 L/min 的流速供氧。

(2)详细建议见不省人事的急救方法。

5. 中毒性精神错乱(不安、幻觉)

(1)如果伤员很难控制,将 10 mg 安定溶液通过直肠注入。

(2)详细建议见下面(五)中毒性精神错乱。

6. 惊厥(癫痫、痉挛)

(1)确保附近没有坚硬或锋利的物体,以防止病人伤害自己。

(2)将 10 mg 安定溶液通过直肠注入。

(3)电询医嘱。

(4)如果无医嘱并且痉挛持续,30 min 后再将 10 mg 安定溶液通过直肠注入其体内。

(5)详细建议见下面(四)化学品引起的惊厥(癫痫、痉挛)。

(四)化学品引起的惊厥(癫痫、痉挛)

惊厥的主要危险是呼吸受阻(导致组织供氧不足)。发生惊厥期间,伤员会伤害自身。接触到某些化学品后,惊厥可延迟到几小时后发生。由化学品引起的惊厥(癫痫、痉挛)的相关症状和治疗方法如下:

1. 短时间的一下痉挛

(1)防止伤员伤害自身。

(2)不要用力抑制伤员,这样会使其受伤。

(3)确保附近没有坚硬或锋利的物体,以防止病人伤害自己。

(4)将其周围放满枕头、衣服或其他柔软物品。

(5)防止气道被舌头或分泌物阻塞。

(6)痉挛过后,让伤员睡觉,因为痉挛苏醒过来以后会更混乱和晕眩。安慰伤员,在确定他能辨认周围环境并知道自己在做什么之前不要离开伤员。

(7)电询医嘱。

2. 经常性或连续性痉挛

(1)将伤员放在恢复姿势上。

(2)将 10 mg 安定溶液通过直肠注入。

(3)电询医嘱。

(4)如果无医嘱但痉挛持续,30 min 后再将 10 mg 安定溶液通过直肠注入其体内。

(5)详细建议见 MFAG 附录 5。

(6)如果伤员呼吸不正常,以 8 L/min 的流速供氧。

(7)实施控制通风。

(8)痉挛过后,让伤员睡觉,因为痉挛苏醒过来以后会更混乱和晕眩。安慰伤员,在确定他能辨认周围环境并知道自己在做什么之前不要离开伤员。

(五)中毒性精神错乱

接触化学品和溶剂,包括酒精和违法物质,会导致时间和空间上的错乱。在这种情况下,伤员通常会接触 15～30 min 内出现症状。大量酒精消耗的突然中断也会引起中毒性精神错乱。相关症状和治疗方法如下:

1. 伤员辨别不清当时是几月份、星期几以及在什么地方

(1)限制其自由活动,并注意观察和不断地安慰。

(2)将伤员远离污染区域后,通常不需作特殊治疗。

2. 焦虑不安(精神焦虑、挑衅的,有时有暴力行为)

(1)如果伤员难以控制,将 10 mg 安定溶液通过直肠注入。如果不能通过直肠注入安定溶液,就肌肉注射 5 mg 氟哌啶醇。

(2)30 min 后如需要并且不能立即获得医嘱,再将 10 mg 安定溶液通过直肠注入其体内并电询医嘱。

3. 焦虑不安、痉挛

过度接触化学品会引起错乱(痉挛)。

(1) 防止呼吸道被舌头或分泌物阻塞。

(2)将 10 mg 安定溶液通过直肠注入。如果不能通过直肠注入安定溶液,就肌肉注射 5 mg氟哌啶醇。

(3)电询医嘱。

(4)详细建议见上面(四)化学品引起的惊厥(癫痫、痉挛)。

4. 幻觉(听见声音和/或看见恐怖的景象)

(1)如果伤员难以控制,将 10 mg 安定溶液通过直肠注入。如果不能通过直肠注入安定溶液,就肌肉注射 5 mg 氟哌啶醇。

(2)30 min 后如需要并且不能立即获得医嘱,再将 10 mg 安定溶液通过直肠注入其体内并电询医嘱。

(3)如果有过精神病病史,电询医嘱。

(六)眼睛接触化学品

化学品溅入眼中会引起局部刺激、发炎、疼痛,严重时失明。眼部接触时,无论症状如何,进行清污。相关症状和治疗方法如下:

1. 固体氧化钙和氢氧化钙(生石灰,熟石灰)污染了眼部

(1)为了避免“石灰烧伤”,清洗前用机械方法从眼中将微粒擦去。

(2)眼闭上,用棉球、火柴或类似物体清除。

(3)翻开眼皮,用棉棒清除。

2. 接触其他化学品时眼部清污方法

(1)立即用大量的水清洗眼睛。

(2)将上下眼皮分开。

(3)除去隐形眼镜。

(4)将水从内眼角流至外眼角。清洗必须用表计时,彻底清洗十分钟。

(5)如果可能,用滴水装置装一袋1 L的0.9%的氯化钠溶液冲洗眼睛。

(6)不要延误,滴注器准备好以前用水清洗。

3. 眼部疼痛、发红、流眼泪

(1)应用麻醉眼液滴入眼睛以确保眼部充分清洗。

(2)如果剧烈疼痛,应将麻醉眼液滴入眼睛以减轻疼痛。

(3)如果眼睛持续疼痛,每6 h服2片扑热息痛直到疼痛减轻。

(4)电询医嘱。

4. 无减轻的剧痛

(1)如果用水清洗眼部十分钟后剧痛继续,滴入止麻醉痛眼液,然后再用水清洗十分钟并电询医嘱。

(2)如果获得医嘱,肌肉注射10 mg吗啡硫酸盐和10 mg灭吐灵。

5. 失明

(1)须医疗急救。

(2)按上述清洗眼睛并征询紧急医嘱。

(3)治疗眼睛的详细建议参见MFAG附录7。

(七)皮肤接触化学品

皮肤接触化学品会引起局部化学品烧伤或冻伤。化学品烧伤类似烫伤、红肿、发炎、疼痛、起泡和溃烂。化学品可通过皮肤吸收,引起中毒的一般症状;这些症状会推迟几小时后出现。

有限地接触冷冻库泄漏的气体、压缩气体或固体二氧化碳(干冰)会引起局部冻伤,原则上,会导致类似化学品烧伤或烫伤的伤害,应作相应的治疗,不需要特殊治疗说明。

大面积伤口上,体液损失会很严重。

1. 不论何种化学品或症状,所有皮肤接触情况下的清污

(1)清洗伤员皮肤时应佩戴化学品防护手套和服装。清污后,就不必穿戴防护衣。

(2)小心脱掉并用两层袋装好受污服装和私人物品。如有必要,将衣服剪掉。

(3)如果化学品已影响到眼睛和皮肤,眼睛应受到优先重视。

(4)立即用大量水冲洗至少10 min,同时除去受污衣服、戒指、手表等等。不要延误。

(5)不要使用中和物质。

(6)将伤员转移到医院或船上医务室。

(7)再用肥皂或洗发液和水继续清洗皮肤10 min。

2. 接触在空气中能着火的磷(白磷或黄磷)

(1)将身体的受伤部位放在水中或盖上湿的包扎用品。

(2)佩戴化学品防护手套,用干净的茶匙或镊子将磷除掉。

3. 接触氢氟酸

(1)佩戴乳胶手套,用葡萄糖酸钙凝胶按摩接触部位至少15 min或直到疼痛减轻为止。将凝胶留在皮肤上。

(2)如果有化学品烧伤,凝胶应每天使用4~6次,共3~4天。

4.烧伤疼痛、受污皮肤有红和/或肿,刺激发疹

(1)用水清洗后,用肥皂或洗发液和水彻底清洗接触部位(包括皮肤皱折、指甲缝和头发)。全方位地清洗烧伤的部位。不要用棉毛制品清洗,因为它们可能会在伤口中留下碎屑。

(2)用温水浸湿的刷子轻轻擦洗剩余污物。一定要轻柔,因为会引起疼痛。

5.化学品烧伤

(1)用无菌绷带盖住伤口(例如多孔硅带或凡士林纱布),叠盖在烧伤或烫伤的伤口上5 cm~10 cm厚。然后用吸水性材料(如一层无菌棉毛制品)覆盖并用适用的绷带包扎。

(2)详细建议参见MFAG附录8。

6.起水泡

(1)保持水泡完整。

(2)如果水泡已破,用无菌剪刀剪去死皮。用干净容器中的温水(煮沸后的)清洗出血的地方,清除残渣。

(3)用无菌绷带盖住伤口(例如多孔硅带或凡士林纱布),叠盖在烧伤或烫伤的伤口上5 cm~10 cm厚。然后用吸水性材料(如一层无菌棉毛制品)覆盖并用适用的绷带包扎。

7.疼痛

(1)每6 h服用2片扑热息痛,直到疼通减轻为止。

(2)如果剧烈疼痛,并有医嘱,肌肉注射10 mg吗啡硫酸盐和10 mg灭吐灵。

(3)电询医嘱。

(4)如果15 min或更长时间后持续疼痛,再肌肉注射10 mg吗啡硫酸盐。

8.水泡和溃烂

(1)绷带要保持3~4天,除非有味或变脏,或温度升高。按上述重新包扎这样的部位。

(2)充分缓解持续的疼痛(见上述)。

9.水泡、溃烂覆盖面超过全身的9%(相当于手掌的9倍)

(1)除正常的食物和液体摄入外,服用:

前24 h:每10%烧伤身体表面间歇性地服用3 L盐水(1 L中有1.5茶匙食盐)以弥补液体的损失。

24~48 h:每10%烧伤身体表面,间歇性地服用1.5 L液体(最好是口服再水合作用的食盐溶液)。

(2) 电询医嘱。48 h后,液体摄入量应基本上正常。

(3) 检查排尿情况,应每小时约30~50 mg(每24 h约2 L)

大量接触化学品或与接触相关症状的病人,应卧床保暖,仔细观察48 h并电询医嘱。

(八)吸入化学品

吸入化学品会引起窒息,因为:刺激性烟气引起气道痉挛或喉黏膜肿胀而造成咽喉部或气道阻塞;刺激性烟气引起肺泡产生液体;有毒气体如一氧化碳和氰化物引起血液中毒而妨碍人体输送或使用氧;胸腔内呼吸机能中毒(如:由有机磷农药引起)或脑中毒(如:由氯代烷引起);空气中的氧被二氧化碳或氮气取代,使空气中缺氧而不能维持生命。

挥发性液体的蒸气通常具有好闻的或难闻的气体,会引起头晕眼花、眩晕、头疼或呕吐。少数气体对肺部具有延迟的腐蚀性效应。

警告:如果病人是气体中毒并且神志受到损害,不得使用吗啡。

相关症状和治疗方法如下:

1. 咽喉部疼痛、嘶哑或咳嗽

将伤员从污染空气中转移,让其漱口并喝下一杯水。

2. 干咳、轻微喘息和哮喘

应将伤员以平卧姿势放到床上。

3. 严重喘息和哮喘

(1)如果出现喘息或哮喘,以每分钟 8 L 的流速输氧,直到症状消除。

(2)此外,用间隔器:第 1 个小时每 15 min 服用 200 μg 沙丁胺醇或 500 μg 特布他林和 250 μg 倍氯米松。

(3)同时,电询医嘱。

(4)如 1 h 后喘息和哮喘持续,继续输氧并在接下来的 10 h 内每 2 h 重复使用沙丁胺醇/特布他林和倍氯米松,然后每天 4 次,直至症状减轻。

4. 严重喘息,泡沫状痰,皮肤变蓝,不安,出汗(肺水肿)

(1)必须非常仔细地看护伤员,须避免一切扭伤。

(2)电询医嘱。

(3)安排撤离。伤员应尽快转移到医院。

(4)输氧,按上述服用沙丁胺醇/特布他林和倍氯米松。

(5)如果有,用吸引器去掉泡沫状分泌物。

(6)如果伤员呼吸微弱,肌肉注射 50 mg 速尿(利尿磺胺)以增加排尿量。

(7)如果症状持续,继续输氧并在接下来的 10 h 内每 2 h 使用沙丁胺醇/特布他林和倍氯米松。然后每天 4 次,直至症状消失。

5. 发烧、喘息、多咳、脉搏加速(每分钟超过 110 次)

(1)电询医嘱。

(2)应以半卧位姿势将伤员放在床上。

(3)每 8 h 服 500 mg 阿谟西林。

注:有些人对青霉素过敏,包括阿谟西林,遇到这种情况,每天服用红霉素 4 次,每次 500 mg。

(4)如果病人喘息、哮喘或肤色发蓝,应连续输氧,并用间隔器每天 4 次使用 200 μg 沙丁胺醇或 500 μg 特布他林,直至症状减轻。

大量接触化学品或有与接触相关症状的病人,应卧床保暖,仔细观察 48 h 并电询医嘱。

(九)摄入化学品

摄入有毒物质可能引起反胃、呕吐(有时呕吐物里有血迹),腹部疼痛、结肠痛,随后腹泻。尤其是腐蚀品、强酸、碱或消毒剂能引起严重症状,烧伤嘴唇、口腔并能引起强烈疼痛,偶尔会肠穿孔。

摄入毒物还能引起一般的中毒反应(例如神志不清、惊厥或心、肝和急性肾衰竭),有时伴有肠道炎症,这些症状能延迟发生。相关症状和治疗方法如下:

1. 发生化学品摄入,伤员完全清醒并能吞咽

(1)让伤员用水清洗口腔并喝下一杯水。

(2)在安全地方观察至少 8 h。

(3)如果摄入了大量物质并且伤员口部和胃部疼痛,每 6 h 给他服用 2 片扑热息痛直到疼痛减轻。电询医嘱。

(4)不应引吐!

(5)不应用盐水引吐,因为会产生危险。

(6)通过刺激喉部后部引吐通常是无效的并且能使化学品吸入肺部,因此不应采用此方法。

(7)建议不要用大量水或其他液体稀释,因为会增加化学品的吸收。

(8)建议不要使用吐根糖浆,因为能使化学品吸入肺中而且没有证据显示这种做法有良好的临床效果。

(9)通常建议在海上不要使用活性炭,因为如果伤员不省人事,会把它吸入肺内。在特定情况下使用应电询医嘱。

2. 经常性呕吐

(1)经常性的和长时间的呕吐是一个不良的征兆。肌肉注射 10 mg 灭吐灵;2 h 后如果呕吐持续再重复使用。

(2)不要食用固体食物。

3. 出血(鲜红色血、暗褐色的呕吐物或黑色沥青状、恶臭排泄物)

(1)如果发现严重出血,将会出现循环衰竭。参见下面(十)休克有关内容。

(2)电询医嘱。

4. 肠穿孔(整个腹部剧痛、腹壁像木板一样僵硬,休克)

注:用听诊器听腹部肠鸣音消失。

(1) 电询医嘱。

(2) 安排撤离。伤员需要被尽快转移到医院。

(3) 如有医嘱,肌肉注射 10 mg 吗啡硫酸盐和 10 mg 灭吐灵。

(4) 如有医嘱,每 8 h 肌肉注射 750 mg 头孢呋辛和 1 g 灭滴灵栓药。

(5) 在等待将伤员转移到医院时,用再水合作用的食盐溶液灌入直肠。

(6) 可能需要静脉注射液体。

如果摄入 8 h 后伤员没有任何症状,通常不采取任何行动。记住呕吐物有可能被吸入肺中,引起呼吸困难;如果发生这种情况,按吸入化学品治疗;大量接触化学品或与接触相关症状的病人,应卧床保暖,仔细观察 48 h 并电询医嘱。如果是故意摄入,需连续观察和征询医嘱。尽快将伤员送到医院作检查。

(十)休克

化学灼伤和化学品引起的肠出血会由于为维持心脑充足的血液(和氧气)供应而使四肢的血液转移,结果导致循环性虚脱和休克。化学灼伤引起的严重疼痛也会导致休克。还有很多化学品直接对心脏有毒,导致心跳减弱。严重休克能威胁到伤员的生命安全。相关症状和治疗方法如下:

1. 皮肤苍白、发冷,经常是潮湿的;后来皮肤会呈现蓝灰色;呼吸急且浅或不规律且深;脉搏快、弱且虚;焦虑不安、出汗

(1)应将伤员放至水平位置。应将其腿部抬高约 30 cm,除非头部、盆骨、脊椎或胸部有损

伤，或呼吸有困难。

(2)松开颈部周围的衣服。

(3)检查脉搏。发生紧急情况时最容易找到的脉搏是颈动脉。感觉 5 s 然后确定脉搏是否已消失。如果感觉不到或很微弱，说明循环不充分，可能需要心肺复苏。

(4)每 15 min 检查和记录脉搏和血压。

(5)以每分钟 8 L 的流速输氧，直到症状消失。

(6)保持伤员温暖。

2. 化学灼伤引起的休克

(1)前 24 h 内，按如果灼伤部位占体表面积的 10% 则需要 3 L 盐水(1 L 中有 1.5 茶匙食盐)，间歇性地服用(例如每 10 min 1 杯)，以伤员能够接受的频率。

(2)如果病人呆滞、惊厥或将要做手术，不应口服液体。

3. 化学品引起的肠出血导致的休克

(1)可能需静脉或直肠注射液体。

(2)电询医嘱。

4. 呼吸停止，没有脉搏

开始心肺复苏。

5. 排尿量减少

这可能是由急性肾衰竭引起的。计量并记录排尿量。调整液体摄入量，直至能转移到医院。

6. 不排尿

所有情况下都要电询医嘱。紧急电询医嘱，安排撤离，伤员需尽快转移到医院。

复习思考题

1. 名词解释：EmS、MFAG。
2. 叙述制订应急计划的必要性。
3. 应急预案的基本内容有哪些?
4. 怎样查阅船舶载运危险货物应急措施表？应急措施主要是分哪两方面？分别介绍。
5. 灭火的基本原理是什么？灭火的方法有哪些？常用的灭火剂有哪些？卤代烷灭火剂的代号是怎样命名的?
6. 扑灭危险货物火灾应注意哪些事项？各类危险货物灭火时应注意哪些事项?
7. 各类危险货物溢漏处理应注意哪些事项?
8. 怎样使用医疗急救指南?
9. 终止伤员暴露的最好方法是什么？急救的优先顺序是什么?
10. 简述 CPR(心肺复苏)的急救步骤。

第十章　危险货物的监督管理

要确保危险货物的运输安全，必须以防为主，加强管理。我国危险货物运输的监督管理主要是依据有关国际公约、规则和国内法规，对危险货物的托运、承运和装卸作业进行严格把关，防止发生任何事故，保障人命和财产的安全。

我国海运危险货物要求承运危险货物的船舶须持有相关的适装证书，船员（对适用船舶）须持有按 STCW 78/95 核发的特种证书。船舶代理人、危险货物所有人或代理人、危险货物码头所有人或经营人、危险货物集装箱装箱场站须取得主管机关的认证资格。危险货物申报员、船舶载运危险货物申报员和集装箱装运危险货物装箱检查员等有关人员须经主管机关培训考核、取得相关证书后方可持证上岗作业。

以下介绍几种主要的监督管理办法：危险货物申报和审核批准、现场监督检查和违章处罚等。

第一节　危险货物申报和审批

一、危险货物申报

根据《中华人民共和国港口法》第 34 条规定：船舶进出港口，应当依照有关水上交通安全的法律、行政法规的规定向海事管理机构报告。海事管理机构接到报告后，应当及时通报港口行政管理部门。船舶载运危险货物进出港口，应当按照国务院交通主管部门的规定将危险货物的名称、特性、包装和进出港口的时间报告海事管理机构。海事管理机构接到报告后，应当在国务院交通主管部门规定的时间内作出是否同意的决定，通知报告人，并通报港口行政管理部门。但是，定船舶、定航线、定货种的船舶可以定期报告。

第 35 条规定：在港口内进行危险货物的装卸、过驳作业，应当按照国务院交通主管部门的规定将危险货物的名称、特性、包装和作业的时间、地点报告港口行政管理部门。港口行政管理部门接到报告后，应当在国务院交通主管部门规定的时间内作出是否同意的决定，通知报告人，并通报海事管理机构。

另外，在《港口危险货物管理规定》第 17 条和《船舶载运危险货物安全监督管理规定》第四章申报管理中都作了具体规定。由此可见，危险货物申报是我国法律、法规对危险货物运输和港口作业所规定的法律责任。危险货物申报的目的是传递危险货物的基本信息并报经主管机关审核批准。具体分为：危险货物安全适运申报、船舶载运危险货物申报、危险货物作业申报。

（一）危险货物安全适运申报

危险货物托运人对拟交付装运的危险货物除了进行正确妥善的包装及正确的标记、标志或标牌外，还应向主管机关进行申报，经审核批准后方可交付装运。承运人和管理部门也据此来监督检查所交付运输的货物是否达到安全适运要求。

危险货物托运人（或代理人）应持《危险货物申报员证书》对拟交付船舶运输的危险货物，按规定向海事管理部门办理出口危险货物安全适运申报手续。

1. 申报单证

申报时必须递交《危险货物安全适运申报单》(见表10-1、表10-2),除了递交《危险货物安全适运申报单》外,还应提供以下相应的单证:

表10-1 危险货物安全适运申报单

Declaration on Safety and Fitness of Dangerous Goods

(包装/固体散装危险货物)

(Packaged/Solid in Bulk)

<table>
<tr><td>发货人:
Shipper:</td><td colspan="2">收货人:
Consignee:</td><td colspan="2">承运人:
Carrier:</td></tr>
<tr><td>船名和航次:
Ship's Name and Voyage No.:</td><td colspan="2">装货港:
Port of Loading:</td><td colspan="2">卸货港:
Port of Discharging:</td></tr>
<tr><td>货物标记和编号,如适用,组件的识别符号或登记号
Marks & Nos, of the goods, If applicable, identification or registration number(s) of the unit</td><td colspan="2">正确运输名称*、危险类别、危规编号、包装类**、包件的种类和数量、闪点℃(闭杯)**、控制及应急温度**、货物为海洋污染物**、应急措施编号和医疗急救指南编号***
Proper shipping name*,IMO hazard class/division, UN number, packaging group**,number and kind of packages, flash point(℃ c.c.),control and emergency temperature**,identification of the goods as MARINE POLLUTANT**,EmS No. and MFAG Table No.***</td><td>总重(kg)
净重/净量
Total weight(kg)
Net weight(kg)</td><td rowspan="2">交付装运货物的形式:
Goods delivered as:
□杂货
Break bulk cargo
□成组件
Unitized cargo
□散货包装
Bulk packages
□散装固体
Solid in bulk

组件类型:
Type of unit:
□集装箱
Container
□车辆
Vehicle
□罐柜
Portable tank
□开敞式
Open
□封闭式
Close

如适合,在方格内划"x"
Insert"x" in appropriate box</td></tr>
<tr><td colspan="4">*仅使用专利商标/商品名称是不够的,如适合:(1)应在品名前加"废弃物";(2)"空的未经清洁的"或"含有残余物-上一次盛装物";(3)"限量" **如需要,见《国际危规》第1卷第5.4.1.1款 ***需要时
*Proprietary/trade names alone are not sufficient. If applicable: (1) the word "WASTE" should proceed the name; (2) "EMPTY/UNCLEANED" or "RESIDUE - LAST CONTAINED"; (3) "LIMITED QUANTITY" should be added. **When required in item 5.4.1.1,volume I of the IMDG Code ***When required</td></tr>
<tr><td colspan="5">附送以下单证、资料: The following document(s) and information are submitted:
在某种情况下,需提供特殊材料证书,详见《国际危规》第1卷第5.4.4节。
In certain circumstances special information certificates are required, see paragraph 5.4.4, volume 1 of IMDG Code.</td></tr>
<tr><td colspan="3">兹声明:
上述拟交付船舶装运的危险货物已按规定全部并准确的填写了正确运输名称、危规编号、分类、危险性和应急措施,需附单证齐全。包装危险货物,包装正确、质量完好;标记、标志/标牌正确、耐久。以上申报准确无误。
Declaration:
I hereby declare that the contents of this declaration are fully and accurately described above by the correct shipping name, UN No., Class and EmS No. The goods are properly packaged, marked, labeled/placarded and are in all respects in good condition for transport by sea.

申报员(签字) 申报单位签章
Declarer signature:________ Seal of Declaration Unit
证书编号 年 月 日
Certificate No.________ Year Month Date</td><td colspan="2">主管机关签证栏:
Remarks by the Administration:</td></tr>
<tr><td colspan="5">紧急联系人签名、电话、传真、电子邮箱:
Emergency Contact Person's Name, Telephone No., Fax, and E-mail:</td></tr>
</table>

此申报单一式三份,其中两份申报人留持和分送承运船舶,一份留主管机关存查。

This declaration should be made in tripartite, one is kept by the Administration for file, and two for the declarer and the ship respectively.

中华人民共和国海事局监制

表 10-2　危险货物安全适运申报单

Declaration on Safety and Fitness of Dangerous Goods

（散装液体物质）

(Bulk Liquids)

<table>
<tr><td>发货人（名称、地址）：
Shipper(name, address):</td><td>承运人名称（或其代理人）：
Carrier(or its agent):</td></tr>
<tr><td>货物种类（在相应的方框内填上“x”）
Kinds of goods(Insert “x” in appropriate box);
□散化 Bulk chemical　□液化气 Liquefied gas　□散装油类 Bulk oil</td><td>船名和航次：
Ship’s name & Voyage No.:</td></tr>
<tr><td>装货港：
Port of Loading:</td><td>卸货港：
Port of Discharging:</td></tr>
<tr><td colspan="2">正确运输名称*：污染物类别；危规编号；数量；闪点（闭杯）；可燃上下限；自燃温度；沸点；液体相对密度；蒸气密度；蒸气压力（20℃/37.8℃）；水中溶解度；粘度；酸度；TLV(ppm)；LC_{50}；LD_{50}（口服/皮肤）；导电率 (ps/m)；液化温度和压力
Proper Shipping Name*；IMO Pollution Category；UN No.; Quantity；Flash point(closed cup)；Flammability Limits；Autoignition Temperature; Boiling Point；Relative Density of Liquid；Vapour Density; Vapour Pressure；Solubility in Water；Viscosity; Acidity；TLV(ppm)；LC_{50}；LD_{50} (oral/skin)；Rate of Electricity(ps/m)；Temperature & Pressure of Liquefying

注：以上货物特性根据货物种类填写合适项目。
Remarks：please fill in the proper columns with cargo properties according to the cargo classification.
※不能仅使用贸易或专利名称。
Proprietary/trade names alone are not sufficient.</td></tr>
<tr><td colspan="2">附加资料：
Additional information：</td></tr>
<tr><td colspan="2">货物反应性：
Reactivity of the cargo:</td></tr>
<tr><td colspan="2">应急措施（溢漏需采取的措施、有效灭火器、其他应急措施）：
Emergency measures(The measures taken for spill, effective fire extinguishing agent and other emergency measures):</td></tr>
<tr><td colspan="2">人员防护：
Protection of personnel：</td></tr>
<tr><td>声明：
已按规定全部并准确的填写了上述拟交付船舶载运的危险货物的正确运输名称、危规编号、危险特性等应申报事项，货物在各方面均符合安全适运条件。以上申报准确无误。
Declaration:
I hereby declare that the declaration is fully and accurately described above by the proper shipping name, UN No., hazards property, etc. The goods is in all respects in good condition for transport by sea.

申报员（签字）：
Declarer(signature):________
申报员证书编号：
Declarer certificate No.：________
申报单位名称：
Name of Declare Unit(seal)
填报日期：
Applying Date：________</td><td>主管机关签证栏：
Remarks by the Administration：</td></tr>
<tr><td colspan="2">紧急联系人签名、电话、传真、电子邮箱：
Emergency Contact Person’s Name, Telephone No., Fax, and E-mail:</td></tr>
</table>

此申报单一式三份，其中两份申报人留持和分送承运船舶，一份留主管机关存查。

This declaration should be made in tripartite, one is kept by the Administration for file, and two for the declarer and the ship respectively.

中华人民共和国海事局监制

(1)危险货物包装检验证明书：

①普通包装应提交进出口检验检疫机构出具的“海运出口危险货物包装容器性能鉴定结果单”(参见表10-3)和“海运出口危险货物包装容器使用鉴定结果单”(参见表10-4)。

表10-3　中华人民共和国出入境检验检疫
出境货物运输包装性能检验结果单

编号____________

<table>
<tr><td colspan="2">申请人</td><td colspan="7"></td></tr>
<tr><td colspan="2">包装容器
名称及规格</td><td colspan="3"></td><td colspan="2">包装容器
标记及批号</td><td colspan="2"></td></tr>
<tr><td colspan="2">包装容器数量</td><td></td><td>生产日期</td><td colspan="5">自　　年　　月　　日至　　年　　月　　日</td></tr>
<tr><td colspan="2">拟装货物名称</td><td colspan="2"></td><td>状态</td><td></td><td>比重</td><td colspan="2"></td></tr>
<tr><td rowspan="3">检
验
依
据</td><td rowspan="3" colspan="4"></td><td colspan="2">拟装货物类别
(划“×”)</td><td colspan="2">□危险货物
□一般货物</td></tr>
<tr><td colspan="2">联合国编号</td><td colspan="2"></td></tr>
<tr><td colspan="2">运输方式</td><td colspan="2"></td></tr>
<tr><td>检
验
结
果</td><td colspan="8">

签字：　　　　　　日期：　　年　　月　　日</td></tr>
<tr><td colspan="2">包装使用人</td><td colspan="7"></td></tr>
<tr><td colspan="2">本单有效期</td><td colspan="7">截止于　　　年　　月　　日</td></tr>
<tr><td rowspan="2">分
批
使
用
核
销
栏</td><td>日期</td><td>使用数量</td><td>结余数量</td><td>核销人</td><td>日期</td><td>使用数量</td><td>结余数量</td><td>核销人</td></tr>
<tr><td></td><td></td><td></td><td></td><td></td><td></td><td></td><td></td></tr>
</table>

说明：1. 当合同或信用证要求包装检验证书时，可凭本结果单向出境所在地检验检疫机关申请检验证书。
2. 包装容器使用人向检验检疫机关申请包装使用鉴定时，须将本结果单交检验检疫机关核实。

表 10-4　中华人民共和国出入境检验检疫
出境危险货物运输包装使用鉴定结果单

编号＿＿＿＿＿＿＿＿

<table>
<tr><td colspan="2">申请人</td><td colspan="7"></td></tr>
<tr><td colspan="2">使用人</td><td colspan="7"></td></tr>
<tr><td colspan="4">包装容器名称及规格</td><td colspan="5" rowspan="4">包装容器标记及批号</td></tr>
<tr><td colspan="2">货物包装类别</td><td colspan="2"></td></tr>
<tr><td colspan="2">包装容器性能检验结果单号</td><td colspan="2"></td></tr>
<tr><td colspan="2">运输方式</td><td colspan="2"></td></tr>
<tr><td colspan="2" rowspan="2">危险货物名称</td><td colspan="2">（中文）</td><td colspan="2">危险货物类别</td><td colspan="3"></td></tr>
<tr><td colspan="2">（英文）</td><td colspan="2">联合国编号</td><td colspan="3"></td></tr>
<tr><td colspan="2">危险货物状态</td><td colspan="2"></td><td colspan="2">危险货物密度</td><td colspan="3"></td></tr>
<tr><td colspan="2">报检包件数量</td><td></td><td>单件容积</td><td colspan="2"></td><td>单件毛重</td><td colspan="2"></td></tr>
<tr><td colspan="2">危险货物灌装日期</td><td colspan="4">年　　月　　日</td><td>单件净重</td><td colspan="2"></td></tr>
<tr><td colspan="2">检验依据</td><td colspan="7"></td></tr>
<tr><td>鉴定结果</td><td colspan="8">签字：　　　　日期：　　年　　月　　日</td></tr>
<tr><td colspan="2">本单有效期</td><td colspan="7">截止于　　　年　　月　　日</td></tr>
<tr><td rowspan="5">分批出境核销栏</td><td>日期</td><td>出境数量</td><td>结余数量</td><td>核销人</td><td>日期</td><td>使用数量</td><td>结余数量</td><td>核销人</td></tr>
<tr><td></td><td></td><td></td><td></td><td></td><td></td><td></td><td></td></tr>
<tr><td></td><td></td><td></td><td></td><td></td><td></td><td></td><td></td></tr>
<tr><td></td><td></td><td></td><td></td><td></td><td></td><td></td><td></td></tr>
<tr><td></td><td></td><td></td><td></td><td></td><td></td><td></td><td></td></tr>
</table>

说明：1. 外贸经营单位必须持本结果单正本向有关运输部门办理危险货物出境托运手续。
2. 当合同或信用证要求包装检验证书时，可凭本结果单向出境所在地检验检疫机关申请签发检验证书或根据需要办理分证。

②柔性中型散装容器提交进出口检验检疫机构出具的“集装袋性能鉴定结果单”和“集装袋使用鉴定结果单”。

③对可移动罐柜和刚性中型散装容器应提交船舶检验机构出具的检验证书。

④压力容器应提交由锅炉压力容器安全监察部门出具的压力容器检验证书。

⑤放射性物质的包装应持有国家规定的检验部门出具的放射性货物剂量检查证明书。

(2)集装箱装箱证明书(见表10-5)。适用于使用集装箱装运危险货物,由装箱现场检查员签发。

(3)危险货物技术说明书(见表10-6)。适用于托运感染性物质、放射性物质和按“未另列明的”条目运输的物质。如托运人认为有必要进一步说明所托运货物的性质应提交说明书。

如托运货物为新产品,托运人不仅要提交说明书,而且还要提交有关资料,经主管部门核定名称后,方可运输。

(4)放射性货物剂量检查证明(见表10-7)。适用于放射性货物运输。

(5)限量危险货物证明(见表10-8)。适用于限量运输的危险货物。

(6)爆炸品运输证。适用于托运内贸民用爆炸品的运输,由所在地县、市公安机关核发。

(7)单方或多方批准文件。进口或出口废弃物,托运人应事先向主管部门提交进、出口国和我国政府主管部门同意其转移的批准文件,以及载运废弃物的船舶及航行计划。船舶倾倒废弃物,倾倒单位应提供海洋部门的批准文件。

出口需进、出口国或多方批准的危险货物,托运人应事先向主管部门提交有关资料,经批准后,方可装运。

(8)空容器清洗证明。曾装运过危险货物的空容器或运输组件,在未彻底清洗或消除危害之前仍应作为危险货物办理申报。如果已经经过彻底清洗并消除危害,应提交清洗单位出具的“空容器清洗证明”。

(9)主管机关要求的其他资料和单证。

(10)散装液体危险货物,提交承运船舶适装证书、码头作业许可证、液态化学品货物技术说明书(见表10-9)、液态危险货物添加剂证明(见表10-10)等。

2. 申报的主要内容

申报单中需要填写的主要内容有:危险货物的正确运输名称、类别(包括小类)、联合国编号、包装类、包装种类和件数及总重量、副危险性、闪点、海洋污染物、控制温度和应急温度、应急措施编号、交付装运货物的形式、装货港、卸货港、紧急联系的通讯方法等其他相关信息。

(二)船舶载运危险货物申报

船舶载运危险货物申报是海事管理部门批准船舶能否进出港口或装卸作业和监督检查船舶是否安全适载的主要依据。

船舶载运危险货物进、出港口,或者在港口过境停留,应当在进、出港口之前24小时,由船舶、船舶所有人、船舶经营人直接或者通过代理人持《危险货物申报员证书》向海事管理部门办理申报手续,经海事管理部门批准后,方可进、出港口。

根据《中华人民共和国船舶载运危险货物安全监督管理规定》第23条规定,定船舶、定航线、定货种的船舶可以办理定期申报手续。定期申报期限不超过一个月。

表 10-5 集装箱装运危险货物装箱证明书

Container Packing Certificate

船 名 Ship's Name	航 次 Voyage No.	目 的 港 Port of Destination
集 装 箱 编 号 Container Serial No.		
箱 内 所 装 危 险 货 物 Dangerous Goods Packed Therein		

品 名 Proper Shipping Name	联合国编号 UN No.	危险货物类别 IMDG Code Class	包装 Packing	件 数 Package Quantity	箱 数 Total of Container	总 重 Total Weight

兹证明：装箱现场检查员已根据《国际海运危险货物规则》的要求，对上述装箱和箱内所装危险货物及货物在箱内的积载情况进行了检查。并声明如下：

1. 集装箱清洁、干燥，外观上适合装货。
2. 如果托运货物中包括除第 1.4 类外的第 1 类货物，集装箱在结构上符合《国际危规》第 1 类绪论中第 12 节的规定。
3. 集装箱内未装有不相容的物质，除非经有关主管机关按第 12.2.1 节的规定批准者外。
4. 所有包件均已经过外观破损检查，装箱的包件完好无损。
5. 所有包件装箱正确，衬垫、加固合理。
6. 当散装危险货物装入集装箱时，货物已均匀地分布在集装箱内。
7. 集装箱和所装入的包件均已正确地加以标记、标志和标牌。
8. 当将固体二氧化碳（干冰）用于冷却目的时，在集装箱外部门端明显处已显示标记或标志。注明：**"内有危险气体——二氧化碳（干冰），进入之前务必彻底通风。"**
9. 对集装箱内所装的每票危险货物，已经收到根据《国际危规》总论第 9.4 节所要求的危险货物申报单。

以上各项准确无误。

装箱现场检查员签字：
Signature of packing inspector:

装箱现场检查员证书编号：
No. of certificate of packing inspector:

装箱日期：
Date of Packing:

This is to certify that the above mentioned container, dangerous goods packed therein and their stowage condition have been inspected by the undersigned packing inspector according to the provisions of INTERNATIONAL MARITIME DANGEROUS GOODS CODE and to declare that:

1. The container was clean, dry and apparently fit to receive the goods.
2. If the consignments include goods of class 1 except division 1.4, the container is structurally serviceable in conformity with section 12 of the introduction to class 1 of the IMDG Code.
3. No incompatible goods have been packed into the container, unless approved by the competent authority concerned in accordance with 12.2.1.
4. All packages have been externally inspected for damage, and only sound packages have been packed.
5. All packages have been properly packed in container and secured, dunnaged.
6. When dangerous goods are transported in bulk packagings, the cargo has been evenly distributed in the container.
7. The container and packages therein are properly marked, labelled and placarded.
8. When solid carbon dioxide (dry ice) is used for cooling purpose, the container is externally marked or labelled in a conspicuous place at the door and, with the words: "DANGEROUS GAS—CO_2(DRY ICE) INSIDE, VENTILATE THOROUGHLY BEFORE ENTERING".
9. The dangerors goods declaration required in subsection 9.4 of the General Introduction to the International Maritime Dangerous Goods Code (IMDG Code) has been received for each dangerous goods consignment packed in the container.

That all stated above are correct.

检查地点：
Place of Inspection

装箱单位（公章）：
Packing unit (seal):

签发日期：
Date of Issue:

此证明书应由装箱现场检查员填写一式两份，一份于集装箱装船 3 天前向港务监督提交，另一份应在办理集装箱移交时交承运人。

Two copies of the certificate should be filled by the packing inspector. One should be submitted to Harbour Superintendency Administration three days prior to shipment and the other should be given to the carrier on container delivery.

表 10-6 包装危险货物技术说明书

Technical Description of Dangerous Goods in Packaged Form

货物正确技术名称 Correct technical name of the goods	(中文) Chinese	商业名称 Trade name		生产单位签章(包括生产单位主管部门) Manufacturer's seal(including administrative department of manufacturer)
	(英文) English			
联合国编号 UN No.		主要成分(分子式) Main components (formula)		
理化性能和主要危险性* Physical and chemical properties and main hazards				鉴定单位意见: Remarks by testing organization
产品用途 Purposes of the product				
包装方法** Packaging				
船舶装运安全措施与注意事项 Safety measures and precautions for carriage by ships				托运单位: Shipper
急救措施 Emergency medical treatment				
灭火方法 Method for fire fighting				
撤漏处理方法 Method to deal with leakage				托运日期: Date of shipping

注:* 单一物质注明分子式,混合物注明主要成分

性质应包括状态、色、味、比重、熔点、爆炸极限、中毒最大浓度、致死量及危险程度、并附技术检验部门的检查报告。

该种货物本身危害特性和与其它货物的相容性,说明在遇到某种货物时易发生的危险。

Formula should be indicated for a single substance and main components for a mixture.

Properties should include state, color, odour, melting point, flash point, explosion limits, poisonous concentration, LD_{50}/LC_{50}.

The testing reports issued by technical inspection organizations should be attached.

Compatibility between the cargo and others; description of the danger of the cargo in contact with others.

** 包装方法应说明包装的材质、状态、厚度、封口、内部衬物、外部加固情况及单位重量等。

Packaging should include: material, state, thickness, closure, inner securing and unit weight.

表 10-7　放射性货物剂量检查证明
Certificate of Inspection of Dose of Radiative Materials

编号: 日期:
NO. Date:

<table>
<tr><td>品名
Name of product</td><td></td><td colspan="4">物理状态 Physical state　块状固体（是否是封闭型）Solid lump(whether in close type)　粉末 Powder　晶体 Crystal　液体 Liquid　气体 Gas</td></tr>
<tr><td>件数
Quantity</td><td></td><td colspan="4">射线类型 Kinds of radiation　α射线 α rays　γ射线 γ rays　β射线 β rays　快中子 fast neutron</td></tr>
<tr><td rowspan="2">包装号码
Package No</td><td rowspan="2">放射性强度（居里）
Activity (Ci)</td><td>剂量当量率（毫雷姆/小时）
Dose equivalent (mrem/h)</td><td rowspan="2">运输包装等级
Categories of package</td><td rowspan="2">运输指数
Transport index</td><td rowspan="2">外层包装表面有无污染
Any contamination on surface of outer package</td></tr>
<tr><td>包装表面, 距包装 1 米处
Surface of package, One meter from package</td></tr>
<tr><td></td><td></td><td></td><td></td><td></td><td></td></tr>
<tr><td></td><td></td><td></td><td></td><td></td><td></td></tr>
<tr><td></td><td></td><td></td><td></td><td></td><td></td></tr>
<tr><td></td><td></td><td></td><td></td><td></td><td></td></tr>
<tr><td colspan="2">外容器破损时，安全距离可不少于____米。
In case of outer container damaged, the safety distance should not be less than _____ meters.</td><td colspan="2">半衰期 Disintegration　天/年 Days/Years</td><td></td><td></td></tr>
<tr><td colspan="2">备 注
Remarks</td><td colspan="3"></td><td></td></tr>
</table>

检验机关（签章）　　　　检验人员（签名）
Testing organization (seal)　　　　Tested by (signature)
检查机关（签章）　　　　检查人员（签名）
Checking organization (seal)　　　　Checked by (signature)

说明：未启封的进口原包装，剂量检查证明不需要检验机关和检验人员盖章签名。
Note: The certificate of inspection on dose for unopened imported package is not required to be sealed by the inspection organization.

表 10-8 限量危险货物证明

Certificate of Dangerous Goods in Limited Quantities

兹证明下述所托运的货物符合《国际海运危险货物规则》第 3.4 章中的规定，所托运的货物系按上述的规定作为限量内的危险货物交付船舶承运。

This is to certify that the following goods for shipment are in conformity with the provisions specified in chapter 3. 4 of IMDG Code, and are delivered for carriage by ships as dangerous goods in limited quantities.

货物正确技术名称 Correct technical name of the goods	
联合国编号 UN No.	
类别 Class	
包装类 Packaging Group	
实际包装形式 Form of Package	
容器内装净重 Net Weight of Content	
包件净重 Package Net Weight	
托运总净重 Total Net Weight	
货物概述 * Description of Goods	
只限舱面积载（适用者划:"√"） On Deck Only (mark"√"if applicable)	

* 货物概述系指易燃溶剂、氧化溶剂、实验室用化学品、药物制剂或其他实验分析用具。

Description refers to inflammable or oxidizing solvents, chemicals used by labs, or other means for drug preparation analysis.

申报单位 日期 申报人 日期

Declaring Unit ________ Date ________ Declarer ________ Date ________

如包装件有一种以上物品，或者有《国际海运危险货物规则》中未列明的物品时，应进行必要说明，并经海事主管机关批准。 Remarks by the declarer and approval by MSA are needed if the package contains more than one substance otherwise specified in IMDG Code.	
说明： Remarks 申报人 Declarer	海事主管机关审核意见： For official use 印章 Seal

当货物作为限量内的货物而不作为相应类别的危险货物交付船舶承运时，应填写此证明，并将其附在危险货物申报单上。

This certificate is applicable to dangerous goods shipped in limited quantities other than under their relevant classes. This certificate should be attached to the Declaration Form of Dangerous Goods.

表 10-9　散装液态化学品货物技术说明书
Technical Description of Bulk Liquid Chemical

货物名称：
（中英文）
Cargo name：__________
（in Chinese and English）
联合国编号：
UN No.：__________
分子式：
Formula：__________
蒸气压力：
Vapor pressure：__________
比重：
Specific gravity：__________

沸点：
Boiling point：__________
凝固点：
Freezing point：__________
膨胀系数：
Expansion factor：__________
水溶性：
Resolvability in water：__________
静电产生：
Static electricity generation：__________
化学分类：
Category：__________
外观和气味：
Appearance and odour：__________

燃烧和爆炸危险性数据
Date concerning combustion and explosion hazards

闪点
Flash point __________
自燃温度
Temperature of Spontaneous Combustion __________
灭火剂
Fire extinguishing agent __________
特殊的消防措施
Special fire fighting measures __________

反应性
Reactivity

空气
Air __________
水（淡水/海水）
Water (fresh/sea) __________
其他（液体/气体）
Others (liquid/gas) __________

健康危害性数据
Dates concerning hazards to health

气味阀值(ppm)
TLV(ppm) __________
液体影响
Effect of liquid __________
蒸气影响
Effect of vapour __________
急救处理
Emergency medical treatment ____

溢漏处理
Treatment of leakage

构造材料
Components of cargo

不稳定的 Unstable	稳定的 Stable

载运条件
Condition of carriage

正确运载状态 Normal carrying state ________	温度 Temperature ________
压力 Pressure ________	环境控制 Environment control ________
船型 Ship type ________	蒸气探测 Vapour detection ________

特殊要求
Special requirements

生产厂（签章）
Manufacturer(seal) __________
日期
Date __________

托运人（签章）
Shipper(seal) __________
日期
Date __________

表 10-10　液态危险货物添加剂证明

Certificate of Additives to Liquid Goods

货物正确技术名称 Correct technical name of the goods	
联合国编号 UN No.	
添加剂名称 Name of additive	
加入添加剂的数量 Quantity of the added additive	
加入添加剂的日期 Date of addition	
添加剂有效使用期 Effective period of additive	
影响添加剂温度范围 Scope of temperature affecting the additive	
航行时间超过添加剂有效期时,应采取的措施 Measures to be taken if the effective period of the additive is due during voyage	
生产厂(签章)　日期 Manufacturer(seal)　Date	托运人(签章)　日期 Shipper(seal)　Date

1. 申报单证

申报时须递交《船舶载运危险货物申报单》(见表10-11、表10-12),并提供以下相应的单证:

(1)危险货物安全适运申报单(货物申报审批签发的其中一份);

(2)危险货物舱单或积载图;

(3)集装箱装箱证明书;

(4)载运危险货物特殊要求的合格证书或证明文件;

(5)油船还须提供:国际防止油污证书(IOPP证书)、油类记录簿和船上油污应急计划(SOPEP);

(6)散装液体化学品船舶还需提供:国际散装运输危险化学品适装证书(COF证书)或散装运输危险化学品适装证书(COF证书)、国际防止散装运输有毒液体物质污染证书(NLS证书)、排放有毒液体物质的程序和布置手册(P&A手册)、散装运输有毒液体物质船舶货物记录簿(CRB)、船上海洋污染应急计划(适用时)、散装液态化学品货物技术说明书、液态危险货物添加剂证明等;

(7)散装液化气船舶还需提供:国际散装运输液化气体适装证书(COF证书);

(8)主管机关要求的其他资料和单证。

2. 申报的主要内容

申报单中需要填写的内容主要有:船名、预计进出港时间、危险货物的正确运输名称、联合国编号、类别或性质、装运形式、件数、总重量、装载位置、卸货港、紧急联系的通讯方法等其他相关信息。

载运危险货物的船舶在运输途中发生意外情况的,应当在申报单的备注栏内扼要注明所发生意外情况的原因,已采取的控制措施和目前状况等,并于抵港后送交详细报告。

(三)危险货物作业申报

危险货物作业申报是确保危险货物作业安全的必要措施之一。从事危险货物港口作业的企业,在危险货物港口装卸、过驳、储存、包装、集装箱装拆箱等作业开始24小时前,应当向所在地港口行政管理部门申报。未经港口行政管理部门同意,不得进行危险货物港口作业。由于取得资料的途径和时效等因素,申报单位也可以是获得从事危险货物港口作业企业委托的船代、货代、货主及相关单位。但其申报员必须经港口行政管理部门专门培训,考核合格,取得申报员证书后,方可从事作业申报工作。

对港口行政管理部门来讲,港口危险货物作业申报的具体目的有以下3点:一是同意靠泊的前提条件。当港口行政管理部门接到作业申报后,首先应确定该作业点是否具备靠泊条件;码头设施、设备是否具备装卸该危险货物的能力;码头附近有否影响装卸该危险货物的不安全因素以及有否特殊情况(如封港、港口陆域部分异常等),据此作出是否同意该载运危险货物的船舶靠泊该作业点作业或指定其他合适的作业点作业。二是便于港口行政管理部门掌握情况,实施现场监管。根据申报的内容,结合国家有关的法律、法规、规章,港口行政管理部门有针对性地对港口危险货物作业企业实施监管、检查和抽查等,确保危险货物港口作业的安全。三是利于管理部门之间的相互通报。根据《中华人民共和国港口法》第35条的规定,港口行政管理部门接到作业申报并核准后,掌握了正确、全面的有关信息,将有关信息及时通报海事管理机构,港口危险货物作业申报为此奠定了基础,也避免了港口作业企业向多个管理部门重复申报的不必要的繁琐手续。

1. 申报单证

申报时须递交《港口危险货物作业申报单》（见表10-13），以及上述危险货物安全适运申报时所提供的相应单证。

2. 申报的主要内容

申报单中需要填写的主要内容有：港口作业企业、作业委托人、船名/航次、拟作业时间/地点、起运港/码头、目的港/码头、危险货物的正确运输名称、类别（包括小类）、联合国编号（国内危规编号）、作业量（吨、件、TEU）、货物运输形式、港口作业方式、安全防范措施、紧急联系的通讯方法等其他相关信息。

二、审核批准

《中华人民共和国港口法》颁布后，国务院交通主管部门先后公布或下发了一系列相关的规章、文件和通知，明确了对港口危险货物作业企业实施资质认定的规定。为此，全国各港口行政管理部门对具备港口危险货物作业条件的企业颁发《危险货物港口作业认可证》，其中认定了作业企业的危险货物作业场所、作业品种、作业方式、作业量以及作业船舶的吨级等等，为危险货物港口作业申报审核打下了坚实的基础。只有具备了作业资质的港口作业企业，才能在认定的危险货物作业范围内从事港口危险货物作业。超出认定的作业资质范围，将由各港口行政管理部门根据地方实际状况作特殊处理（一次性、临时或专项审批）。

装运散装危险货物的船舶根据国际、国内相关公约、法规规定必须持有有效的安全适装和防污染证书。

主管机关依据国际、国内相关公约、法规对上述申报进行审核，符合规定要求的给予签证。有下列情况之一的，不予批准：

1. 船舶未持有有效的安全适装和防污染证书；

2. 船舶装载状况或所载危险货物对港口、船舶和环境有潜在威胁的；

3. 按规定需由进出口国家主管机关批准方能装载的货物，在未办理完有关部门手续之前；

4. 超出《危险货物港口作业认可证》认定的作业资质范围的（除特殊处理外）；

5. 港口作业部门拒绝装卸并已正式通知海事管理机构的；

6. 港口不具备装卸作业条件的；

7. 货物未达到安全适运要求或单证不全；

8. 未按规定办理申报手续或查实申报项目与实际不符的。

申报单一式三份，经主管机关审核后，一份留主管机关存查，其余二份退申报人。《危险货物安全适运申报单》一份由申报员转送承运船舶。《船舶载运危险货物申报单》一份由申报员转送港口装卸部门。《港口危险货物作业申报单》一份在危险货物进港时递交给港口作业单位。

表 10-11　船舶载运危险货物申报单

Declaration Form For Dangerous Goods Carried By Ship

（包装/固体散装危险货物）

（Packaged/Solid in Bulk）

船　名：Ship's Name:＿＿＿＿　航　次：Voyage No.:＿＿＿＿　☐进港 Arrival　始发港：Port of Departure:＿＿＿＿　抵港时间：Time of Arrival:＿＿＿＿

国　籍：Nationality:＿＿＿＿　经营人：Manager:＿＿＿＿　☐出港 Departure　作业泊位：Berth:＿＿＿＿　作业时间：Time of Loading:＿＿＿＿

货物正确运输名称 Proper Shipping Name of the Goods	类别/性质 Class/Property	危规编号 UN No.	装运形式 Means of Transport	件 数 Number of Packages	总重量 Weight in Total	卸货港 Port of Discharging	装载位置 Location of Stowage	备 注 Remarks

兹声明根据船舶装载危险货物安全和防污染规定，本轮具备装载上述货物的适装条件，货物配装符合要求，货物资料齐全。申报内容准确无误。

I hereby declare that, in accordance with the provisions of the safe transportation of dangerous goods by ships and pollution prevention, this ship has met the requirements' of fitness for carrying the above declared goods; Cargo stowage is properly planned according to the requirements; The documentation of the cargo is complete and the contents of the declaration are true and correct.

附送以下单证、资料

The following documents and information are submitted in addition.

轮船长/申报员：
＿＿＿＿ Master/Declarator:＿＿＿＿
船长/申报员证书编号：
＿＿＿＿ Certificate No.:＿＿＿＿

船舶/代理人（盖章）
Ship/Agent(seal)
日期：
Date:＿＿＿＿

主管机关签证栏
Remarks by the Administration

紧急联系人姓名、电话、传真、电子邮箱：
Emergency Contact Person's Name, Telephone No., Fax, and E-mail:

此申报单一式三份，其中两份申报人留持和分送港口作业部门，一份留主管机关存查。

This declaration should be made in tripartite, one is kept by the Administration for file, and two for the declarer and port operator respectively.

中华人民共和国海事局监制

表 10-12 船舶载运危险货物申报单

Declaration Form for Dangerous Goods Carried By Ships

(散装液体货物)

(Liquid in Bulk)

船名：
Ship's Name:______ | 国籍：
Nationality:______ | □进港
Berthing | 始发港：
Port of Departure:______ | 抵港时间：
Time of Arrival:______

所有人：
Owner:______ | 航次：
Voyage No.:______ | □出港
Departure | 作业泊位：
Berth:______ | 装货时间：
Time of Loading:______

货物正确运输名称 Proper Shipping Name of the Goods	种类/性质 Category/ Property	危规编号 UN No.	数量 Quantity	液货舱编号 Number of Tanks	液货惰化(是/否) Tank inerting (yes/no)	装卸货物温度(℃) Cargo Handling Temperature(℃)	装/卸货港 Port of Loading/ Discharging	备注 Remarks

本轮液舱中存有下述压载水/污水：

The ballast/bilge water remained in tanks on board:

舱室编号 Tank No.	水质种类 Kinds of water	数量 Quantity	注明该舱室为专用/清洁压载舱或液货舱 Indicating whether the tank is separate/ clean ballast tank or cargo tank	备注 Remarks

本轮准备在港口进行下述作业，并将按规定另行申请：

This ship plans to carry out the following operation(s) in port and application will be submitted separately according to the relevant provisions:

1. 清洗液货舱作业(水洗) □是 / yes □否 No
   Tank washing(water wash)
2. 使用清洁剂/添加剂洗舱 □是 / yes □否 No
   tank washing by detergent/additives
3. 原油洗舱 □是 / yes □否 No
   Crude oil washing
4. 驱气作业 □是 / yes □否 No
   gas freeing
5. 向港口接收设施排放含油/有害物质的洗舱水/混合物，预计________(m^3)
   Disposal of tank washing water / water containing harmful substances / mixtures into port reception facilities, estimated quantity ________ tons(m^3).

兹声明本轮装载货物安全与防污染证书及文书齐备，船舶构造、设备与布置具备装载上述货物的适装条件并情况正常，货物资料齐全，申报内容准确无误。 This is to declare that this ship's certificates concerning safe transportation and pollution prevention are all valid and complete; the ship's construction, equipment and arrangements are in good condition and meet the requirements of fitness for carrying the above declared goods; the documentation of goods in complete and the declaration is true and correct. 附送以下单证、资料 The following documents and information are submitted in addition. 轮船长/申报员： 船舶/代理人(盖章) __________ Master / Declarator ______ Ship / Agent(seal) 船长/申报员证书编号： 日期：__________ Certificate No.: __________ Date:__________	主管机关签证栏 Remarks by the Administration
紧急联系人姓名、电话、传真、电子邮箱： Emergency Contact Person's Name, Telephone No., Fax, and E-mail:	

此申报单一式三份，其中两份申报人留持和分送港口作业部门，一份留主管机关存查。

This declaration should be made in tripartite, one is kept by the Administration for file, and two for the declarer and port operator respectively.

中华人民共和国海事局监制

表 10-13　港口危险货物作业申报单

编号：

港口作业企业：　　作业委托人：
船名／航次：　　拟作业时间／地点：
起运港／码头：　　目的港／码头：

货物基本概况				
货物名称			危险类别	
危规编号	联合国		作业量(吨、件、TEU)	
	国内			

货物运输形式			
包装件（□单一包件	□20′集装箱	□40′集装箱	□其他）
散装（□液体	□固体	□气体	□其他）
中散（□柔性	□刚性	□其他）	
罐柜（□集装箱	□槽罐车	□其他）	

港口作业方式				
□装卸	□过驳	□储存	□包装	□集装箱装拆箱

附交的相关单证及集装箱箱号：

安全防范措施：

申报声明：以上申报内容及附交的相关单证齐全、正确无误，具备和符合港口危险货物安全作业条件。	申报员：(签名) 申报员证书号： 申报单位： 紧急联系电话： 申报日期/时间：	核准意见： 核准部门： 核准人： 核准时间：

注：本申报单一式三份。其中两份为申报人持有，另一份为核准部门持有，以备查。

第二节　监督检查和违章处罚

主管机关依据有关国际公约、规则和国内法规的要求，派专业人员进行现场监督检查，对不符合要求、违规操作的可以及时纠正或立即停止，并视情节轻重给予相应的处罚。

一、监督检查

现场监督检查工作主要是监督检查各有关单位、船舶是否按照规定要求进行危险货物装卸、运输等作业。具体包括以下几方面的检查。

（一）危险货物安全适运性检查

对危险货物安全适运的监督检查，一是监督检查货物的理化性质能否达到安全适运要求；二是对包装危险货物进行外部检查，检查其包装、标记和标志能否达到安全适运要求；三是对集装箱装运危险货物的监督检查。

1. 危险货物适运性检查

危险货物自身的理化性质决定了其危险程度的大小。对于一些危险性极大的货物，海运是禁止其运输的，这些物质在《IMDG Code》中已经指明。对于在《IMDG Code》中列明的有限制运输要求的物质，虽然可以运输，但是一定要达到安全运输条件。因此，主管部门在办理危险货物申报核准时，要仔细查验申报货物的理化性质是否达到安全运输要求，必要时，还可要求货主提供货物技术说明书和有关技术部门出具的证明。对下列这些货物尤其要特别查验：

（1）“未另列明的”或新开发的危险货物；

（2）需采取稳定措施后，方可运输的不稳定物质；

（3）需加入“抑制剂”或“退敏剂”才能运输的物质；

（4）含水物质或含有危险有害物质的溶液、混合物；

（5）易熔化或有温度控制要求的物质；

（6）包装类I的物质；

（7）性质复杂或不明的物质；

（8）需批准后方可运输的物质。

2. 危险货物包装的检查

交付运输的危险货物包装应完好无损，标记、标志符合《IMDG Code》要求，若发现标记和标志不全或包装破损、渗漏，应及时更换，不合格的包装不得运输。海事部门在监督检查中，凡发现装船时包装不符合的、或认为对安全构成影响的，无论其包装检验证书有效与否，都不予放行。

使用新型包装或改变《IMDG Code》中规定的危险货物包装形式和规格，必须事先向海事管理部门提交实施改变者上级主管部门的审核意见，说明改变原包装理由及新包装性能、效果、实验标准、方法等资料。改变后的包装，由海事管理部门认可的技术检验部门按《IMDG Code》的试验标准进行试验，证明在船舶安全载运和防止海洋的污染要求等方面达到等效包装要求的，方可作为等效包装使用。

3. 危险货物集装箱的监督检查

对集装箱装运危险货物的监督检查主要是依据《经修正的1972年国际集装箱安全公约》（CSC）和《IMDG Code》的有关要求，对箱内货物的安全适运和衬垫加固情况、箱体结构和集装箱外部的标记和标牌的标识情况进行全面检查。(具体装箱要求见第三章第二节)装箱前,装箱单位应事先通知主管部门装箱计划安排,何时装箱,在何地作业。主管部门根据装箱计划,安排人员进行检查。装箱完毕后,应将由装箱现场检查员签署的《集装箱装箱证明书》呈交主管部门查验。必要时,海事管理部门可对拟装船的集装箱进行抽样开箱监督检查,发现集装箱或箱内装载情况不符合安全要求时,海事管理部门将根据当事方所负的责任,责成装箱单位或托、承运人采取必要的安全处置措施,并由责任方承担一切后果。

(二)承运船舶的适载条件检查

对载运危险货物船舶的监督检查主要是检查船舶的技术条件是否符合安全适载要求,危险货物在船上的积载和隔离是否符合规定要求,船员是否掌握了有关危险货物运输安全的基本知识。检查的内容包括:查验船舶的有关证书、文书和相关资料;检查船舶的相关设备、设施和器材;检查危险货物在船上的积载隔离情况;检查船员的相关知识和操作技能等。

(三)危险货物作业安全检查

港口、码头危险货物装卸作业是危险货物运输过程中的一个重要环节,具备港口危险货物作业条件的企业都由港口行政管理部门颁发了《危险货物港口作业认可证》,其中认定了作业企业的危险货物作业场所、作业品种、作业方式、作业量以及作业船舶的吨级等。对港口、码头危险货物作业安全检查就是检查危险货物作业企业是否超出《危险货物港口作业认可证》认定的作业资质范围,是否按规定进行危险货物作业,是否达到安全和防止污染的要求等。

二、违章处罚

对违反危险货物安全监督管理规定的企业、船舶和当事人,视情节轻重给予相应的处罚。处罚的种类有行政处罚、经济处罚和刑事处罚。在《危险化学品安全管理条例》和《中华人民共和国水上安全监督行政处罚规定》中作了详细的规定。

复习思考题

1. 简述我国海运危险货物监督管理的具体方法。
2. 危险货物申报的目的是什么?具体分为哪几种申报?
3. 危险货物托运需要具备哪些基本条件?
4. 危险货物安全适运申报的主要内容有哪些?申报时需要提供哪些单证?
5. 船舶载运危险货物在什么情况、什么时间、向哪个主管部门进行申报?申报时需要提供哪些单证?
6. 港口危险货物作业包括哪些工作?从事港口危险货物作业在什么时间,向哪个主管部门申报?
7. 哪些情况是属于不符合危险货物监督管理规定要求的不给予签证?
8. 危险货物的监督检查包括哪几个方面的检查?

附录一 案 例

一、“意实”轮火灾事故

(一)事故简介

2003 年 8 月 3 日 0905 时左右,巴拿马籍集装箱船“LT UTILE ”(译名“意实”)轮在深圳港盐田 4 号锚地锚泊期间,装载在主甲板左舷中部 BAY 位号为 311482 的集装箱内货物(塑料桶装的液体过氧化甲基乙基酮,属第 5.2 类危险货物)起火,并引起周围集装箱内可燃货物燃烧。

“意实”轮挂靠上海、宁波港后,共装载 3709 个集装箱,总重 34290 吨,包括 47 个危险货物集装箱,其中 36 个在上海港装船、11 个在宁波港装船。危险货物集装箱装船时,周围用普通货物集装箱进行了隔离,普通货物集装箱内装服装、布料、塑料制品、皮革制品等可燃物品,还有电器、五金工具等。船员对装箱甲板和集装箱进行了检查,甲板面清洁,箱体没有出现坏损情况,系固良好。

2003 年 8 月 1 日,该轮从宁波港开往深圳港盐田港区。3 日 0953 时,船长和轮机长在驾驶台聊天,发现船中部第 4 货舱舱面左舷有烟冒出。船长立即拉响火警报警并广播命令船员采取火灾应急措施。

大副听到报警和广播后,立即跑到冒烟处,发现位于主甲板第 4 货舱舱面 31BAY 位第 1 层左舷外档的 BAY311482 号集装箱内起火,集装箱门底部缝隙有明火冒出,火焰达到四分之一集装箱高度(60 ~ 70 厘米),集装箱门顶部缝隙冒出大量白色和黑色浓烟。经核实,箱内货物为塑料桶装的液体过氧化甲基乙基酮,属 5.2 类危险货物。

事故发生后,在深圳海救中心的协调指挥下,经过深圳海事局、深圳市公安消防局、广州救捞局等单位以及“意实”轮船员的共同努力,火灾于 8 月 6 日被完全控制,未造成人员伤亡,着火货物和危险品货物被安全转移,船舶安全靠盐田集装箱码头。

事故造成 10 个 20′集装箱和 35 个 40′集装箱全损、49 个集装箱内货物全损,同时产生了救助费用,直接经济损失约合人民币 1000 万元。

(二)事故原因

过氧化甲基乙基酮,它的俗名或商品名称为固化剂,英文名称为 Methyl ethyl ketone peroxide。工业上用作聚酯及丙烯酸树脂合成中的引发剂和催化剂,热解形成自由基,作为聚酯等聚合物生产过程中的引发剂。其外观为无色透明油状液体,没有固定的组成结构,是一种不同结构的混合体,一般有四种结构,以第四种结构为代表。

涉及此次事故的过氧化甲基乙基酮浓度小于等于 45%,属 5.2 类 D 型有机过氧化物,联合国编号为 3105。具有对热敏感、可燃、遇热分解(开始分解温度 70℃),闪点大于 80℃,在室温下比较稳定,与还原物接触易分解,常温即可着火。过氧化甲基乙基酮有毒性,吸入其蒸汽,可刺激黏膜,可引起支气管炎症、水肿、痉挛、化学性肺炎、肺水肿。口服后咳嗽、喘气、气短、头疼、恶心与呕吐等。皮肤接触后,可引起烧灼感。滴入家兔眼中,可导致缩瞳,角膜浑浊,最后丧失视力。

该货物必须储存于密闭容器内，放置于通风、隔离、阴凉处，远离火种、热源，仓温不得超过30℃，防止阳光直射。应与变价金属皂、叔胺－苯胺衍生物等分开存放。按规范要求配置相应品种和数量的消防器材。禁止使用易产生火花的机械设备和工具。搬运时要轻装卸，防止撞击，防止日光暴晒，并严格执行危险品贮存的有关规定。消防方法是用水、二氧化碳。运输包装可装入马口铁听，再装入坚固木箱，箱内用不燃材料填妥实，每箱净重不超过20公斤；螺纹口玻璃瓶、塑料瓶或塑料袋外普通木箱。

该货物在上海港装船，目的港为埃及的亚历山大港。船方按要求办理了申报手续，取得《危险货物安全适运申报单》、《危险货物包装性能鉴定书》、《危险货物包装使用证明书》、《危险货物集装箱装箱证明书》、《船舶载运危险货物申报单》。

该货物实际装箱情况调查：货物包装为25升塑料桶。装载过氧化甲基乙基酮货物的集装箱为20′标准集装箱，外尺寸为：长6058 mm，宽2438 mm，高2438 mm；内尺寸为：长5958 mm，宽2338 mm，高338 mm。其箱门、箱顶和侧壁均为全密封的铁制结构；其箱底横向每间隔约25 cm铺设1根宽约10 cm的铁制板条，上面铺设木板，并用铆钉固定在铁梁上构成箱底，铆钉的一端裸露在木板上面。另外，箱底在箱门口处有一块宽约30 cm的铁板上没有铺设木板，裸露在外。整个装箱过程严格按5.2类危险品装箱、衬垫、加固的要求操作。装箱完毕进行封箱。

根据此次过氧化甲基乙基酮货物的包装和运输情况以及过氧化甲基乙基酮的理化特性，引发其自燃的情况有两种可能：一是温度高于闪点（80℃以上），二是与还原剂接触。

事故中，装载桶装过氧化甲基乙基酮的集装箱被放置在甲板面第一层的左舷外档，除一侧箱壁受阳光照射外，基本保持阴凉通风。事故发生后，调查人员在盐田港码头对相同堆放条件的集装箱进行测温，受阳光照射一侧箱壁的温度可以达到50℃左右，因此其箱内温度也应在此范围之内，不会超出过氧化甲基乙基酮的闪点温度。另外，装载过氧化甲基乙基酮的集装箱装船后，一直处在南方高温天气的影响之下，但未发生事故，而事故发生在早上8点以前，不是气温最高的时段。因此，可以排除受高温影响直接导致事故发生的可能性。

除此之外，起火原因只能是过氧化甲基乙基酮与还原剂发生了接触。根据燃烧试验，过氧化甲基乙基酮与一般还原剂如生锈的铁钉等接触，发生强烈反应，产生热量，使温度升高，当温度聚集到一定程度，就会发生燃烧。

通常情况下，集装箱里存在还原物质，如掉了油漆的箱壁、裸露的螺栓、螺帽或其他含有氧化物质的杂质等。如果过氧化甲基乙基酮接触了这些还原物质，就会发生反应，不断放出热量，这样的反应持续一段时间，热量积聚到一定程度，就会引起燃烧。

而对于装载在集装箱内的桶装过氧化甲基乙基酮，如果不发生泄漏，不可能与还原剂接触，在当时条件下就不会导致燃烧。因此可以推断，此次事故中桶装过氧化甲基乙基酮发生了泄漏。

根据以上分析，此次火灾事故是由于BAY311482集装箱内装的过氧化甲基乙基酮货物泄漏，接触还原物质发生化学反应燃烧所致。

那么，过氧化甲基乙基酮货物泄漏的可能原因是什么呢？

盛装过氧化甲基乙基酮的货物包装经过检验检疫部门检验并出具了证明，包装本身应不存在问题。根据该包装的特点，发生泄漏的可能原因是包装桶破损或者是倒置、倾斜。

理想状态下，20 ft标准集装箱最多能容纳桶装过氧化甲基乙基酮货物18 t（含包装），而发生事故的过氧化甲基乙基酮货物只有 13.3 t,即使装箱单位在装箱时按要求进行了绑扎系固,但箱内仍然存在相当的剩余空间,不排除货物在装卸、运输过程中发生挤压、碰撞、倒塌等情况,导致包装桶破损、倒置或倾斜,特别是对已变形桶包装可能会产生较严重的影响。如果包装桶破损,过氧化甲基乙基酮液体将直接泄漏;即使包装桶未破损,一旦包装桶倒置或倾斜,根据包装桶的水介质试验,液体会通过密封透气装置的透气孔缓慢泄漏,而在运输过程中气温较高,也会加大液体泄漏速度。

由于 BAY311482 集装箱及箱内货物已在火灾中完全烧毁,装箱单位所拍装箱情况的照片也因曝光而未有效保存,箱内有关情况已无法进一步核实,货物泄漏的准确原因难以查实。

(三)事故启示

1. 加强对危险货物集装箱装箱管理

集装箱运输环节多,集装箱运输危险货物,装箱是确保安全的重要环节。装箱不当容易在运输过程中造成箱内货物损坏、移位等,如果是危险货物,则可能进一步引发严重事故。管理部门要加强对危险货物集装箱装箱的管理,严格规定装箱要求,规范装箱标准,明确装箱人的责任和检查程序,加强监督检查力度避免事故的发生。

2. 易燃易爆危险货物的积载应充分考虑安全隔离

对集装箱船舶载运易燃易爆危险货物,如果船舶有足够的位置,应尽量单独放置这类集装箱;一般情况下,优先考虑用空箱将这类集装箱与其他货物分隔,或尽可能避免在这类集装箱周围积载装有可燃货物的集装箱。

由于危险货物种类多、数量大,每艘大型集装箱班轮载运危险货物集装箱可多达几十甚至几百个,除了满足危险货物的一般积载隔离要求以外,还可以考虑在船上划定专门装载危险货物集装箱的区域,以便在该区域增加设施或充分与其他货物隔离,减少事故的发生,或发生事故时便于采取有效措施。

3. 提高载运危险货物集装箱的要求

目前通常使用普通集装箱装运危险货物。普通集装箱装运危险货物存在很多不足之处,如很多情况下不能满足危险货物的储运条件,一旦失火,各种灭火介质不能有效进入箱体内,灭火效果很不理想等。因此,要根据危险货物的特性,对载运危险货物的集装箱作出相应的要求,以适应危险货物运输的需要。

4. 研究制定船载集装箱火灾事故的应急预案

此次火灾事故暴露了集装箱船舶应对集装箱货物火灾的弱点,也暴露了海上救助力量及港口消防力量应对集装箱船舶火灾的局限性,管理部门要加紧对集装箱火灾事故进行研究,包括对船舶舱内和舱面火灾扩散模型的研究,根据集装箱火灾事故特别是装载危险货物的集装箱火灾事故的特点,制定切实可行的应急预案,便于事故发生时,能够及时做出正确决策,保护船员和船舶安全。

二、"大庆 62 号"油船火灾事故

(一)事故简介

1992 年 1 月 18 日 15 时 42 分左右,交通部上海海运管理局"大庆 62"油船在长江上海宝山水道石洞口电厂上游江面,发生因违章电焊引起的油轮爆炸起火特大事故。

"大庆 62"油船系 1975 年 5 月由大连红旗船厂建造。船舶总长 178.58 m,宽 25 m,深 12.60 m,总载重 24208 t,主机 6RND76/155 柴油机一台,894.84 kW(1200 马力)空船航速 16

节。船上共有船员45名,其中甲板部24名,轮机部21名。船长王某,具有1600 Gt以上A级适任证书,轮机长严某,具有3042.456 kW(4080马力)以上A类轮机长证书。

该轮1992年第二航次载原油22000 t,于1月11日驶离大连;13日18时40分抵达上海金山石化总厂陈山码头;15日12时20分卸毕原油驶离陈山;15日22时锚泊吴淞2号临时锚地等候补给;18日11时14分,由"供油10号"补上渣油200吨,14时30分许,起锚驶往杨林油污水处理站。途中为了做好洗舱准备,14时35分左右,直接使用蒸汽灭火管道向货油舱内施放蒸汽进行蒸舱。蒸舱过程中,因发现机舱内蒸汽管道旁通阀右侧的旁通管被蒸汽压力冲穿一小洞(约1.5 cm),于14时55分关闭了蒸汽灭火管道的总阀门。停止供气后,为修复管道继续蒸舱,15时40分左右,轮机长严某用一块7 cm×7 cm×0.3 cm的铁板覆盖在蒸汽管道被冲穿的洞口处,从右至左焊接。焊接至7 cm时,严某用剩余焊条清除焊接熔渣,发现焊接处又烧穿一个3 mm左右的小洞,随即调换了一根电焊条直接对准小洞焊补,引起了管道至货油舱连续爆炸和燃烧。

爆炸起火后,舯楼前主甲板向船头方向炸开,甲板天桥、桅杆倒塌,舯楼严重烧损;舯楼后的两根桅杆严重向内倾斜;船体被炸变形、破裂,致使船舱进水,船舶下沉搁浅。事故中有4名船员受伤,4名船员失踪,直接经济损失1000万元以上(不包括打捞等费用)。

(二)事故原因

经论证分析爆炸起火的原因,是从停止供蒸汽后到动火过了约有50 min,此时蒸汽管道逐渐冷却,管道内蒸汽消失并处于负压状态,油舱内的蒸汽也随着温度下降而变成了水分。但舱内残留的油蒸气及蒸舱时蒸发出的油蒸气与空气混合形成了爆炸性气体,一部分气体倒入处于负压状态的蒸汽管道内。当严某直接对孔洞焊补时,电焊明火与管道内的爆炸性气体接触,引起爆炸和燃烧。

(三)事故启示

这起事故损失严重,影响很大,教训深刻。虽然事故的直接原因是由于轮机长严某违章电焊所致,但调查过程中也暴露出该轮在船舶安全管理、船员安全意识和防火防爆知识的培训教育以及船舶设备状况等方面存在着的问题。

(1)这是历史上一起曾经有过沉痛教训的特大重复性事故。上海海运管理局对上级有关消防安全工作的指示、规定等,虽然能做到传达、动员、部署,对动火作业制定了一整套规章制度,也能组织安全检查,但对基层单位执行和落实制度的情况监督、检查、指导不力。作为油运生产的直接经营主管单位,海运局石油运输公司对船舶的安全管理不严,对船员,特别是对船舶主要领导的安全意识和防火防爆知识教育、培训不够,致使有些规章制度和安全措施不能真正落到实处。

(2)企业安全教育不够深入,反映在不少船员安全意识淡薄、思想麻痹,缺乏必要的消防安全知识。轮机长严某烧焊期间,大副、机匠长等人均在场,却无一人意识到在这种条件下烧焊是违章的,后果是危险的,因此没有人前去阻止。

(3)海运局石油运输公司对油轮动火管理制度监督检查不力,致使船员有章不循,违章作业。一是违反了无证人员不得从事电、气焊作业的规定;二是违反了动火审批制度;三是违反了电焊、气焊十不烧制度。

(4)船龄老,设备陈旧,维修保养没有跟上。"大庆62"油船已近17年船龄,机舱部分管道陈旧、锈蚀,强度降低。

三、一起集装箱危险货物瞒报引发的事故

(一)事故简介

2007年9月12号凌晨1时左右,靠泊在北仑国际集装箱码头有限公司6号泊位的"兴城"轮上一集装箱起火,经海事和消防部门及时组织施救,火被及时扑灭。经查,该集装箱存在危险货物瞒报的现象。

2007年9月12号凌晨1时左右,"兴城"轮上一声闷响,3号舱内的一集装箱冒烟起火。宁波海事局接到船方报告后,立即派员前往施救。凌晨2时,明火被扑灭,出事集装箱周围的集装箱被吊离,但出事集装箱经燃烧后发生变形,无法吊离到岸上。

宁波海事局将"兴城"轮强制拖离至船舶较少的码头,并指派消防拖轮和消防车全程监护,把集装箱吊离至岸上。此后,执法人员对该公司托运的其他集装箱进行强制开箱检查。

(二)事故原因

据初步调查,该集装箱起火原因与瞒报装载危险货物有关。该集装箱是由上海阳光进出口有限公司托运的,申报的货品是纺织品,但打开集装箱后已至少发现三种货物:手电筒、打火机和麦克风,其中打火机系危险货物。上述案例中打火机与纺织品和话筒装载在一起,也未采取有效的隔离措施。

(三)事故启示

使用集装箱海运危险货物可以使包件不易破损、撒漏,减少运输途中的搬动和装卸次数,实现快捷、安全和经济的门到门服务。因此,集装箱海运危险货物已成为危险货物运输的重要形式。

但在实际海运过程中,集装箱危险货物谎报、瞒报现象日益严重,澳大利亚和欧洲一些国家纷纷来函通报我国船舶载运集装箱危险货物不按《国际危规》进行申报,而且也因此产生了一些安全事故。这不但影响到国家和海事管理机构的信誉,也影响到地方经济的长期可持续发展。

据不完全统计近几年国际上至少有6艘大型集装箱船舶因此而遭受了严重的损害。危险货物的错误申报或故意瞒报将会产生极大的事故隐患,危及人命财产安全,造成巨大的经济损失,甚至波及整个世界贸易供应链的正常运转。因此,我们一定要加强集装箱危险货物的管理。

无论是货主、货代还是承运人,都要熟悉并掌握危险品知识,紧扣国际危险货物运输规则和国际海事组织的其他出版物。对于货主来说,要如实告知货物的情况,还应特别注意中间货代故意瞒报的风险,对货代应该进行必要的监督和控制。对于承运人来说,应加强和海关的合作,海关可以监察货物的出口申报,便于承运人及时得知集装箱货物可能的任何误报、瞒报情况;应对客户和分合同人建立信用评估系统,尽量了解货主,尤其是去了解一个可能对危险品运输不熟悉的新货主,肯定会对双方都有利;培训船员的危险品知识和对危险品事故的应急处理能力等。

四、淮安"3·29"重大液氯泄漏案

(一)事故简介

2005年3月29日,载有29.44吨液氯的鲁H00099号罐式半挂车行驶至江苏淮安境内沂淮江时,突发左前轮爆胎,致使车辆方向失控,撞断中间隔离栏并冲入对面车道,槽罐车与牵引车脱离,罐车向左侧翻在行车道上。同时,一辆由南向北行驶的鲁Q08477(鲁QA938挂)号解

放牌半挂车，因紧急避让不及与侧翻在车道上的罐车发生了碰剐，致使槽罐顶部的阀门脱落，液氯大量泄漏。

事故造成29人中毒死亡，400余人住院治疗，1800余人门诊留治，10000余名村民被迫疏散转移，数千头（只）家畜、家禽死亡，大面积农作物绝收或受损，大量树木、鱼塘和村民的食用粮、家用电器受污染、腐蚀。

（二）事故原因

肇事车标示吨位为15吨，但据肇事司机交代，实际装载29.44吨，属严重超载，超载几乎达100%。超载引发交通事故，造成液氯大量泄漏。

本案装载的液氯为黄绿色、有刺激性气味的气体，属于第2.3类有毒气体。对眼、呼吸道粘膜有刺激作用。急性中毒：轻度者有流泪、咳嗽、咳少量痰、胸闷，出现气管炎和支气管炎的表现；中度中毒发生支气管肺炎或间质性肺水肿，病人除有上述症状的加重外，出现呼吸困难、轻度紫绀等；重者发生肺水肿、昏迷和休克，可出现气胸、纵隔气肿等并发症。吸入高浓度的氯气，可引起迷走神经反射性心跳骤停或喉头痉挛而发生"电击样"死亡。皮肤接触液氯或高浓度氯，在暴露部位可有灼伤或急性皮炎。慢性影响：长期低浓度接触，可引起慢性支气管炎、支气管哮喘等；可引起职业性痤疮及牙齿酸蚀症。对环境有严重危害，对水体可造成污染。

另外，两名肇事司机都有从事危险品运输的资格，按照职业的要求，他们应该能够判断出液氯泄漏所造成的严重后果。但二人并未及时准确地报告车上所载为何种危险品，同时也没有参与抢救，延误了疏散抢险时机，使事故危害扩大。

直接肇事司机在公开审理后以危险物品肇事罪，判处有期徒刑6年6个月。其他相关管理人员及技术人员也分别被判处3年等不同刑期。

（三）事故启示

从事危险品运输必须严格执行国务院颁布的《危险化学品安全管理条例》，通过公路运输危险化学品的，托运人只能委托有危险化学品运输资质的运输企业承运。运输危险化学品的驾驶员、船员、装卸人员和押运人员必须了解所运载的危险化学品的性质、危害特性、包装容器的使用特性和发生意外时的应急措施。运输危险化学品，必须配备必要的应急处理器材和防护用品。剧毒化学品在公路运输途中发生被盗、丢失、流散、泄漏等情况时，承运人及押运人员必须立即向当地公安部门报告，并采取一切可能的警示措施。公安部门接到报告后，应当立即向其他有关部门通报情况；有关部门应当采取必要的安全措施。

五、聊城市莘县化肥有限责任公司液氨泄漏事故

（一）事故简介

2002年7月8日2时09分，聊城市莘县化肥有限责任公司液氨库区灌装场地进行液氨灌装，到凌晨2点左右灌装基本结束时，液氨连接导管突然破裂，大量液氨泄漏。这起事故共泄漏液氨约20.1吨，造成死亡13人，重度中毒24人，直接经济损失约72.62万元。

（二）事故原因

（1）液氨连接导管破裂是造成事故的直接原因。初步查明，液氨连接导管供货单位是河北省无生产许可证的一家镇办企业。经公安部门侦查鉴定，液氨连接导管破裂排除了人为破坏因素。从发生事故前的记录看，液氨连接导管的工作压力、温度及使用期限均未超出规定范围，是在正常使用条件下发生的破裂，这是造成这起事故的直接原因。

（2）液氨罐车上的紧急切断装置失灵是液氨泄漏扩大的主要原因。事故发生后，氨库西

侧约64米处的紧急切断阀很快被关闭,防止了液氨储槽中液氨的继续泄漏。虽然驾驶员对罐车上的紧急切断阀采取了紧急切断措施,但由于该装置失灵,致使罐车上液氨倒流泄漏,导致事故的进一步扩大。

(3)液氨罐区与周围居民区防护间距不符合规范要求,是导致事故伤亡扩大的重要原因。根据《小型氨肥厂卫生防护标准》(GB11666-89)和当地气象条件,卫生防护距离要求为1000米,而实际最近距离不足25米,远远低于规范要求。因此,液氨罐区与周围居民区防护间距不符合规范要求,是导致事故伤亡扩大的重要原因。

(4)安全管理制度和责任制不落实是发生事故的重要原因。

(三)事故启示

危险化学品生产、储存企业,必须具备下列条件:

(1)有符合国家标准的生产工艺、设备或者储存方式、设施;

(2)工厂、仓库的周边防护距离符合国家标准或者国家有关规定;

(3)有符合生产或者储存需要的管理人员和技术人员;

(4)有健全的安全管理制度。

六、"永安"轮海上危险货物运输合同纠纷案

(一)案情简介

1998年7月2日,韩国三星海运株式会社(简称"三星会社")与被告中国有色金属进出口广东公司(简称"有色公司")签订一份航次租船合同。合同约定:三星会社为出租人,有色公司为承租人;运输货物为4000至5000公吨、最大含水率为12%的散装硫铁矿,承运船舶为"永安"轮(M/V "YEON AM");装货港为中国黄埔港,卸货港为韩国蔚山港。同日,三星会社又与韩国新晟海运株式会社(简称"新晟会社")签订一份航次租船合同,约定由新晟会社所有的"永安"轮承运上述货物。

"永安"轮满载载重量5519吨,夏季吃水6.31米,总吨位3548、净吨位1876、2个货舱、3个舱口,无起吊设备。该轮于1998年7月9日抵黄埔港,11日装货完毕,共装载硫铁矿4498公吨。广东船务代理公司作为新晟会社的船务代理人向有色公司签发了编号为1号的清洁提单。提单记载,托运人为"有色公司",承运人为"新晟会社",收货人为"凭指示",提单项下4498公吨散装硫铁矿。

在"永安"轮抵黄埔港前,船长已知将在黄埔港装载4000~5000 t、最大含水率为12%的散装硫铁矿。货物装船时,船长不知道货物的实际含水率、可运含水率,同时有色公司也未就货物的实际含水率、成流含水率、货物的物化性能及积载因数告知船长。货物装船后,经过平舱,船长看到货物离货舱顶板约2米高,货物状况看起来坚固和干燥,表面看不到有水分。为了保证货舱的水密性,舱口处盖上了防水帆布。船舶开航后,根据广东进出口商品检验局出具的商检证书表明,货物在装货港的含水率为10.49%,货物湿重4498公吨。该含水率数据是在货物装船过程中由有色公司申请商检局对货物取样检验得出的。

7月11日"永安"轮装载4498公吨散装硫铁矿驶离黄埔港。12日,该轮航行至汕头港外附近海域发生沉没。所有船员被另一艘船舶救起,直接返回韩国,于1998年7月25日向韩国釜山海事及渔政当局递交了事故报告,未到事故发生地的汕头港监接受调查。但于8月7日、9月25日,分别向厦门港监、汕头港监递交了事故报告(沉船通知)。

船长在"事实记录"中的叙述称:"船舶在12日1210时左右突然向左倾斜2.5°,向No.2

右舷压载舱压水，于1315时回到正浮状态。打开舱盖时，发现中部货物的顶部表面混有浅水糊状混合物。1330时开始右倾，于是我决定驶往附近的汕头避难，全速前进。然而在1540时，当船舶加速到前进三时，船舶开始进一步向右横倾。在1630时左右，当船舶右倾达25°时，下令船员乘救生艇离开船舶。大约1635时，当船舶倾斜达28°时，最后决定弃船，并跳上救生艇。船员弃船时将海图、航海日志和轮机日志带走。”

事故发生后，新晟会社向中国海洋工程服务上海分公司支付沉船清障工程费198 000.00美元；赔偿收货人货物损失75 680.00美元；向船员支付失业津贴、遣返费等16 936.37美元；支付律师费及检验师费39 762.22美元；向救助船舶支付费用3 400.00美元；为处理事故发生差旅费17 054.62美元。沉船损失向船舶保险人提出了索赔。

（二）双方争议的主要焦点

（1）原告的诉讼请求认为：有色公司在托运货物时没有将货物含水率、可运含水率，以及货物的危险性和预防危险的方法告知船方，应承担由此造成的损失和后果。于1999年7月9日向广州海事法院提起诉讼，请求判令被告有色公司赔偿原告新晟会社经济损失350 833.21美元及自1998年7月12日起产生的利息（按6%的年利息计算，自起诉之日起按年利率25%计算），并承担本案诉讼费。

（2）被告的答辩意见认为：涉案货物不属于危险货物，不适用有关危险货物装运的规定。新晟会社及“永安”轮船长在装货前已清楚知道所装货物为最大含水率为12%的硫精铁矿，而仍装运货物，产生的一切后果应由其自行承担。“永安”轮不适航以及驾驶错误是造成该轮沉没的重要原因。新晟会社未能举证证明“永安”轮沉没事故与货物含水率有关。请求法院驳回原告新晟会社的诉讼请求。

（三）法院判词

审理本案的合议庭，广州海事法院王玉飞法官、王瑞清法官、张科雄法官均认为：原告新晟会社、被告有色公司均同意适用中国法律解决争议，同时中国政府已于1982年10月2日批准远洋运输货物正式执行《国际危规》，因此，本案应适用中国法律和《国际危规》来界定双方的责任。《国际危规》应包括其补充本《散货规则》。

有色公司作为托运人，未能在货物装船前提供货物的流动水分点、积载因数、含水量、静止角、积水排放法等，并将有关测试证书在装货当时提交给船长，违反了《中华人民共和国海商法》第67条和《散货规则》的规定，应对此产生的法律后果承担相应的责任。原告新晟会社作为承运人，负有妥善、谨慎地装载、积载、运输货物的义务。在货物装船前，新晟会社及“永安”轮船长知道将要装载的货物是硫铁矿，且含水率最大为12%，故其应当意识到将要装载的货物属于《散货规则》规定的海运危险货物，可能发生流态化危及船舶安全。但新晟会社并未采取相应的安全措施，且在未获得托运人提供的任何货物资料的情况下贸然开航。显然，新晟会社未尽到妥善、谨慎地装载、运输货物的义务，违反了《中华人民共和国海商法》第48条的规定，也应对此产生的法律后果承担相应的责任。

有色公司只在租船合同（FIXTURE NOTE）中载明其所托运的精选硫铁矿的最大含水率为12%，但这并不是对货物流动水分点或适运水分限的申明。承运人可以认为12%含水率（或实际含水率10.49%）还没有达到流动水分点，是一个可安全承运的数值。新晟会社没有行使拒运权并无不当，但这并不免除新晟会社作为承运人所应尽到的妥善、谨慎地装载、运输货物的法定义务。

本案事实表明，船员弃船时船舶右倾达25度，与汕头港监提供的船舶照片显示倾侧的情况一致；上海救捞局清航时，船舶沉于海底右倾达61度，与船舶倾侧沉没的情形一致。故此，可以认定，"永安"轮因大幅度倾斜而倾覆、沉没的事实。

"永安"轮航行过程中未发生碰撞或触碰事故，也未遭遇天灾或其他不可抗力，上海救捞局的清航完工报告书也没有提及船壳破裂或破洞。根据精选硫铁矿在海运过程中易产生流态化的特性，以及船长开舱观察到的货物情况，并结合船舶原理，可以认定，"永安"轮发生倾斜是货物发生流态化并产生移动所致。

综上所述，"永安"轮发生沉船事故，是由于托运人有色公司和承运人新晟会社各自违反托运人托运货物、承运人妥善、谨慎地装载、运输货物所应尽的法定义务，造成货物出现流态化并产生移动，致使船舶发生倾侧；新晟会社及"永安"轮船长没有及时请求救助、错失避免事故发生的时机，以及船长、船员操纵船舶失误所致。据此，原告新晟会社应承担主要的过错责任（80%），有色公司应承担相应的责任（20%）。依照《中华人民共和国海商法》第48条、第67条、第70条和《中华人民共和国民法通则》第106条第一款、第114条的规定，广州海事法院判决：被告中国有色金属进出口广东公司赔偿原告新晟海运株式会社经济损失59 381.67美元。

（四）小结

"永安"轮航行过程中未发生碰撞或触碰事故，也未遭遇天灾或其他不可抗力，上海救捞局的清航完工报告书也没有提及船壳破裂或破洞。根据精选硫铁矿在海运过程中易产生流态化的特性，以及船长开舱观察到的货物情况，并结合船舶原理，可以认定，"永安"轮发生倾斜是货物发生流态化并产生移动所致。事故原因可总结为以下几点：

1. 托运人未尽合理义务

有色公司作为托运人，有色公司只在租船合同（FIXTURE NOTE）中载明其所托运的精选硫铁矿的最大含水率为12%，但这并不是对货物流动水分点或适运水分限的申明。承运人可以认为12%含水率（或实际含水率10.49%）还没有达到流动水分点，是一个可安全承运的数值。有色公司未能在货物装船前提供货物的流动水分点、积载因数、含水量、静止角、积水排放法等，并将有关测试证书在装货当时提交给船长，违反了《中华人民共和国海商法》第67条和《散货规则》的规定，应对此产生的法律后果承担相应的责任。

2. 承运人未尽谨慎义务

新晟会社作为承运人，负有妥善、谨慎地装载、积载、运输货物的义务。在货物装船前，新晟会社及"永安"轮船长知道将要装载的货物是硫铁矿，且含水率最大为12%，故其应当意识到将要装载的货物属于《散货规则》规定的海运危险货物，可能发生流态化危及船舶安全。但新晟会社并未采取相应的安全措施，且在未获得托运人提供的任何货物资料的情况下贸然开航。显然，新晟会社未尽到妥善、谨慎地装载、运输货物的义务，违反了《中华人民共和国海商法》第48条的规定，也应对此产生的法律后果承担相应的责任。

3. 救援措施不合理

流态化的货物随着船舶的摇摆流向船舷一侧，在船舶回摇时却不能完全复位，如果不及时采取有效措施，必将导致船舶倾斜甚至倾覆、沉没。根据船长"事实记录"的记叙和航海日志的记载，当"永安"轮发生横倾后，其在采取救援措施上和操纵船舶上存在着以下失误：

（1）货物发生移动后，没有意识到所装货物的性质，盲目地向二舱右舷压载舱压水，这使左移的货物有一个向右的趋势，一旦船舶发生右倾，则右倾角度将远大于左倾角度，难以恢复正浮状态。

(2)未能及时请求指导、帮助和救助,错失了避免沉船的时机。

(3)船舶发生横倾后,没有及时采取减速,减小船舶横倾力矩,这是操作上的严重错误。

(4)在全速中操舵转向是船舶加速横倾的重要因素。

(5)1330 时船长下令向二舱左舷压载舱压水。该措施一方面使船舶的载重量增加、船舶干舷降低,另一方面增加了左、右舷压载舱的自由液面,增加了船舶危险性。

(6)船舶发生横倾后,船长未申请救援,又贸然起锚驶往汕头,且从前进一加速到全速,致使向右的横倾角继续增加,以致最后倾覆、沉没成为不可避免。

显然,上述这些失误是导致船舶最后倾覆沉没的重要原因。

综上所述,"永安"轮发生沉船事故,是由于托运人有色公司和承运人新晟会社各自违反托运人托运货物、承运人妥善、谨慎地装载、运输货物所应尽的法定义务,造成货物出现流态化并产生移动,致使船舶发生倾侧;新晟会社及"永安"轮船长没有及时请求救助、错失避免事故发生的时机,以及船长、船员操纵船舶失误所致。

七、"德克萨斯星"轮有毒气体泄漏案

(一)案情简介

1989 年 12 月 30 日,一批由中国石化国际事业公司齐鲁石化分公司(以下简称齐鲁石化公司)托运的危险货物环氧氯丙烷 32 只集装箱计 2 560 桶,在装货港青岛港装上中国对外贸易运输总公司(以下简称外运总公司)期租的全集装箱船"德克萨斯星(StarDexas)"轮。该 32 箱环氧氯丙烷积载于"德克萨斯星"轮的第二舱内,目的港为荷兰鹿特丹港。外运总公司出具的提单号为 W01 - 267。齐鲁石化公司负责环氧氯丙烷的包装、集装箱装箱、铅封,并负责申请出口商品检验等事项。每只集装箱装有 80 桶环氧氯丙烷,铁桶分上下两层积载于集装箱内。

"德克萨斯星"轮驶离青岛港后,在上海港加载了一批由上海市化工进出口公司(以下简称上海化工公司)托运的危险货物乐果,共 3 只集装箱计 720 桶。该 3 箱乐果也积载于"德克萨斯星"轮的第二舱,目的港是德国汉堡港。外运总公司出具的提单号为 CS2039416683 和 CS2049416682。上海化工公司负责乐果的包装、集装箱装箱、铅封,并负责申请出口商品检验、出口报关等事宜。每只集装箱装有 240 桶乐果,铁桶分上下两层积载于集装箱内。

"德克萨斯星"轮离开上海港,在香港至新加坡的航行途中,船上值班人员发觉第二舱有化学气体泄漏。该轮抵达新加坡时,该船的船东委托化学检验师登轮对第二舱进行了检验,检验结果,该舱泄漏的化学气体为环氧氯丙烷气体,同时发觉有乐果气味。经测定,舱盖以下 3 m处环氧氯丙烷气体的浓度在 80 ~ 150 ppm。针对上述情况,考虑到鹿特丹港处理费用较高,外运总公司决定并指示"德克萨斯星"轮从新加坡港驶回青岛港,并在该轮驶离新加坡前,向第二舱内注入一定量的二氧化碳。

该轮于 1990 年 2 月 2 日离开新加坡港,于同月 16 日抵达青岛港锚地。次日,以青岛市口岸办公室为主,由山东省商品检验局、青岛市卫生检疫所、青岛港务监督等有关单位联合组成了关于"德克萨斯星"轮除毒、抢险、检验工作领导小组。检验人员在锚地登轮对第二舱进行了检测,测定舱下 13 m、8 m、5 m 处环氧氯丙烷气体的浓度分别为 167 ppm、71 ppm 和70 ppm;检验人员在甲板上还发觉有农药气味。经在锚地对第二舱进行机械通风,环氧氯丙烷气体的浓度得到了降低。"德克萨斯星"轮于 1990 年 2 月 19 日从锚地移至码头卸货。32 箱环氧氯

丙烷和3箱乐果均被卸下。检验人员在验舱时发现第二舱舱底约有100平方米的糊状残留物,经鉴定系渗漏的乐果,内含微量的环氧氯丙烷。对环氧氯丙烷集装箱进行拆箱检验,发现货桶的小孔盖普遍松动,大孔盖部分没拧紧;将货桶放倒滚动,发现桶内液体时有从大孔盖四周处外流,小孔盖也有这种现象。对乐果进行检验时发现:在乐果货箱卸至货物堆放处的过程中,仍有胶状物自货桶漏出,经开箱查验,乐果货桶在箱内均未加固,部分货桶歪斜、变形,桶盖开启,锈蚀严重。"德克萨斯星"轮因第二舱受环氧氯丙烷和乐果的污染,必须作洗舱清洁处理,然后重新起航。危险货物环氧氯丙烷、乐果及受污染的其他货物由抢险领导小组监督指示另行处理。

青岛海事法院在受理本案后,针对各当事人争议的焦点,进一步查明:齐鲁石化公司按照与买方国际化工贸易公司签订的货物买卖合同和信用证中对包装的规定,用新镀锌铁桶包装,每桶净重二百公斤。用来包装环氧氯丙烷的铁桶,由山东临淄制桶厂加工制作,该厂在加工这批铁桶时,采用日本进口的全新镀锌铁板。产品出厂前,全部经过质量检验,然后交付使用。1989年10月,山东省商品检验局对该厂铁桶进行了跌落试验、气密试验、液压试验和堆码试验等,鉴定结论是"按《国际海上危险货物运输规则》对样品进行性能测试的结果表明,该包装容器符合Ⅱ类包装的要求。"这些铁桶,全部存放在齐鲁石化公司储运厂的液体车间,在每批环氧氯丙烷装桶之前,车间对桶厂运来的空桶又做了一次检验,主要是查看外观,检验小盖是否拧紧。然后,才向桶内装环氧氯丙烷。装桶完毕后,用压力为4公斤的风动扳手拧紧大盖。尔后,再由工人用扳手逐一检查一遍大、小盖。环氧氯丙烷装桶后,由淄博市商品检验局派员到液体车间仓库进行检验,并出具了海运出口危险货物使用鉴定合格证书。

在"德克萨斯星"轮上,环氧氯丙烷、乐果、花生仁、粉丝、茶叶等货物,积载于一舱之中,但在不同集装箱内。在航行途中,发现化学气体泄漏前后,"德克萨斯星"轮均没有采取强力通风,也没有证据显示采取其他有效措施。在青岛港锚地,"德克萨斯星"轮按照抢险领导小组的决定,经过22小时25 min的机械强力通风,使舱内环氧氯丙烷气体浓度由原来的13 m处167 ppm、8 m处71 ppm、5 m处70 ppm,皆降低至8.6 ppm,达到了安全作业的要求。该船在卸货过程中,未发现集装箱有碰撞迹象。

(二)法院处理结果

本案船舶所载环氧氯丙烷是带有类似氯仿气味的无色流动的液体,闪点32℃ cc,极易挥发。乐果是带有强烈气味的粉状固体。该两种货物均属于第6.1类毒害品。对于该类货物的海上运输和包装,《国际海上危险货物运输规则》有详细规定,承、托运双方都必须严格履行。

在本案中,托运人负责装箱和铅封;承运人负责运输,对箱内货物的包装和积载不负责任。齐鲁石化公司和上海化工公司尽管在出口及包装方面取得了全套必备的合法单证,但这只能是包装符合《国际海上危险货物运输规则》要求的初步证明,并不是绝对证据。从"德克萨斯星"轮在青岛港的卸货检验来看,集装箱本身状况良好,排除了船舶在航行途中发生海事或其他事故的可能性,环氧氯丙烷的泄漏主要是包装桶盖没有做到气密所致,乐果泄漏亦是因为包装不善和加固不良所致。所以,齐鲁石化公司和上海化工公司均没能做到恪尽职责使包装符合《国际海上危险货物运输规则》的有关规定,对本次事故负有责任。在本案中,两被告即使取得了清洁提单,根据我国现行法律和国际航运惯例以及所用提单有关条款的规定,也不能免除其应承担的责任。

承运人在"德克萨斯星"轮发现化学气体泄漏以后,为了减小损失,决定由新加坡返航青岛进行处理,这一措施是合理的。另外,承运人应该知道船上所载货物的特性,以及如何保管、照料。环氧氯丙烷属于易燃液体,应装于通风良好的处所,并应在运输中尽量合理可行地保持阴凉。但船方没能做到这一点,特别是在发现有化学气体泄漏之后,没采取强力通风或其他措施,从而使舱内化学气体浓度增高。这从“德克萨斯星”轮在青岛港锚地机械强力通风近一天,舱内化学气体浓度就达到了舱内安全作业的标准即可说明。因此,承运人在运输过程中没有做到谨慎妥善地照料货物,有悖于《国际海运危险货物规则》及国际航运惯例对承运人的要求,致使损失扩大。对此,外运总公司应承担相应责任。

青岛海事法院依据事实和法律,在分清责任的基础上,进行了调解,各当事人本着尊重事实和互谅互让的精神,于 1991 年 12 月 11 日自愿达成调解协议如下:齐鲁石化公司、上海化工公司分别支付给外运总公司 45 万美元和 10 万美元,作为补偿外运总公司为处理危险货物泄漏而遭受的损失。

(三)小结

本案的关键,是确定运输过程中危险货物发生泄漏属于谁的责任。本案原告承运的两被告的危险货物,都是由两被告负责包装、装箱和铅封的。尽管两被告在包装方面都取得了必备的合法单证,但这只是包装符合《国际海运危险货物规则》要求的初步证明,不是绝对证明;同时,根据卸货检验,卸出的集装箱本身状况良好,就排除了泄漏是船舶航行中发生事故所致。检验还证明,泄漏主要是环氧氯丙烷包装桶没有做到气密,乐果包装不善和加固不良所致,事实证明两被告在包装问题上没有符合《国际海运危险货物规则》的有关规定。所以,按照此次货物运输提单条款第 23 条的规定,若集装箱非承运人装箱,则承运人对集装箱内的货物的损失不负责任,托运人要对承运人因此而受到的损失负赔偿责任。两被告虽然取得了清洁提单,也不能免除其责任。

另外,本案承运人对承运的货物发生泄漏虽然没有责任,但在发现问题后,没有及时采取相应措施,致使损失扩大,这也有悖于《国际海运危险货物规则》对承运人的要求。因此,承运人对为处理危险货物所支付的处置费、船舶延误费等损失,也应承担一定的责任。

八、“韩进不来梅”船火灾事故案

(一)案情简介

2000 年 5 月 24 日 0250 时,韩进海运公司的“韩进不来梅” 集装箱船在北纬 07°22′,东经 074°40′处,夜班值班船员发现甲板某处弥漫着烟雾,有着火的迹象,立即通知了船长。在船长指挥下,调查发现船舶第 4 舱前部很热,但自动烟感应警报器没有发出警报。在当时的情况下,船长命令拉响火警,警示所有船员。因为 4 舱内及其舱盖板和舱口围板的温度很高,消防队员不能进入 4 舱,对火源及其具体位置的调查不能进一步开展。船长经过与船东应急小组商议后,命令向 4 舱内释放二氧化碳,同时用海水冷却舱盖及舱口围板和保护积载在甲板上的集装箱。0330 时,开始注入二氧化碳,随后封闭该舱的所有开口。二氧化碳很快发生效力,4 舱的温度迅速降低。0800 时,开始对该舱进行通风。消防队员接受了必要的告诫后进入了货舱,但他们除了浓烟外,没有看到任何明火。1130 时,4 舱的通风道被打开。在得到船东同意后,消防队员继续入舱查找火源,发现在船前部右舷 23 排 07 列 14 层处,有一集装箱温度很高,内部可能起火。船方决定在集装箱的顶部开一个洞,以便向箱内洒水,彻底扑灭箱内的火势。1430 时,在集装箱上开洞,发现箱内货物已烧焦,1635 时,通过 2 根消防水龙带将海水泵入箱内。大约 4 小时后,该集装箱内的火势被完全扑灭。4 舱内的情况明显得到了控制。船长命令对4舱继续观察并开始从压载舱向外泵出消防时注入的海水。

5月25日，经检查发现与230714相邻的集装箱（位于其顶层）有起火的危险。在该箱壁上开了个洞，以便检查其内部的情况，但没有发现起火的迹象，为了避免水湿货物，船员只在外部对其箱壁喷水。4舱被日夜监视。

5月26日早晨，局势似乎已被控制，消防队员进入4舱前部，靠右舷部位，在21排发现明显被烟熏黑并难于使用的部分集装箱。

此间，韩进海运告知了相关箱内的货物。船员在温度较高的箱上开洞灌水。在对4舱继续监视的同时，向舱内喷水以便降温，压载舱中的水继续被向外泵出。

5月27日0500时4舱内的温度有升高的趋势，并能闻到燃烧塑料的味道，向舱盖及舱口围板喷水。

5月28日约0600时，消防队员进入4舱并在230712的集装箱箱壁上开了一个洞，并向内注水，该箱被怀疑内部起火。尽管向4舱内喷水，但舱内的烟仍然很浓，无法到达21排处。1050时，决定将船上剩余的所有的二氧化碳释放到4舱内。1500时向210708位置的集装箱内注水，1600时向210710位置的集装箱内注水，同时从4舱压载舱向外泵水。

5月29日约0500时，4舱内只有一点烟，温度36℃。消防队员在4舱发现210706位置的集装箱较热，在该箱上开了个洞向内注水，2小时后箱内火势被彻底扑灭。此后情况好转，4舱内再没有明显的烟，温度也没有升高。1600时4舱温度33℃，没有烟，2400时温度降到30℃，无烟。

发生火灾后，4舱污水深度高出双层底2米，以至于底层集装箱受淹。

6月7日2330时，“韩”船抵汉堡港。6月8日0630时，“韩”船靠汉堡港码头，0700时开始卸货。在开始从4舱内21排和23排卸箱时发现，在右舷07列，顶层的集装箱明显被烧过，21排往下到底层的集装箱后部明显被烧过，部分底部和箱门被烧严重受损，箱内货物灭失，特别是一个装红色氧化铁的集装箱和210702位置的集装箱内的货物被烧光，只留下底垫板和漂白粉残留物。4舱内的所有其他集装箱都被烟熏变色并且集装箱和舱内留有浓烈刺鼻的气味。

由于上述火灾事故，造成火灾和用水灭火引起的货损、雇佣拖船、救助船、进避难港、聘请检验人、律师及共同海损理算等，使原告遭受了955 645.32美元以上的损失。2001年10月16日，原告将诉讼请求增加到1 512 582.46美元。

（二）事故原因

根据火灾专家的进一步调查的结果表明4舱内的火灾是由装于右舷、底部箱堆、双层底（内装有温度较高的重燃油）上的210702集装箱引起的。

位于210702的被烧毁的集装箱目的港为汉堡，该箱被严重烧毁，无法辨认，根据船舶代理人提供的积载计划和船图得知，该箱的箱号为HJCU8701653，装运的货物为800袋漂白粉。另外，装氧化铁的集装箱箱号为SPKU2106234和SPKU2107650，分别装有2240袋氧化铁。

专家指出210702集装箱内所装的袋装次氯酸钙，在船员无法察觉危险的情况下，进入了立即反应的状态。红色和黄色氧化铁造成的污染是在4舱火灾发生后，因融化和冲坏包装袋造成的，虽然上述货物可以造成污染，但并不自燃。当水淹没到底层集装箱顶部时，装在集装箱中的次氯酸钙的反应停止了。

本案的托运人在托运货物时，只申报了货物的英文名称，LIME CHLORINATED，未明确说明是危险品,仅一般地要求将该货物装载舱内水线下,远离热源,温度不要高于50℃,事实上该货是5.1类危险品漂白粉,正确的英文名称为BEACHING POWDER,在危规中的联合国编号为2208。同时本案的实际托运人(连云港医保),明知货物为危险品,但未按《国际危规》要求使用安全可靠的危险品包装。因此应对事故引起的损失承担一切责任。

作为韩进海运在货物积载时,考虑了货方的要求,尽管靠近油舱,但满足了水线以下温度不高于50℃的条件,且在火灾发生时,采取了得当且行之有效的措施,在运输货物及救火过程中没有过失,故韩进海运在事故中不承担责任。

本案涉及的危险货物是联合国编号2208漂白粉,即固体次氯酸钙 $Ca(OCl)_2$,有效氯含量大于10%,小于39%。(有效氯含量在39%以上叫漂粉精,联合国编号2880,最高含氯量达70%。)危险类:5.1,积载类:D。

次氯酸钙(Calcium hypochlorite)是强氧化剂。主要用作消毒剂、杀菌剂、漂白等。受热或光照发生分解,产生有毒气体。遇油脂类,纤维素纸浆产品、油漆、消毒剂和润滑剂等有机物质时会发生剧烈反应,引起燃烧危险。遇乙醇、甘油等易燃物时会自发产生明火,并导致爆炸。遇小颗粒可燃物质如碎木、炭和潮湿的硫、磷等自发燃烧。能与浓硫酸、发烟硝酸猛烈反应,甚至发生爆炸。与碱性物质混合能引起爆炸。储存于阴凉、通风的仓间内,远离火种、热源,防止阳光直射,保持容器密封。搬运时要轻装轻卸,防止包装及容器损坏,禁止震动、撞击和摩擦。积载于甲板避免阳光直射。集装箱的重量应小于14吨。不宜用20英尺以上的集装箱装载。

(三)事故启示

本案例的直接原因是托运人对货物没有正确的申报和包装。因此,应提高外贸企业的安全意识,加强对货物申报的监管。作为托运人,要及时准确地向船方通报托运货物性质;船方作为承运人,应该采取适当的措施认真核实托运人申报货物的性质与实际货物,以免发生两者不符。

同时,尽可能简化危险货物的托运手续、减少货物转手次数,以便避免转手时填报遗漏、错误;政府应严格审核运输代理资质及服务水平,增强他们在办理货物托运业务时的风险意识,在托运手续办理过程上避免危险品的漏报。

另外,船舶应配置高素质的船员队伍,以便及时有效地应对危险品带来的突发状况;针对危险品运输,船公司因预先制定完整、科学的应急预案,事故发生时将损失减到最小。

本案中的危险货物次氯酸钙 $Ca(OCl)_2$,在运输中发生过多起事故。如:上海远洋运输公司"龙须口"轮、"韩进宾西法尼亚"轮、"达飞·雅加达"轮等都发生过有次氯酸钙引起的燃烧爆炸事故,应引起特别重视!

九、深圳市清水河化学危险品仓库"8·5"特大爆炸火灾事故

(一)事故概况

1993年8月5日13时10分,深圳市安贸危险品储运公司清水河化学危险品4号仓库的管理员发现,存放在东北角的过硫酸铵冒烟起火。他打开消火栓却发现没有水,使用灭火器则无法将火扑灭,打119报警电话又无法接通,于是只得截了一辆车去公安局报警。就在公安消防队出动时,13时26分,储存着1000多吨硫化碱、硝酸铵和1000多箱火柴的4号仓库发生爆炸!爆炸引起大火,1个小时以后,另一个库房,存放着上千吨硫磺、硫化碱和甲苯、二甲苯等物品发生更为猛烈的爆炸。爆炸腾起的蘑菇状烟雾高达数百米,附近的建筑物纷纷飞上天,又裂成无数碎片铺天盖地掉落下来,粗大的钢筋被扭成麻花状,火场四周更是危机四伏……。深

圳市政府立即组织数千名消防、公安、武警、解放军指战员及医务人员参加了抢险救灾工作，由于决策正确、指挥果断，加上多方面的全力支持，8月6日凌晨5时，终于扑灭了历时16个小时的大火。

据统计，在这次事故中共有15人死亡，200余人受伤，其中受重伤的33人。该公司其中6个仓(2~7号仓)被彻底摧毁，现场留下两个深7米的大爆坑，其余的1号仓和8号仓遭到严重破坏。事故造成的直接经济损失达2.5亿元。

事故发生后，国务院副总理邹家华、劳动部部长李伯勇及随行人员很快赶到事故现场，对抢险救灾和事故调查做了重要指示。随后由劳动部组织有关专家成立事故调查专家组，从8月8日开始展开了事故调查工作。

(二)事故原因分析

1. 危险品严重混存

市公安部门证实未发现人为破坏。当事人和建筑图纸提供的信息为：事故当天4号仓内无叉车作业；库区禁烟禁火严格；仓内通风尚好；仓内除防爆灯外无其他电气设施，防爆灯开关在8号仓旁办公室内集中控制。现场勘察发现4号仓电线为穿管导线，调查组认为4号仓内货物自燃、电火花引燃、明火引燃和叉车摩擦撞击引燃的可能性很小，而忌混物品混存接触反应放热引起危险物品燃烧的可能性很大，理由如下：

(1)经反复查证，列出了4号仓物品种类及数量图。大量氧化剂高锰酸钾、过硫酸铵、硝酸铵、硝酸钾等与强还原剂硫化碱、可燃物樟脑精等混存在4号仓内，此外，仓内还有数千箱火柴，为火灾爆炸提供了物质条件。

(2)仓中货物堆放密集，周转频繁。事故前，4号仓内已无空位，把无法入仓的一千多袋硝酸铵堆在该仓外东北角站台上。事故现场勘察发现了这堆残留物。

8月5日上午，从4号仓搬运出800袋共20吨过硫酸铵(余800袋仍堆在仓内东北角)经仓中间通道运出装入香港来的货柜汽车运走；8月5日中午12时，又加班装运硝酸钾，尚未装完就发生了事故，装运4号仓硝酸钾的汽车被爆炸冲击波推出10余米并烧毁。在以上装卸过程中，多人爬上货堆搬运清点，也曾发生坠袋、翻袋现象，难免洒漏过硫酸铵、硝酸钾。

(3)4号仓内多处存放袋装硫化碱，有的码在氧化剂旁边。

以上分析说明：4号仓内强氧化剂和强还原剂混存、接触，发生激烈氧化还原反应，形成热积累，导致起火燃烧。这是发生事故的直接原因。

2. 干杂货仓库被违章改作化学危险品仓库

清水河仓库在1987年设计建造时为干杂货平仓。1990年6月18日，深圳中贸发(集团)储运公司与深圳市爆炸危险物品服务公司联合给深圳市人民政府报送“关于成立合营公司‘深圳市危险物品储运公司’的请示”，附有公司章程、合同和可行性研究报告。可行性研究报告中称，清六平仓的地理位置适合作危险品储存仓库，并将干杂货平仓说成是按照有关规定根据化学危险物品的种类、性能，设置了相应的通风、防火、防毒、防爆、报警、调温、防潮、避雷、防静电等安全设施的危险物品仓库。市政府办公厅按照办文程序，先征求了有关部门意见，经市公安局、运输局同意，市政府办公厅于1990年9月6日下发《关于成立深圳市安贸危险物品储运公司的批复》，批复中指出；该公司的经营范围为危险物品的储存、运输及装卸搬运(须经市运输局和公安局审批、备案)。经调查，安贸危险品储运公司只向公安局申报，未向运输局申报。1990年10月15日发了营业执照。深圳市公安局没有按照国家有关规定审查。如：

(1)平仓作为爆炸物品(烟花爆竹)库,则库间距离和对外部安全距离,以及与库区外主要道路的距离等均不符合有关规定。

(2)平仓作为易燃易爆化学品(甲类)库,则每座建筑物的占地面积和防火墙间的占地面积均不符合《建筑设计防火规范》的有关规定。在不具备条件的情况下就审批、发证。1990 年 10 月 7 日,深圳市公安局发了《广东省爆炸物品储存许可证》;1990 年 11 月 6 日,深圳市公安局发了《广东省剧毒物品储存许可证》;1990 年 11 月 7 日,深圳市公安局发了《深圳市爆炸品、危险品接卸中转许可证》。

广州铁路公安局深圳公安处接到关于申请接卸储存危险物品的报告后,虽然指出清六道南端平仓不宜做爆炸物品仓库、甲类危险物品储存仓库使用,但又同意暂时在清水河清六道南端平仓接卸到达深圳北站办理的危险货物。

3. 对重大火险隐患没有整改

1991 年 2 月 13 日,深圳市公安局消防支队对安贸危险物品储运公司的仓库进行防火安全检查,发现重大火险隐患,给该公司发出深圳市公安局火险隐患整改通知书。安贸危险物品储运公司接到火险隐患整改通知书后,没有整改。深圳市公安局也未进行有效监督,致使重大事故隐患没有得到解决,造成了严重后果。

4. 管理混乱,从业人员业务素质低

该公司从领导层到操作工,没有一个人接受过危险货物储运专业培训。事故调查开始时,对于 4 号仓库东北角首先冒烟起火的事实,询问经办人员堆放的货物名称时,得到的回答是:"过硫酸钠"。后来查阅了有关单证才搞清楚,不是过硫酸钠,而是过硫酸铵。对于危险货物存放中的安全隔离规定,经办人员竟然一无所知。他们仅仅是根据进库货物的数量和体积所需的仓位决定堆放地点。性能互相抵触的危险货物混存是习以为常的事。

因此,干杂货仓库被违章改作化危险品仓库及仓内化学危险品存放严重违章是造成"8.5"特大爆炸火灾事故的主要原因。4 号仓内混存氧化剂与还原剂,发生接触,发热燃烧,是"8.5"特大爆炸火灾事故的直接原因。"8.5"特大爆炸火灾事故是一起严重的责任事故。

(三)事故启示

(1)危险货物仓库的设置,必须严格按照城市总体规划的要求,遵照国家有关城市安全、环境保护的规定。严格执行审批程序,公安、消防、环保等部门要层层把关,不能走形式。

(2)监督检查部门必须严格执行安全检查制度,检查不合格的应立即停止营业,进行整改。

(3)从事危险货物作业的人员必须接受有关法律、法规、规章和安全知识、专业技术、职业卫生防护和应急救援知识的培训,并经考核合格,方可上岗作业。

(4)危险货物储存必须按照危险货物的相容性进行有效的隔离。

(5)加强和完善危险货物储存的日常管理制度。

十、一起由硝酸引起的飞机坠毁事故

(一)事故概况

1973 年 11 月 3 日 ,欧罗巴帕美国航空公司的一架喷气式货运飞机自纽约机场起飞。数分钟后,机场的地面指挥系统就接到飞机机长的报告:机上发生异常状况,机舱内着火。尽管采取了自救措施仍未见效果。35 min 后,飞机坠毁于波士顿机场,三名机组人员全部死亡。

经有关部门对事故进行深入调查发现:在所装的货物中有一批硝酸。其包装不符合运输要求，是桶装容器外套木板箱，中间用木屑作衬垫。货物在装上飞机时，作业人员没有注意箱顶上“该面朝上”的指示标志，而是随意堆放。由于箱内货物倒置，硝酸自桶中渗漏出来，与木屑相混，自燃而引起火灾。

（二）事故原因

硝酸，联合国编号为2031，属第8类腐蚀品，是具有严重危险性的物品。硝酸透明、无色，通常因溶有二氧化氮而呈红棕色。有独特的窒息性气体。硝酸的化学性能相当活泼，具有极强氧化性，几乎可以与一切金属、非金属起反应。硝酸中溶有的二氧化氮越多，其氧化能力越强，腐蚀性就越大。硝酸在发生腐蚀反应时一般总会生成有毒气体一氧化氮或二氧化氮，从而对人体生成危害。

硝酸的氧化能力能引起木材和其他纤维素物品燃烧。一般常见的有机物如松节油、醋酸、丙酮、乙醇等与浓硝酸相混即发生爆炸。在本案中，由于硝酸包装不良、积载不当，导致硝酸在渗出后遇木屑而发生自燃。

由于硝酸在工业中用途相当广泛，化肥、冶金、化工、化纤、染料、制药等产品均需硝酸作原料。因此投入运输的量也相当大。因硝酸的腐蚀性强，所以在包装材料的选用上难度就很大，通常用玻璃瓶、陶制的耐酸坛、铝桶或不锈钢桶包装，外用木箱、内隔衬垫。这些包装，或者有易碎特性，或者仅仅是耐腐蚀性较其他材料略强，所以运输中存在的隐患较大，稍有不慎，容易造成容器内的硝酸泄漏，甚至大量外流，对人体、周围的环境和其他设备等造成危害。

（三）事故启示

腐蚀品除了具有腐蚀性外，往往还兼有易燃性、氧化性、毒害性等副危险性。当我们着重注意腐蚀品对人体的伤害性时，也不能忽视其其他危险性质的危害性。在腐蚀品中，有酸性腐蚀与碱性腐蚀之分，又有无机腐蚀品和有机腐蚀品之区别，它们对于作业要求、个人防护、应急救援方面所采取的措施区别也很大。一旦搞错，有可能防护反而加重了危害，救援反而制造出险情，这是需要认真对待、严加防范的事。

在危险货物运输中，任何一个环节如包装、标志、积载、隔离、装卸、运输途中的保管、消防等都不能掉以轻心，一旦某个环节没有把握好，出现问题，将引起人员伤亡、财产损失的重大事故。

附录二 危险化学品安全管理条例

第一章 总 则

第一条 为了加强对危险化学品的安全管理,保障人民生命、财产安全,保护环境,制定本条例。

第二条 在中华人民共和国境内生产、经营、储存、运输、使用危险化学品和处置废弃危险化学品,必须遵守本条例和国家有关安全生产的法律、其他行政法规的规定。

第三条 本条例所称危险化学品,包括爆炸品、压缩气体和液化气体、易燃液体、易燃固体、自燃物品和遇湿易燃物品、氧化剂和有机过氧化物、有毒品和腐蚀品等。

危险化学品列入以国家标准公布的《危险货物品名表》(GB12268);剧毒化学品目录和未列入《危险货物品名表》的其他危险化学品,由国务院经济贸易综合管理部门会同国务院公安、环境保护、卫生、质检、交通部门确定并公布。

第四条 生产、经营、储存、运输、使用危险化学品和处置废弃危险化学品的单位(以下统称危险化学品单位),其主要负责人必须保证本单位危险化学品的安全管理符合有关法律、法规、规章的规定和国家标准的要求,并对本单位危险化学品的安全负责。

危险化学品单位从事生产、经营、储存、运输、使用危险化学品或者处置废弃危险化学品活动的人员,必须接受有关法律、法规、规章和安全知识、专业技术、职业卫生防护和应急救援知识的培训,并经考核合格,方可上岗作业。

第五条 对危险化学品的生产、经营、储存、运输、使用和对废弃危险化学品处置实施监督管理的有关部门,依照下列规定履行职责:

(一)国务院经济贸易综合管理部门和省、自治区、直辖市人民政府经济贸易管理部门,依照本条例的规定,负责危险化学品安全监督管理综合工作,负责危险化学品生产、储存企业设立及其改建、扩建的审查,负责危险化学品包装物、容器(包括用于运输工具的槽罐,下同)专业生产企业的审查和定点,负责危险化学品经营许可证的发放,负责国内危险化学品的登记,负责危险化学品事故应急救援的组织和协调,并负责前述事项的监督检查;设区的市级人民政府和县级人民政府的负责危险化学品安全监督管理综合工作的部门,由各该级人民政府确定,依照本条例的规定履行职责。

(二)公安部门负责危险化学品的公共安全管理,负责发放剧毒化学品购买凭证和准购证,负责审查核发剧毒化学品公路运输通行证,对危险化学品道路运输安全实施监督,并负责前述事项的监督检查。

(三)质检部门负责发放危险化学品及其包装物、容器的生产许可证,负责对危险化学品包装物、容器的产品质量实施监督,并负责前述事项的监督检查。

(四)环境保护部门负责废弃危险化学品处置的监督管理,负责调查重大危险化学品污染事故和生态破坏事件,负责有毒化学品事故现场的应急监测和进口危险化学品的登记,并负责前述事项的监督检查。

（五）铁路、民航部门负责危险化学品铁路、航空运输和危险化学品铁路、民航运输单位及其运输工具的安全管理及监督检查。交通部门负责危险化学品公路、水路运输单位及其运输工具的安全管理，对危险化学品水路运输安全实施监督，负责危险化学品公路、水路运输单位、驾驶人员、船员、装卸人员和押运人员的资质认定，并负责前述事项的监督检查。

（六）卫生行政部门负责危险化学品的毒性鉴定和危险化学品事故伤亡人员的医疗救护工作。

（七）工商行政管理部门依据有关部门的批准、许可文件，核发危险化学品生产、经营、储存、运输单位营业执照，并监督管理危险化学品市场经营活动。

（八）邮政部门负责邮寄危险化学品的监督检查。

第六条 依照本条例对危险化学品单位实施监督管理的有关部门，依法进行监督检查，可以行使下列职权：

（一）进入危险化学品作业场所进行现场检查，调取有关资料，向有关人员了解情况，向危险化学品单位提出整改措施和建议；

（二）发现危险化学品事故隐患时，责令立即排除或者限期排除；

（三）对有根据认为不符合有关法律、法规、规章规定和国家标准要求的设施、设备、器材和运输工具，责令立即停止使用；

（四）发现违法行为，当场予以纠正或者责令限期改正。危险化学品单位应当接受有关部门依法实施的监督检查，不得拒绝、阻挠。有关部门派出的工作人员依法进行监督检查时，应当出示证件。

第二章 危险化学品的生产、储存和使用

第七条 国家对危险化学品的生产和储存实行统一规划、合理布局和严格控制，并对危险化学品生产、储存实行审批制度；未经审批，任何单位和个人都不得生产、储存危险化学品。

设区的市级人民政府根据当地经济发展的实际需要，在编制总体规划时，应当按照确保安全的原则规划适当区域专门用于危险化学品的生产、储存。

第八条 危险化学品生产、储存企业，必须具备下列条件：

（一）有符合国家标准的生产工艺、设备或者储存方式、设施；

（二）工厂、仓库的周边防护距离符合国家标准或者国家有关规定；

（三）有符合生产或者储存需要的管理人员和技术人员；

（四）有健全的安全管理制度；

（五）符合法律、法规规定和国家标准要求的其他条件。

第九条 设立剧毒化学品生产、储存企业和其他危险化学品生产、储存企业，应当分别向省、自治区、直辖市人民政府经济贸易管理部门和设区的市级人民政府负责危险化学品安全监督管理综合工作的部门提出申请，并提交下列文件：

（一）可行性研究报告；

（二）原料、中间产品、最终产品或者储存的危险化学品的燃点、自燃点、闪点、爆炸极限、毒性等理化性能指标；

（三）包装、储存、运输的技术要求；

（四）安全评价报告；

（五）事故应急救援措施；

（六）符合本条例第八条规定条件的证明文件。

省、自治区、直辖市人民政府经济贸易管理部门或者设区的市级人民政府负责危险化学品安全监督管理综合工作的部门收到申请和提交的文件后，应当组织有关专家进行审查，提出审查意见后，报本级人民政府作出批准或者不予批准的决定。依据本级人民政府的决定，予以批准的，由省、自治区、直辖市人民政府经济贸易管理部门或者设区的市级人民政府负责危险化学品安全监督管理综合工作的部门颁发批准书；不予批准的，书面通知申请人。申请人凭批准书向工商行政管理部门办理登记注册手续。

第十条　除运输工具加油站、加气站外，危险化学品的生产装置和储存数量构成重大危险源的储存设施，与下列场所、区域的距离必须符合国家标准或者国家有关规定：

（一）居民区、商业中心、公园等人口密集区域；

（二）学校、医院、影剧院、体育场（馆）等公共设施；

（三）供水水源、水厂及水源保护区；

（四）车站、码头（按照国家规定，经批准，专门从事危险化学品装卸作业的除外）、机场以及公路、铁路、水路交通干线、地铁风亭及出入口；

（五）基本农田保护区、畜牧区、渔业水域和种子、种畜、水产苗种生产基地；

（六）河流、湖泊、风景名胜区和自然保护区；

（七）军事禁区、军事管理区；

（八）法律、行政法规规定予以保护的其他区域。

已建危险化学品的生产装置和储存数量构成重大危险源的储存设施不符合前款规定的，由所在地设区的市级人民政府负责危险化学品安全监督管理综合工作的部门监督其在规定期限内进行整顿；需要转产、停产、搬迁、关闭的，报本级人民政府批准后实施。

本条例所称重大危险源，是指生产、运输、使用、储存危险化学品或者处置废弃危险化学品，且危险化学品的数量等于或者超过临界量的单元（包括场所和设施）。

第十一条　危险化学品生产、储存企业改建、扩建的，必须依照本条例第九条的规定经审查批准。

第十二条　依法设立的危险化学品生产企业，必须向国务院质检部门申请领取危险化学品生产许可证；未取得危险化学品生产许可证的，不得开工生产。

国务院质检部门应当将颁发危险化学品生产许可证的情况通报国务院经济贸易综合管理部门、环境保护部门和公安部门。

第十三条　任何单位和个人不得生产、经营、使用国家明令禁止的危险化学品。

禁止用剧毒化学品生产灭鼠药以及其他可能进入人民日常生活的化学产品和日用化学品。

第十四条　生产危险化学品的，应当在危险化学品的包装内附有与危险化学品完全一致的化学品安全技术说明书，并在包装（包括外包装件）上加贴或者拴挂与包装内危险化学品完全一致的化学品安全标签。

危险化学品生产企业发现其生产的危险化学品有新的危害特性时，应当立即公告，并及时修订安全技术说明书和安全标签。

第十五条　使用危险化学品从事生产的单位，其生产条件必须符合国家标准和国家有关规定,并依照国家有关法律、法规的规定取得相应的许可,必须建立、健全危险化学品使用的安全管理规章制度,保证危险化学品的安全使用和管理。

第十六条 生产、储存、使用危险化学品的,应当根据危险化学品的种类、特性,在车间、库房等作业场所设置相应的监测、通风、防晒、调温、防火、灭火、防爆、泄压、防毒、消毒、中和、防潮、防雷、防静电、防腐、防渗漏、防护围堤或者隔离操作等安全设施、设备,并按照国家标准和国家有关规定进行维护、保养,保证符合安全运行要求。

第十七条 生产、储存、使用剧毒化学品的单位,应当对本单位的生产、储存装置每年进行一次安全评价;生产、储存、使用其他危险化学品的单位,应当对本单位的生产、储存装置每两年进行一次安全评价。

安全评价报告应当对生产、储存装置存在的安全问题提出整改方案。安全评价中发现生产、储存装置存在现实危险的,应当立即停止使用,予以更换或者修复,并采取相应的安全措施。

安全评价报告应当报所在地设区的市级人民政府负责危险化学品安全监督管理综合工作的部门备案。

第十八条 危险化学品的生产、储存、使用单位,应当在生产、储存和使用场所设置通讯、报警装置,并保证在任何情况下处于正常适用状态。

第十九条 剧毒化学品的生产、储存、使用单位,应当对剧毒化学品的产量、流向、储存量和用途如实记录,并采取必要的保安措施,防止剧毒化学品被盗、丢失或者误售、误用;发现剧毒化学品被盗、丢失或者误售、误用时,必须立即向当地公安部门报告。

第二十条 危险化学品的包装必须符合国家法律、法规、规章的规定和国家标准的要求。

危险化学品包装的材质、型式、规格、方法和单件质量(重量),应当与所包装的危险化学品的性质和用途相适应,便于装卸、运输和储存。

第二十一条 危险化学品的包装物、容器,必须由省、自治区、直辖市人民政府经济贸易管理部门审查合格的专业生产企业定点生产,并经国务院质检部门认可的专业检测、检验机构检测、检验合格,方可使用。

重复使用的危险化学品包装物、容器在使用前,应当进行检查,并作出记录;检查记录应当至少保存2年。

质检部门应当对危险化学品的包装物、容器的产品质量进行定期的或者不定期的检查。

第二十二条 危险化学品必须储存在专用仓库、专用场地或者专用储存室(以下统称专用仓库)内,储存方式、方法与储存数量必须符合国家标准,并由专人管理。

危险化学品出入库,必须进行核查登记。库存危险化学品应当定期检查。剧毒化学品以及储存数量构成重大危险源的其他危险化学品必须在专用仓库内单独存放,实行双人收发、双人保管制度。储存单位应当将储存剧毒化学品以及构成重大危险源的其他危险化学品的数量、地点以及管理人员的情况,报当地公安部门和负责危险化学品安全监督管理综合工作的部门备案。

第二十三条 危险化学品专用仓库,应当符合国家标准对安全、消防的要求,设置明显标志。危险化学品专用仓库的储存设备和安全设施应当定期检测。

第二十四条 处置废弃危险化学品,依照固体废物污染环境防治法和国家有关规定执行。

第二十五条 危险化学品的生产、储存、使用单位转产、停产、停业或者解散的,应当采取有效措施,处置危险化学品的生产或者储存设备、库存产品及生产原料,不得留有事故隐患。处置方案应当报所在地设区的市级人民政府负责危险化学品安全监督管理综合工作的部门和同级环境保护部门、公安部门备案。负责危险化学品安全监督管理综合工作的部门应当对处置情况进行监督检查。

第二十六条 公众上交的危险化学品,由公安部门接收。公安部门接收的危险化学品和其他有关部门收缴的危险化学品,交由环境保护部门认定的专业单位处理。

第三章 危险化学品的经营

第二十七条 国家对危险化学品经营销售实行许可制度。未经许可,任何单位和个人都不得经营销售危险化学品。

第二十八条 危险化学品经营企业,必须具备下列条件:

(一)经营场所和储存设施符合国家标准;

(二)主管人员和业务人员经过专业培训,并取得上岗资格;

(三)有健全的安全管理制度;

(四)符合法律、法规规定和国家标准要求的其他条件。

第二十九条 经营剧毒化学品和其他危险化学品的,应当分别向省、自治区、直辖市人民政府经济贸易管理部门或者设区的市级人民政府负责危险化学品安全监督管理综合工作的部门提出申请,并附送本条例第二十八条规定条件的相关证明材料。省、自治区、直辖市人民政府经济贸易管理部门或者设区的市级人民政府负责危险化学品安全监督管理综合工作的部门接到申请后,应当依照本条例的规定对申请人提交的证明材料和经营场所进行审查。经审查,符合条件的,颁发危险化学品经营许可证,并将颁发危险化学品经营许可证的情况通报同级公安部门和环境保护部门;不符合条件的,书面通知申请人并说明理由。

申请人凭危险化学品经营许可证向工商行政管理部门办理登记注册手续。第三十条经营危险化学品,不得有下列行为:

(一)从未取得危险化学品生产许可证或者危险化学品经营许可证的企业采购危险化学品;

(二)经营国家明令禁止的危险化学品和用剧毒化学品生产的灭鼠药以及其他可能进入人民日常生活的化学产品和日用化学品;

(三)销售没有化学品安全技术说明书和化学品安全标签的危险化学品。

第三十一条 危险化学品生产企业不得向未取得危险化学品经营许可证的单位或者个人销售危险化学品。

第三十二条 危险化学品经营企业储存危险化学品,应当遵守本条例第二章的有关规定。危险化学品商店内只能存放民用小包装的危险化学品,其总量不得超过国家规定的限量。

第三十三条 剧毒化学品经营企业销售剧毒化学品,应当记录购买单位的名称、地址和购买人员的姓名、身份证号码及所购剧毒化学品的品名、数量、用途。记录应当至少保存1年。

剧毒化学品经营企业应当每天核对剧毒化学品的销售情况;发现被盗、丢失、误售等情况时,必须立即向当地公安部门报告。

第三十四条 购买剧毒化学品,应当遵守下列规定:

(一)生产、科研、医疗等单位经常使用剧毒化学品的,应当向设区的市级人民政府公安部

门申请领取购买凭证,凭购买凭证购买;

(二)单位临时需要购买剧毒化学品的,应当凭本单位出具的证明(注明品名、数量、用途)向设区的市级人民政府公安部门申请领取准购证,凭准购证购买;

(三)个人不得购买农药、灭鼠药、灭虫药以外的剧毒化学品。

剧毒化学品生产企业、经营企业不得向个人或者无购买凭证、准购证的单位销售剧毒化学品。剧毒化学品购买凭证、准购证不得伪造、变造、买卖、出借或者以其他方式转让,不得使用作废的剧毒化学品购买凭证、准购证。

剧毒化学品购买凭证和准购证的式样和具体申领办法由国务院公安部门制定。

第四章 危险化学品的运输

第三十五条 国家对危险化学品的运输实行资质认定制度;未经资质认定,不得运输危险化学品。

危险化学品运输企业必须具备的条件由国务院交通部门规定。

第三十六条 用于危险化学品运输工具的槽罐以及其他容器,必须依照本条例第二十一条的规定,由专业生产企业定点生产,并经检测、检验合格,方可使用。质检部门应当对前款规定的专业生产企业定点生产的槽罐以及其他容器的产品质量进行定期的或者不定期的检查。

第三十七条 危险化学品运输企业,应当对其驾驶员、船员、装卸管理人员、押运人员进行有关安全知识培训;驾驶员、船员、装卸管理人员、押运人员必须掌握危险化学品运输的安全知识,并经所在地设区的市级人民政府交通部门考核合格(船员经海事管理机构考核合格),取得上岗资格证,方可上岗作业。危险化学品的装卸作业必须在装卸管理人员的现场指挥下进行。

运输危险化学品的驾驶员、船员、装卸人员和押运人员必须了解所运载的危险化学品的性质、危害特性、包装容器的使用特性和发生意外时的应急措施。运输危险化学品,必须配备必要的应急处理器材和防护用品。

第三十八条 通过公路运输危险化学品的,托运人只能委托有危险化学品运输资质的运输企业承运。

第三十九条 通过公路运输剧毒化学品的,托运人应当向目的地的县级人民政府公安部门申请办理剧毒化学品公路运输通行证。

办理剧毒化学品公路运输通行证,托运人应当向公安部门提交有关危险化学品的品名、数量、运输始发地和目的地、运输路线、运输单位、驾驶人员、押运人员、经营单位和购买单位资质情况的材料。

剧毒化学品公路运输通行证的式样和具体申领办法由国务院公安部门制定。

第四十条 禁止利用内河以及其他封闭水域等航运渠道运输剧毒化学品以及国务院交通部门规定禁止运输的其他危险化学品。

利用内河以及其他封闭水域等航运渠道运输前款规定以外的危险化学品的,只能委托有危险化学品运输资质的水运企业承运,并按照国务院交通部门的规定办理手续,接受有关交通部门(港口部门、海事管理机构,下同)的监督管理。

运输危险化学品的船舶及其配载的容器必须按照国家关于船舶检验的规范进行生产,并经海事管理机构认可的船舶检验机构检验合格,方可投入使用。

第四十一条　托运人托运危险化学品,应当向承运人说明运输的危险化学品的品名、数量、危害、应急措施等情况。

运输危险化学品需要添加抑制剂或者稳定剂的,托运人交付托运时应当添加抑制剂或者稳定剂,并告知承运人。

托运人不得在托运的普通货物中夹带危险化学品,不得将危险化学品匿报或者谎报为普通货物托运。

第四十二条　运输、装卸危险化学品,应当依照有关法律、法规、规章的规定和国家标准的要求并按照危险化学品的危险特性,采取必要的安全防护措施。

运输危险化学品的槽罐以及其他容器必须封口严密,能够承受正常运输条件下产生的内部压力和外部压力,保证危险化学品在运输中不因温度、湿度或者压力的变化而发生任何渗(洒)漏。

第四十三条　通过公路运输危险化学品,必须配备押运人员,并随时处于押运人员的监管之下,不得超装、超载,不得进入危险化学品运输车辆禁止通行的区域;确需进入禁止通行区域的,应当事先向当地公安部门报告,由公安部门为其指定行车时间和路线,运输车辆必须遵守公安部门规定的行车时间和路线。

危险化学品运输车辆禁止通行区域,由设区的市级人民政府公安部门划定,并设置明显的标志。

运输危险化学品途中需要停车住宿或者遇有无法正常运输的情况时,应当向当地公安部门报告。

第四十四条　剧毒化学品在公路运输途中发生被盗、丢失、流散、泄漏等情况时,承运人及押运人员必须立即向当地公安部门报告,并采取一切可能的警示措施。公安部门接到报告后,应当立即向其他有关部门通报情况;有关部门应当采取必要的安全措施。

第四十五条　任何单位和个人不得邮寄或者在邮件内夹带危险化学品,不得将危险化学品匿报或者谎报为普通物品邮寄。

第四十六条　通过铁路、航空运输危险化学品的,按照国务院铁路、民航部门的有关规定执行。

第五章　危险化学品的登记与事故应急救援

第四十七条　国家实行危险化学品登记制度,并为危险化学品安全管理、事故预防和应急救援提供技术、信息支持。

第四十八条　危险化学品生产、储存企业以及使用剧毒化学品和数量构成重大危险源的其他危险化学品的单位,应当向国务院经济贸易综合管理部门负责危险化学品登记的机构办理危险化学品登记。危险化学品登记的具体办法由国务院经济贸易综合管理部门制定。

负责危险化学品登记的机构应当向环境保护、公安、质检、卫生等有关部门提供危险化学品登记的资料。

第四十九条　县级以上地方各级人民政府负责危险化学品安全监督管理综合工作的部门应当会同同级其他有关部门制定危险化学品事故应急救援预案,报经本级人民政府批准后实施。

第五十条　危险化学品单位应当制定本单位事故应急救援预案,配备应急救援人员和必要的应急救援器材、设备,并定期组织演练。

危险化学品事故应急救援预案应当报设区的市级人民政府负责危险化学品安全监督管理综合工作的部门备案。

第五十一条 发生危险化学品事故,单位主要负责人应当按照本单位制定的应急救援预案,立即组织救援,并立即报告当地负责危险化学品安全监督管理综合工作的部门和公安、环境保护、质检部门。

第五十二条 发生危险化学品事故,有关地方人民政府应当做好指挥、领导工作。负责危险化学品安全监督管理综合工作的部门和环境保护、公安、卫生等有关部门,应当按照当地应急救援预案组织实施救援,不得拖延、推诿。有关地方人民政府及其有关部门并应当按照下列规定,采取必要措施,减少事故损失,防止事故蔓延、扩大:

(一)立即组织营救受害人员,组织撤离或者采取其他措施保护危害区域内的其他人员;

(二)迅速控制危害源,并对危险化学品造成的危害进行检验、监测,测定事故的危害区域、危险化学品性质及危害程度;

(三)针对事故对人体、动植物、土壤、水源、空气造成的现实危害和可能产生的危害,迅速采取封闭、隔离、洗消等措施;

(四)对危险化学品事故造成的危害进行监测、处置,直至符合国家环境保护标准。

第五十三条 危险化学品生产企业必须为危险化学品事故应急救援提供技术指导和必要的协助。

第五十四条 危险化学品事故造成环境污染的信息,由环境保护部门统一公布。

第六章 法律责任

第五十五条 对生产、经营、储存、运输、使用危险化学品和处置废弃危险化学品依法实施监督管理的有关部门工作人员,有下列行为之一的,依法给予降级或者撤职的行政处分;触犯刑律的,依照刑法关于受贿罪、滥用职权罪、玩忽职守罪或者其他罪的规定,依法追究刑事责任:

(一)利用职务上的便利收受他人财物或者其他好处,对不符合本条例规定条件的涉及生产、经营、储存、运输、使用危险化学品和处置废弃危险化学品的事项予以批准或者许可的;

(二)发现未依法取得批准或者许可的单位和个人擅自从事有关活动或者接到举报后不予取缔或者不依法予以处理的;

(三)对已经依法取得批准或者许可的单位和个人不履行监督管理职责,发现其不再具备本条例规定的条件而不撤销原批准、许可或者发现违反本条例的行为不予查处的。

第五十六条 发生危险化学品事故,有关部门未依照本条例的规定履行职责,组织实施救援或者采取必要措施,减少事故损失,防止事故蔓延、扩大,或者拖延、推诿的,对负有责任的主管人员和其他直接责任人员依法给予降级或者撤职的行政处分;触犯刑律的,依照刑法关于滥用职权罪、玩忽职守罪或者其他罪的规定,依法追究刑事责任。

第五十七条 违反本条例的规定,有下列行为之一的,分别由工商行政管理部门、质检部门、负责危险化学品安全监督管理综合工作的部门依据各自的职权予以关闭或者责令停产停业整顿,责令无害化销毁国家明令禁止生产、经营、使用的危险化学品或者用剧毒化学品生产的灭鼠药以及其他可能进入人民日常生活的化学产品和日用化学品;有违法所得的,没收违法所得;违法所得10万元以上的,并处违法所得1倍以上5倍以下的罚款;没有违法所得或者违法所得不足10万元的,并处5万元以上50万元以下的罚款;触犯刑律的,对负有责任的主管人员和其他直接责任人员依照刑法关于危险物品肇事罪、非法经营罪或者其他罪的规定,依法追究刑事责任:

(一)未经批准或者未经工商登记注册,擅自从事危险化学品生产、储存的;

(二)未取得危险化学品生产许可证,擅自开工生产危险化学品的;

(三)未经审查批准,危险化学品生产、储存企业擅自改建、扩建的;

(四)未取得危险化学品经营许可证或者未经工商登记注册,擅自从事危险化学品经营的;

(五)生产、经营、使用国家明令禁止的危险化学品,或者用剧毒化学品生产灭鼠药以及其他可能进入人民日常生活的化学产品和日用化学品的。

第五十八条　危险化学品单位违反本条例的规定,未根据危险化学品的种类、特性,在车间、库房等作业场所设置相应的监测、通风、防晒、调温、防火、灭火、防爆、泄压、防毒、消毒、中和、防潮、防雷、防静电、防腐、防渗漏、防护围堤或者隔离操作等安全设施、设备的,由负责危险化学品安全监督管理综合工作的部门或者公安部门依据各自的职权责令立即或者限期改正,处2万元以上10万元以下的罚款;触犯刑律的,对负有责任的主管人员和其他直接责任人员依照刑法关于危险物品肇事罪、重大责任事故罪或者其他罪的规定,依法追究刑事责任。

第五十九条　违反本条例的规定,有下列行为之一的,由负责危险化学品安全监督管理综合工作的部门、质检部门或者交通部门依据各自的职权责令立即或者限期改正,处2万元以上20万元以下的罚款;逾期未改正的,责令停产停业整顿;触犯刑律的,对负有责任的主管人员和其他直接责任人员依照刑法关于危险物品肇事罪、生产销售伪劣商品罪或者其他罪的规定,依法追究刑事责任:

(一)未经定点,擅自生产危险化学品包装物、容器的;

(二)运输危险化学品的船舶及其配载的容器未按照国家关于船舶检验的规范进行生产,并经检验合格的;

(三)危险化学品包装的材质、形式、规格、方法和单件质量(重量)与所包装的危险化学品的性质和用途不相适应的;

(四)对重复使用的危险化学品的包装物、容器在使用前,不进行检查的;

(五)使用非定点企业生产的或者未经检测、检验合格的包装物、容器包装、盛装、运输危险化学品的。

第六十条　危险化学品单位违反本条例的规定,有下列行为之一的,由负责危险化学品安全监督管理综合工作的部门责令立即或者限期改正,处1万元以上5万元以下的罚款;逾期不改正的,责令停产停业整顿:

(一)危险化学品生产企业未在危险化学品包装内附有与危险化学品完全一致的化学品安全技术说明书,或者未在包装(包括外包装件)上加贴、拴挂与包装内危险化学品完全一致的化学品安全标签的;

(二)危险化学品生产企业发现危险化学品有新的危害特性时,不立即公告并及时修订其安全技术说明书和安全标签的;

(三)危险化学品经营企业销售没有化学品安全技术说明书和安全标签的危险化学品的。

第六十一条 危险化学品单位违反本条例的规定,有下列行为之一的,由负责危险化学品安全监督管理综合工作的部门或者公安部门依据各自的职权责令立即或者限期改正,处1万元以上5万元以下的罚款;逾期不改正的,由原发证机关吊销危险化学品生产许可证、经营许可证和营业执照;触犯刑律的,对负有责任的主管人员和其他直接责任人员依照刑法关于危险物品肇事罪、重大责任事故罪或者其他罪的规定,依法追究刑事责任:

(一)未对其生产、储存装置进行定期安全评价,并报所在地设区的市级人民政府负责危险化学品安全监督管理综合工作的部门备案,或者对安全评价中发现的存在现实危险的生产、储存装置不立即停止使用,予以更换或者修复,并采取相应的安全措施的;

(二)未在生产、储存和使用危险化学品场所设置通讯、报警装置,并保持正常适用状态的;

(三)危险化学品未储存在专用仓库内或者未设专人管理的;

(四)危险化学品出入库未进行核查登记或者入库后未定期检查的;

(五)危险化学品专用仓库不符合国家标准对安全、消防的要求,未设置明显标志,或者未对专用仓库的储存设备和安全设施定期检测的;

(六)危险化学品经销商店存放非民用小包装的危险化学品或者危险化学品民用小包装的存放量超过国家规定限量的;

(七)剧毒化学品以及构成重大危险源的其他危险化学品未在专用仓库内单独存放,或者未实行双人收发、双人保管,或者未将储存剧毒化学品以及构成重大危险源的其他危险化学品的数量、地点以及管理人员的情况,报当地公安部门和负责危险化学品安全监督管理综合工作的部门备案的;

(八)危险化学品生产单位不如实记录剧毒化学品的产量、流向、储存量和用途,或者未采取必要的保安措施防止剧毒化学品被盗、丢失、误售、误用,或者发生剧毒化学品被盗、丢失、误售、误用后不立即向当地公安部门报告的;

(九)危险化学品经营企业不记录剧毒化学品购买单位的名称、地址,购买人员的姓名、身份证号码及所购剧毒化学品的品名、数量、用途,或者不每天核对剧毒化学品的销售情况,或者发现被盗、丢失、误售不立即向当地公安部门报告的。

第六十二条 危险化学品单位违反本条例的规定,在转产、停产、停业或者解散时未采取有效措施,处置危险化学品生产、储存设备、库存产品及生产原料的,由负责危险化学品安全监督管理综合工作的部门责令改正,处2万元以上10万元以下的罚款;触犯刑律的,对负有责任的主管人员和其他直接责任人员依照刑法关于重大环境污染事故罪、危险物品肇事罪或者其他罪的规定,依法追究刑事责任。

第六十三条 违反本条例的规定,有下列行为之一的,由工商行政管理部门责令改正,有违法所得的,没收违法所得;违法所得5万元以上的,并处违法所得1倍以上5倍以下的罚款;没有违法所得或者违法所得不足5万元的,并处2万元以上20万元以下的罚款;不改正的,由原发证机关吊销生产许可证、经营许可证和营业执照;触犯刑律的,对负有责任的主管人员和其他直接责任人员依照刑法关于非法经营罪、危险物品肇事罪或者其他罪的规定,依法追究刑事责任:

(一)危险化学品经营企业从未取得危险化学品生产许可证或者危险化学品经营许可证的企业采购危险化学品的;

（二）危险化学品生产企业向未取得危险化学品经营许可证的经营单位销售其产品的；

（三）剧毒化学品经营企业向个人或者无购买凭证、准购证的单位销售剧毒化学品的。

第六十四条　违反本条例的规定，伪造、变造、买卖、出借或者以其他方式转让剧毒化学品购买凭证、准购证以及其他有关证件，或者使用作废的上述有关证件的，由公安部门责令改正，处1万元以上5万元以下的罚款；触犯刑律的，对负有责任的主管人员和其他直接责任人员依照刑法关于伪造、变造、买卖国家机关公文、证件、印章罪或者其他罪的规定，依法追究刑事责任。

第六十五条　违反本条例的规定，未取得危险化学品运输企业资质，擅自从事危险化学品公路、水路运输，有违法所得的，由交通部门没收违法所得；违法所得5万元以上的，并处违法所得1倍以上5倍以下的罚款；没有违法所得或者违法所得不足5万元的，处2万元以上20万元以下的罚款；触犯刑律的，对负有责任的主管人员和其他直接责任人员依照刑法关于危险物品肇事罪或者其他罪的规定，依法追究刑事责任。

第六十六条　违反本条例的规定，有下列行为之一的，由交通部门处2万元以上10万元以下的罚款；触犯刑律的，依照刑法关于危险物品肇事罪或者其他罪的规定，依法追究刑事责任：

（一）从事危险化学品公路、水路运输的驾驶员、船员、装卸管理人员、押运人员未经考核合格，取得上岗资格证的；

（二）利用内河以及其他封闭水域等航运渠道运输剧毒化学品和国家禁止运输的其他危险化学品的；

（三）托运人未按照规定向交通部门办理水路运输手续，擅自通过水路运输剧毒化学品和国家禁止运输的其他危险化学品以外的危险化学品的；

（四）托运人托运危险化学品，不向承运人说明运输的危险化学品的品名、数量、危害、应急措施等情况，或者需要添加抑制剂或者稳定剂，交付托运时未添加的；

（五）运输、装卸危险化学品不符合国家有关法律、法规、规章的规定和国家标准，并按照危险化学品的特性采取必要安全防护措施的。

第六十七条　违反本条例的规定，有下列行为之一的，由公安部门责令改正，处2万元以上10万元以下的罚款；触犯刑律的，依照刑法关于危险物品肇事罪、重大环境污染事故罪或者其他罪的规定，依法追究刑事责任：

（一）托运人未向公安部门申请领取剧毒化学品公路运输通行证，擅自通过公路运输剧毒化学品的；

（二）危险化学品运输企业运输危险化学品，不配备押运人员或者脱离押运人员监管，超装、超载，中途停车住宿或者遇有无法正常运输的情况，不向当地公安部门报告的；

（三）危险化学品运输企业运输危险化学品，未向公安部门报告，擅自进入危险化学品运输车辆禁止通行区域，或者进入禁止通行区域不遵守公安部门规定的行车时间和路线的；

（四）危险化学品运输企业运输剧毒化学品，在公路运输途中发生被盗、丢失、流散、泄露等情况，不立即向当地公安部门报告，并采取一切可能的警示措施的；

（五）托运人在托运的普通货物中夹带危险化学品或者将危险化学品匿报、谎报为普通货物托运的。

第六十八条　违反本条例的规定，邮寄或者在邮件内夹带危险化学品，或者将危险化学品匿报、谎报为普通物品邮寄的，由公安部门处2000元以上2万元以下的罚款；触犯刑律的，依照刑法关于危险物品肇事罪或者其他罪的规定，依法追究刑事责任。

第六十九条 危险化学品单位发生危险化学品事故，未按照本条例的规定立即组织救援，或者不立即向负责危险化学品安全监督管理综合工作的部门和公安、环境保护、质检部门报告，造成严重后果的，对负有责任的主管人员和其他直接责任人员依照刑法关于国有公司、企业工作人员失职罪或者其他罪的规定，依法追究刑事责任。

第七十条 危险化学品单位发生危险化学品事故造成人员伤亡、财产损失的，应当依法承担赔偿责任；拒不承担赔偿责任或者其负责人逃匿的，依法拍卖其财产，用于赔偿。

第七章 附 则

第七十一条 监控化学品、属于药品的危险化学品和农药的安全管理，依照本条例的规定执行；国家另有规定的，依照其规定。

民用爆炸品、放射性物品、核能物质和城镇燃气的安全管理，不适用本条例。

第七十二条 危险化学品的进出口管理依照国家有关规定执行；进口危险化学品的经营、储存、运输、使用和处置进口废弃危险化学品，依照本条例的规定执行。

第七十三条 依照本条例的规定，对生产、经营、储存、运输、使用危险化学品和处置废弃危险化学品进行审批、许可并实施监督管理的国务院有关部门，应当根据本条例的规定制定并公布审批、许可的期限和程序。本条例规定的国家标准和涉及危险化学品安全管理的国家有关规定，由国务院质检部门或者国务院有关部门分别依照国家标准化法律和其他有关法律、行政法规以及本条例的规定制定、调整并公布。

第七十四条 本条例自2002年3月15日起施行。1987年2月17日国务院发布的《化学危险物品安全管理条例》同时废止。

附录三　港口危险货物管理规定

第一条　为加强港口危险货物管理,保障人民生命、财产安全,根据《中华人民共和国港口法》(以下简称《港口法》)、《中华人民共和国安全生产法》(以下简称《安全生产法》)、《危险化学品安全管理条例》等有关法律、行政法规,制定本规定。

第二条　在港口装卸、过驳、储存、包装危险货物或者对危险货物集装箱进行装拆箱等项作业(以下简称"危险货物港口作业")适用本规定。

用于危险货物港口作业的港口设施的建设和运营应当符合本规定的有关要求。

第三条　本规定所称"危险货物",是指列入国家标准GB12268《危险货物品名表》和国际海事组织制定的《国际危险货物运输规则》,具有爆炸、易燃、毒害、腐蚀、放射性等特性,在水路运输、港口装卸和储存等过程中,容易造成人身伤亡和财产毁损而需要特别防护的货物。

第四条　交通部负责全国港口危险货物管理工作。

省级和设区的市级人民政府交通(港口)主管部门根据地方人民政府确定的职权负责本行政区域内港口的危险货物管理工作。

港口所在地人民政府设置的港口行政管理部门具体负责该港口的危险货物管理工作。

第五条　禁止在港口装卸、储存国家禁止通过水路运输的危险货物。

第六条　新建、改建、扩建危险货物作业码头、库场、储罐、锚地等港口设施,应当符合港口总体规划和国家有关建造规范和标准,经所在地港口行政管理部门批准后,按照国家有关基本建设程序办理审批手续。

港口行政管理部门在批准新建、改建、扩建危险货物码头、锚地时,应当事先征得海事管理机构同意。

第七条　危险货物港口作业的码头、库场、储罐、锚地等港口设施投入作业前,应当按照国家有关规定组织验收。验收合格后,方可交付使用。

第八条　港口经营人从事危险货物港口作业,应当具备本规定第九条规定的条件,并向所在地港口行政管理部门申请危险货物港口作业资质认定。未取得危险货物港口作业资质的,不得从事危险货物港口作业。

第九条　从事危险货物港口作业的港口经营人,应当具备以下条件:

(一)符合《港口法》规定的港口经营许可条件;

(二)具有符合国家标准的应急设备、设施;

(三)具有健全的安全管理制度和操作规程;

(四)至少有一名企业主要负责人应当具备与本单位所从事的危险货物港口作业相关的安全生产知识和管理技能;

(五)配备足够的具有上岗资格证书的管理、作业人员;

(六)具备事故应急预案;

(七)取得消防、环保部门核准意见。

前款事故应急预案的主要内容应当包括:危险货物作业码头、库场、储罐、锚地等港口设施的概况、重点部位、应急队伍的组成及职责、应急措施、应急救援流程图、指挥序列表、通讯方式、应急人员联络表等。

第十条 港口行政管理部门应当自收到危险货物港口作业资质申请之日起三十日内按照第九条规定予以审核,作出予以认定或者不予认定的决定。予以认定的,应当根据该港口经营人的危险货物作业能力确定认可作业的范围,并核发相应的危险货物港口作业认可证;对不予认定的,应当书面通知申请人并说明理由。

第十一条 危险货物港口作业认可证由所在地港口行政管理部门按照国务院交通主管部门规定的统一格式制作、发放、管理。

第十二条 从事危险货物港口作业的企业应当在危险货物港口作业认可证上核定的危险货物港口作业范围内从事危险货物港口作业活动。

第十三条 从事危险货物港口作业的企业,应当对从事危险货物港口作业的人员进行有关安全作业知识培训。

从事危险货物港口作业的管理、作业人员,必须接受有关法律、法规、规章和安全知识、专业技术、职业卫生防护和应急救援知识的培训,并经交通部或其授权的机构组织考核。考核合格,取得上岗资格证后,方可上岗作业。

第十四条 对危险货物港口作业人员进行培训的机构,应当具备相应的教学、师资条件,按照交通部规定的考核科目、考试大纲和培训大纲进行培训,保障学员能满足本规定规定的资格要求。

第十五条 船舶载运危险货物进出港口,应当将危险货物的名称、理化性质、包装和进出港口的时间等事项,在预计到、离港 24 小时前向海事管理机构报告。但定船舶、定航线、定货种的船舶可以按照有关规定向海事管理机构定期申报。海事管理机构接到上述报告后应当及时将上述信息通报港口所在地港口行政管理部门。

第十六条 作业委托人应当向从事危险货物港口作业的企业提供正确的危险货物名称、国家或联合国编号、适用包装、危害、应急措施等资料,并保证资料正确、完整。作业委托人不得在委托作业的普通货物中夹带危险货物,不得将危险货物匿报或者谎报为普通货物。

第十七条 从事危险货物港口作业的企业,在危险货物港口装卸、过驳、储存、包装、集装箱装拆箱等作业开始 24 小时前,应当将作业委托人,以及危险货物品名、数量、理化性质、作业地点和时间、安全防范措施等事项向所在地港口行政管理部门报告。港口行政管理部门应当在接到报告后 24 小时内作出是否同意作业的决定,通知报告人,并及时将有关信息通报海事管理机构。未经港口行政管理部门同意,不得进行危险货物港口作业。

第十八条 从事危险货物港口作业的企业,应当按照安全管理制度和操作规程组织危险货物港口作业。

第十九条 从事危险货物港口作业的人员应当按照企业安全管理制度和操作规程进行危险货物的操作。

第二十条 从事危险货物港口作业的企业,应当对危险货物包装进行检查,发现包装不符合国家有关规定的,不得予以作业,并应当及时通知作业委托人处理。

港口行政管理部门应当根据国家有关规定对危险货物包装进行抽查。不符合规定的,可责令作业委托人处理。

第二十一条 爆炸品、压缩气体和液化气体、易燃液体、易燃固体、自燃物品和遇湿易燃物品的港口作业，企业应当划定作业区域，明确责任人并实行封闭式管理。作业区域应当设置明显标志，禁止无关人员进入和无关船舶停靠。作业期间严禁烟火，杜绝一切火源。

第二十二条　发生下列情况，从事危险货物港口作业的企业应当及时处理并报告所在地港口行政管理部门：

（一）发现未申报或者申报不实、申报有误的危险货物；

（二）在普通货物或集装箱中发现性质相抵触的危险货物。

第二十三条　从事危险货物港口作业的企业应当按照事故应急预案进行定期演练，做好演练记录，并根据实际情况对事故应急预案进行修订。

第二十四条　当危险货物港口作业发生事故时，从事危险货物港口作业的企业应迅速启动事故应急预案，采取应急行动，排除事故危害，控制事故进一步扩散。并按照国家有关规定立即向港口行政管理部门和有关部门报告。

第二十五条　港口行政管理部门应当制定事故应急预案，当危险货物港口作业发生事故时，应当及时组织救助。

发生特大安全事故，港口行政管理部门和有关单位、企业应当服从地方人民政府指挥，积极配合救助，并按照规定向有关部门报告。

第二十六条　港口行政管理部门应定期对从事危险货物港口作业企业的资质进行审验，发现其不再具备条件的，应当限期整顿，或按照《安全生产法》第五十四条规定撤销其资质。

第二十七条　港口行政管理部门及其管理人员对从事危险货物港口作业的企业进行监督检查，可以行使下列职权：

（一）进入并检查港口危险货物作业场所，查阅、抄录、复印相关的文件或者资料，提出整改意见；

（二）发现危险货物港口作业和应急设备、设施不符合法律、法规、规章规定和标准要求的，责令立即停止使用；

（三）发现安全隐患，应当责令立即排除或者限期排除；

（四）发现违法行为，应当当场予以纠正或者责令限期改正。

第二十八条　违反本规定，未取得危险货物港口作业资质认定，擅自从事危险化学品港口作业的，由所在地港口行政管理部门按照《危险化学品安全管理条例》第六十五条的规定处罚；在港口经营活动中擅自从事其他危险货物的作业的，由所在地港口行政管理部门处以 3 万元以下罚款。未取得港口经营许可的，按照《港口法》第四十八条处罚。

第二十九条　违反本规定，有违反《危险化学品安全管理条例》下列行为之一，由港口行政管理部门按照《危险化学品安全管理条例》第六十六条的规定处罚；在经营活动中有下列行为但不属于违反《危险化学品安全管理条例》规定行为的，由港口行政管理部门处以 3 万元以下的罚款并责令改正：

（一）从事港口危险货物作业的人员未经考核合格取得上岗资格证的；

（二）在港口装卸、储存国家禁止通过水运运输的危险货物的；

（三）作业委托人未向港口危险货物作业人提供危险货物名称、国家或联合国编号、适用包装、危害、应急措施等资料或上述资料申报不实；

（四）作业委托人委托作业的普通货物或集装箱中有性质相抵触的危险货物；

（五）未按规定对危险货物的包装进行检查的；

第三十条 违反本规定,从事爆炸品、压缩气体和液化气体、易燃液体、易燃固体、自燃物品和遇湿易燃物品的港口作业,企业未划定作业区域,明确责任人并实行封闭式管理的,由港口行政管理部门按照《安全生产法》第八十五条第(一)项规定处罚。

第三十一条 违反本规定,未按有关规定、标准和规范配备应急器材、必要安全设施、设备的,由港口行政管理部门按照《安全生产法》第八十三条第(五)项规定处罚。

第三十二条 违反本规定,有下列行为之一的,由港口行政管理部门按照《安全生产法》第八十五条规定处罚:

(一)安全管理制度和操作规程不健全的;

(二)未按事故应急预案进行定期演练的。

第三十三条 违反本规定,企业未对危险货物港口作业人员进行有关安全作业知识培训的,由港口行政管理部门按照《安全生产法》第八十二条第(三)项规定处罚。

第三十四条 港口经营人有第二十九条、第三十条、第三十一条、第三十二条、第三十三条违法行为,情节严重的,港口行政管理部门可依据《港口法》第五十一条规定吊销港口经营许可证。

第三十五条 违反本规定第六条规定,未经批准建设、改建和扩建危险货物作业码头、库场、储罐、锚地等港口设施的,由港口行政管理部门按照《港口法》第四十六条规定处罚。

第三十六条 违反本规定,从事危险货物港口作业企业未按规定在作业前向港口行政管理部门报告并经其同意的,由港口行政管理部门按照《港口法》第五十三条规定处罚。

第三十七条 违反本规定,从事危险货物港口作业的人员未按照安全管理制度和操作规程作业的,由港口作业单位予以批评教育,依照有关规章制度予以处分;造成重大事故,构成犯罪的,由有关机关依法追究刑事责任。

第三十八条 违反本规定,未及时报告危险货物港口作业事故的,分别按照《安全生产法》第九十一条和第九十二条的规定处理。

第三十九条 从事危险货物港口作业不具备本规定第九条规定的条件,港口行政管理部门应当责令停业整顿,经停业整顿仍不具备条件的,取消其危险货物港口作业资质。构成犯罪的,由有关机关依法追究刑事责任。

第四十条 交通(港口)主管部门和港口行政管理部门的工作人员在执行本规定中,滥用职权、玩忽职守、徇私舞弊的,依法给予行政处分。构成犯罪的,由有关机关依法追究刑事责任。

第四十一条 本规定自2004年1月1日起施行。交通部1984年发布的《港口危险货物管理暂行规定》[(84)交海字1181号文]同时废止,本规定发布前交通部发布的其他有关规定与本规定相抵触的,以本规定为准。

附录四　船舶载运危险货物安全监督管理规定

第一章　总　则

第一条　为加强船舶载运危险货物监督管理，保障水上人命、财产安全，防止船舶污染环境，依据《中华人民共和国海上交通安全法》、《中华人民共和国海洋环境保护法》、《中华人民共和国港口法》、《中华人民共和国内河交通安全管理条例》、《中华人民共和国危险化学品安全管理条例》和有关国际公约的规定，制定本规定。

第二条　本规定适用于船舶在中华人民共和国管辖水域载运危险货物的活动。

第三条　交通部主管全国船舶载运危险货物的安全管理工作。中华人民共和国海事局负责船舶载运危险货物的安全监督管理工作。

交通部直属和地方人民政府交通主管部门所属的各级海事管理机构依照有关法律、法规和本规定，具体负责本辖区船舶载运危险货物的安全监督管理工作。

第四条　船舶载运危险货物，必须符合国家安全生产、水上交通安全、防治船舶污染的规定，保证船舶人员和财产的安全，防止对环境、资源以及其他船舶和设施造成损害。

第五条　禁止利用内河以及其他封闭水域等航运渠道运输剧毒化学品以及交通部规定禁止运输的其他危险化学品。

禁止在普通货物中夹带危险货物，不得将危险货物匿报或者报为普通货物。

禁止未取得危险货物适装证书的船舶以及超过交通部规定船龄的船舶载运危险货物。

第二章　通航安全和防污染管理

第六条　载运危险货物的船舶在中国管辖水域航行、停泊、作业，应当遵守交通部公布的以及海事管理机构在其职权范围内依法公布的水上交通安全和防治船舶污染的规定。

对在中国管辖水域航行、停泊、作业的载运危险货物的船舶，海事管理机构应当进行监督。

第七条　载运危险货物的船舶应当选择符合安全要求的通航环境航行、停泊、作业，并顾及在附近航行、停泊、作业的其他船舶以及港口和近岸设施的安全，防止污染环境。海事管理机构规定危险货物船舶专用航道、航路的，载运危险货物的船舶应当遵守规定航行。

载运危险货物的船舶通过狭窄或者拥挤的航道、航路，或者在气候、风浪比较恶劣的条件下航行、停泊、作业，应当加强瞭望，谨慎操作，采取相应的安全、防污措施。必要时，还应当落实辅助船舶待命防护等应急预防措施，或者向海事管理机构请求导航或者护航。

载运爆炸品、放射性物品、有机过氧化物、闪点28℃以下易燃液体和液化气的船，不得与其他驳船混合编队拖带。

对操作能力受限制的载运危险货物的船舶，海事管理机构应当疏导交通，必要时可实行相应的交通管制。

第八条　载运危险货物的船舶在航行、停泊、作业时应当按规定显示信号。

其他船舶与载运危险货物的船舶相遇，应当注意按照航行和避碰规则的规定，尽早采取相应的行动。

第九条 在船舶交通管理(VTS)中心控制的水域,船舶应当按照规定向交通管理(VTS)中心报告,并接受该中心海事执法人员的指令。

对报告进入船舶交通管理(VTS)中心控制水域的载运危险货物的船舶,海事管理机构应当进行标注和跟踪,发现违规航行、停泊、作业的,或者认为可能影响其他船舶安全的,海事管理机构应当及时发出警告,必要时依法采取相应的强制措施。

船舶交通管理(VTS)中心应当为向其报告的载运危险货物的船舶提供相应的水上交通安全信息服务。

第十条 在实行船舶定线制的水域,载运危险货物的船舶应当遵守船舶定线制规定,并使用规定的通航分道航行。

在实行船位报告制的水域,载运危险货物的船舶应当按照海事管理机构的规定,加入船位报告系统。

第十一条 载运危险货物的船舶从事水上过驳作业,应当符合国家水上交通安全和防止船舶污染环境的管理规定和技术规范,选择缓流、避风、水深、底质等条件较好的水域,尽量远离人口密集区、船舶通航密集区、航道、重要的民用目标或者设施、军用水域,制定安全和防治污染的措施和应急计划并保证有效实施。

第十二条 载运危险货物的船舶在港口水域内从事危险货物过驳作业,应当根据交通部有关规定向港口行政管理部门提出申请。港口行政管理部门在审批时,应当就船舶过驳作业的水域征得海事管理机构的同意。

载运散装液体危险性货物的船舶在港口水域外从事海上危险货物过驳作业,应当由船舶或者其所有人、经营人或者管理人依法向海事管理机构申请批准。

船舶从事水上危险货物过驳作业的水域,由海事管理机构发布航行警告或者航行通告予以公布。

第十三条 申请从事港口水域外海上危险货物单航次过驳作业的,申请人应当提前24小时向海事管理机构提出申请;申请在港口水域外特定海域从事多航次危险货物过驳作业的,申请人应当提前7日向海事管理机构提出书面申请。

船舶提交上述申请,应当申明船舶的名称、国籍、吨位,船舶所有人或者其经营人或者管理人、船员名单,危险货物的名称、编号、数量,过驳的时间、地点等,并附表明其业已符合本规定第十一条规定的相应材料。

海事管理机构收到齐备、合格的申请材料后,对单航次作业的船舶,应当在24小时内做出批准或者不批准的决定;对在特定水域多航次作业的船舶,应当在7日内做出批准或者不批准的决定。海事管理机构经审核,对申请材料显示船舶及其设备、船员、作业活动及安全和环保措施、作业水域等符合国家水上交通安全和防治船舶污染环境的管理规定和技术规范的,应当予以批准并及时通知申请人。对未予批准的,应当说明理由。

第十四条 载运危险货物的船舶排放压载水、洗舱水,排放其他残余物或者残余物与水的混合物,应当按照国家有关规定进行排放。

禁止船舶在海事管理机构依法设定并公告的禁止排放水域内,向水体排放任何禁排物品。

第十五条 载运危险货物的船舶发生水上险情、交通事故、非法排放事件,应当按照规定向海事管理机构报告,并及时启动应急计划和采取应急措施,防止损害、危害的扩大。

海事管理机构接到报告后，应当启动相应的应急救助计划，支援当事船舶尽量控制并消除损害、危害的态势和影响。

第三章 船舶管理

第十六条 从事危险货物运输的船舶所有人或者其经营人或者管理人，应当根据国家水上交通安全和防治船舶污染环境的管理规定，建立和实施船舶安全营运和防污染管理体系。

第十七条 载运危险货物的船舶，其船体、构造、设备、性能和布置等方面应当符合国家船舶检验的法律、行政法规、规章和技术规范的规定，国际航行船舶还应当符合有关国际公约的规定，具备相应的适航、适装条件，经中华人民共和国海事局认可的船舶检验机构检验合格，取得相应的检验证书和文书，并保持良好状态。

载运危险货物的船用集装箱、船用刚性中型散装容器和船用可移动罐柜，应当经中华人民共和国海事局认可的船舶检验机构检验合格后，方可在船上使用。

第十八条 曾装运过危险货物的未清洁的船用载货空容器，应当作为盛装有危险货物的容器处理，但经采取足够措施消除了危险性的除外。

第十九条 载运危险货物的船舶应当制定保证水上人命、财产安全和防治船舶污染环境的措施，编制应对水上交通事故、危险货物泄漏事故的应急预案以及船舶溢油应急计划，配备相应的应急救护、消防和人员防护等设备及器材，并保证落实和有效实施。

第二十条 载运危险货物的船舶应当按照国家有关船舶安全、防污染的强制保险规定，参加相应的保险，并取得规定的保险文书或者财务担保证明。

载运危险货物的国际航行船舶，按照有关国际公约的规定，凭相应的保险文书或者财务担保证明，由海事管理机构出具表明其业已办理符合国际公约规定的船舶保险的证明文件。

第二十一条 船舶载运危险货物，应当符合有关危险货物积载、隔离和运输的安全技术规范，并只能承运船舶检验机构签发的适装证书中所载明的货种。

国际航行船舶应当按照《国际海运危险货物规定》，国内航行船舶应当按照《水路危险货物运输规定》，对承载的危险货物进行正确分类和积载，保障危险货物在船上装载期间的安全，

对不符合国际、国内有关危险货物包装和安全积载规定的，船舶应当拒绝受载、承运。

第二十二条 船舶进行洗(清)舱、驱气或者置换，应当选择安全水域，远离通航密集区、船舶定线制区、禁航区、航道、渡口、客轮码头、危险货物码头、军用码头、船闸、大型桥梁、水下通道以及重要的沿岸保护目标，并在作业之前报海事管理机构核准，核准程序和手续按本规定第十三条关于单航次海上危险货物过驳作业的规定执行。

船舶从事本条第一款所述作业活动期间，不得检修和使用雷达、无线电发报机、卫星船站；不得进行明火、拷铲及其他易产生火花的作业；不得使用供应船、车进行加油、加水作业。

第四章 申报管理

第二十三条 船舶载运危险货物进、出港口，或者在港口过境停留，应当在进、出港口之前提前 24 小时，直接或者通过代理人向海事管理机构办理申报手续，经海事管理机构批准后，方可进、出港口。国际航行船舶，还应当按照国务院颁布的《国际航行船舶进出中华人民共和国口岸检查办法》第六条规定的时间提前预报告。

定船舶、定航线、定货种的船舶可以办理定期申报手续。定期申报期限不超过一个月。

船舶载运尚未在《危险货物品名表》(国家标准 GB12268)或者国际海事组织制定的《国际海运危险货物规则》内列明但具有危险物质性质的货物,应当按照载运危险货物的管理规定办理进、出港口申报。

海事管理机构接到报告后,应当及时将上述信息通报港口所在地的港口行政管理部门。

办理申报手续可以采用电子数据处理(EDP)或者电子数据交换(EDI)的方式。

第二十四条 载运危险货物的船舶办理进、出港口申报手续,申报内容应至少包括:船名、预计进出港口的时间以及所载危险货物的正确名称、编号、类别、数量、特性、包装、装载位置等,并提供船舶持有安全适航、适装、适运、防污染证书或者文书的情况。

对于装有危险货物的集装箱,船舶需提供集装箱装箱检查员签名确认的《集装箱装箱证明书》。

对于易燃、易爆、易腐蚀、剧毒、放射性、感染性、污染危害性等危险品,船舶应当在申报时附具相应的危险货物安全技术说明书、安全作业注意事项、人员防护、应急急救和泄漏处置措施等资料。

第二十五条 海事管理机构收到船舶载运危险货物进、出港口的申报后,应当在 24 小时内做出批准或者不批准船舶进、出港口的决定。

对于申报资料明确显示船舶处于安全适航、适装状态以及所载危险货物属于安全状态的,海事管理机构应当批准船舶进、出港口。对有下列情形之一的,海事管理机构应当禁止船舶进、出港口:

(一)船舶未按规定办理申报手续;

(二)申报显示船舶未持有有效的安全适航、适装证书和防污染证书,或者货物未达到安全适运要求或者单证不全;

(三)按规定尚需国家有关主管部门或者进出口国家的主管机关同意后方能载运进、出口的货物,在未办理完有关手续之前;

(四)船舶所载危险货物系国家法律、行政法规禁止通过水路运输的;

(五)本港尚不具备相应的安全航行、停泊、作业条件或者相应的应急、防污染、保安等措施的;

(六)交通部规定不允许船舶进出港口的其他情形。

第二十六条 船舶载运需经国家其他有关主管部门批准的危险货物,或者载运需经两国或者多国有关主管部门批准的危险货物,应在装货前取得相应的批准文书并向海事管理机构备案。

第二十七条 船舶从境外载运有害废料进口,国内收货单位应事先向预定抵达港的海事管理机构提交书面报告并附送出口国政府准许其迁移以及我国政府有关部门批准其进口的书面材料,提供承运的单位、船名、船舶国籍和呼号以及航行计划和预计抵达时间等情况。

船舶出口有害废弃物,托运人应提交我国政府有关部门批准其出口,以及最终目的地国家政府准许其进口的书面材料。

第二十八条 核动力船舶、载运放射性危险货物的船舶以及 5 万总吨以上的油轮、散装化学品船、散装液化气船从境外驶向我国领海的,不论其是否挂靠中国港口,均应当在驶入中国领海之前,向中国船位报告中心通报:船名、危险货物的名称、装载数量、预计驶入的时间和概位、挂靠中国的第一个港口或者声明过境。挂靠中国港口的,还应当按照本规定第二十三条的规定申报。

第五章 人员管理

第二十九条 载运危险货物船舶的船员,应当持有海事管理机构颁发的适任证书和相应的培训合格证,熟悉所在船舶载运危险货物安全知识和操作规程。

第三十条 载运危险货物船舶的船员应当事先了解所运危险货物的危险性和危害性及安全预防措施,掌握安全载运的相关知识。发生事故时,应遵循应急预案,采取相应的行动。

第三十一条 从事原油洗舱作业的指挥人员,应当按照规定参加原油洗舱的特殊培训,具备船舶安全与防污染知识和专业操作技能,经海事管理机构考试、评估,取得合格证书后,方可上岗作业。

第三十二条 按照本规定办理船舶申报手续的人员,应当熟悉船舶载运危险货物的申报程序和相关要求。

第六章 法律责任

第三十三条 海事管理机构依法对载运危险货物的船舶实施监督检查,对违法的船舶、船员实施相应的行政强制措施。

海事管理机构发现载运危险货物的船舶存在安全或者污染隐患的,应当责令立即消除或者限期消除隐患;有关单位和个人不立即消除或者逾期不消除的,海事管理机构可以采取责令其临时停航、停止作业,禁止进港、离港,责令驶往指定水域,强制卸载,滞留船舶等强制性措施。

对有下列情形之一的,海事管理机构应当责令当事船舶立即纠正或者限期改正:

(一)经核实申报内容与实际情况不符的;

(二)擅自在非指定泊位或者水域装卸危险货物的;

(三)船舶或者其设备不符合安全、防污染要求的;

(四)危险货物的积载和隔离不符合规定的;

(五)船舶的安全、防污染措施和应急计划不符合规定的;

(六)船员不符合载运危险货物的船舶的适任资格的。

本规定第二十八条所述船舶违反国家水上交通安全和防治船舶污染环境的法律、行政法规以及《联合国海洋法公约》有关规定的,海事管理机构有权禁止其进入中国领海、内水、港口,或者责令其离开或者驶向指定地点。

第三十四条 载运危险货物的船舶违反本规定以及国家水上交通安全、防治船舶污染环境的规定,应当予以行政处罚的,由海事管理机构按照有关法律、行政法规和交通部公布的有关海事行政处罚的规定给予相应的处罚。

涉嫌构成犯罪的,由海事管理机构依法移送国家司法机关。

第三十五条 海事管理机构的工作人员有滥用职权、徇私舞弊、玩忽职守等严重失职行为的,由其所在单位或者上级机关给予行政处分;情节严重构成犯罪的,由司法机关依法追究刑事责任。

第七章　附　则

第三十六条　本规定所称“危险货物”，系指具有爆炸、易燃、毒害、腐蚀、放射性、污染危害性等特性，在船舶载运过程中，容易造成人身伤害、财产损失或者环境污染而需要特别防护的物品。

第三十七条　本规定自 2004 年 1 月 1 日生效。1981 年交通部颁布的《船舶装载危险货物监督管理规定》（［81］交港监字 2060 号）同时废止。

参考文献

[1]李又明.危险货物水运技术.北京:人民交通出版社,1995

[2]交通部水运司.国际海运危险货物规则培训教材.北京:人民交通出版社,2002

[3]中华人民共和国上海海事局.海运危险货物申报与装箱检查培训教材.2003

[4]张钦良.海上危险品安全运输管理.大连:大连海运学院出版社,1993

[5]周晶洁,周在青.货物学.北京:电子工业出版社,2006

[6]国际海事组织(大连危险货物运输研究中心译).国际海运危险货物规则(2004 年版),中华人民共和国海事局,2006

[7]国际海事组织(中华人民共和国交通部国际合作司编译).固体散装货物安全操作规则.大连:大连海事大学出版社,2007

[8]国际海事组织.国际散装运输危险化学品船舶构造和设备规则(2004 年修正案)

[9]国际海事组织.国际散装运输液化气体船舶构造和设备规则(1993 年)

[10]中华人民共和国交通部.水路危险货物运输规则.北京:人民交通出版社,1996

[11]中华人民共和国海事局.船载包装和散装固体危险货物安全知识和操作.北京:人民交通出版社,2003

[12]范贵根.港口危险货物作业申报指南.上海:上海人民出版社,2006

[13]钱 闵.油船安全知识与安全操作.大连:大连海事大学出版社,1999

[14]刘 斌,李 剀.化学品船安全知识和操作.大连:大连海事大学出版社,1999

[15]李又明.散装液体化学品水运与港口仓储管理.上海:东华大学出版社, 2002

[16]李品友.液化气体海运技术.大连:大连海事大学出版社,2003

[17]徐 英,杨一凡,朱 萍.球罐和大型储罐.北京:化学工业出版社,2005

[18]吴世奎.石油储运知识.北京:中国石化出版社,2006

[19]张硕慧.水上危险品安全运输管理.大连:大连海事大学出版社,2003

[20]周在青.船舶防污染法规与实务.大连:大连海事大学出版社,2006

[21]国家安全生产监督管理局.危险化学品事故应急救援预案编制导则(单位版).2004

[22]贺季堂.化学危险物品的储存和管理.有机氟工业, 2001.01

[23]王晶禹,王保国,张树海.危险化学品储存.北京:化学工业出版社,2005